国际发展学系列
International Development Series

国际发展学概论

Introduction to
International Development

崔文星　黄梅波　编著

复旦大学出版社

导　　言

如果给予旨在增加人类福利的多种多样的实践活动一个名称，人们可以保留第一次世界大战结束前广泛使用的"文明"一词；可以用"西方化"以明确揭示发展模式的源头；可以选择表面上中性其实含有某种倾向性的"现代化"一词；还可以采用富有战斗性的"解放"一词。然而，自第二次世界大战结束以来，"发展"一词逐渐压倒一切，欧洲为了将自己从纳粹铁蹄下解放出来，不得不求助于美国和苏联两个新崛起的强国，而美国和苏联均无意保护欧洲殖民帝国的存在。1949年1月20日，美国总统杜鲁门在发表"国情咨文演说"时提出了技术援助不发达国家的"第四点计划"，该计划被认为是国际发展时代开启的标志。随着殖民地独立运动风起云涌，这些新生独立国家的前途命运成为西方学术界的重要研究领域，从而促进了国际发展学在西方国家特别是美国的勃兴。

第二次世界大战以来的数十年间，许多西方国家在大学中设立国际发展学专业，建立国际发展研究机构，国际发展学著作也如雨后春笋般涌现。长期以来，中国主要是作为西方国际发展学的研究对象存在，本国国内的国际发展学研究相当薄弱，少量的研究成果主要集中在发展经济学领域。2015年前后，在参与国际社会对联合国千年发展目标的评估和对2015年后全球发展议程讨论的过程中，中国国际发展学研究进入了快速发展阶段。

长期以来，国际发展学的研究主体是西方发达国家的学者，发展中国家是其研究客体。进入21世纪以来，国际发展学的研究主体和研究客体都日趋多元化。一方面，随着一批新兴国家实现群体性崛起并成为南南发展合作的资源提供方，这些新兴国家的学者日益加入国际发展研究的大军。另一方面，随着可持续发展问题以及发达国家内部贫困问题的凸显，发达国家也日益作为发展研究的对象而受到关注。联合国2030年可持续发展议程的目标设定和手段选择都反映了这种变化。从联合国四个发展十年到千年发展目标再到2030年议程，国际发展目标体系的演变也反映了国际发展学研究范围的不断扩展。当前的国际发展学研究范围主要涉及经济、社会和环境三个维度，包括减贫、健康、两性平等、教育、环境保护等议题。此外，国际发展学研究还涉及实现这些目标的手段，如援助、贸易、投资、债务减免、南南合作、非政府组织、全球发展伙伴关系等。

随着人们对发展问题认识的深入，国际发展理论日趋多元。从在发展过程中政府与市场孰多孰少的角度，有强调政府的计划经济与凯恩斯主义，有强调市场的新自由主义与"华盛顿共识"，有两者兼重的发展型国家，以及尚在讨论中的"北京共识"和"中国模式"。从不发达的原因角度，现代化理论强调内因的社会传统性，而依附论和世界体系理论则强调中心与外围的不平等关系这一外因。从发展目标的扩展角度,国际发展理论则体现出了从经济增长到社会进步再到包容性和可持续发展的演变。在国际发展理论诸流派中,后现代与后发展学派也尤为值得中国学者关注。后现代理论对现代社会的进步性提出质疑,而后发展理论则对"发展"本身进行解构。随着新兴经济体在全球发展治理中影响力的上升,包括中国和印度在内的主要发展中国家也日益对国际发展学理论体系产生影响。中国提出的"生态文明"和"人类命运共同体"的理念具有深入挖掘的潜力,有助于弥补西方发展理论的不足。

国际发展学具有很强的跨学科性。经济学可以从财富增长的角度进行研究,社会学可以从发展机会与成果公平分配的视角切入,政治学可以关注权力与发展的相互关系,地理学则关注地理位置和空间布局对发展的影响。此外,随着环境问题的凸显,自然科学也更深地融入到国际发展研究中。国际发展学中的"国际"二字更揭示出"发展"不仅是一国国内的问题,还涉及南北援助、南南合作与国际组织的国际关系与全球治理问题。

本书致力于对国际发展学所涉及的主要问题进行较为全面的介绍与分析。本书主要分为"国际发展理论""国际发展议题"和"国际发展手段"三大部分。第一部分主要包括国际发展的历史、理论、指标与目标。第二部分以联合国2030年可持续发展议程所设定的目标为主要参考,讨论贫困与发展、健康与发展、教育与发展、性别与发展、环境与发展以及安全与发展等国际发展议题。第三部分则关注多边发展援助、南北发展援助、南南发展合作、国际发展援助中的非政府行为体、援助有效性与发展有效性、中国的对外援助等国际发展手段。

本书是上海对外经贸大学国际发展(合作)学科建设和国际发展教材建设的一部分。全由两位作者共同努力完成。本书的篇章结构和逻辑体系由两位作者共同讨论确定,具体章节的写作分工如下:第1—10章崔文星为第一作者,黄梅波为第二作者;第11—16章黄梅波为第一作者,崔文星为第二作者。黄梅波负责全书的审校。

鉴于水平与时间所限,书中存在的诸多不足之处还请各位专家、学者与广大读者不吝指出,以期在修订过程中进一步改善。

CONTENTS 目录

Chapter 01

第1章 国际发展的历史 | 001
引言 | 001
第一节 国际发展的思想渊源 | 002
 一、发展的最初涵义 | 002
 二、发展思想的形成 | 003
第二节 国际发展的实践萌芽 | 005
 一、英国早期的国际发展实践 | 005
 二、法国早期的国际发展实践 | 006
 三、国际联盟与托管制 | 008
第三节 国际发展时代的开启 | 010
 一、第四点计划 | 011
 二、欠发达的概念 | 011
 三、国际发展时代的开启 | 012
第四节 国际发展机构的建立 | 012
 一、万隆会议及其发展诉求 | 013
 二、国际发展机构的建立 | 013
本章小结 | 014

Chapter 02

第2章 发展理论 | 016
引言 | 016
第一节 古典发展理论 | 017
 一、亚当·斯密对政府与市场的分析 | 017
 二、马克思主义对资本主义体系的分析 | 018
 三、迪尔凯姆对传统社会和现代社会的分析 | 019
第二节 增长理论与现代化理论 | 020
 一、增长理论 | 021
 二、现代化理论 | 024
第三节 结构主义和依附理论 | 027
 一、结构主义理论 | 027

二、依附理论 029
　第四节　新自由主义理论 030
　　一、新自由主义定义与基本特征 030
　　二、新自由主义主要流派 031
　　三、新自由主义对经济政策的影响 032
　本章小结 033

Chapter 03

第 3 章　发展指标 035
引言 035
第一节　经济发展指标 036
　一、GDP 036
　二、绿色 GDP 038
　三、国民总收入 039
第二节　贫困指标 040
　一、收入/消费贫困指标 040
　二、多维贫困指标 041
第三节　综合发展指标 045
　一、人类发展指数 045
　二、性别平等相关指数 046
　三、社会进步指数 047
　四、生活质量指标 048
第四节　可持续发展指标 050
　一、基于生态观点的可持续发展指标 050
　二、基于价值核算的可持续发展指标 051
　三、可持续发展指标体系 053
本章小结 055

Chapter 04

第 4 章　发展目标 057
引言 057
第一节　联合国发展十年战略及其发展目标 058
　一、1961—1970 年：促进发展中国家经济总量的增长 058
　二、1971—1980 年：争取建立国际经济新秩序 059
　三、1981—1990 年：发展权成为不可剥夺的人权 059
　四、1991—2000 年：实施可持续发展战略 060
第二节　联合国千年发展目标 061

一、千年发展目标的基本内容 | 062
　　二、千年发展目标的实施成效 | 063
　　三、千年发展目标的负面评价 | 065
　第三节　联合国 2030 可持续发展目标 | 066
　　一、可持续发展目标的内容 | 067
　　二、可持续发展目标对千年发展目标的继承和超越 | 068
　　三、中国与联合国可持续发展目标 | 071
　本章小结 | 074

Chapter 05　第 5 章　贫困与发展

引言 | 076
第一节　贫困的概念 | 077
　一、经济学视角 | 077
　二、社会学视角 | 079
　三、发展学视角 | 080
　四、政治学视角 | 080
第二节　贫困的成因 | 081
　一、穷人原因论 | 081
　二、环境原因论 | 082
　三、贫困陷阱论 | 085
第三节　国际发展与减贫 | 087
　一、贫困的危害与扶贫伦理原则 | 088
　二、战后国际减贫思想的演变 | 090
　三、21 世纪以来的国际减贫目标及政策措施 | 093
本章小结 | 096

Chapter 06　第 6 章　健康与发展

引言 | 098
第一节　健康概述 | 099
　一、健康的概念与指标 | 099
　二、健康作为发展目标 | 101
　三、健康作为发展手段 | 102
第二节　发展中国家的健康问题 | 104
　一、发展中国家的主要健康问题 | 104
　二、政府在健康改善中的角色 | 105

第三节　国际发展与健康　　| 107
　　　　一、MDG 和 SDG 健康方面的目标和指标　　| 108
　　　　二、国际健康发展援助　　| 111
　　本章小结　　| 116

Chapter 07　第 7 章　教育与发展　　| 118

引言　　| 118

第一节　教育与发展概述　　| 119
　　一、教育的概念　　| 119
　　二、教育的指标　　| 120
　　三、教育与发展　　| 122

第二节　发展中国家的教育　　| 124
　　一、发展中国家的教育问题　　| 124
　　二、改善发展中国家教育的方法　　| 127
　　三、改善发展中国家教育的政策措施　　| 128

第三节　国际发展与教育　　| 129
　　一、国际教育援助的目标　　| 129
　　二、国际教育援助趋势　　| 131
　　三、双边教育援助　　| 132
　　四、多边教育援助　　| 133
　　五、国际教育援助的演变　　| 135

本章小结　　| 136

Chapter 08　第 8 章　性别与发展　　| 138

引言　　| 138

第一节　性别平等与发展概述　　| 139
　　一、性别平等的概念及指标　　| 139
　　二、性别平等与发展　　| 142
　　三、性别平等进展滞缓的领域　　| 144

第二节　性别平等的促进因素　　| 146
　　一、性别平等与教育、健康　　| 146
　　二、能动性　　| 148
　　三、全球化　　| 150
　　四、国别层面促进性别平等的公共行动　　| 151

第三节　国际发展与性别平等　　| 153

一、两性平等发展目标(MDGs，SDGs) | 153
二、双边发展援助与两性平等 | 154
三、多边发展援助与两性平等 | 156
四、国际发展援助的效果及问题 | 159
本章小结 | 159

Chapter 09　第9章　环境与发展 | 161

引言 | 161

第一节　全球环境问题概述 | 162
一、全球环境问题的演进 | 162
二、全球主要环境问题 | 166
三、全球环境问题的特征 | 170
四、衡量全球环境的主要指标 | 171

第二节　全球环境问题的应对 | 173
一、人与自然关系的理论 | 173
二、低碳经济 | 175
三、环境政治与环境伦理 | 176

第三节　全球环境治理 | 178
一、联合国2030发展议程中的环境目标 | 179
二、全球环境治理的主体 | 181
三、全球环境治理的原则 | 184
四、主要国际环境公约、参与及影响 | 186

本章小结 | 187

Chapter 10　第10章　冲突、安全与发展 | 190

引言 | 190

第一节　冲突和安全概述 | 191
一、概念界定 | 191
二、暴力活动威胁发展进程 | 196

第二节　冲突和安全问题及其成因 | 199
一、发展中国家的主要冲突与安全问题 | 199
二、冲突与安全问题的成因 | 200

第三节　国际发展与冲突和安全 | 203
一、MDGs、SDGs与安全 | 203
二、冲突与安全问题的表现 | 204

三、解决冲突与安全问题的国际经验　　| 206
本章小结　　| 208

Chapter 11

第 11 章　多边发展援助　　| 210

引言　　| 210

第一节　多边发展援助概述　　| 211
　　一、多边发展援助的界定与构成　　| 211
　　二、多边发展援助体系的构成　　| 213
　　三、多边发展援助的职能　　| 215

第二节　联合国机构　　| 216
　　一、联合国发展机构　　| 216
　　二、联合国专业机构　　| 218

第三节　国际发展融资机构　　| 220
　　一、全球及区域开发性银行　　| 220
　　二、全球性基金　　| 224

本章小结　　| 225

Chapter 12

第 12 章　南北发展援助　　| 227

引言　　| 227

第一节　南北发展援助的演进及理念　　| 228
　　一、南北发展援助的演进　　| 228
　　二、南北发展援助的政策理念　　| 234
　　三、南北发展援助的硬实力与软实力　　| 236

第二节　南北发展援助的现状　　| 238
　　一、国际发展援助的协调机构：经济合作与发展组织　　| 238
　　二、DAC 国家援助规模　　| 239
　　三、援助渠道　　| 241
　　四、援助地区与国别分配　　| 243
　　五、援助部门分配　　| 245

第三节　国际发展援助的趋势与南北发展援助的问题　　| 247
　　一、国际发展援助的趋势　　| 247
　　二、南北发展援助的问题　　| 250

本章小结　　| 251

Chapter 13

第 13 章 南南发展合作 — 253
引言 — 253
第一节 南南合作的历史 — 254
    一、南南合作的起始阶段 — 254
    二、南南合作的曲折发展阶段 — 255
    三、南南合作的复苏阶段 — 256
    四、新南南合作阶段 — 258
第二节 南南发展合作体系及其特点 — 258
    一、南南发展合作的现状：以金砖国家为例 — 258
    二、南南发展合作与南北援助的共同点 — 260
    三、南南发展合作与南北援助的差异 — 262
第三节 南南发展合作的评价 — 263
    一、南南发展合作的效果 — 263
    二、南南发展合作的管理协调 — 264
    三、南南发展合作的改进 — 266
本章小结 — 268

Chapter 14

第 14 章 国际发展援助中的非政府行为体 — 270
引言 — 270
第一节 国际发展援助中的非政府组织 — 271
    一、非政府组织参与发展援助的动因 — 271
    二、非政府组织参与发展援助的优势 — 272
    三、官方援助机构与非政府组织的合作 — 273
第二节 国际发展援助中的私营部门 — 276
    一、私营部门参与发展援助的历史 — 276
    二、私营部门参与发展援助的形式和模式 — 277
    三、私营部门对发展援助的贡献 — 280
第三节 国际发展援助中的智库 — 282
    一、国际层面的国际发展智库 — 282
    二、国家层面的国际发展智库 — 285
本章小结 — 288

Chapter 15 第15章　援助有效性与发展有效性 | 290

引言 | 290

第一节　援助有效性 | 291
  一、援助有效性的国际进程 | 291
  二、国际发展援助的效果分析 | 293
  三、国际发展援助的消极影响 | 295

第二节　发展有效性 | 296
  一、《釜山宣言》：从援助有效性到发展有效性 | 296
  二、国际发展援助理念转型的国际背景 | 297
  三、国际发展援助领域的格局变化 | 299
  四、提高发展有效性的三原则 | 301

第三节　国际发展援助的效果分析：援助有效性和发展有效性 | 302
  一、国际发展援助的效果：援助有效性与发展有效性 | 302
  二、发达国家国际发展援助的效果 | 302
  三、新兴市场国家的对外援助效果 | 306

本章小结 | 309

Chapter 16 第16章　中国的对外援助 | 311

引言 | 311

第一节　中国对外援助概况 | 312
  一、中国对外援助历史与政策 | 312
  二、中国对外援助的特点 | 313
  三、对外援助的中国模式 | 316

第二节　中国与援助有效性议程 | 319
  一、中国对援助有效性的参与：受援国身份 | 319
  二、中国对援助有效性的理解：援助国身份 | 320

第三节　中国援外管理体系的发展 | 324
  一、中国对外援助的战略调整 | 324
  二、中国对外援助管理体系的改革 | 326

本章小结 | 334

参考文献 | 337

第 1 章

国际发展的历史

　　作为人类信仰的"发展"并非自古有之,不论是亚里士多德还是圣·奥古斯丁均认为永续增长为不可能。直至19世纪,随着"社会进化论"的产生,永续增长与持续进步才成为西方国家的主流理念,并随着资本主义的殖民扩张而遍及全球。第二次世界大战(简称"二战")后,杜鲁门提出的"第四点计划"开启了发展的时代。此后,"发展"的一般框架逐渐确立,相关理论的主要理念也已明确提出,各种国际组织逐步建立,成功地引起国际社会的普遍关注并动用了日益增加的资源,第三世界新兴国家的领导人也发现了从国际援助中可以获益的手段。"发展"时代的大幕正式开启。

第一节　国际发展的思想渊源

如果给予旨在增加人类福利的多种多样的实践活动一个名称，人们可以保留第一次世界大战结束前广泛使用的"文明"一词；可以用"西方化"以明确揭示发展模式的源头；可以选择表面上中性，其实含有某种倾向性的"现代化"一词；从富有战斗性的角度，可以采用"解放"一词。然而，"发展"一词可以压倒一切。"发展"一词是来自西方的舶来品，它最初用于自然领域，随后经历了从自然意义向社会意义的转变。从亚里士多德到圣·奥古斯丁，从启蒙运动到社会进化论，现代"发展"的哲学基础逐渐形成。

一、发展的最初涵义

"发展"是作为描述产生自经济过程的社会变革的词汇出现的，具有"开展"和"增长"的含义。要理解"发展"，首先应该考察自然之物或者生物生长（发展）所蕴含的意义。

首先，植物是按照既定的"规律"自发地生长（发展）的。变化既不是偶然的，也不是由外在因素所决定的。环境不应该是敌对的：一种植物要生长，必须避免冰冻，给予充沛的阳光；应该拔除周围的杂草；还应该施肥助长。

其次，一个生物机体的生长（发展）具有四个基本特点。(1)方向性：生长具有某种方向和目标。即使变化很大，其最终阶段也是从一开始就确定的：看到种子，就可以预知树木的形状。(2)连续性：大自然没有飞跃。即使幼芽破土而出或者蛹化为蝶，也只是同一个有机体逐步改变其面貌，而非"大自然"之突变。(3)积累性：生长遵循连贯的次序，后一个阶段取决于前一个阶段。花朵先于果实；儿童的符号思维先于逻辑活动的掌握。向高级阶段过渡，走向完美状态的成熟，均被解释为一种正增长。(4)不可逆性。生长的一个阶段被跨越或者登上一个阶梯后，就不可能倒退；成人不能重新成为儿童，果实不能重新开花，叶子不能再变成幼芽。

社会可以类比为一个生物机体，社会变革或者发展也可视为生物系统所固有的生长。但这种类比的代价是其忽视了社会历史的特殊性。事实上，没有任何东西能证明每个小村庄"注定"会变成一个大城市；作用于一个社会的外在因素（移民、政治联盟、战争）往往会彻底改变其历史进程。

二、发展思想的形成

在西方发展史的研究中,"发展"的起源常被追溯到古代亚里士多德的周期循环理论,然后沿着中世纪圣·奥古斯丁的单一周期理论、近代启蒙运动与无限进步观、社会进化论的脉络进行梳理。

(一) 亚里士多德的周期循环理论

亚里士多德(Aristotle,公元前 384—前 322 年)是循环理论的忠实信徒,在他看来,无限之物,没有极尽之物,就定义而言,乃是未完成和不完美的东西。他认为诞生、长大和达到成熟的东西势必以衰退和死亡告终,永远周而复始。亚里士多德学说的权威地位延伸至整个古代世界。提图斯·卢克莱修·卡鲁斯(Titus Lucretius Carus,约公元前 99—约前 55 年),写道:"人们尽管尚处于青春期,但这并不妨碍它有朝一日必然走向衰亡[1]。"

(二) 圣·奥古斯丁的单一周期理论

在公元最初几个世纪,罗马帝国的动乱使人认为世界走到了周期的终点。在这种衰老世界的政治不稳定的环境下,圣·奥勒留·奥古斯丁(Saint Aurelius Augustinus,354—430 年)试图把他那个时代的历史哲学与基督教神学调和起来。在基督教看来,"永恒的复归"是不可想象的,其原因在于历史是按照一个有始有终的计划展开的。而且,这种囊括所有国家的历史受化为肉身的耶稣——基督所左右,他的干预"一劳永逸"发生作用。圣·奥古斯丁主义保存了亚里士多德学说的周期(成长—衰落)构成因素和必然性的概念。但亚里士多德的"各个周期的历史连续交替"被圣·奥古斯丁的"作为单一周期构建的历史"所替代,从而开辟了历史的线性解释之路。这一观念认为人类以线性方式从过去进步而来,现在仍在进步,而且还会向未来无限进步。

(三) 启蒙运动与无限进步观

圣·奥古斯丁的思想在各个历史时代,特别是在中世纪被虔诚地接受并利用。与亚里士多德—圣·奥古斯丁的假设相联系,世界不可逆转的衰败迫使人们以生活在盛世的古人的模式作为参照。从一定程度上说,14—16 世纪在欧洲兴起的文艺复兴运动就属于此类运动:即重新发现古代,重新发现人们努力模仿的似乎不可超越的古人。17—18 世纪的启蒙运动是继文艺复兴后的又一次思想解放

---

[1] Gilbert Rist, *The History of Development: From Western Origins to Global Faith*, Zed Books, 2002, p.31.

运动,其核心思想是"理性崇拜",也开始出现关于认识进步的可能性的争论。譬如勒内·笛卡尔(Rene Descartes,1596—1650 年)曾批评把古人看得过高了,他写道:"恰恰是我们……应该被称作古人。世界现在比以往更老到,我们有着更加丰富的关于事物的经验。"[1]尽管"发展"和"增长"在西方的传统中始终被视为"天然的"和积极的东西,但它们的推进长期被某种界限意识和最佳状态意识套上了笼头:按照"自然规律"或者"上帝的计划",增长曲线必然会出现逆转。现代派的捍卫者丰特奈尔(Bernard le Bovier de Fontenelle)于1688年出版了《田园诗兼论牧歌至本性·闲话古今诗人——为拉多芬富人辩护》一书,认为当代人的认识将始终充实前人的认识,绝对不会出现知识的衰落[2],这既同否定无限性的亚里士多德思想相对立,又同认为世界末日不可避免的圣·奥古斯丁的传统思想相左,但两者关于增长必要性的思想则被保留下来。"从17世纪末开始,进步的意识形态赢得了主导地位,莱布尼茨(Gottfried Wilhelm Leibniz,1646—1716 年)建立了无限进步观,认为社会的无序和倒退只是表面现象,社会和人的精神均会不断进步。

(四) 社会进化论

19世纪社会进化论作为新的范式出炉,这种理论促使西方比其他社会优越的观念牢固地扎根于西方的集体想象之中。该理论的基本观点为:首先,进步是与历史共存(同质)的;其次,所有民族经历同样的道路;最后,所有社会都没有以和西方同样的速度前进,西方同其他社会相比拥有毋庸争议的"先进性"。让·巴蒂斯特·萨伊(Jean-Baptiste Say)(1767—1832 年)认为,人类从不知产权为何物和只能满足有限需要的野蛮部落起步,经过低级文明,随后到达以能够满足极其丰富的需要的工业生产为特征的高级文明。处于这一进程边缘的社会,"它们要么归化文明,要么灭亡。没有任何东西能够抵挡文明和工业的威力。唯一生存下来的动物将是工业繁殖的动物。[3]"奥古斯特·孔德(Isidore Marie Auguste François Xavier Comte,1798—1857 年)试图证明,所有国家都经过神学阶段,然后是形而上学阶段,最终达到建立在被经验所证实的行为基础上的科学大获全胜的"实证阶段"。卡尔·马克思(Karl Marx,1818—1883 年)重新解读了历史并从中得出社会发展"以铁的必然性发生作用并且正在实现"的规律,从而证明从封建主义到资本主义,最后必将走向共产主义社会。马克思写道:"工业较发达的国家向工业较不发达的国家所显示的,只是后者未来的景象。"[4]

在社会进化论的思维范式下,非西方的历史被贬低为对西方伟业的模仿。在

---

[1] Gilbert Rist, *The History of Development: From Western Origins to Global Faith*, Zed Books, 2002, p.35.
[2] Gilbert Rist, *The History of Development: From Western Origins to Global Faith*, Zed Books, 2002, p.36.
[3] Jean-Baptiste Say, *Cours complet d'économie politique* [1828], Brussels: Société typographique belge, 1843, Part one, Chapter XIII, p.74.
[4] 《马克思恩格斯选集》第 2 卷,北京:人民出版社,1995 年,第 100 页。

政治层面上,社会进化论赋予19世纪末的殖民化新浪潮以某种合法性。西方某些国家通过自命为全人类共同历史的先驱,将殖民化视为旨在促进或多或少是"落后"的社会向着文明道路"迈进"的功德无量的事业。

第二节 国际发展的实践萌芽

从19世纪末开始,"列强"[1]通过殖民干涉将其主流观念付诸实践并在一定程度上开辟了"发展"进程中的一个阶段。可以认为"发展"在殖民时期某种程度上已经存在,只是没有用恰当的词语来表述。根据各宗主国和地方的利益,殖民化采取了不同的形式。与英国相比,法国更多使用"父亲式"的方式,给殖民地的自主权相对较少,其干涉行为也更需要学说的支撑。

一、英国早期的国际发展实践

直到20世纪20年代,英国政府还认为殖民地的行政部门应负责维护本地的法律和秩序,管理和社会服务所需的费用应该在当地筹集。殖民地不被鼓励从英国政府那里获得财政和经济援助,而且也没有用于促进殖民地发展的任何计划。向殖民地提供的任何援助都由议会每年投票决定,并且一般限于临时突发事件。

(一) 1929年殖民地法案

直到1929年,英国政府都不承担向殖民地提供财政援助的任何法律责任。1929年《殖民地发展法案》(*Colonial Development Act*)的目的主要是通过促进殖民地的工业和贸易降低英国的失业率。该法案建立了一个"殖民地发展基金"(Colonial Development Fund),每年提供不超过100万英镑的资金,支持殖民地的农业和工业,并以此促进与英国之间的贸易和英国国内的工业。[2] "殖民地发展咨询委员会"(Colonial Development Advisory Committee)在对殖民地政府所提出的计划和项目进行系统审查后对资金进行分配。委员会普遍认为,该法案不允许

---

[1] 19世纪末20世纪初,随着资本主义向帝国主义过渡,英国、法国、俄国、德国、美国、日本等帝国主义列强争夺殖民地和势力范围的斗争加剧,更多的国家沦为殖民地或半殖民地,非洲被瓜分殆尽,拉丁美洲实际上成为半殖民地,资本主义世界殖民体系最终形成。
[2] 参见:UK Government, "Colonial Development Act 1929", 1929. http://www.legislation.gov.uk/ukpga/Geo5/20-21/5/enacted.

对社会服务部门、经常性支出或不会给英国带来任何收益的项目进行援助。[1]

(二) 1940年《殖民地发展和福利法案》

1935—1938年,社会动荡困扰着殖民地。殖民地办公室认为,在特立尼达和多巴哥、巴巴多斯和牙买加发生的动乱是由当地的低工资、高失业率、住房和卫生条件差所导致的,其担心有类似问题的其他殖民地也会出现这样的骚乱。1929年《殖民地发展法案》中的限制条件是不可持续的。于是联合王国政府在战时通过了1940年《殖民地发展和福利法案》(the Colonial Development and Welfare Act 1940),资金增加到每年500万英镑,并将殖民地发展法案的目的扩展到包括殖民地臣民的福利。[2]

(三) 1945年《殖民地发展和福利法案》

二战后的工党政府认为应在协助殖民地发展方面发挥重要作用。1945年的《殖民地发展和福利法案》取代了先前的两个法案并将援助额增加到10年1.2亿英镑。更为长期的承诺是为了让殖民地政府对公共工程、社会服务和农业的长期计划进行规划。各殖民地政府被要求在与当地居民代表协商后制定一个十年计划。计划所需的大部分资金由地方财政收入和贷款提供,英国政府试图尽量减少援助金额。《殖民地发展和福利法案》确立了英国第一批系统的援助计划。[3]

二、法国早期的国际发展实践

殖民干预的形式因宗主国不同而有着很大的差异。就最大的两个殖民强国英国和法国而言,前者以授权制(借助传统权威行使法律和秩序,而非直接统治)来实施行政管理,而后者以大共和原则的名义实施同化政策,旨在将殖民地人民改造成与法兰西人共认高卢人为同一祖先的未来公民。与英国相比,法国形成了更为完备的殖民地价值学说。

(一) 法国殖民地价值学说的形成

早在19世纪末之前,欧洲的殖民活动就已经有很长的历史了。但是,直到19世纪末新殖民冒险开始之时并没有明确的学说。法国由于对抗德国失败而感到自卑,最初的目标只是想保持自己的地位,但看到其他欧洲国家,特别是英国、德国、

---

[1] Owen Barder, "Reforming Development Assistance: Lessons from the U.K. Experience", Working Paper Number 70, Center for Global Development, October 2005, p.4.
[2] UK Government, "the Colonial Development and Welfare Act 1940", 1940. http://www.odi.org/sites/odi.org.uk/files/odi-assets/publications-opinion-files/8077.pdf.
[3] UK Government, "the Colonial Development and Welfare Act 1945", 1945. http://www.odi.org/sites/odi.org.uk/files/odi-assets/publications-opinion-files/8077.pdf.

意大利和比利时通过扩张新的殖民空间而增强了实力,国家利益的考虑促使它效法同样的勾当。不过,它遇到了强烈的反对:自由派的经济学家批判殖民保护主义,认为这些新战争和统治所征服领土的行政费用远高于能够从这些地方得到的利益;民族主义者则认为,收复阿尔萨斯-洛林地区比进行远征紧迫得多;社会党人则采取了人道主义的中间路线,主要批判殖民化的弊端和无节制地追逐利润。

曾担任法国国务委员会主席的朱尔·费里(Jules François Camille Ferry)担负着实施殖民化的使命,而且肩负制定一种学说的重任。"弘扬殖民地价值"的学说于 1885 年 7 月 28 日被提交国民议会,获得了准官方法规的地位。该学说的三大支柱包括:其一,生产的不断增长和资本的积累对经济空间的扩展提出要求,殖民扩张则提供了出路。随着国际竞争的愈趋激烈,该出路愈趋必要。其二,"高等种族"对于"低等种族"具有某些权利和义务,特别是应该同他们分享科学和进步的好处。其三,殖民化有利于法国保持其大国地位,避免走上"没落之路"。

(二)法国殖民化的舆论动员

为保证殖民化得到民众的支持,拥有足够多数量的人员"前往殖民地"并在那里定居,地理学会应运而生,教会也不甘落后。由于来自不同阶层的多方面努力,法国的舆论从 19 世纪最后十年开始广泛地接受了殖民化的原则,仅用了大约 20 年的时间,法国就改变了对殖民化的冷漠态度并说服了怀疑者。其主要论据包括:其一,"责任"说。认为殖民化不是一个可以选择的事业,而是一种责任。[1] 其二,"既成事实"说。认为既然往事已不可追,倒不如顺应它所创造的逻辑,相信这个行动是在为人类利益服务。

(三)法国殖民地的发展实践

如果根据逐步确立的"发展合作"的原则来描绘殖民历史,那么今天标榜为发展的东西一定程度上是在殖民地时期早就构想和实践过的。

1. 在行政管理层面

为了避免在招募殖民地行政管理人员时产生混乱并培养称职的干部,法国于 1889 年 11 月 23 日创建了一所进行"殖民科学教育"的殖民学校。这所学校 20 世纪初在索邦大学(巴黎大学)曾开设每周两小时的"殖民教育自由课程",而且设立了殖民协会,每年提供给最优秀学生 20 000 法郎的奖学金。今天,法国的各种发展研究所或多或少继承了这所学校的部分教育内容和特点。

2. 在文化领域

人们并不赞同一种建立在简单模仿宗主国制度基础上的划一的同化主义政

---

[1] Charles Gide, 'Conférence sur le devoir colonial' [1897], quoted in Pierre Aubry: *La Colonisation et les colonies*, Paris: Octave Doin & Fils, 1909, p.78.

策,认同殖民地"文化维度"的重要性。承认"土著人的政治、法律及经济制度并非基于偶然性或者个人一时心血来潮的任意组合,而是当地自然和心理环境的必然产物"。

3. 在健康领域

今天作为世界卫生组织官方学说组成部分的"对于基本健康的关注"的理念当初即为法国原殖民地部部长阿尔贝·萨罗（Albert Sarraut）广为倡导。萨罗写道:"必须发展普遍卫生和预防事业。归根结底,必须在所有地方增设医院、诊疗所、妇产院、救护车,组织从大城市下到穷乡僻壤或者惠及贫困民众的'流动'医疗帮助。"[1]

4. 在教育领域

许多人早已注意到了职业培训和殖民化之初照搬欧洲模式所造成的"教学灾难"。当时已经提倡适合当地环境的教学大纲,学校的教材不以欧洲学童的日常经验为基准。

不过,殖民地发展中的"善良意图"并不足以使人忘却殖民制度的本质,如强迫劳动、徭役、横征暴敛、人口迁移、不劳而获的逐利文化、欧洲人高人一等的优越感、强权泛滥等。当年,"发展"是属于宗主国的特权,这种显然是不对称的、等级制的和不平等的关系包罗了整个殖民地事业。

三、国际联盟与托管制

殖民化制造了为干涉欧洲以外的国家进行辩解的理由,国际联盟则为这种干涉披上了合法的外衣。

（一）国际联盟与发展

一战后各国在如何处理德国的殖民地和分崩离析的奥斯曼帝国属地等问题上分歧很大。以其军队在协约国的胜利中起了决定性作用的美国为一方,美国在反殖民传统及自由贸易的旗帜下坚决反对英国和法国扩张其殖民帝国。以英法为另一方,则试图以德国老殖民地的新主人自居,并力图增强他们在战争中取得的近东（英国人在伊拉克、约旦和巴勒斯坦,法国人在叙利亚和黎巴嫩）的实力地位。社会党人,特别是英国社会党人和形形色色的博爱运动并非真正反对对属于各个战败帝国的领地的殖民统治,但是希望将这种统治权授予一个国际权力机构——国际联盟（League of Nations）,而不是殖民国家。各方妥协的结果是以国际联盟的名义赋予殖民列强对于"可接受的"领地的"托管"权,同时要求殖民列强

---

[1] Sarraut, Albert: *La Mise en valeur des colonies françaises*, Paris: Payot, 1923, pp.94-95.

承担义务,将它们的管理活动报告给由瑞士人威廉·拉帕德(William Rappard)出任秘书处领导人的国际联盟的一个机构——托管常设委员会(Permanent Mandates Commission,PMC)。美国获得了胜利,因为这些领地摆脱了贸易保护主义,开始实施所谓的门户开放政策;欧洲殖民列强也心满意足,其殖民制度由一个国际机构披上了合法的外衣;而殖民统治的反对者们则认为所有的操作都是在一个国际机构监督下进行的,所以也颇觉心安理得。

最终,各方一致同意《国际联盟公约》第22条的文本。首先,在国际文件中第一次使用了"发展程度"(stage of development)的概念对不同国家进行分类,同时明确指出"发达"国家处于这个阶梯的最高端。这种观点符合当时占主导地位的进化论。其次,除了经济和政治利益之外,"文明""物质福利和美德""社会进步"等普世价值——被西方列强用来为其干预其他民族的行为披上了合法的外衣。而且这种普世主义是被视为"少数"的土著居民与对之实施保护的受委托国之间的扮演某种顾问角色的国际机构的监督来保障的。

以上意识形态得到了制定所谓"双重托管"学说的弗里德里克·卢格德(Frederick Lugard)爵士[1]的进一步完善。根据卢格德的观点,受委托强国在两个层面上对自己的活动负责。首先,面向殖民地人民。列强应该通过关注殖民地人民固有利益(trust for the benefit of native population)来"解放"他们;其次是面向全人类(trust for the benefit of world development)。开发巨大的热带资源为全人类的利益服务。这是以人道意识形态的名义掩盖宗主国直接利益的一种巧妙方式,这种关于"托管"的新解释很快地被国际联盟所接受。

(二) 国际托管的局限性

托管常设委员会的工作仅限于编制关于托管地状况的调查表,记录受委托列强提供的答案,并附上字斟句酌的评注或者不指望能够实现的冀望。尽管如此,托管常设委员会还是尽可能地采取了一些措施来促进"殖民地人民的物质和精神福利",并就居民社会状况、反对奴隶制、劳动条件、卫生状况、保障地权等提出了一些方案。

但是,结构松散的国际联盟既没有发挥作为其创建宗旨的政治作用,也未能避免中国与日本之间出现的冲突以及意大利对埃塞俄比亚的侵略,更无力阻止第二次世界大战的爆发。旨在对受委托列强的活动实施监督的托管制度,在一定程度上反映了这种制度的局限性并为殖民国家大开了方便之门。

首先,托管常设委员会的公正性备受质疑。大多数受委托强国事实上都是托管常设委员会的成员,该委员会所肩负的责任是讨论旨在"增加殖民地人民福利"

---

[1] 生于印度,长期在非洲的英国军队中任职,退休后成为国际联盟托管常设委员会成员。

所采取的行动的年度报告,但却无权进行独立调查。

其次,托管常设委员会只有建议权。即该委员会只能提出建议或者意见,并将其交付受委托列强和殖民国家同样占有席位的国际联盟理事会,理事会本身能采取的行动也只是建议。从1923年开始,托管常设委员会赋予托管下的居民以请愿权,但该权利只能通过受委托强国行使,不能直接向托管常设委员会陈情。

国际合作的观念来自中国这个国际联盟的全权成员。从巴黎会议开始,中国就希望这个国际组织通过提供知识和资本来推进现代化。中国提出的第一个要求与卫生和保健领域相关,中国建议国际联盟向中国派遣专家,安排当时附属于国际联盟的卫生组织领导的一个专家组赴华,并允许中国专家到欧洲和美国观摩。这种合作逐步扩展至教育、交通和农村合作组织领域。1929—1941年,国际联盟为中国提供了将近30名专家。国际联盟声称这些专家的使命具有纯粹"技术"的性质,而且这些专家丝毫没有损害中国的主权。他们只提出建议,无权做出决定。1933年7月18日,国际联盟在此框架内任命了"行使同中国国家经济委员会进行联络,以同国际联盟的主管部门展开合作的技术官员职能的一个技术代表"。该"联络官员"既向中国通报国际联盟各技术组织的运作,又向国际联盟转达中国提出的各种合作要求并实地协调国际联盟各技术组织的专家活动。该国际合作之所以具有里程碑的性质,是因为中国当时属于"落后"国家。这种国际合作的倡议并非出现在为受委托列强民族利益所左右的托管制的框架内,而且这种技术合作并非在国际机构出资"援助"的形式下产生的,而是建立在国际联盟与它的一个独立成员国之间平等关系的基础上。

第三节　国际发展时代的开启

二战后殖民的土壤已不复存在。首先,欧洲为了将自己从纳粹铁蹄下解放出来,不得不求助于美国和苏联这两个新崛起的强国,而美国和苏联均无意保护殖民帝国的存在。1945年10月24日,国际联盟被联合国取而代之。其次,"集中营"揭露了一个妄想统治其他种族的野心会导致何等残忍的暴行。随着对种族主义的谴责,种族概念本身也受到质疑。联合国大会于1948年12月10日通过的《世界人权宣言》重新强调了一切人的平等,要求立刻解放长期以来作为受监护者或者"次等"民族而被统治的一切人。最后,不少"次等"民族参与了欧洲列强深陷其中的大量战役,"列强"有义务兑现战时对他们的若干承诺。

战后初期,最紧迫的问题似乎不在南方而在北方,特别是废墟遍地的欧洲重建问题。1947年6月5日出笼的马歇尔计划,为援助欧洲经济并为战后必须转移的美国巨大产能提供了出路。但同盟者之间的裂痕也随即产生,冷战开始,北约应运而生,南方变革的重要性退居其次。在这种显然不利于对西方之外的事件进行关注的环境下,"发展"概念产生了。

一、第四点计划

1948年年末,美国的对外政策不得不面对几乎在世界各地发生的巨大变革。1949年1月20日杜鲁门总统发表的"国情咨文演说"呈现出几条清晰的思路,他提出了三个基本对外政策理念:美国继续支持联合国新组织,继续通过马歇尔计划支持欧洲重建,通过建立一个共同防御组织即北大西洋公约组织来对付苏联的威胁。除了这三点之外,一位官员还提出了一个补充意见,建议将此前给予拉美国家的技术援助扩大至所有不发达国家。几经踌躇之后,这个理念被接受,这就是"第四点计划"。

"第四点计划"的提出开创了"发展的时代"。该"计划"提出时,仅限于动员非物质资源(科学和技术)、北美的各种社会角色(资本家、农场经营者和工人)和国际共同体,美国政府本身没有做任何承诺,只是表示它在借助联合国所能发挥的作用的同时,会为相关行动掌舵,把握方向。然而,该"计划"在观念上的创新提出了思考国际关系的新方式。

二、欠发达的概念

"欠发达的"(underdeveloped)这个形容词出现于杜鲁门演说的"第四点计划"第一段的首句。这是该词第一次作为"经济落后地区"(economically backward areas)的同义词在文件中使用,它改变了"发展"一词的意义,导入了"发展"与"欠发达"之间的一种新颖的关系。

在经济和社会领域中,马克思、包罗·勒鲁瓦-博利厄(Paul Leroy-Beaulieu)均使用过该词,它还出现在《国际联盟公约》第22条中,该公约提到存在着不同的"发展程度"。1899年,列宁写了著作《俄国资本主义的发展》(*The Development of Capitalism in Russia*);1911年,熊彼特(Schumpeter)撰写了《经济发展理论》(*Theory of Economic Development*)一书;1944年,罗森斯坦-罗丹(Rosenstein and Rodan)提出了《经济落后地区的国际发展》(*The International Development of Economically Backward Areas*)的建议。1948年12月,联合国大会投票通过了两个决议,分别为《欠发达国家的经济发展》(Economic Development of Underdeveloped Countries)和《对于经济发展的技术援助》(Technical Assistance for Economic Development)。这些对于"发展"的使用具有一个共同点,那就是按照西方的传统概念,"发展"是个不及物的现象,即它完全是一个"自生"的现象,人们似乎不能对其做出改变。

"欠发达"的概念首先在语义上表明在走向最终目标的过程中有可能发生的变化，而且特别强调激发这种变化的可能性。"欠发达"被视为一种存在的状态，不仅肯定事物在"发展着"，而且指出我们可能对事物加以"发展"。"发展"于是具有了一种及物的意义。其次，"欠发达"的概念不仅是语义上的变化，它们很快就形成了世界观。在此之前，殖民地人民与殖民者存在于不同、甚至对立的世界，为了缩小差距和冲突，争取民族解放的斗争就不可避免。"发达"国家与"欠发达"国家的新二分法提出了一种符合新的世界人权宣言和国家体系逐步全球化精神的不同关系。一个生活在其中的所有国家权利平等的世界，由此取代了原来的殖民地屈从于宗主国的等级制关系。"欠发达"国家与"发达"国家同属于一个家庭，即使前者比后者落后，也能期望弥补差距……最后，就理念层面而言，"发达"与"欠发达"的二元结构导入了两个词之间的"实质的"连续性理念，两者之间的差别只是相对的。"欠发达"状态不是"发达"的对立面，而只是它的未完成时。在此理念之下，发展与增长被看作弥补差距的唯一符合逻辑的方式。

三、国际发展时代的开启

"第四点计划"可以被视为"发展"时代的开创性理念，它确认了一种全球战略。虽然该战略首先是为世界最强国的特殊利益服务的，但其却以一副关心全球共同福利的姿态，将"发展"描述为一整套技术措施(利用科学知识、加强国际贸易、生产率增长)，因此有超然物外、凌驾于政治争论之上的态势。而且，该文本将"欠发达"定义为一种不足状态，而未将"欠发达国家"定义为穷国，发展援助和增长被视为唯一可能的出路。

因此，从1949年开始，全球有20多亿居民在其本身不知晓的情况下改变了称谓，他们不再是非洲人、拉丁美洲人或者亚洲人，而全都是"欠发达国家人"。这个新"定义"对于从殖民地独立的人民来说，这是确认他们赢得法律平等的一种方式，至少从表面上看，他们赢得了尊重和繁荣，该定义得到新独立国家领导人的接受，因为他们可以利用"援助"来达到"发展"的意图。但是，他们在取得援助的同时，却不得不走上他人规划出的"发展道路"。"发展"时代与殖民时代的一个不同之处在于：殖民时代将世界看作越来越庞大的帝国的政治空间，而"发展"时代经济目标变得越来越重要，国内生产总值的增长开始主导一切，成为重中之重的迫切需要。

第四节　国际发展机构的建立

二战后，如果大家不怀疑美国对于马歇尔计划、联合国和北约(杜鲁门演说的前三点)的承诺,就有充分理由相信"第四点计划"以及"援助发展"的前景。就国际政治而言,20世纪50年代的世界毋庸置疑处于冷战主导之下,冷战至少产生了两大后果。一方面,它构建了大国意识形态战场上的"第三世界",使得新独立国家或者民族独立运动得到了有势力的保护者的支持;另一方面,它完全封杀了联合国的政治决策制度,安理会常任理事国的否决权阻止了《联合国宪章》第七章规定的在和平受到威胁、和平破裂和出现侵略行为的情况下采取行动的一切可能。因此,联合国不得不更多地关注较有共识的议题,而"发展"在其中占有重要的地位。

一、万隆会议及其发展诉求

1955年4月18—24日,为了确立有利于亚非国家"发展"的共同政策,缅甸、锡兰(今斯里兰卡)、印度、印度尼西亚和巴基斯坦等29个亚非国家和地区的政府代表团在印度尼西亚的万隆召开了一个标志着"不结盟运动"和第三世界在国际组织框架内表达诉求的国际会议。该会议标志着第三世界国家在政治领域和"发展"领域中集体诉求(非殖民化)的开始,会议通过的《亚非会议最后公报》,涵盖了与会国在经济合作、文化合作、人权和自决、附属地人民问题、促进世界和平与合作等多个方面所达成的共识。公报中"关于促进世界和平和合作的宣言",提出了十项原则,是亚非国家对国际关系准则的重要贡献,是世界历史进程中划时代的里程碑。

从一开始,万隆会议的调子就已确定:从发展的必要性而言,大家一致认为"发展"是必需的,它应该在世界经济一体化的前景下实现;"发展"是根本的经济活动,它可以通过以私人投资和外部援助为基础的生产和积累来进行。会议提出实施工业化以就地转化第三世界生产的原料,并认为这在很大程度上依赖现代技术的应用。就机构层面而言,万隆会议的主要贡献在于其推动了肩负着推行工业国家特别是美国所提出的"发展"模式重任的新的国际机构的设立。

二、国际发展机构的建立

联合国大会从1948年年末就开始对"发展"表示关注。《联合国宪章》第55条a款规定"联合国有义务促进生活水平的提高,充分就业与经济和社会秩序中的进步和发展条件",具体措施则由联合国秘书长同经社理事会和联合国体系成员机构合作实施。

联合国大会于1949年11月6日表决通过创建由成员国志愿提供资金的"技术援助扩大计划"。该计划的基金主要用于派遣专家、为第三世界侨民提供助学金和培养干部。除技术援助之外,还提供资本转移。联合国经社理事会首先谋求通过世界银行来解决这个问题,但世界银行认为投入资本的回报率不足,就予以了拒绝。因此,必须寻求其他手段来支持回报率低的计划,尤其是在基础设施领域。这一问题最终通过两种方式予以解决：一方面,世界银行在 1956 年创建了支持私人投资的国际金融公司(International Finance Corporation，IFC),随后又在 1960 年设立了负责以比市场更优惠的条件向最贫困国家提供贷款的国际开发协会(International Development Association，IDA)。另一方面,联合国大会于 1958 年 10 月 14 日建立了联合国经济发展特别基金,旨在募集为最不发达的国家的重要计划提供援助的志愿资金。这个特别基金和技术援助扩大计划于 1965 年合并为联合国开发计划署。亚洲和非洲的地区开发银行于 1964 年和 1966 年先后创立。而稳定原料价格和运输问题有关的措施则构成 1964 年建立联合国贸易和发展会议的重要原因。

1962 年,联合国代理秘书长吴丹要求联合国大会宣布联合国发展十年计划。吴丹在其报告的前言中并未承诺欠发达问题将在十年中解决,但他导入了一系列主题词,这些主题词后来被一再复述,构成了关于"发展"话语的基本表述。

(1) 国际发展的内涵。"发展不单纯是经济增长的同义词,它是一种伴随着变革的经济增长。""发展的硬核"当然是增长,此外还应该加上某些东西,亦即"变革"。

(2) 保持对发展的希望。尽管决议在前言中指出,虽然"近年来做出了种种努力,经济发达国家居民与欠发达国家居民之间的收入差距扩大了",但是"十年来,我们不仅更好地了解了发展过程及其要求,而且取得了重要的成果"。即努力没有白费,应该对发展保持希望。

(3) 强调"在基础设施领域提供援助既可体现国际团结又可照顾到援助国的利益"。团结与利益的结合成为同时说服将"人类使命"置于优先地位者和国家利益捍卫者的"发展"话语的基本要素之一。一方面,肯定团结应是无私的;另一方面,又照顾到相关国家(援助国)的利益。

本章小结

"发展"的含义与自然之物或生物"生长"有着密切关联。生物按照既定"规律"自发地生长,社会也遵循特定的规律发展。生物机体的生长具有方向性、连续性、积累性和不可逆性,社会发展也常常被赋予此种特征。此种类比虽然具有简便性和逼真效应,但也忽视了社会历史的特殊性。现代意义上的"发展"思想并非自古有之,亚里士多德是循环理论的忠实信徒,圣·奥古斯丁在亚里士多德学说的周期构成因素和必然性概念的基础上构建了唯一周期历史观,莱布尼茨的无限进步观认为社会和人的精神都会不断进步,社会进化论使无限进步观的范式趋于成熟。在社会进化论者看来,进步与历史共存,所有民族经历同样的道路,西方社会具有无可争议的"先进性"。

这些思想为西方国家对其他民族的殖民化和强力改造提供了理论基础。19世纪末,法国在"高等种族"对"低等种族"具有某些权利和义务的理论支撑下在殖民地展开大规模发展实践。这些实践活动涉及行政管理、文化、健康、教育等诸多领域。第一次世界大战结束后,战胜国对战败国殖民地的处理采取的国际联盟托管制,为西方强国对这些地区的干涉披上了合法的外衣。《国际联盟公约》首次在国际文件中使用"发展程度"的概念对不同国家进行分类,同时指出"发达"国家处于这一阶梯的最高端。

第二次世界大战结束后,殖民的土壤不复存在,国际联盟被联合国取代。《世界人权宣言》重新强调一切人的平等,殖民者与殖民地的二分法不再适用,"欠发达国家"成为对前殖民地地区的新称谓。这一称谓冲淡了原来"高等民族"与"低等民族","殖民者"与"殖民地"之间的对立色彩,并得到新独立国家领导人的认可。国内生产总值的增长开始主导一切,世界进入国际发展时代。国际发展时代与国际发展机构紧密相连,其中联合国所扮演的角色最为重要。《联合国宪章》规定了联合国有义务在"发展"领域发挥作用。

关键词

社会进化论　国际联盟　第四点计划　万隆会议

简答题

1. 试述国际发展思想的形成。
2. 试述国际发展实践萌芽的内容与形式。
3. 国际发展时代开启的标志是什么?
4. 试述国际联盟托管制的局限性。
5. 试述"第四点计划"的内容与影响。

思考题

1. 试析社会进化论的起源、影响与局限。
2. 试析早期的国际发展思想与实践及其对殖民地政策的影响。

第 2 章

发 展 理 论

从亚里士多德的周期循环理论到圣·奥古斯丁的单一周期理论,从启蒙运动与无限进步观再到社会进化论的高奏凯歌,以无限增长为核心的发展观逐步形成并随着资本主义的扩张而成为全球性信仰。在追求发展的过程中,从经济增长理论到现代化理论,从结构主义与依附论到新自由主义,不同的理论流派从不同的视角提出了各自的发展方案,并影响了二战后的国际发展实践。总体来看,主要的理论争鸣是沿着两条主线展开的。一条是关于发展驱动力的讨论,主要围绕着政府与市场在发展中所扮演的角色展开,凯恩斯主义与新自由主义对政府与市场有着各自的偏爱。另一条是关于不发达的原因来自内部还是外部的讨论,现代化理论强调内部的传统性而依附论则关注国际体系的不平等性。

第一节　古典发展理论

虽然国际发展时代的开启是第二次世界大战之后的事情,国际发展理论的争鸣也主要是二战后的现象,但当代国际发展理论中的诸多思想可以从古典发展理论中找到渊源。新自由主义对市场的推崇与亚当·斯密的理念一脉相承;依附论对"中心"与"外围"的讨论可以追溯到马克思、恩格斯与列宁的思想;迪尔凯姆关于社会本质的讨论引出了工业社会的思想,推动了现代化理论的产生。

一、亚当·斯密对政府与市场的分析

亚当·斯密(Adam Smith,1723—1790年)的著作是苏格兰启蒙运动的一部分。18世纪的欧洲启蒙运动非常强调人类理性的作用,神学逐渐退出主导社会的历史舞台,转而由社会科学代替。弗朗西斯·哈奇森(Francis Hutcheson)发展出了一套早期的哲学和社会学,主要关注人的本质与合理的社会行为。休谟(Hume)继承了哈奇森的衣钵,对人类的本质展开了经验性研究。牛顿(Newton)推动了经验方法的广泛应用,从而催生出具有历史性和比较性的社会科学,其中首先要关注的问题便是政府在经济运行中所扮演的角色。

(一) 斯密的古典政治经济学观点

亚当·斯密是古典政治经济学派当之无愧的领航者,纵观斯密的著作可以发现,斯密对牛顿定律给予了明确的肯定,并希望自己能像牛顿一样,总结出社会的第一定律,重构复杂的现实世界。斯密将经济看作一个综合的系统,试图把握这个系统内部的运行规律,并提出适宜的政策建议。斯密开创性地把道德(包括自爱、同情和劳动)看作社会运行的基础,认为个体行为合力创造了和谐的社会,这个法则同样适合经济领域。

亚当·斯密在《国富论》(1776年)中对国民财富的增长进行了分析,认为财富来源于创造性的人类劳动,这种劳动作用于自然物之上,能生产出有用的物品。国家财富增长的关键是劳动生产率的增长,它与劳动分工的日趋细化紧密相关。斯密所阐释的经济模型包含以下几个重要的内容:(1)劳动分工:生产专业化促进经济的巨大增长。(2)市场:市场机制为产品流通提供了条件,并通过价格信号作用于经济系统,从而理性地调节经济行为。(3)理性经济人假设:买者和卖者都是理性的,他们知道自己想要什么。(4)自发秩序:在市场机制下,对个人利益的追

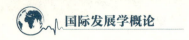

求会使社会利益最大化。(5)在劳动分工的情况下,政府应该减少对经济的干预,让市场自由发挥作用。(6)经济的长期发展需要消除重商主义的制约,重商主义的做法实质上限制了市场活力的发挥。

(二)亚当·斯密对新右派的影响

20世纪80年代,在发达国家,亚当·斯密的著作备受新右派的推崇,被经济自由主义奉为传统经典,此派理论的核心分析概念是自由市场体系,他们认为自由市场能够最大限度地增加人类的福利。在经济方面,自由市场能有效地分配经济体系内的知识和资源,使物质利益最大化;在社会方面,个体必须为自己的行为承担责任;在政治方面,自由主义可以提供平衡的办法来处理工作部署、资源分配和权力控制的问题,从而确保政治自由的最大化。在发展中国家,新右派通过国际货币基金组织和世界银行推进新自由主义改革,但并不为发展理论界认同。但新右派最为反感的国家干预却为日本乃至东亚的发展带来了巨大的变化,国家支持的发展(state-assisted development)颇为兴盛。

二、马克思主义对资本主义体系的分析

在关于第三世界发展方面,马克思主义的突出贡献是其对"中心"与"外围"关系的分析。从马克思与恩格斯到以列宁为代表的古典帝国主义学派,再到以保罗·巴兰为主的新马克思主义者,都从各自的视角对资本主义中心与第三世界外围的关系进行了分析。

(一)马克思主义的伦理与方法

19世纪中叶,法国革命和工业革命的影响遍及整个欧洲。农业化、等级化和崇尚谦卑恭顺的社会形态逐渐被工业化、崇尚自由和个人主义的社会形态所代替。在此背景下,马克思基于一定的伦理和方法,分析了资产阶级和资本主义,并试图批判性地重构英国政治经济学,以揭示资本主义社会的运作机制。在伦理方面,马克思的主要思想体现在他对"异化"(alienation)的解释中,他认为人类通过一系列创造性的劳动满足了自己和社会的需求,在此基础上形成了一个公正、理性的社会,该社会承认劳动的重要性。而资本主义生产体系将人类劳动降格为纯粹的劳动,成为一个异化劳动的体系,人们也从其本质属性中异化出来。[1]在方法方面,马克思运用历史唯物主义,宣称人们可以通过积极的劳动来创造自己的

---

[1] 从人与动物相区别的角度,马克思认为劳动是人的本质属性。马克思的异化论所描述的异化是指原本自然互属或和谐的两物彼此分离、甚至互相对立。马克思基于他对资本主义工业生产过程的观察,得出工人不可避免地失去对自己工作的控制,从而失去对生活及自我的控制。

美好生活。这种活动是人类社会生活的中心,其他的抽象活动都围绕这个中心开展。同时,他区分了"经济基础"和"上层建筑",认为经济基础决定上层建筑,只要抓住了这两者的特征,任何社会都是可以分析的。其结论是:工业资本主义必将发生根本变化,人类历史前进的方向是消除阶级社会、消除不平等的劳动分工以及由此而产生的异化。

马克思和恩格斯是尝试分析"中心—外围"关系的第一批理论家。按照马克思和恩格斯的设想,在资本主义体系的建立和扩张过程中,推动其运转的动力机制便会自动地显露出来,这种机制对资本主义社会至关重要。资本主义体系在它的中心区域密集地发展,并不断往外扩张。非西方和非资本主义的生产方式终将因其落后性而被历史所淘汰。在资本主义中心的扩散之地,殖民主义将瓦解原有的社会形式,新的资本主义的社会萌芽将顺势重生。

(二) 马克思主义的发展

以列宁(Lenin)为代表的古典帝国主义学派是第二批尝试分析"中心—外围"关系的理论家。古典帝国主义理论家将主要精力放在了对帝国主义的分析上,一开始他们对第三世界的工业化过程非常乐观,马克思和恩格斯有关资本主义的生产模式依托"殖民统治"植入第三世界的观点被认可。然而,垄断资本主义在第一世界的崛起对外围国家的工业化造成了潜在的冲击,适合垄断资本主义企业利益的新的工业化模式建立起来后将长期压制后者,使外围国家的资本主义难以发展。对此,理论家们指出,政治改革和去殖民化可能会对现状有所补救。垄断资本主义的撤离,将会给本地的资本主义带来工业化发展的机会,最终形成一个本土的资本主义社会系统。但这种乐观的情绪并未持续多久,理论家们开始强调,本地精英长期以来与垄断资本主义之间建立了共利的联盟关系,后者一旦撤出,将会对他们造成莫大的损失。

以保罗·巴兰(Paul Baran)为主的新马克思主义者是第三批分析"中心—外围"关系的理论家。他们深入分析了垄断资本主义的实质,认为全球资本主义经济体系逐渐分成了两大部分:一是非进步性的资本主义核心,二是变形的外围。巴兰认为,要想改善现状,就必须实施一系列政治行动来帮助外围国家脱离世界体系的控制。其他理论家例如拉丁美洲经济委员会(Economic Commission for Latin America, ECLA)也提出了类似的观点。但也有人修正了巴兰的观点,强调应对第三世界国家内部的社会、经济机制进行政治经济分析。

三、迪尔凯姆对传统社会和现代社会的分析

在国际发展理论领域,迪尔凯姆的贡献之一是其对传统社会与现代社会的对

比分析，他关于社会本质的讨论推动了现代化理论的产生。

（一）迪尔凯姆对社会本质的分析

法国社会学家迪尔凯姆(Émile Durkheim)试图通过传统社会和现代社会的对比理解工业资本主义的本质。迪尔凯姆认为传统农耕社会是小型的农村社会，有着典型而强烈的集体意识。道德网络将人们紧紧地捆在一起，如果道德准则失败了，法律出于对集体意识的保护，会对违规者予以惩罚，这种法律具惩罚性。而在现代大型的工业社会中，城市社会更强调个人主义，道德网络给个体的行动留有更多的空间。如果道德规范不起作用了，法律出于对被侵害一方的保护，会给罪犯一定的惩罚，这种法律具补偿性。迪尔凯姆认为，传统社会向工业社会的变迁是由社会动态密度(the dynamic density of society)的增加所推动的。换言之，人口的增长和技术的进步加深了人与人之间的互动，导致了社会动态密度的增加，从而使得在社会发展过程中，分工得以不断的细化。迪尔凯姆关于社会本质的讨论，引出了工业社会的思想，推动了现代化理论的产生。

（二）迪尔凯姆的观点与现代化理论

当代的现代化理论继承了迪尔凯姆的观点，认为社会是一个稳定和谐的、可以进化和自我修复的系统。该理论首先对"传统社会"和"现代社会"进行了界定，再将"现代化"理解为社会按照设计好的程序，从不发达向发达转变的过程。罗斯托(Walt Whitman Rostow)在1960年出版的《经济成长的阶段》中区分了传统社会和现代社会，并根据英国18世纪到19世纪的发展经验，指出任何社会在由传统社会向现代社会过渡的过程中都会经历五个不同的阶段。[1]这不仅意味着每个国家都有成为发达国家的机会，还暗示着发展一旦开始，就将自动地进行下去。在人们普遍对发展持乐观态度的时期，罗斯托的理论得到了广泛的认可。在二战后的很长一段时间里，现代化理论都是对第三世界发展的最有影响力的理论之一。

第二节 增长理论与现代化理论

在影响二战后国际发展实践的诸多理论中，增长理论与现代化理论尤为引人注目。"增长"与"现代化"两个词都内含着及物的意义，即"使增长"和"使现代化"。

---

[1] 1960年，罗斯托在《经济成长的阶段》中提出了他的"经济成长阶段论"，将一个国家的经济发展过程分为五个阶段，1971年他在《政治和成长阶段》中增加了第六阶段。经济发展的六个阶段依次是传统社会阶段、准备起飞阶段、起飞阶段、走向成熟阶段、大众消费阶段和超越大众消费阶段。

增长理论主要关注经济维度,而现代化则关注经济、政治与社会等多个维度。

一、增长理论

增长理论是在凯恩斯主义、美国政治议程、马歇尔计划和民族发展主义的背景下产生的,是一种以民族国家发展为导向的干预主义意识形态。

(一) 增长理论产生的背景

增长理论的产生有四个相关的背景要素:一是经济学家凯恩斯(John Maynard Keynes)思想的影响;二是1914—1991年使美国走向世界霸主地位的政治议程;三是马歇尔计划和西欧重建;四是二战后新兴民族国家的主流意识形态——民族发展主义。

1. 凯恩斯革命

"凯恩斯革命"为战后的西方世界带来了经济的繁荣。纵观其理论建构过程,主要是三个背景因素在起作用:第一,两次世界大战期间的经济大萧条为新古典主义经济学出了一道难题,因为按照新古典主义经济学的观点,自由放任的市场理应为整个经济体系带来长期的发展,而不是经济萧条;第二,同期,苏联开展了一系列大规模的经济发展项目,其计划经济的成功与西方自由经济的惨败形成了鲜明的对比,对国际政界和思想界都产生了较大影响;第三,凯恩斯影响下的技术经济革新主张。

20世纪30年代,以杰文斯(William Stanley Jevons)、马歇尔(Alfred Marshall)、瓦尔拉斯(Léon Walras)和帕累托(Vilfredo Pareto)为代表的经济学家坚称,自由市场能够使社会本能地朝着最好的方向发展。和他们的乐观不同,凯恩斯指出,当各种生产要素没有得到有效配置时,经济是有可能走向萧条的。凯恩斯从充分就业的角度推演了自己的逻辑,并提出了保证充分就业的政策建议。凯恩斯认为,在自由主义理论占主导的社会中,如果有效需求不足,无法维持社会的充分就业,那么差额部分应该由政府来埋单以弥补私人市场的有效需求不足。该建议又进一步引出了他的赤字财政说,即"乘数理论"。凯恩斯指出,政府应该通过举债来进行财政支出,政府的投资将刺激国民的经济活动,从而带来高额的税收回报,政府的赤字和债务便可随之得到平衡与偿还。凯恩斯对市场失灵的回答开启了一扇新的经济学研究之门,凯恩斯对既有"市场"概念的修正,迅速扭转了人们对"政府作用"的看法,使得"政府在经济管理中的作用"成为一个经久不衰的议题。

2. 美国的国际政治议程

美国在20世纪30年代大萧条之后即采纳了凯恩斯主义的主张,用以指导当时及战后的国内外政策。其国际政策用意非常明显,均是围绕着二战后全球新秩序而制定。布雷顿森林会议中,美国推动建立了国际货币基金组织(International Monetary Fund, IMF)和国际复兴开发银行(International Bank for Reconstruction and Development, IBRD, 或称世界银行)。1948年,"关贸总协定"(General Agreement on Tariffs and Trade, GATT)正式生效。此后,这些机构成为美国控制二战后世界经济、社会和政治发展的主要工具,也成了对第三世界进行发展援助的起点。一些批评家指出:"二战后期美国在世界各地广施借款、信贷和投资,无外乎是要按照其自身的喜好来建立一套新的世界经济秩序。"[1]

3. 欧洲复兴计划

1947年夏,马歇尔计划的提出对欧洲复兴起到了重要作用,其目的之一是对遭受战争重创的西欧各国提供贷款以协助其进行战后重建。欧洲复兴计划同时包含着美国政治和经济的双重考虑。"美国人民是出于对不断扩张的共产主义运动的恐惧才会团结起来支持马歇尔计划的……同时,美国也意识到了西欧的经济振兴将会对美国经济的顺利回升产生重要的作用"[2]。除了美国自身的利益诉求外,马歇尔计划还提出了"国际援助"的概念,以帮助受援国的经济实现持续增长,这就是现代发展援助的原型。欧洲战后的复兴使人们相信:通过干预来提高经济活动水平是完全有可能的。

4. 民族主义的发展观

发展研究领域的主流思想源于欧洲殖民体系瓦解的历史。毋庸置疑,工业资本主义体系的扩张史是由资本主义国家对资源、贸易和市场的需求来推动的。在殖民时期,它们的这些需求通过殖民统治机器来得以保证。殖民体系崩溃之后,这些需求出现了大片的空白,急需一种新的政治体制来填补。对于百废待兴的殖民地而言,有若干条政治捷径可供其选择,比如依靠联合国实施托管统治(trusteeship),或是继续保持与相关殖民势力的联系,回到殖民以前的社会状况等。然而,在颇有抱负的本地统治精英看来,唯一有效的方法就是建立独立的民族国家,追求独立、有效的国家发展。为了实现这一目标,他们必须首先整合国内的政治和文化,使公民生活在一个统一的国家中;其次,必须建立新的政治机制和行政管理机制来解决内部矛盾,确保国内的政治和社会稳定;最后,努力寻求国家的经济发展。

(二) 增长理论的内容

欧洲复兴的成功和第三世界国家对于民族发展的需求,为增长理论的出现打下了政治和经济基础。增长理论从本质上看是一种以民族国家发展为导向的干

---

[1] G. Kolko 1968, *The Politics of War: US Foreign Policy 1943-1945*, New York, Vintage, p.624.
[2] S. Harris 1948, *The European Recovery Programme*, London, Harper and Row, p.3.

预主义意识形态。该理论对经济增长的本质、国家规划的有效作用以及国际援助的基本原理进行了详细的阐述。

1. 经济增长的本质

经济增长的本质是"干预"(intervention)。干预活动包括以下三个要素:(1)要有一个明确的目标;(2)要根据目标来设计并实施具体的行动;(3)要有特定的行动者来操作。干预不是随机的或者偶然的,这就需要人们从干预的设计到执行的环节,均严格遵照理论要求来操作。罗伊·哈罗德(Roy Harrod)在凯恩斯储蓄投资理论基础上进行了适当扩展,最终形成了自己的经济增长模型。哈罗德的研究成果得到了广泛采用,干预变得合法化起来。干预的组织实施过程涉及发展的规划。

2. 经济增长理论与国际援助

对一国的干预活动可以依托援助项目的方式来实施。早期的发展援助主要有两个方向。其一,将援助提供给盟友,马歇尔计划就是一个典型的例子。其二,将援助提供给原来的被殖民国家。在亚洲,殖民者从当地撤出以后,他们对前殖民地担负的责任即随之结束,但非洲却大不一样。在殖民者撤离非洲以后,依然以援助的形式继续干预着非洲的发展。

在特定的历史背景和学术环境下,增长理论被大量地应用到了国际发展实践中。包括刘易斯(Arthur Lewis)在内的学者出于对经济增长的追求,为欠发达国家的决策者们提供了许多政策建议。刘易斯早期的三大贡献包括:第一,1951年在担任联合国总部不发达国家专家小组成员期间,与其他专家一起撰写了《欠发达国家的经济发展措施》(*Measures for the Economic Development of Underdeveloped Countries*)的报告;第二,1954年在《曼彻斯特经济和统计研究》上发表了发展经济学的经典之作《劳动力无限供给条件下的经济发展》(*Economic Development with Unlimited Supplies of Labour*);第三,1955年出版了《经济增长理论》(*The Theory of Economic Growth*)一书。

(1) 欠发达国家的经济发展措施。

首先,增长的条件。"合适的文化导向"(proper cultural orientations)被看作增长的必要条件。

其次,承认国家在发展中的中心作用。报告将不发达国家眼前的发展困境比作发达国家所面临的经济萧条,由此强调了政府在发展中的重要角色。报告完全撇开自由放任主义的观点,建议由决策者来全权负责经济规划。

最后,报告发现,发达国家国民收入中的10%都是资本形成(capital formation);而在欠发达国家,这个比率只有5%。因此,欠发达国家发展的关键就是提高国民收入中的资本份额。从资本的外部来源角度,报告认为对于某个欠发达国家来说,人们应该对其所需要的国外资本总量进行统计。但报告不建议对欠发达国家提供无条件的援助。认为"每笔援助都应该有一个特定的目标,满足特定的需求;国际上应该设立一定的核查体系,来监督每笔资金的流向"。

从贸易角度,报告提倡自由的国际贸易契合了联合国对这项研究的预期,迎合了美国对战后国际贸易的需求。

(2) 劳动力无限供给条件下的经济发展。

《劳动力无限供给条件下的经济发展》以"经济持续增长的条件"为核心,对欠发达国家的典型特征进行了深入研究。这些国家中存在两种不同性质的经济部门:一是资本主义工业部门,二是传统农业部门。在此二元模型里,工业部门是充满活力的,它能将其产生的利润进行再投资,从而推动社会发展;而农业部门则无法产生可投资的利润,社会只能停滞不前,维持现状。从这两个部门的关系着眼,刘易斯梳理出经济发展的脉络。他认为,工业部门的扩张将自动吸收农业部门的剩余劳动力,由此进行自我再生产,并促进经济的长期增长。这样的过程将一直持续下去,直到农业部门的剩余劳动力被完全吸收。此时,现代的工业部门就会主导整个经济,并持续地自我发展下去。

(3) 经济增长理论。

在1955年出版的《经济增长理论》中,刘易斯对凯恩斯的理论作了更为深入的探讨。在书中,刘易斯确定了三个与经济增长和社会发展直接相关的因素:第一是"经济活动"(effort to economise),所谓经济活动,是指为了提高一定努力和资源的产量,或者为降低一定产量的成本所做的努力。刘易斯认为,发达国家经济行为的特征包括:具有实验精神、冒险精神、灵活而又专业化。第二是"知识的增长与应用",这是第一个因素的必然结果,正如盖尔纳(Ernest Gellner)所说,"科学是工业社会的认知模式"。第三是资本总量的增加。从这三个元素出发,刘易斯开始进一步追问:为什么这三个因素在某些社会中的作用会强于另外一些社会呢?刘易斯将历史与现实世界结合起来,他对社会发展历程进行了一番梳理,借用了古典政治经济学以及受凯恩斯主义影响的经济增长理论,查看了历史学和社会科学研究者对不发达国家的相关描述对这些问题进行了研究,认为应该是某些有利于经济增长的制度因素和文化因素在起作用。

二、现代化理论

现代化理论是在两极格局和援助竞争的背景下产生的,其将美国的发展模式作为模板,认为不发达国家实现现代化的唯一途径是西方化和照搬西方模式。

(一) 现代化理论产生的背景

在20世纪50年代末60年代初,众多学者围绕对工业社会本质的阐述,指出了非工业社会的现代化路径。他们认为在工业主义的逻辑带动之下,资本主义和社会主义终将殊途同归;并且指出,因意识形态不同而引起的冲突将会逐渐减少,未来的世界将走向共荣。现代化理论的产生背景可以归结为两极格局、遏制政策和援助竞争。

1. 两极格局及遏制政策

二战后,欧洲势力最终走向了没落,美国转而成为"自由世界"的绝对领袖,苏联则成长为一个足以与美国抗衡的超级大国。美苏之间的较量逐渐形成了两极化的全球格局。

在20世纪50年代,现代化理论刚刚出炉之时,美国充斥着对自身社会模式的得意以及强烈的"爱国情绪"。美国人普遍认为:用他们自己的方式来重建世界是一种不能回避的责任。其典型的立场就是:支持美国的利益;主张自由市场经济;抵制共产主义;梦想未来世界的繁荣。美国人为自己的意识形态贴上了"自由世界"的标签,而且认为只有美国才能成为世界和平及稳定的保护者。在两极格局下,为了和苏联对抗,1947年3月,美国总统杜鲁门在国会两院联席会议上宣读了被称为"杜鲁门主义"的国情咨文,发表了敌视社会主义国家的讲话。"遏制共产主义"正式成为美国的政治意识形态和对外政策的指导思想。美国的决策者、政客和学者的思想统统被冷战思维所占据。遏制政策表明了美国阻止共产主义蔓延的决心。美国开始关注欧洲,尤其是被苏联占领的东欧以及西欧左派分子的一举一动。之后,美国将注意力延伸到了第三世界。

2. 援助竞争

二战后西方世界的发展援助可以分为两个明显的阶段:第一阶段的援助是对内的,主要关注欧洲的重建;第二阶段则是对外的,主要是帮助第三世界走向发展。1955年的万隆会议是这两个阶段的分水岭,其所标示的民族独立运动与亚非团结引发了西方发达国家的担忧。在二战结束后的初期,苏联将世界分为敌对的两个阵营,在苏联看来,不结盟是不可能的。然而,1953年斯大林去世之后,这种态势得到了一定缓和。苏联也加入援助国。在1956年苏伊士运河事件发生以后,赫鲁晓夫随即宣布愿意向欠发达国家提供发展援助。苏联保证向联合国援助项目捐赠100万美元,类似的多起事件在美苏两个超级大国之间增加了一个新的竞争领域,即援助竞争。一个积极地向社会主义国家提供援助,另一个则忙不迭地向自由世界的成员国伸出援手。此时,现代化理论逐渐成为发展研究的主角,为发展援助提供了强大的理论支撑。

(二)现代化理论的内容

现代化思想来自美国,二战后,美国的社会科学家使其得到进一步发展,并于20世纪60年代中期将其推到了最高峰。一批有影响力的现代化研究著作相继问世,例如罗斯托(Walt Whitman Rostow)的《经济成长的阶段》、列维(Marion Joseph Levy)的《现代化和社会结构》、亨廷顿(Samuel Phillips Huntington)的《变化社会中的政治秩序》等。学者们从结构功能主义、经验主义调查或社会心理学的角度入手,对工业社会的本质进行了深入的探索。他们声称:"所有的社会都将走向一个共同的目标,那就是由技术和组织原则所支配的现代工业社会"。面对这一不可逆转的趋势,第三世界的落后国家除了革新,无其他路可走。这样的意识形态"把美国历史理解成了当代史的缩影,否定了其他社会丰富多彩的特性,以及美国社会自身的缺陷",无异于执"一家之辞"盖"百家之言"。

现代化理论关于欠发达国家现代化的主要观点可以总结为以下几个方面:首先,在发展阶段上,欠发达国家仍处在传统社会阶段;其次,欠发达国家"不发达"的原因来自其内部社会的传统性;再次,在发展道路和发展模式的选择上,欠发达国家现在所处的阶段就是发达国家曾经历过的阶段,因此现代化过程中遇到的问题与发达国家过去遇到的一样。[1]欠发达国家实现现代化的唯一途径是西方化和照搬西方模式。

(三) 对现代化理论的批判

现代化理论展现了现代化的过程和目标,并为发展干预提供了一些政策建议。然而,现代化理论也遭到了广泛的批判。首先,传统和现代模式的划分法存在偏见。现代化理论采用"二分法",树立起了"现代"和"传统"这两个对立的概念,并以此来描述整个现代化发展过程。然后又定义了诸如"农业—工业""农村—城市""宗教—世俗""受过教育—未受过教育"等若干组互斥的特征,用以描述传统社会和现代社会。传统和现代的划分实际上是过去一百年西方社会思潮中盛行的低级社会和高级社会划分的一个新版表述。其次,现代化理论倾向于否定第三世界的历史。在罗斯托看来,欠发达国家仍然处在发展的初级阶段,未来还有很长的路要走,所以也就没有什么历史可言。弗兰克(A. G. Frank)批评罗斯托的阶段论是一种以当代发达国家作为模板的先验性研究。他说:"(阶段论)对欠发达国家的历史视而不见,其描述的经济增长和文化变迁其实反映的是发达国家的历史。"[2]正如弗兰克驳斥的那样,第三世界国家非但有历史,而且还相当丰富,例如,这些国家曾经遭受了帝国列强的殖民,曾深受资本主义体系扩张之害;正是这些历史才造就了第三世界国家今天的"不发达"。对此,现代化理论所表现出来的却是一种盲视与麻木。由于忽略了发达国家对欠发达国家的制约和伤害,其定义的"传统或现代"自然就存在扭曲与偏见。

---

[1] 严立贤:《现代化理论述评》,《社会学研究》,1988年第2期,第74—78页。
[2] P. W. Preston, *Development Theory: An Introduction*, Blackwell Publishing, 1996, p.174.

第三节 结构主义和依附理论

在20世纪30年代的经济大萧条之前,拉美国家的经济高度依赖向欧美市场出口初级产品。大萧条之后,随着经济的衰退和连年的战争,政府逐渐转变了发展战略,开始实行进口替代型工业化发展战略。二战之后,普雷维什(Raul Prebisch)和拉丁美洲经济委员会(Economic Commission for Latin America)依据当时的情形对国际分工和贸易理论进行了批驳,结构主义经济学涌现出来,它强调真实地构建当地经济实现工业化的模型,有利于政府制定有效的国家发展规划。20世纪60年代早期,拉美工业的踌躇不前使结构主义理论的影响力日趋衰落。经济学家们通过"中心—外围"理论,开始强调一种更激进的政治主张。与此同时,在对结构主义经济学精心雕琢的基础上,依附理论出现了。根据依附理论的观点,拉美国家经历了发展过程中的种种磨难,最后获得的却是全球体系下附属于发达国家的格局。

一、结构主义理论

普雷维什的贡献,一方面在于他所建立的结构主义经济学体系,另一方面则是在他的努力下,联合国建立了一个处理贸易和发展问题的常设机构——联合国贸易和发展会议。结构主义经济学抛弃了正统的现代化经济发展模式,而是设法直接、务实地分析国际贸易中的这些"外围"。普雷维什的核心观点主要是反对李嘉图的国际分工理论。普雷维什认为,全球体系并不是一个其乐融融的大市场,国际贸易中存在强大的中心经济体和相对弱小的外围经济体,生产者和供给者并不是自由地签订贸易合同,互惠互利。

(一) 理论背景

普雷维什反对李嘉图的国际分工理论,即认为国际分工能够为所有的参与者带来利益。对国际专业化和交换理论的批判可以追溯到19世纪晚期,当时,美国、俄罗斯、德国和日本都面临着英国独霸全球系统的问题。在这种情形下,利用关税壁垒发展本国工业的政策得到了广泛的支持。普雷维什宣称:李嘉图的国际分工理论认为拉美仅仅是初级产品的出口者,其经济处于从属和相对弱势的地位。这一地位的形成其实远早于20世纪30年代的大萧条,其源头是殖民时期欧洲对拉美国家的盘剥。普雷维什驳斥了国际分工理论,挑战了传统理论对拉美国家的定位,并提出了有针对性的政策建议,实施在关税壁垒保护下的国家工业化进程。

(二) 结构主义经济学

结构主义研究以经验主义、实用主义和以问题为导向的研究方法见长,强调从现实出发,关注发展中国家自然形成的经济活动,而不是直接采用市场调节模型,牵强地来分析第三世界。

结构主义者认为,"欠发达国家之所以欠发达,是由于它包含不同的结构,且每一结构都有独特的行为特征"。[1]在第三世界国家中,整个国家的经济并不是统一的,而是由一系列带有自治性质的松散部门联合而成。在拉美国家,在许多经济部门里依然可以发现殖民时代所留下的印记,而另一些部门则反映着当今资本主义体系的需求。

结构主义的崛起源自普雷维什等分析工业国家与拉美国家关系的"中心—外围"理论。该理论认为"之所以会有现在的差别,主要是因为世界经济体系的两个部分在市场的周期性波动中扮演了不平等的角色。其中一部分扮演了主动的角色,而另一部分扮演了消极被动的角色"。此外,国际分工界定了"初级产品出口者和工业品出口者的不同身份,导致了不平等的技术分配"。结果,强大的"中心"不仅驱动着整个经济系统,而且还发展了更宏大的技术主导型工业,这反过来又巩固了它们在全球体系中的主导地位。由此,普雷维什认为,拉美经济缺乏进步不应该怪罪于当地经济的不足,而是因为在全球系统中拉美的经济处于被剥削的境地。

"中心-外围"理论的三大主张为:(1)国际市场存在"中心-外围"的格局,而不是平等的;(2)"外围"国家不应该继续消极地依附于他国,它可以通过发展工业化来赶上、加入"中心"国家的行列;(3)除了经济上依附于"中心"国家,"外围"国家还出现了社会依附和文化依附的苗头。[2]

为了解决"中心-外围"困境,结构主义提出了相应的政策建议,它认为进口替代的工业化战略将会降低边缘国家的失业率,缩小它们和"中心"国家之间的技术差距;通过发展经济、扩大税基,政府的财政状况将得到改善;进口替代政策也可使国际收支平衡得到改善。进口替代工业化发展战略在拉美实施初期获得了成功,各国都加快了工业化和城市化进程。然而,到了后期也产生了一些不可预见的问题。例如,拉美国家的工业化高度依赖外国先进的仪器和其他产品,其服务对象却是相对狭窄的本地市场,收益比预期的小而成本却比预计的高。20世纪60年代中期,拉美国家贸易条件极度恶化,经济增长率降低,进口替代工业化战略以失败告终。在此情况下,古巴革命爆发,引发了人们对拉美发展本质的广泛质疑。

---

[1] P. J. O'Brien 1975, "A Critique of Latin American Theories of Dependency" in Ivar. Oxaal et al. *Beyond the Sociology of Development*, London, Routledge, p.9.

[2] H. Brookfield 1975, *Interdependent Development*, London, Methuen, pp.139-142.

20世纪70年代早期,拉美国家通过出口石油换取美元,经济在短期内迅速繁荣,但20世纪80年代的债务危机又一次阻断了拉美国家的发展。

二、依附理论

依附理论是对结构主义理论缺陷所作出的一种回应。依附理论在强调历史分析的基础上,套用了结构主义的分析框架,认为应该深入了解"中心"与"外围"国家历史上的经济关系,关注那些"外围"国家自身无法解决的问题,从中找出关键因素。由此,依附理论向我们展示了一种"内外兼顾"的分析框架——既考虑了拉美国家的对外依附性,同时又顾及其国内社会、经济结构的缺陷。

现代化理论的著作从本质上来说是"历史盲视"的。因为,对那些有着不同经历的第三世界国家,现代化理论仅仅是用了"传统社会"一词来加以概括,将它们与以美国为模板的现代社会区别开来。这样,第三世界国家的发展,仅仅是在当前的时间断面下,以西方发达国家为底版的临摹而已。正如弗兰克所指出的那样,现代化理论家们试图用"传统"的称呼来简单地否定所有第三世界国家的历史,并进而忽略了这样一个事实——正是历史上发达国家的剥削才造成了第三世界国家今天的落后。对此,有批评者指出:社会的发展并非如现代化理论所说的那样,是一个从传统到现代或是从不文明到文明的循序渐进的进化过程,而是由不连续的阶段构成的。

富尔塔多(Celso Furtado)早年曾是一名结构主义的追随者;在他后来的著作中,依附理论却取而代之成为了其主要的分析框架。富尔塔多最初所运用的是一种经济政策式的技术分析,后来逐渐转移到政治领域中;最后,他同时借鉴了这两种分析方法来支撑自己的理论。富尔塔多除了采用结构和制度的分析方法,还增加了历史的分析视角,再辅之以一定的理论和经验事实,最终构建起解释欠发达现象的依附理论。

在《拉丁美洲经济的发展》一书中,富尔塔多指出,长期以来,拉丁美洲以一种不平等的方式被纳入世界资本体系中来,这造就了拉美国家当前的经济社会结构。

与现代化理论不同,依附理论具有以下三个特征:(1)着重考虑"外围"国家的历史经历,分析它们是如何被卷入世界体系中的;(2)注重分析"外围"国家和"中心"国家之间的经济、政治和文化联系;(3)强调政府在国家发展中的重要角色。该理论展示了"外围"国家是如何一步步被纳入不断扩张的工业资本主义体系范围之内的,并根据"中心"国家的发展历程来重修自身与中心之间的关系。

现代化理论借助结构功能主义思想,运用一个不断变动的进化模式来解释工业资本主义的逻辑。这种研究倾向于从落后国家内部来找问题,发掘这些国家的经济、社会和文化模式内在的问题。然而,依附理论的研究者却把视野放到了更广阔的国际社会中,从全球的政治、经济结构来找病灶。他们在分析中强调,应该将拉美国家的发展历史纳入工业资本主义扩张的背景之下,这样才能看清全球体系对这些国家产生的影响。因此,对于依附理论的研究者来说,一个重要的任务就是厘清"外围"国家和"中心"国家在经济、社会和文化方面的关系。

针对第三世界既有的落后现状,现代化理论与依附理论的支持者们给出了不同的解决方案,前者将所有的重心寄托在了市场上,后者认为当地政府应该制定并推广合适的政策来追求国家发展,政府是施行政治、文化自主发展的主角,唯有依靠政府,"外围"国家才能排除障碍,最终实现自主的发展。相比较而言,现代化理论不过是老调重弹,依然强调历史上那套以初级产品出口为主的经济增长模式,而依附理论寻求的是一种独立的经济发展模式。

总之,依附理论的中心思想是,"外围"国家欠发达的境况在很大程度上是由它们身处的全球结构所造成的,这一全球结构尤其受到西方国家的主导。"中心"国家的强大和"外围"国家的羸弱与它们的历史密不可分,长期以来,"外围"国家都在向第一世界国家提供初级产品和低技术含量的产品,以此来换取高技术产品。这种经济依附还进一步扩展到了政治和文化中,使得第三世界国家欠发达的境况将随着结构条件的持续而继续存在。因此,依附论学者提出了利用贸易壁垒、约束跨国公司以及构建区域贸易等办法,来削弱全球体系对第三世界国家的控制,最终实现民族国家发展的目标。这一激进的做法在20世纪六七十年代非常有影响力,然而也因其在政治方面过于激进而退出了主流。

第四节　新自由主义理论

自由主义思想最初形成于17世纪的英国,它是在古希腊等古代西方思想的基础上产生的,对现代经济思想、社会思想和政治思想都产生了很大的影响。以亚当·斯密为代表的古典经济学的自由主义思想被称为"古典自由主义",也称为"旧自由主义"。新自由主义经济学是指当代经济理论中强调自由放任理论与政策的经济学体系和流派,产生于20世纪二三十年代。20世纪70年代末以来又开始在经济学中占据主导地位,并且是全球绝大多数政党所采取的政治和经济取向。西方许多经济学流派如货币学派、理性预期学派、供给学派、新制度学派等均是构成新自由主义经济学的重要经济学派。

一、新自由主义定义与基本特征

在经济学中,古典自由主义反对微观层次和宏观层次的政府调控,主张自由竞争、自由经营、自由贸易，坚信自由竞争市场势力的自发作用能够保证经济生活的协调和稳定增长，国家只需充当为自由竞争市场经济创造良好外部条件的守夜人的角色即可。

诺姆·乔姆斯基(Noam Chomsky)在《新自由主义和全球秩序》中指出，新自由主义是在亚当·斯密古典自由主义思想基础上建立起来的一个新的理论体系，是在继承古典自由主义经济理论的基础上，以反对和抵制凯恩斯主义为主要特征，适应经济全球化要求的理论思潮、思想体系和政策主张。

新自由主义继承了古典自由主义经济理论，提倡自由化、私有化、市场化。其基本特征是：(1)私有化的所有制改革观，应把公有资产出售给私人，私有制使人们能够以个人的身份来决定自己要做的事情。(2)多要素创造价值的分配观，贫富两极分化是高效率的前提和正常现象。(3)反对过多的国家干预，国家的作用限于守夜人，反对凯恩斯主义的国家干预政策。(4)主张一切产业都无须保护、应实行外向型的出口导向战略。

无论是西方资本主义国家 20 世纪 80 年代的私有化浪潮、俄罗斯的"休克疗法"，还是拉美国家的以"华盛顿共识"为基础的经济改革，都是新自由主义经济学的"经典之作"。"华盛顿共识"的形成与推行是新自由主义从学术理论嬗变为经济范式和政治性纲领的主要标志。

二、新自由主义主要流派

新自由主义经济学引起世界广泛关注源于 20 世纪二三十年代的一场关于市场与政府计划的大论战，一方为以奥地利经济学家米塞斯(Ludwig Heinrich Edler von Mises)、哈耶克(Friedrich August von Hayek)为首的新自由主义者；另一方为以意大利经济学家巴罗纳(Enrico Barone)、波兰经济学家兰格(Oskar R. Lange)为代表的市场社会主义者，这场论战无果而终，却成为了新自由主义登上历史舞台的一个里程碑。其后，新自由主义经济学经过近百年的发展，演绎出众多学派思想和理论体系，其中影响最大的是伦敦学派、货币主义和理性预期学派。

(一) 伦敦学派

伦敦学派的主要代表人物是奥地利著名的经济学家、理论家哈耶克，其新自由主义理论观点是其他所有新自由主义者的主要思想来源。他长期活跃于反凯恩斯主义、反国家干预的新自由主义中心：奥地利的维也纳大学、美国的芝加哥大学、英国的伦敦大学经济学院。他既是主张经济自由的伦敦学派的主要代表，又是芝加哥学派的核心成员，同时也是奥地利学派的骨干。他指出，自由是一个最高的政治目标，是追求文明社会的崇高目标和私人生活安全的保证。按照自由主义原则，应尽量运用自发力量，而尽量少用强制力量处理事务。他强调，私有制是自由的最重要的保障，个人的积极性只有在私有制的基础上才能得到充分发挥。如果对私有财产进行限制和管理，用国家干预代替市场作用，其结果不仅是效率的损失、个人积极性的受挫、资源配置的失调，而且最后会走向极权主义统治，走向对个人的奴役。

（二）货币主义

货币主义是20世纪60年代初在美国兴起的一个保守主义经济学派。该学派领袖人物弗里德曼(Milton Friedman)维护自由市场经济，笃信最为理想的经济制度应遵循自由市场的古老法则，因而成为经济学中自由放任思想不遗余力的鼓吹者和捍卫者。他指出经济体系之所以不稳，是因为货币受到扰乱，所以货币最重要，货币是支配产量、就业和物价变量的唯一重要因素。除此之外，不需要政府干预私人经济，应让市场机制充分地发挥作用，只要充分发挥市场机制的作用，经济体系本身是可以稳定的。

（三）理性预期学派

这一学派的代表人物是芝加哥大学教授卢卡斯(Robert E. Lucas)。他以经济人的理性行为和理性预期假设为前提和立论基础，用货币周期模型论证和说明了经济波动的原因，他强调经济政策的稳定性和连续性，从而在宏观经济学领域引发了一场理性预期革命。理性预期学派指出，人是理性的，总在追求个人利益的最大化。由于经济变量的未来情况事关自己的选择和利益，个人会调用自己的智力和资源，对它进行尽可能准确的推测。人们会充分利用一切可用的、可得的信息，按照自己的知识和经验，对经济变量的未来情况做出预期。由于理性预期的作用，市场机制能确保充分就业均衡，政府干预经济的政策要么归于无效，要么加剧经济波动，这是不必要的，因此，得出了凯恩斯主义政策无效、无需政府干预经济的结论，认为国家不会比个人或企业做得更好，自由市场竞争机制仍然是经济发展的最好机制。

三、新自由主义对经济政策的影响

新自由主义经济学产生之初，遭遇1929—1933年席卷整个世界的经济大危机，此次危机彻底暴露了自由放任市场经济的弊端，不仅是对古典自由主义经济理论的一次全面否定，而且实际上宣告了自由竞争的市场经济时代的结束。于是，一种主张以扩大政府支出的方式来创造需求和通过政府干预推动经济增长的凯恩斯主义应运而生。罗斯福新政则以政策实践的形式表明了凯恩斯主义的有效性，并使凯恩斯主义上升为世界的主流经济学，主导西方国家的宏观经济运行长达40年之久。这40年既是国家干预主义盛行和国家干预经济取得成功的凯恩斯时代，同时又是新自由主义受到冷落的时期。

以20世纪70年代初期爆发的两次石油危机为导火线，整个西方世界陷入了滞胀的困境，凯恩斯主义政策对此束手无策。新自由主义者将其归结为国家干预过度、政府开支过大、人们的理性预期导致政府政策失灵所致。在这种情况下，多年受冷落的新自由主义占据了美英等国主流经济学地位。新自由主义的重要特征是把反对国家干预上升到了一个新的系统化和理论化高度，是对凯恩斯革命的反革命，因此西方学者又称新自由主义为新保守主义。与此同时，发展中国家在早期结构主义发展经济学理论影响下，依靠计划化、国有化来加速资本积累和工业化，实行进口替代战略的大多数发展中国家和社会主义国家，在20世纪七八十年代经济运行中出现了各种各样的问题和矛盾，经济发展裹足不前。与此形成鲜明对比的是进入20世纪90年代之后，苏联东欧社会主义国家解体、世界经济的全球化、开放程度较高、注意发挥市场作用、实行出口导向战略的东亚地区在经济上取得了较大的突破，使得自由主义经济思想在发展中国家影响日益增强，拉美国家的经济改革更进一步巩固了新自由主义经济思潮在经济理论中的主流地位。

自此，新自由主义开始意识形态化，成为美英推行其全球化理论体系的重要组成部分。其标志性事件是1990年由美国国际经济研究所牵头，有国际货币基金组织、世界银行和美国财政部及拉美国家、其他地区部分学术机构代表参加，并最终达成包括十项政策工具的"华盛顿共识"。新自由主义的华盛顿共识指的是以市场经济为导向的一系列理论，它们由美国政府及其控制的国际经济组织所制定，并由它们通过各种方式进行实施。其基本原则简单地说就是：经济自由化、市场化、私有化和稳定化。

本章小结

古典发展理论对当代的发展理论与实践均有着重大影响。亚当·斯密认为财富来源于创造性的人类劳动，国家财富增长的关键是劳动生产率的提高，而劳动生产率的提高与劳动分工的日趋细化紧密相关。在劳动分工的情况下，政府应该减少对经济的干预，让市场自由发挥作用。20世纪80年代，亚当·斯密的著作备受新右派的推崇，被经济自由主义奉为传统经典。在国际发展领域，马克思主义关注的是国与国之间的不平等，其突出贡献是关于"中心"与"外围"的分析。从马克思与恩格斯到以列宁为代表的古典帝国主义学派，再到以保罗·巴兰为主的新马克思主义者，都对资本主义中心与第三世界外围的不平等关系进行了论述。迪尔凯姆试图通过传统社会和现代社会的对比理解工业资本主义的本质，并由此引出了工业社会的思想，推动了现代化理论的产生。

在影响二战后国际发展实践的诸多理论中,增长理论与现代化理论尤为引人注目。增长理论从本质上看是一种以民族国家发展为导向的干预主义意识形态。该理论认为经济增长的本质是"干预";国际干预活动有着各种表现形式,但最主要的还是依托援助项目的方式来实施。现代化理论将美国的发展道路作为模板,认为在发展阶段上欠发达国家仍处在传统社会阶段,欠发达的原因是其内部社会的传统性,实现现代化的唯一途径是西方化和照搬西方模式。现代化理论忽略了社会形态的多样性,否定第三世界的历史,忽略了第三世界国家的独特性。

结构主义经济学抛弃了正统的现代化经济发展模式,而是设法直接、务实地分析国际贸易中的"外围"。结构主义者认为,在第三世界国家中,整个国家的经济并不是统一的,而是由一系列带有自治性质的松散的部门联合而成。欠发达国家之所以欠发达,是由于它包含不同的结构,且每一结构都有独特的行为特征。国际市场存在"中心—外围"的格局,"外围"国家不应该继续消极地依附于他国,而要通过发展工业化来赶上和加入"中心"国家的行列。依附理论在强调历史分析的基础上套用了结构主义的分析框架,认为应深入了解"中心"与"外围"国家历史上的经济关系,关注那些"外围"国家自身无法解决的问题,从中找出关键因素。依附论学者提出了利用贸易壁垒、约束跨国公司以及构建地区贸易等办法来削弱全球体系对第三世界国家的控制,最终实现民族国家发展的目标。

新自由主义是在亚当·斯密古典自由主义思想基础上建立起来的理论体系,以反对和抵制凯恩斯主义为主要特征。新自由主义的基本原则是自由化、市场化和私有化。"华盛顿共识"的形成与推行是新自由主义从学术理论嬗变为经济范式和政治性纲领的主要标志。

关键词

现代化理论　依附论　新自由主义

简答题

1. 现代化理论的主要内容是什么?
2. 依附论的主要内容是什么?
3. 新自由主义的主要观点是什么?

思考题

1. 试析现代化理论对国际发展的贡献与局限。
2. 试从市场与政府在发展中的角色角度对相关的发展理论进行梳理。

第3章

发展指标

  引言

　　从经济维度到社会与环境维度,从客观条件到主观体验,发展指标体系的发展与完善体现着人类对发展认知的深入。在经济总量的测量方面,GDP 在衡量经济发展中有其他任何指标都无法比拟的独特作用,但它未能反映经济发展对资源和环境的影响,绿色 GDP 则对此予以弥补,将经济活动中所付出的资源耗减成本和环境降级成本从 GDP 中予以扣除。在贫困的测量方面,世界银行货币贫困标准提供了十分有用的信息,但未能反映剥夺的多维性,多维贫困指标则从健康、教育和生活标准三个维度拓展了对于贫困的认识。人类发展指数、性别平等相关指数、社会进步指数、生活质量指数等从不同的角度对 GDP 指标体系进行了修正。可持续发展指标将关注点放在经济系统与环境系统的协调与平衡上。

第一节　经济发展指标

经济发展对于任何国家来说都是非常重要的。没有经济发展,就没有一个国家的繁荣昌盛,也不可能提升人民生活水平。因此,反映经济发展的指标一直是各国最关注的重要指标。

一、GDP

国内生产总值(Gross Domestic Product,GDP)概念是在 20 世纪西方大萧条时期对数据信息产生巨大需求的背景下产生的。库兹涅茨(Simon Smith Kuznets)于 1937 年提出了一套账户体系,经过不断地发展完善,该体系成为世界上大多数国家制定本国国民经济核算体系(System of National Accounts,SNA)的参照标准,而 GDP 则是 SNA 中的核心指标。GDP 是指在一定时期内(一个季度或一年),一个国家或地区经济所生产出的全部最终产品和劳务的价值。GDP 不但可以反映一国的经济表现,还可以反映一国的国力与财富。

(一) GDP 的形态与计算方法

GDP 有三种形态:价值形态、收入形态和产品形态。从价值形态看,它是一国或地区所有常住单位在一定时期内所生产的全部货物和服务的价值与同期投入的全部非固定资产的货物和服务的价值之差,即所有常住单位的增加值之和;从收入形态看,它是一国或地区所有常住单位在一定时期内所创造分配给常住单位和非常住单位的初次分配收入之和;从产品形态看,它是一国或地区最终使用的货物和服务减去进口的货物和服务。

在实际核算中,GDP 的三种形态表现为三种计算方法,即生产法、收入法和支出法。这三种方法分别从不同的方面反映出了 GDP 的构成。生产法是从生产的角度衡量常住单位在核算期内所创造的增加值的一种方法,即从国民经济各个部门在核算期内生产的总产品的价值中扣除生产过程中投入的中间产品的价值,最后得到增加值。收入法是从生产过程创造收入的角度,通过生产要素在生产过程中应得的收入来对最终成果进行反映的一种核算方法。按照这种核算方法,增加值由劳动者报酬、生产税净额、固定资产折旧和营业盈余四部分相加得到。支出法是从最终使用的角度对核算期内产品和服务的最终去向来进行衡量的,它包括最终消费支出、资本形成总额和货物与服务净出口三个部分。

(二) GDP 的作用

GDP 能够给我们一幅关于一国或地区经济运行状态的整体图画,这就使得一国或地区国家领导人能够搞清楚:经济是过冷还是过热,是需要刺激一下还是需要紧缩一下,是否存在衰退或者通货膨胀的威胁。

1. GDP 是描述经济规模的最重要的宏观经济指标

一国或地区的经济规模是其经济实力和国际地位的重要标志之一,用现行价格计算的 GDP 可以反映一国或地区的经济发展规模。当然经济规模与经济实力和国际地位并不是对等的。在同样的经济规模下,因为不同的国家或地区经济增长的质量和效益不同、经济增长的科技含量和潜力不同,因而各国或地区的经济实力和国际地位也会不同。但是,没有一定的经济规模,就谈不上经济实力,国家或地区也就很难在国际上发挥相应的作用。

2. GDP 增长率是描述经济增长最重要的宏观经济指标

GDP 增长率、物价指数和失业率是宏观经济分析中最重要的三个指标。用不变价格计算的 GDP 可以反映国民经济的增长速度,世界上几乎没有一个国家不关心其经济的增长,因为没有经济的适当增长,就没有国家的经济繁荣和人民生活水平的提高。目前,各国政府的统计部门都把 GDP 增长率作为一国或地区经济增长情况最重要的综合性宏观经济指标。

3. 人均 GDP 是描述经济发展水平的重要指标

GDP 与人口指标相结合可以计算出人均 GDP,将一国核算期内(通常是一年)创造的 GDP 与该国的常住人口相除就可以得到人均 GDP。人均 GDP 在一定程度上反映一国的富裕程度和人民生活水平的高低。有的国家经济规模大,但人口众多,因而人均 GDP 较低,故被认为是穷国;但有的国家经济规模虽然不大,但人均 GDP 较高,因而被认为是富国,如瑞士、瑞典和丹麦等。

4. GDP 是描述经济结构的重要指标

经济结构始终是经济发展中的关键环节,许多重要的经济结构,如产业结构、需求结构、地区经济结构等,都是通过 GDP 来描述的。目前,中国 GDP 核算的主要方法是生产法和支出法,生产法通过对各个产业的增加值进行相加得到,这种方法需分析产业结构。中国的产业结构、需求结构和地区经济结构都存在着一些突出的矛盾,如产业结构中第三产业比重偏低,需求结构中消费需求比重偏低,地区经济结构中中西部地区比重偏低等。这些问题均可通过 GDP 来反映,因而 GDP 是制定经济结构调整战略和政策的重要依据。

5. GDP 是描述价格总水平的重要指标

国际上通用的描述价格水平变化的指标有两个,一个是消费价格指数(Consumer Price Index, CPI),它描述的是居民消费的最终产品的价格变化;另一个是 GDP 缩减指数(GDP Deflator)，是指没有扣除物价变动的 GDP 的增长率与扣除物价变动的 GDP 增长率的差额，它描述的是所有最终产品的价格变化，即除了居民用于消费的最终产品外，还包括政府的消费、固定资本的形成、存货变动和进出口的最终产品的价格变化。CPI 很重要，因为它直接影响居民的实际生活水平，与居民的切身利益相关；GDP 缩减指数也很重要，因为它能反映出价格的全面变化情况，是经济学家用来监测平均物价水平、对通货膨胀率进行监测的指标。

(三) GDP 的局限性

尽管 GDP 在衡量经济发展方面有其他任何指标都无法比拟的独特作用，但是，它既不能直接衡量那些使生活有意义的东西，也不能成为衡量一切的唯一指标。

首先，GDP 不能衡量社会成本，不能反映经济发展对资源和环境的影响。人们在经济发展过程中，需要消耗自然资源，势必影响到生态环境。然而，GDP 仅仅反映了经济发展的正面指标，没有核算它所带来的资源耗减和环境损失。

其次，GDP 不能反映经济增长的方式和代价。经济增长方式分为粗放型和集约型，粗放型的增长方式是依靠增加生产要素量的投入来扩大生产规模，实现经济增长。这种方式消耗较高，成本较高，产品质量难以提高，经济效益较低。而集约型经济增长方式则是依靠提高生产要素的质量和利用效率，来实现经济增长。这种方式实现的经济增长消耗较低，成本较低，产品质量能不断提高，经济效益较高。GDP 不能反映经济的发展是粗放型还是集约型。

最后，GDP 不能全面反映居民生活水平的变化和社会的进步。GDP 不能衡量比如分配、居民生活质量、居民闲暇时间多少等因素的差异。当一个国家的 GDP 增加时，这个国家的整体生活水平得到改善。但是收入分配的不平等，可能使少数人得到了更多的收入，从人均 GDP 中无法区分由于收入分配的差异状况导致的居民生活水平的高低不同；GDP 也不能反映居民生活质量的好坏，安逸舒适的生活环境在 GDP 中是无法显示出来的；同样，GDP 也不能反映居民生活水平及居民闲暇时间的多少。

二、绿色 GDP

1992 年，联合国召开世界环境与发展大会里约热内卢会议，可持续发展观被世界各国政府广泛认同。人们普遍意识到需要对传统的国民经济核算体系进行修正，力图从传统意义统计的 GDP 中扣除不属于真正财富积累的虚假部分，从而再现一个真实的、可行的、科学的指标，即"绿色 GDP"，以衡量一个国家和区域的真实发展和进步，使其能更确切地说明增长与发展的数量表达和质量表达的对应关系。

所谓绿色GDP,是指一个国家或地区在考虑了自然资源(主要包括土地、森林、矿产、水和海洋)与环境因素(包括生态环境、自然环境、人文环境等)影响之后经济活动的最终成果,即将经济活动中所产生的资源耗损成本和环境降级成本从GDP中扣除。

绿色GDP是对GDP指标的一种调整。许多国家已非常重视绿色GDP的实施,即从GDP中挤出环境污染负债、生态赤字和资源耗损等。如建设一个工厂需要砍掉一片森林,那么必须在另外一处种活同一片森林,才允许开工。又如排污收费(治理污染的费用)在许多国家也很健全。澳大利亚等国在进口彩电、冰箱、洗衣机时要加收垃圾处理费,这其实是一种生态环境补偿。因为这些物品最终将变成垃圾,需要处理,否则就会污染环境。但是迄今为止,全世界还没有一套公认的绿色GDP核算模式,也没有一个国家以政府的名义发布绿色GDP统计结果。目前,实施绿色GDP面临着两个主要的困难:技术难点和观念上的难点。首先,技术上的难点是我们如何来衡量环境要素的价值。环境要素并没有进入市场买卖。由于环境的破坏导致水土流失,依赖环境生存的动物、微生物的灭绝,这个又如何核算? 其次,绿色GDP建立在以人为本、可持续发展的观念之上。一旦实施绿色GDP,将意味着观念的转变,意味着全新的发展观和政绩观,人们心中长期以来以单纯的GDP增长为衡量发展和业绩的标准必须被取代。

三、国民总收入

1993年联合国国民核算体系将国民生产总值(Gross National Product, GNP)改称为国民总收入(Gross National Income, GNI)。国民生产总值指一个国家所有有该国国籍的公民(在国内或国外)在一定时期内生产的商品和劳务的价值总和。GNP和GDP的不同在于两者计算依据的准则不同,前者是按"国民原则"计算,后者则是按"国土原则"计算。也即,GNP是一国公民所拥有的劳动和资本所生产的总产出量,而GDP则是一国境内的劳动和资本所生产的总产出量。例如,中国GDP的一部分是由美国公司在中国境内的工厂所生产的,这些工厂的利润应划入中国GDP但不应计入GNP;又如当中国的劳动力在海外市场取得报酬时,收入应计入GNP而不应计入GDP,由此可以得出GNP与GDP存在以下关系:GDP=GNP-本国公民在国外生产的最终产品的价值总和+外国公民在本国生产的最终产品的价值总和。

从1989年开始,世界银行以人均国民总收入为依据,对经济体的发展水平进行分类,即:以1987年美元计价的人均国民总收入衡量,6 000美元以上的为高收入经济体,1 941—6 000美元的为上中等收入经济体,481—1 940美元的为下中等收入经济体,480美元及以下的为低收入经济体。之后,在1987年美元计价的门槛线基础上,根据特别提款权货币篮子中币种的物价指数,逐年滚动调整为现价美元。由于物价水平有涨有跌,所以门槛线就有可能随着时间推移有升有降,而并不是像一些人以为的那样直线上升。如2017—2019年高收入门槛线依次为12 235美元、12 055美元和12 375美元。[1]

第二节 贫困指标

消除贫困是联合国千年发展目标和2030年可持续发展目标的重要内容。贫困测度方法一直是多样并且变化的。为了适应不同国家和不同时期的发展特点,人们从最初采用贫困线以下的人口占总人口的百分比来表示一国的贫困程度,之后开始考察贫困线以下人口中分配以及贫困深度等贫困指标,直至目前的多维贫困指数。人类对贫困的认识在不断进步,对于贫困的测量也在不断完善。用于全球贫困监测的两类贫困标准,即收入/消费标准和多维贫困指数是目前反映人类贫困最为成熟的方法。收入/消费标准能够简单地从货币视角捕获贫困人口的经济状况,是制定反贫困战略和政策简单易懂的贫困测量方法。多维贫困指数把贫困测量拓展到更加全面的维度和指标,用更多的变量来反映人们的生活质量。

一、收入/消费贫困指标

国际组织以及世界各国传统上用单一维度测量贫困,通常用收入或消费指标,以"一篮子"商品和服务作为维持生存的基本需要,按照当时的价格折算为用货币表示的贫困线。当人们没有足够的货币以满足这些基本需要时,即被确定为贫困人口。世界银行对贫困的定义是"福祉的被剥夺"(deprivation in well-being),因而其采用基本需要法测算个体或家庭是否拥有足够的资源以满足基本需要。基本需要包括食物和非食物两部分。

(一)1美元/天贫困线

20世纪90年代,世界银行收集了33个国家(包括发展中国家和发达国家)的贫困线,利用这33个国家的贫困线数据来确定可以用于全球贫困比较的贫困

---

[1] 世界银行网站资料:https://blogs.worldbank.org/opendata/new-country-classifications-income-level-2017-2018; https://blogs.worldbank.org/opendata/new-country-classifications-income-level-2018-2019; https://blogs.worldbank.org/opendata/new-country-classifications-income-level-2019-2020。

线。[1]而当时最贫困的6个国家(印度尼西亚、孟加拉国、尼泊尔、肯尼亚、坦桑尼亚、摩洛哥)的贫困线均在31美元/人·月附近,菲律宾和巴基斯坦两个国家的贫困线也接近31美元。据此,世界银行确定了1美元/天的贫困线。[2]这个国际贫困线采用的是1985年购买力平价(PPP),于《1990年世界发展报告》中正式发布。根据该报告的估测,发展中世界还有十多亿人生活在贫困之中,在年收入不到370美元的水平线上为生存而挣扎。[3]

(二) 1.25美元/天贫困线

2008年,世界银行根据75个国家(其中包括转型国家)的贫困线数据以及2005年购买力平价,对贫困线进行了重新修订。根据这次估算,15个最不发达国家贫困线的平均数为1.25美元/天。75个国家的中位数贫困线是60.81美元/月,相当于每天2美元。扣除15个最不发展的国家,其余60个国家(含转型国家)贫困线的中位数相当于2.5美元/天。世界银行推荐1.25美元/天的国际贫困线适用于对全球极端贫困的国别比较。根据世界银行在2008年的测算估计,2005年在发展中国家有14亿人的生活标准低于1.25美元/天(每四个人中就有一个)。[4]

(三) 1.9美元/天贫困线

2015年10月,世界银行在《2012年全球极端贫困估算:数据问题、方法和初步结果》报告中,更新了全球极端贫困标准。世界银行根据2011年国际购买力平价,把1.25美元/天国际贫困线调整为1.9美元/天。按惯例,世界银行新标准公布后,该标准将被用于世界银行和联合国系统对各国贫困状况进行比较分析,并作为分配援助资金的依据之一。根据世界银行2015年发布的每天消费低于1.9美元(2011年PPP)的贫困人口状况,2012年全球贫困人口8.97亿人。撒哈拉以南非洲贫困人口最多,达3.89亿人,其次是南亚,贫困人口达3.09亿。[5]

二、多维贫困指标

即使收入是多维贫困的一个很好的代理变量,但是仅仅用收入不足以反映其他方面的被剥夺和社会排斥。另外,虽然收入贫困标准确实提供了十分有用的贫

---

[1] Ravallion M., S. Chen and P. Sangraula, "Dollar a Day Revisited", World Bank, Policy Research Working Paper 4620, 2008.
[2] Ravallion M., G. Datt, D. Van de Walle, "Quantifying the Magnitude and Severity of Absolute Poverty in the Developing World in the Mid-1980s", World Development Report, WPS 587, 1991.
[3] 世界银行:《1990年世界发展报告》,中国财政经济出版社1990年版,第1页。
[4] "World Bank Updates Poverty Estimates for the Developing World", August 26, 2008. https://www.worldbank.org/en/news/feature/2008/08/26/world-bank-updates-poverty-estimates-for-the-developing-world.
[5] 王小林:《贫困测量:理论与方法》(第二版),社会科学文献出版社2017年版,第43页。

困信息,但与贫困人口自己的感受却相差甚远。多维贫困指数的出现是人类测量贫困以来的巨大进步,弥补了以往贫困测量对于福祉衡量的不足。与能力方法相关的多维贫困测量能够提供更加准确的信息,便于减少人们的能力剥夺。该方法有助于决定反贫困公共政策干预的优先顺序,不仅能够准确地监测贫困状况,而且能够为反贫困战略和政策提供明确的指向。

(一) 多维贫困

多维贫困源于阿马蒂亚·森(Amartya Sen)的能力方法理论,认为贫困是对人的基本能力(capability)的剥夺,基本能力包括公平地获得教育、健康、饮用水、住房、卫生设施、市场准入等多个方面。

测量多维贫困主要基于以下几个原因:第一,穷人所受的剥夺是多方面的,例如健康状况较差、缺乏教育、不充足的生活标准、缺乏收入、缺乏赋权、恶劣的工作条件以及来自暴力的威胁,而且每个方面都很重要。[1] 第二,任何单一维度的贫困测量与贫困的多维度本身是不匹配的。人类发展指数(Human Development Index, HDI)是对收入贫困测量的重要补充,但仅包括收入、健康和教育三个维度,这与森提出的影响人类发展的许多基本能力相比,还远远不够。第三,多维度测量贫困能够使公共政策找到优先干预的领域。第四,多维贫困测量是对收入贫困测量的一个重要补充,而不是代替。用中文"贫困"来表达,收入测量贫困,实质上是测量了"贫";从多维度测量贫困,可以捕获"困"。

森的能力方法理论面临的最大挑战是如何对多维贫困进行测量。目前,世界各国越来越多的基于家庭的统计调查数据,使得测量多维贫困成为可能。[2] 除了布吉尼翁(Bourguignon)和查克拉瓦蒂(Chakravarty)等学者以社会福利方法(the social welfare approach)进行多维贫困测量的探索之外,2007年5月由森发起,在牛津大学国际发展系创立了牛津贫困与人类发展中心(Oxford Poverty and Human Development Initiative, OPHI),该中心旨在对多维贫困进行测量;2007—2008年,阿尔凯尔(Alkire)和福斯特(Foster)发表了《计数和多维贫困测量》(*Counting and Multidimensional Poverty Measurement*)一文,开创了多维贫困测量的计数方法(the counting approach)。该方法首次将多维贫困测量广泛地应用于全球多维贫困的测量,并被越来越多的国家采纳。2007—2010年,阿尔凯尔团队对世界各国的多维贫困进行了测量,其中包括2009年王小林和阿尔凯尔对中国多维贫困进行的测量。[3] 2010年,联合国开发计划署在《人类发展报告》中,采纳并正式发布了104个国家的多维贫困指数。

---

[1] Sen, A. K., *Inequality Re-examined*, New York: Russell Sage Foundation, 1992.
[2] Alkire S., "Multidimensional Poverty and its Discontents", OPHI Working Paper, No. 46, 2011.
[3] 王小林、Alkire:《中国多维贫困测量:估计和政策含义》,《中国农村经济》2009年第12期。

(二) 多维贫困指数的构成和维度

多维贫困指数(Multidimensional Poverty Index, MPI)可以分为两类:一类是用于全球多维贫困测量及国别比较的全球多维贫困指数,称为 MPI 或 G-MPI;另一类是用于测度某一个国家的国家多维贫困指数,称为 C-MPI。国家多维贫困指数可以根据一国经济社会发展的阶段、减贫战略和政策关注的重点确定贫困的维度、指数、权重等。

MPI 由两个关键部分构成:贫困发生率(incidence)和贫困强度(intensity)。贫困发生率是指经受多维贫困的人口比例,用 H 表示(headcount ratio);贫困强度是指贫困人口经受的平均剥夺比例(加权),即在平均意义上,贫困人口有多穷,用 A 表示(average deprivation share)。多维贫困指数可以表示为 MPI=H×A。[1] 当一个人在 1/3 及以上的加权指标贫困时,被称为多维贫困人口,即多维贫困阈值(k)是 33.3%。

全球 MPI 包括 3 个维度:健康、教育和生活标准,共 10 个指标。其中健康维度包括营养和儿童死亡率 2 个指标;教育维度包括受教育年限和入学儿童 2 个指标;生活标准维度包括做饭用燃料、卫生厕所、安全饮用水、用电、屋内地面、耐用消费品 6 个指标。这 3 个维度 10 个指标识别了家庭层面的叠加剥夺,反映了贫困人口平均受剥夺的人数以及贫困家庭中所遭受的剥夺维度。

在多维贫困测量中,首先需要确定每个维度的剥夺情况,然后进行加总,得到多维贫困指数(MPI)。维度的剥夺情况需要先测算构成维度的指标的剥夺情况。每个指标的剥夺情况,需要先确定一个阈值(cut-off)或者贫困线,对于每一个维度,如果观察值低于该维度的阈值,则被认为这一指标被剥夺或贫困。例如,假定受教育年限的阈值为 5 年,如果一个人的受教育年限观察值为 4 年,则被识别为受教育年限受到了剥夺。表 3-1 给出了全球多维贫困指数各指标阈值及其依据和相对权重。

表 3-1 全球 MPI 中使用的维度、指标和阈值

维度	指标	阈值	依据	相对权重
教育	受教育年限	10 岁及以上的人口未完成 5 年学校教育	MDG2	1/6
	入学儿童	适龄儿童未入学	MDG2	1/6
健康	儿童死亡率	家中有儿童死亡	MDG4	1/6
	营养	70 岁以下成人或儿童营养不良	MDG1	1/6

---

[1] 王小林、Alkire:《中国多维贫困测量:估计和政策含义》,《中国农村经济》2009 年第 12 期。

续表

维度	指标	阈值	依据	相对权重
生活标准	用电	家中不通电		1/18
	卫生厕所	厕所设施没有得到改善（依据MDG指南）或者与其他用户共用改善了的厕所设施	MDG7	1/18
	安全饮用水	家中不能获得安全饮用水（依据MDG指南）或来回至少需步行30分钟才能获得安全饮用水	MDG7	1/18
	屋内地面	家中地面肮脏、沙土、有粪便或其他类型的地面		1/18
	做饭用燃料	家中使用粪便、木材、木炭或其他固体燃料做饭	MDG7	1/18
	耐用消费品	家中没有收音机、电视、电话、自行车、摩托车或电冰箱中的任一种，并且没有汽车或卡车	MDG7	1/18

资料来源：Alkire S., A. Conconi, et al., The Global Multidimensional Poverty Index (MPI): 5-year Methodological Note, OPHI Briefing 37, 2016。

牛津贫困与人类发展中心于2015年6月发布了全球多维贫困指数2015 (Global MPI 2015)。该指数包括101个国家、全球75％的人口，约52亿人。其中29.8％(16亿人)为多维贫困人口，其中，54％生活在南亚，31％生活在撒哈拉以南非洲。70％的多维贫困人口生活在中等收入国家。南亚和撒哈拉以南非洲仍是全球多维贫困人口和多维贫困发生率最高的地区。

（三）多维贫困指数的优缺点

多维贫困指数是对世界银行收入贫困测量的一个重要补充。它更加生动地反映了贫困人口受剥夺的情况。一方面，多维贫困指数对环境剥夺有了更加深入的了解和测量。多维贫困指数包括做饭用燃料、安全饮用水和卫生厕所三个指标，这三个指标强调了穷人的环境剥夺状况。UNDP《2011年人类发展报告》中的多维贫困指数表明，在发展中国家，每10人中至少有6人遭受过一种环境剥夺，有4人遭受过两种以上的环境剥夺。对于多维贫困人口而言，环境剥夺更为严重，其中，80％的多维贫困人口遭受着两种以上环境剥夺，29％的多维贫困人口遭受着所有三种环境剥夺。另一方面，多维贫困指数纳入了耐用消费品指标，耐用消费品剥夺实质上反映了家庭的资产贫困状况，资产贫困是持久性贫困的一种表现。

但是，多维贫困指数受限于各国统计数据的可得性，部分国家的数据十分陈旧，无法反映当前的贫困状况。例如，2011年对印度多维贫困测量采用的是2005年世界卫生调查（World Health Survey, WHS)数据，这一数据与印度的实际状况相比显得陈旧。除此之外，多维贫困指数是基于现有的家庭统计调查，对于反映人的能力扩展方面的许多指标，由于数据不可获得，还没有纳入测量范畴。另外，权重的设定也存在改进的空间。

第三节 综合发展指标

由于 GDP 存在自身的统计和核算缺陷,不能反映经济发展所带来的社会成本和资源环境的变化,缺乏对居民生活水平和社会进步等方面的衡量,因此,对 GDP 的修正更多的是从经济发展对资源和环境影响、经济福利、社会财富积累、贫困和社会进步等角度进行考量。

一、人类发展指数

人类发展指数从动态上对人类发展状况进行了反映,揭示了一个国家的优先发展项,为世界各国尤其是发展中国家制定发展政策提供了一定依据,从而有助于挖掘一国经济发展的潜力。通过分解人类发展指数,可以发现社会发展中的薄弱环节,为经济与社会发展提供预警。

(一) 1990 年人类发展指数

1990 年联合国开发计划署开始发布用人类发展指数(human development index, HDI)衡量各国社会经济发展程度的标准,以对传统 GDP 指标体系进行修订。

人类发展指数的编制原则包括:(1)能测量人类发展的基本内涵;(2)只包括有限的变量以便于计算并易于管理;(3)是一个综合指数而不是过多的独立指标;(4)既包括经济又包括社会选择;(5)保持指数范围和理论的灵活性;(6)有充分可信的数据来源保证。

人类发展指数由三个指标构成:预期寿命、成人识字率和人均 GDP 的对数。这三个指标分别反映了人的长寿水平、知识水平和生活水平。HDI 为每个指标设定了最小值和最大值:出生时预期寿命分别为 25 岁和 85 岁、成人识字率(15 岁以上识字者占 15 岁以上人口比率)分别为 0% 和 100%、综合入学率(学生人数占 6—21 岁人口比率,依各国教育系统的差异而有所不同)分别为 0% 和 100%、实际人均 GDP(购买力平价)为 100 美元和 40 000 美元。

(二) 2010 年人类发展指数

人类发展指数也在不断地修订和完善。联合国开发计划署在《2010 年人类发展报告》中对人类发展指数的三个指标进行了修订,健康长寿采用出生时预期寿命来衡量;教育获得最初用成人识字率(2/3 权重)及小学、中学、大学综合入学率(1/3 权重)共同衡量,之后对其进行了修改,利用平均受教育年限取代了识字率,利用预期受教育年限(即预期中儿童现有入学率下得到的受教育时间)取代了毛入学率。而生活水平这个指标最初用实际人均 GDP(购买力平价)来衡量,2010 年则采用人均国民收入(GNI)取代 GDP 来评估。2010 年的人类发展指数变成了三维指数的几何平均数。

(三) 对人类发展指数的评价

HDI 从测度人类发展水平入手,反映一个社会的进步程度,为人们评价社会发展提供了一种新的思路。人类发展指数的优点在于:(1)它用较易获得的数据,认为对一个国家福利的全面评价应着眼于人类发展而不仅仅是经济状况,计算较容易,比较方法简单。(2)人类发展指数适用于不同的群体,可通过调整反映收入分配、性别差异、地域分布、少数民族之间的差异。其局限性在于,人类发展指数选择的这三个指标只与健康、教育和生活水平有关,无法全面反映一国人类发展水平。

二、性别平等相关指数

性别平等相关指数主要关注在两性发展能力、机会与成就方面的差距。其主要指标包括性别发展指数、性别赋权指数和性别不平等指数。

(一) 性别发展指数

联合国《1995 年人类发展报告》中提出性别发展指数(gender-related development index, GDI)。性别发展指数是对人类发展指数的补充,主要用三个指标来评价性别发展的程度:一是分性别的预期寿命,二是分性别的受教育程度,三是调整两性的实际收入。性别发展指数重点显示的是女性因为受教育程度低于男性,而形成知识能力限制所导致的发展能力限制。如果一个国家或地区女性中文盲所占比例较高,同时还有大批女童失学、辍学,或有对女生进入各级学校的歧视等现象,就意味着在提高妇女知识能力上存在一定障碍,女性的基本行为能力也因此与男性存在较大差距,并预示大部分女性在就业和进入专业工作职位方面落后于男性,致使她们的劳动就业、经济收入、社会与家庭地位、个人成就取得方面也相应较低,女性群体的发展能力欠佳。显然,根据女性群体受教育程度这一关键性数据,是可测定其基本能力(知识能力、工作能力、发展能力)的,而所测数据与男性差距越大,或与 GDP 和 HDI 背离越远,亦显示性别发展不平等情况越严重。反之,则说明性别平等情况良好。

（二）性别赋权指数

《1995年人类发展报告》中设立的另一项测量两性平等的指标是性别赋权指数(gender empowerment measure, GEM)，关注的是妇女的机会而不是能力。该指数着重测量的是两性平等参与政治、经济等社会公共事务的状况，也意味着女性是否真正拥有平等的公民权利。其测量的性别公平程度主要包括：政治参与及政治决策权、经济参与及经济决策权、经济资源支配权。虽然世界各国的性别赋权指数得分每年都呈缓慢上涨趋势，但世界上还没有一个国家实现真正的性别平等。

（三）性别不平等指数

《2010年人类发展报告》提出性别不平等指数(gender inequality index, GII)，用来阐明发展成就在女性和男性之间的差别。性别不平等指数包括受教育程度、经济和政治参与以及妇女健康问题。主要包含3个维度：劳动力市场、赋权和生殖健康；5个指标：劳动力参与率、受教育程度、议会席位中女性达标比例、未成年人生育率、孕产妇死亡率。当各种维度的不利因素联合作用时，性别不平等指数就升高，也就是说，性别各维度之间的差异越相关，性别不平等指数就越高。

三、社会进步指数

1984年美国宾夕法尼亚大学的埃斯蒂斯(R. J. Estes)教授提出了社会进步指数(index of social progress, ISP)。社会进步指数包括10个社会经济领域的36项指标。10个领域分别为教育、健康状况、妇女地位、国防、经济、人口、地理、政治参与、文化、福利成就。通过指标的标准化处理，采用简单平均或加权平均进行综合评价，以测定一个国家的社会进步状况。1988年，埃斯蒂斯在《世界社会发展的趋势》一书中又提出了加权社会进步指数(weighted index of social progress, WISP)。该指数将众多的社会经济指标浓缩成一个综合指数，以此作为评价社会发展的尺度。

社会进步指数是评价社会发展状况的一个有效工具，它不仅可以用于不同国家、不同地区间社会发展状况的比较，也可用于一国内部不同地区间社会发展水平的横向比较，还可用于一国不同时期社会水平的动态比较。

社会进步指数亦存在着局限性。首先，在发展领域及指标的选择上，未作出详细的理论说明。为什么选择这些领域作为评价社会进步的依据？这些领域是否包括了社会发展的所有方面？这些领域及相应的指标是否适合于对所有国家社会发展水平的比较？其次，在各子领域指标的选择上也极不平衡。比如，国防子领域仅选择了军费支出占 GDP 比重这一个指标,而人口子领域则选择了 4 个指标,这势必影响加权指数中权数构造的准确性。再次,在子领域和指标的选择上,忽略了一些重要的社会发展领域。比如,缺乏反映社会秩序与安全、闲暇时间的利用以及反映财富分配方面的指标。最后,所选择的这些领域及相应的指标并不适合于反映所有国家的社会进步状况,没有注意到处于不同社会发展阶段的国家间的差异性,因而势必影响比较的准确性。

表 3-2 埃斯蒂斯社会进步指数领域和指标

领域	指标
教育	学生入学率、学生教师比、成人文盲率、教育经费占 GDP 百分比
健康状况	男性 1 岁的预期寿命、婴儿死亡率、每名医生负担的人口数、每日卡路里供给量占需要量的百分比
妇女地位	适龄女孩进入一流学校的百分比、成年妇女文盲率、保护妇女合法权利的立法年限
国防	军费开支占 GDP 的百分比
经济	人均 GDP、人均 GDP 年增长率、年平均通货膨胀率、人均食品生产指数、外债占 GDP 的百分比
人口	总人口(百万)、每千人口的粗出生率、每千人口的粗死亡率、15 岁以下人口的百分比
地理	耕地面积所占百分比、自然灾害受灾指数、每百万人中自然灾害年平均死亡人数
政治参与	侵犯政治权利指数、侵犯公民自由指数、侵犯人的自由综合指数
文化	讲同一本国语言人口的最大百分比、具有同一宗教信仰人口的最大百分比、具有同一或类似种族血统人口的最大百分比
福利成就	自第一部疾病和产妇保护法公布以来的年限、自第一部工伤法公布以来的年限、自第一部失业法公布以来的年限、自第一部家庭补贴法公布以来的年限

资料来源:李冻菊,《经济表现和社会进步的测度研究与实证》,中国人民大学出版社 2014 年版,第 98 页。

四、生活质量指标

怎样构成好的生活?自从亚里士多德等主流的哲学家开始对这个问题进行研究,不同的学者就对"好的生活"进行了不同的定义,每一种定义都对应着不同的哲学观点。目前生活质量的研究已经确立了一系列和生活质量相联系的因素,比如归属感、成就感、自我定位、自治、情感、对待别人的态度。其中的一些因素是无形的,很难评价,而另外一些因素可以通过合理、有效、可行的方法进行测度。

(一)生活质量的概念

1958 年,美国经济学家加尔布雷思(Galbrith)在其名著《丰裕社会》中首次提出了生活质量(Quality of Life，QoL)概念，他认为生活质量的本质是一种主观体验，包括对于生活的满意程度、内在的知足感以及在社会中产生的自我价值感。加尔布雷思1960年发表的《总统委员会国民计划报告》和鲍尔(Raymond A. Bauer)的《社会指标》文集正式提出"生活质量"这个专业术语。20世纪六七十年代，美国学者对生活质量的测定方法及指标体系做了大量研究。20世纪70年代以后，生活质量研究相继在加拿大、西欧和东欧以及亚洲和非洲的一些国家展开。此后，生活质量的研究与社会指标运动相结合，受到了社会学、心理学和经济学等多个学科研究者的关注，并逐渐分化为两大研究取向，即客观生活质量(Objective Quality of Life)研究和主观生活质量(Subjective Quality of Life)研究。客观生活质量研究总体上坚持的仍然是西方国家17世纪以来传统的经济和社会指标，只是在侧重点上更倾向于社会的全面进步和人与环境的协调发展；主观生活质量研究则侧重于对人们的态度、期望、感受、欲望、价值等方面的考察，着眼于人们的幸福体验，这一研究取向又被称为"主观福利"(Subjective Well-being)的研究。

QoL又称为生存质量或生命质量，是全面评价生活优劣的概念，通常是社会政策与发展的一种结果。在公开讨论中，幸福、福利和生活质量的概念几乎是相同的，所有的这些概念都有一种主观的成分，但生活质量的概念更适合测度和比较评价。生活质量有别于生活水平的概念，生活水平反映的是为满足物质、文化生活需要而消费的货物和服务的多少，生活质量反映的是生活过得"好不好"。生活质量必须以生活水平为基础，但其内涵更具复杂性和广泛性。

（二）生活质量指标体系

对生活质量的测度需符合以下标准：首先，对人的重视。人们对自己日常生活(随环境的变化而变化)的评价对生活质量测度结果的影响是很大的，因此对生活质量进行测度时就需要把个体作为基本单位来进行分析。其次，承认人类状况的多样性。社会福利既依赖于形成人们生活的各个因素，又依赖于各因素对于社会生活的贡献程度。再次，生活质量依赖于各种因素，没有哪种因素绝对优于其他因素。生活质量的多因素性质增加了对其测度的复杂性，即对不同的地区、不同的人而言，如何评价每个因素的重要性，是否需要对某些因素进行合并和如何合并等都是人们所要关注的。最后，关注当代而不是后代的生活质量。尽管生活质量可持续发展是很重要的问题，但QoL的评价主要是针对当代人而进行的。

生活质量指标体系包括客观条件指标和主观感受指标。客观条件指标包括人口出生率和死亡率、居民收入和消费水平、产品的种类和质量、就业情况、居住条件、环境状况、教育程度、卫生设备和条件、社区团体种类和参与率、社会安全或社会保障等。通过对这些客观综合指标的比较分析，可以衡量社会变迁程度。主观感受指标主要测定人们由某些人口条件、人际关系、社会结构、心理状况等因素

决定的生活满意度和幸福感。对满意度的测定通常分为生活整体的满意度和具体方面的满意度两种。

第四节 可持续发展指标

1987年4月27日,世界环境与发展委员会发表了一份题为《我们共同的未来》的报告,第一次明确提出了"可持续发展"的概念为"既能满足当代人的需要,又不对后代人满足其需要的能力构成危害的发展"。1992年联合国环境与发展大会通过《21世纪议程》之后,可持续发展的理念得到了国际社会的广泛认同,并围绕着可持续发展的理论和指标体系进行了一系列的探讨。虽然已经有很多国际组织和国家提出了各种可持续发展指标体系,但是该体系的建立与应用仍然在探索的过程中。不同的可持续发展指标体系体现出不同伦理标准和不同学科理念指导下对于可持续发展的理解。

一、基于生态观点的可持续发展指标

基于生态观点的可持续发展指标关注保护整个生态系统状态和功能,考虑环境可持续发展状况。该类指标主要是基于环境承载力的指标。比如生态足迹、生态系统服务、低碳指标和环境可持续性指数等基于生态观点的可持续发展指标。

(一) 生态足迹

1992年里斯(William E. Rees)和瓦克纳格尔(Wackernagel)提出"生态足迹"(ecological footprint, EF)度量指标。该指标主要通过计算在一定的人口和经济规模条件下,维持资源消费和废弃物吸收所必需的具有一定生态生产力的土地和水域的面积。EF指标就是通过测算人类为了维持自身生存而利用自然的量及将废弃物返还给大自然所需要自然的量,来评估人类对生态系统的影响。2010年11月15日,由世界自然基金会(World Wildlife Fund, WWF)和中国环境与发展国际合作委员会(China Council for International Cooperation on Environment and Development, CCICED)联合发布《中国生态足迹报告2010》,中国的生态足迹总量仅低于美国,居世界第二;生物承载量居全球第三,仅次于巴西和美国。[1]

---

[1] 转引自李小云、齐顾波、徐秀丽:《普通发展学》(第二版),社会科学文献出版社2012年版,第155页。

（二）生态系统服务

1997年康斯坦萨（Constanza）等人提出生态系统服务（ecosystem services）价值评估指标体系，系统地测算了全球生态系统服务直接和间接地为人类福利做出的贡献。该指标评估了16个生物群落的17种生态系统服务的现行经济价值。就整个生物圈而言，生态系统服务价值估计每年在16万亿—54万亿美元，平均每年为33万亿美元（由于不确定性的特点，该价值应该被看作最低估计值），而全球国民生产总值大约为每年18万亿美元。该研究首次全面揭示了全球生态系统的市场和非市场价值，开创了全面分析地球生态系统对人类的服务价值的先河。[1]

（三）低碳经济

低碳（low carbon）主要是指较低的温室气体排放。低碳经济最早见诸政府文件是在2003年的英国能源白皮书《我们能源的未来：创建低碳经济》（*Our Energy Future: Creating a Low Carbon Economy*）。低碳经济是指在可持续发展理念指导下，通过技术创新、制度创新、产业转型、新能源开发等多种手段，尽可能地减少煤炭石油等高碳能源消耗，减少温室气体排放，达到经济社会发展与生态环境保护双赢的一种经济发展形态。目前，低碳经济评价研究还没有形成系统的理论，也没有一个国家取得普适性成功经验。

（四）环境可持续性指数

环境可持续性指数（environmental sustainability index，ESI）是由世界经济论坛"明天的全球领导者环境任务组"、耶鲁大学的环境法律与政策中心和哥伦比亚大学国际地球科学信息网络中心合作开发的评估环境可持续发展状况的指标体系，测试版ESI于2000年推出。ESI在最基本的层次上主要表现为五个方面：环境系统的状态、环境系统所承受的压力、人类对于环境变化的脆弱性、应对环境挑战的社会与体制能力、对于环境合作需求的响应能力。ESI包含20个关键指标，揭示环境与经济之间的相互作用以及影响环境可持续性的因素。

二、基于价值核算的可持续发展指标

基于价值核算的可持续发展指标更多关注资源与经济的相互关系，强调一个国家或者地区在经济可持续发展变化过程中，资源环境的可持续利用。该类指标主要通过货币化的形式反映环境与资源要素的价值。目前这类指标有可持续经

---

[1] Costanza R., Ralph d'Arge R., Rudolf de Groot, et al. "The Value of the World's Ecosystem Services and Natural Capital". *Nature*, 1997, 387: 253-160.

济福利指标、真实进步指标、扩展的财富、真实储蓄等。

(一) 可持续经济福利指标

1989年世界银行经济学家戴利(Herman Daly)和科布(John B. Cobb)提出可持续经济福利指标(index of sustainable economic welfare, ISEW)。该指标是基于福利分析的可持续发展经济指标模型,试图补充被国家核算体系所忽略的一些经济福利方面的内容,比如,财富分配不公带来的财富损失,失业率、犯罪率对社会的危害以及那些不能算作是对经济贡献的社会成本,如医疗支出、超时工作等。[1]

(二) 真实进步指标

1995年,国际发展重新定义组织科布、霍尔斯特德和罗维提出真实进步指标(genuine progress indicator, GPI),GPI有时也被译为"真实发展指数",是以测量经济福利为主,包括犯罪和家庭破裂、家务劳动和自愿工作、收入分配、不可再生资源损耗、污染、长期环境破坏、休闲时间的变化、防护性支出、耐用消费品和公共基础设施、对外资的依赖等10个方面20多个指标。[2] GPI使国民核算更加精准,但也存在一定的局限:确定GPI中某一因素对GDP的调整方向时,是正是负比较主观;计算时加权项的不同会导致最终计算结果差异很大;非市场性货物和服务很难核算。另外,GPI是对ISEW的修订,后来就出现了ISEW和GPI并列使用的情况。

(三) 扩展的财富

1995年世界银行首次向全球公布了用扩展的财富(extensive wealth, EW)指标作为衡量全球或区域发展的新指标。该指标是从机会可持续发展的概念延伸而来,主要由自然资本、生产资本、人力资本和社会资本四大要素构成。自然资本主要指环境和自然资源;生产资本也称为"人造资本或者物质资本",主要指机器、厂房、基础设施等人造物;人力资本主要指人的生产能力具备的价值;社会资本主要指"人类组织性"和"规模性"的社会价值。这样,"财富"的概念就从自然资本和人造资本扩展到人力资本和社会资本。扩展的财富比较客观、公正、科学地反映了世界各地区财富存量和发展水平的真实情况,为国家拥有的真实"财富"及其发

---

[1] Daly H. E. and J. B. Cobb. *For the Common Good: Redirecting the Economy toward Community, the Environment and a Sustainable Future*. Appendix: The Index of Sustainable Economic Welfare. Boston: Beacon Press, 1989.

[2] Cobb C W, Cobb J B. *The Green National Product: A Proposed Index of Sustainable Economic Welfare*. Lanham: University Press of American, 1994, p.342.

展随时间的动态变化,提供了一种可比的统一标尺。[1]

(四) 真实储蓄

世界银行在1995年提出用真实储蓄(genuine savings)作为衡量国家财富及其变动的工具。真实储蓄是对GDP的修正,如果一个国家真实储蓄持续负增长最终必将导致财富的减少。世界银行1997年在真实储蓄指标的基础上,提出真实储蓄率指标。真实储蓄率(genuine savings ratio)核算了自然资源损耗和环境污染损失的价值之后的一个国家真实的储蓄率,为评价一个国家或地区财富与发展水平的动态变化提供了更加有力的依据。该指标体系不仅能衡量国家财富的存量,而且能够衡量国家财富的动态变化及其所显示的"储蓄率"的变化。该指标不足之处在于,在理论上,一些创造性概念迄今没有被很好地检验,还需要进一步推敲和量化;在操作上,一些指标的详细计算的技术要求比较高,对于污染损失和资源损耗需要更多的研究和数据支持。[2]

基于价值核算的指标大多根据弱可持续性原则[3],对传统经济方法加以环境修正,以货币化形式表现,逐渐增强决策者和公众的环境保护意识,使环境保护与经济发展处于平等的地位。这类指标主要存在两个问题:一方面是是否需要将所有的资源环境价值量化;另一方面是在技术上很难将所有的资源环境要素价值化。

三、可持续发展指标体系

系统的可持续发展指标体系将衡量社会、经济以及生态发展的指标相结合。国际上具有代表性的有经济合作与发展组织(OECD)可持续发展指标体系、世界保护同盟(International Union for Conservation of Nature, IUCN)"可持续性晴雨表"评估指标体系、联合国统计局(United Nations Statistics Division, UNSD)可持续发展指标体系、联合国可持续发展委员会(UN Commission on Sustainable Development, UNCSD)可持续发展指标体系等可持续发展指标体系。

---

[1] World Bank. *Monitoring Environmental Progress: A Report on Work in Progress*. Washington DC: World Bank, 1995.

[2] World Bank. *Monitoring Environmental Progress: A Report on Work in Progress*. Washington DC: World Bank, 1995. World Bank. *Expanding the Measure of Wealth: Indicators of Environmentally Sustainable Development*. Washington DC: World Bank, 1997.

[3] 强可持续性(strong sustainability)假定在自然和人造资本之间有限的可替代性,弱可持续性(weak sustainability)假定自然和人造资本一般可替代。采用强可持续性的方法,应该分开核算人造和自然资本,保证不耗损整个自然资本存量。例如,在某一地区采伐森林,只有相似的森林在另外某个地区得到扩大,才能使森林的储量在整体上保持不变。弱可持续性允许自然和人造资本之间的替代,假定总的资本价值不减少,例如允许采伐森林以扩大农业或工业。

（一）经济合作与发展组织的可持续发展指标体系

经济合作与发展组织从 1989 年就开始实施"环境指标工作计划", 1994 年形成了包括 40—50 个指标的核心可持续发展指标体系,并于 1998 年开始发布其成员国的指标测度结果。经合组织可持续发展指标体系包括核心环境指标体系、部门指标体系和环境核算类指标三类。核心环境指标体系涵盖了经合组织成员国反映出来的主要环境问题,主要用于跟踪、监测环境变化的趋势;部门指标体系着眼于专门部门,包括反映部门环境变化趋势、部门与环境相互作用、经济与政策等三个方面的指标;环境核算类指标是与自然资源可持续管理有关的自然资源核算指标以及环境费用支出指标,如自然资源利用强度、污染减轻的程度与结构、污染控制支出。[1]

（二）世界保护同盟的可持续性晴雨表评估指标体系

1995 年,世界保护同盟与国际开发研究中心（International Development Research Centre, IDRC）联合提出了可持续性晴雨表（barometer of sustainability）评估指标及方法,用于评估人类与环境的状况以及向可持续发展迈进的进程,其核心是将人类福利与生态系统福利同等对待。人类福利与生态系统福利两个子系统各包括 5 个要素,每个要素又有若干指标。人类福利子系统包括健康与人口、财富、知识与文化、社区、公平 5 个要素 36 个指标。生态系统福利子系统包括土地、水资源、空气、物种与基因、资源利用 5 个要素 51 个指标。[2]

（三）联合国统计局的可持续发展指标体系

联合国统计局 1995 年与政府间环境统计促进工作组合作,提出了一套环境与相关社会经济指标。联合国统计局的可持续发展指标体系在指标的框架模式上类似于联合国可持续发展委员会的"驱动力—状态—响应"（driving force, state and response, DFSR）指标体系,指标按《21 世纪议程》中的问题——经济问题、社会/统计问题、空气/气候、土地/土壤、水资源、其他自然资源、废弃物、人类住区、自然灾害 9 个方面的问题,分为社会经济活动、冲击与结果、对冲击的响应、存量与背景条件 4 个方面共 88 个指标。[3]

（四）联合国可持续发展委员会的可持续发展指标体系

1996 年联合国可持续发展委员会提出的可持续发展指标体系,其构建对应于

---

[1] OECD. *Key Environmental Indicators*. Paris: 2001b. p.36.
[2] Guijt I, Moiseev A. *IUCN Resources Kit for Sustainability Assessment*. Gland, Switzerland: International Union for Conservation of Nature and Natural Resources, 2001.
[3] UNSD. *List of Environmental and Related Socioeconomic Indicators*. New York: UNSD, 2002.

《21世纪议程》有关章节,分经济、社会、环境、制度四个维度,以"驱动力—状态—响应"(DFSR)模式构建指标。该指标体系有 134 个指标(其中,经济指标 23 个、社会指标 41 个、环境指标 55 个、制度指标 15 个),每个大系统中都包含驱动力指标、状态指标、响应指标。驱动力指标是反映对可持续发展有影响的人类活动、进程和方式,即表明环境问题的原因,比如就业率、人口净增长率、成人识字率等指标;状态指标用于衡量由于人类行为而导致的环境质量或环境状态的变化,即描述可持续发展的状态,比如贫困度、人口密度、人均住房面积等指标;响应指标是对可持续发展状况变化所作出的选择和反应,比如人口出生率、教育投资占 GDP 的比率等。

本章小结

　　指标有利于我们更好地认识这个世界,指标也是国家与国际组织等行为体进行政策制定与政策评估的重要依据。

　　GDP 是经济发展领域最为重要的指标,它在描述经济规模、经济增长、人均经济发展水平、经济结构、价格总水平变化方面发挥着重要作用。但它不能衡量社会成本,不能反映经济发展对资源和环境的影响,不能反映经济增长的方式和代价,不能全面反映居民生活水平的变化和社会的进步。绿色 GDP 是对 GDP 指标的一种调整,将经济活动中所付出的资源耗减成本和环境降级成本从 GDP 中予以扣除。许多国家已非常重视绿色 GDP 的实施,但迄今为止,全世界还没有一套公认的绿色 GDP 核算模式,实施绿色 GDP 存在着技术和观念上的困难。比较容易与 GDP 混淆的另一个指标是国民总收入 GNI,两者计算依据的准则不同,前者是按"国土原则"计算,而后者是按"国民原则"计算。

　　削减贫困是发展的重要议题。目前国际上对于贫困的衡量主要依据世界银行提出的收入/消费贫困指标,但仅用收入不足以反映其他方面的剥夺和社会排斥。全球多维贫困指标则通过 10 个指标对健康、教育和生活标准 3 个维度的贫困进行测量。多维贫困指数是对世界银行收入贫困测量的一个重要补充,对环境剥夺有了更加深入的了解和测量,纳入了耐用消费品指标,从而反映了家庭的资产贫困状况。但是多维贫困指数受限于各国统计数据的可得性。

　　鉴于 GDP 指标存在缺陷,各类综合发展指标对其进行了补充与修正。人类发展指数由 3 个指标构成,分别反映了人类的长寿水平、知识水平和生活水平。性别平等相关指数主要测量两性在发展能力、机会与成果享有方面的差距。性别发展指数重点显示的是女性因为受教育程度低于男性,而形成知识能力限制所导致的发展能力限制;性别赋权指数关注的是妇女的机会而不是能力;性别不平等指数用来阐明发展成就在女性和男性之间分配的差别。社会进步指数从教育、健康状况、妇女地位、国防、经济、人口、地理、政治参与、文化、福利成就10个领域测定一个国家的社会进步状况。生活质量指标则注重从人际关系、社会结构、心理状况等主观感受方面来测量人的发展。

可持续发展指标体系包含了众多的类别。基于生态观点的可持续发展指标关注保护整个生态系统状态和功能，考虑环境可持续发展状况。该类指标更多的是基于环境承载力的指标。比如生态足迹、生态系统服务、低碳指标和环境可持续性指数等基于生态观点的可持续发展指标。基于价值核算的可持续发展指标更多关注资源与经济的相互关系，强调一个国家或者地区在经济可持续发展变化过程中，资源环境的可持续利用。该类指标主要通过货币化的形式反映环境与资源要素的价值。目前这类指标有可持续经济福利指标、真实进步指标、扩展的财富、真实储蓄等。系统的可持续发展指标体系将衡量社会、经济以及生态发展的指标相结合。国际上具有代表性的有经济合作与发展组织的可持续发展指标体系、世界保护同盟的可持续性晴雨表评估指标体系、联合国统计局的可持续发展指标体系、联合国可持续发展委员会的可持续发展指标体系等。

关键词

绿色GDP　多维贫困　人类发展指数　可持续发展指标

简答题

1. 简述GDP指标的优点与局限。
2. 简述衡量贫困的主要指标。
3. 主要的综合发展指标有哪些？
4. 国际组织倡导的主要的可持续发展指标有哪些？

思考题

1. 试析主要发展指标之间的逻辑和关系。
2. 请从发展指标角度分析发展思想的变化。

第 4 章

发展目标

引言

自杜鲁门"第四点计划"提出以来,"发展"一词的及物含义进一步增强。为了促进发展中国家的发展,联合国制定了发展框架,用于指导世界各国的发展实践并协调国际社会的发展资源。1961—2000 年,联合国共实施了"四个发展十年"战略。2000 年 9 月,在联合国千年首脑会议上,世界各国领导人就消除贫穷、饥饿、疾病、文盲、环境恶化和对妇女的歧视,商定了一套有时限的 8 个目标。2015 年目标到期后,根据新的国际形势,经国际社会广泛讨论形成的 17 个可持续发展目标接替了千年发展目标,成为指导未来发展的新框架。从联合国在 20 世纪的"四个发展十年"到进入 21 世纪之后的"两个十五年"规划,可以看到,国际社会对国际发展内涵与外延理解的不断扩展与深化,各种各样的国际发展目标被不断地制定出来。这些目标为人类追求发展指出了方向、带来了激励、整合了资源。目标未必都能实现,但人类的发展不能没有目标。

国际发展学概论

第一节 联合国发展十年战略及其发展目标

1945年签署的《联合国宪章》第一段明确指出要"促成国际合作,以解决国际上属于经济、社会、文化及人类福利性质之问题,且不分种族、性别、语言或宗教,增进并激励对于全体人类之人权及基本自由之尊重"。此外,《联合国宪章》第55条进一步扩展了上述目标,指出"为造成国际间以尊重人民平等权利及自决原则为根据之和平友好关系所必要之安定及福利条件起见,联合国应促进:(1)较高之生活程度,全民就业及经济与社会发展。(2)国际间经济、社会、卫生及有关问题之解决;国际间文化及教育合作。(3)全人类之人权及基本自由之普遍尊重与遵守,不分种族、性别、语言或宗教"。这成为联合国在发展问题上采取行动的理论基石和法律依据。[1]

一、1961—1970年:促进发展中国家经济总量的增长

1961年12月19日,联合国大会通过了关于"发展"问题的第一个决议,即"联合国发展十年"。第一个发展十年(1961—1970)的目标是帮助发展中国家,使其国民经济总产值到该十年末增长5%。[2] 为实现增长,必须有足够的投资,对于发展中国家来说,投资主要来自外援。在第一个发展十年里,联合国在援助发展中国家方面取得了显著成绩:(1)为发展中国家实施了提供粮食援助的世界粮食计划。该计划的实施由联合国粮食及农业组织(Food and Agriculture Organization, FAO)负责,从1963年至1971年年底,FAO为83个国家的500项计划提供了10亿美元的粮食援助。[3] (2)为发展中国家提供了34亿美元的援助基金。[4] 在联合国的努力下,发展中国家城市消费者的粮食供应得到了满足;一些村庄有了干净的自来水;一些地区建立了学校和医院;一部分儿童摆脱了饥饿和夭折。

联合国第一个发展十年的思路表达了一种单纯追求"经济增长率"的发展观念,即发展就是促进发展中国家国民经济总量的增长,"只要经济增长率提高了,发达国家与发展中国家的贫富差距问题就解决了,贫富差距问题解决了,发展问题也就解决了"。[5] 因此,它试图把发展中国家的经济放在"起飞"的跑道上,使

---

[1] 《联合国宪章》,https://www.un.org/zh/charter-united-nations/index.html。
[2] 《联合国手册》第10版,中国对外翻译出版公司,1987年,第27页。
[3] U. Thant: View from UN. New York. 1978, p. 449.
[4] Ibid., p. 451.
[5] 王书明:《从"增长优先"到"发展文化"》,《世界经济与政治》,1999年第2期。

其两翼充满发达国家的援助。然而,尽管联合国做出了很大努力,但提供的援助资金面对众多发展中国家实在是杯水车薪。一些自由派专家认为,第一个发展十年是失败的,原因在于没有足够数量的外援。

二、1971—1980 年:争取建立国际经济新秩序

1970 年 10 月 24 日,联合国大会通过了《第二个联合国发展十年的国际发展战略》。第二个发展十年(1971—1980)的目标是:发展中国家在十年间国民生产总值的年增长率至少要达到 6%,按人口平均计算的年增长率为 3.5%,进出口增长率为 7%,各发达国家需要增加官方发展援助,使之至少达到其国民生产总值的 0.7%。[1]

可以看出,第二个发展十年的战略沿着第一个发展十年的思路,把增长看作发展,把国民生产总值的增加看作发展的一个重要标志,而且规定了发达国家的官方发展援助数额。但是该战略的进展很不顺利,在 77 国集团的推动下,联合国大会在 1974 年 4 月通过《关于建立新国际经济秩序的宣言》和《行动纲领》两个文件,使得第二个发展十年战略主要内容由经济增长的具体指标和建立国际经济新秩序的长久目标构成。《关于建立新国际经济秩序的宣言》的通过使第二个发展十年战略大放异彩。从此,联合国不再把经济增长率作为发展的唯一目标,也不再把援助作为解决问题的唯一渠道。它开始修正以增长为中心的发展思路,从而把"公正"而非"增长"作为优先考虑的因素。

三、1981—1990 年:发展权成为不可剥夺的人权

1980 年 9 月,联合国大会通过了《联合国第三个发展十年的国际发展战略》。新发展战略的主要目标是:整个发展中国家国内生产总值的平均年增长率应尽量达到 7%;按人口平均计算的国内生产总值每年大约增加 4.5%;农业生产年增长率应达到 4%;制造业产值的年增长率为 9%,并为到 2000 年达到《关于工业发展与合作的利马宣言和行动计划》所规定的占全世界生产的 25%的指标奠定基础;发展中国家应当至 1990 年,把国内储蓄总值占国内生产总值的比率提高到 24%;发展中国家货物和劳务出口与进口的年增长率应分别不低于 7.5%和 8%;为发达国家确定的官方发展援助的指标应为其国民生产总值的 0.7%。[2]

---

[1] 李铁城:《联合国的历程》,北京语言学院出版社 1993 年版,第 561 页;《第二个联合国发展十年国际发展策略》,https://www.un.org/zh/documents/treaty/files/A-RES-2626(ⅩⅩⅤ).shtml。

[2] 《联合国手册》第 10 版,中国对外翻译出版公司,1987 年,第 262—263 页;《联合国第三个发展十年国际发展战略》,https://www.un.org/zh/documents/treaty/files/A-RES-35-56.shtml。

1985年，联合国对第三个发展战略进行了中期审查，国际发展战略中规定的该十年的关键指标没有完成：自该战略通过五年来，工业国家经历了严重的衰退，发展中国家遭受了严重的经济危机，国际经济关系非常紧张，多边经济合作在许多方面受到削弱，大多数发展中国家的增长率远远低于所定的7%的指标，而且许多发展中国家是负增长。于是，联合国重申1981—1990年的目标仍然有效，但需要调整和改变相对的优先次序。1986年，联合国通过了《发展权利宣言》，正式确认：“发展权利是一项不可剥夺的人权，发展机会均等是国家和组成国家的个人的权利。”具体到这种权利实现的指标应该是：保证工作权利和组织工会及工人协会的权利；促进充分就业，消除失业和就业不足；为所有人创造公正、有利的工作和条件，包括改善卫生的安全条件；保证公平的劳动报酬；消除饥饿、营养不良和贫困；保证公平合理的收入分配；实现最高健康水平；扫除文盲，保证享受免费初级义务教育的权利以及为所有人提供充足的住房和社区服务等。在这里，发展不仅意味着增长，还意味着公正，更意味着人权。它使过去仅关心国家、民族的发展扩大到了对个人发展的关心，使过去强调协调国际法对国家的尊重扩大到对个人权利的保护。这表明，联合国长期以来以"增长为中心"的发展观向以人为中心的发展观演化。以人为核心，使人过上更好的生活，使人人能发挥其创造、表达和参与能力，就是"真正的发展"。

四、1991—2000年：实施可持续发展战略

在联合国实施了三个发展十年战略以后，贫国与富国之间的差距不但没有缩小，人类社会更面临着另一个严重失衡，即人类文明的进化和生态环境的不断恶化。环境恶化和发展中国家的贫困互相交织，促使国际社会越来越深刻地认识到，环境与发展问题互不可分。第四个发展十年的主题可持续发展战略是对联合国发展思想和战略的总结。它反映了如下思想：可持续发展是以人为中心的发展，这里的人指当代人，又指后代人，指发展中国家，又包含了发达国家。而人的发展指满足基本需求、追求自尊、实现选择的自由。可持续发展要求实现公正原则，包括当代人与下一代人之间、当代人之间、发展中国家与发达国家之间的公正。

1990年12月21日，联合国宣布《第四个发展十年的国际发展战略》，即"可持续发展战略"。鉴于前三个发展战略所规定的经济增长和发展援助指标多未达到，新的战略被赋予了一套比前两个发展战略更长远的"基本的政治指导方针"，并且所定的目标和优先项具有灵活性，能够定期进行修正。其为2000年设定的目标为：发展中国家经济的蓬勃发展；为一个减少贫困、促进提高和利用人力资源，并且是对环境无害、能够继续下去的发展进程打下基础；改进国际货币、金融和贸易体制，使世界经济更加稳定；加强国际发展合作；引起对最不发达国家问题

的特别关注。[1]

第四个发展十年战略规定了较灵活、较长远的目标,发展的各项指标由联合国专门会议及行动纲领加以规定,作为补充。20世纪90年代,联合国就发展问题召开诸多的全球会议。包括1992年的环境与发展会议,1993年的人权与发展会议,1994年的人口与发展会议,1995年的社会发展问题世界首脑会议与妇女参与发展会议,1996年的世界粮食首脑会议和世界人类住区会议以及世界科学大会,上述会议通过的宣言及行动纲领成为第四个发展战略的重要组成部分,它们提出了具体的发展目标,确立了实现目标的规范。(1)环境问题。《关于环境与发展的里约宣言》就实现可持续发展以及环发领域的国际合作,规定了27条原则。《21世纪议程》反映了关于发展与环境合作的全球共识和最高级别的政治承诺。(2)粮食问题。粮食会议提出到2015年将世界8亿缺粮人口减少一半。[2] (3)教育问题。提出到2015年普及全球初等教育的目标,并在2005年前,使全球女性文盲数量比1990年减少一半。

联合国四个发展十年战略的通过和实施反映了联合国对发展理论的探索过程。经过第一个发展十年的检验,联合国首先把经济增长与经济发展加以区分;前者意味着更多的产出,而后者则应该包括产出结构与经济结构的改革。随着对发展问题认识的提高,联合国又意识到,经济增长或经济发展指标是推动社会发展的手段,但不是人类发展的全面目标,为此联合国在发展战略中增加了涉及人的社会保障、卫生、健康、文化等方面的指标。为了使发展持续下去,联合国进一步赋予发展更新的内涵,从此发展不再仅仅是经济学范畴的问题,可持续发展成为国际发展的目标,发展成为一个完整的和综合的概念。

第二节 联合国千年发展目标

20世纪90年代国际形势的变化对发展理念产生了影响。一是苏联解体终结了两极体系;二是随着全球化的发展,在先进的信息和通信技术的推动下,各国政府之间的国际交流也逐渐适应了网络化、立体化的协作模式。上述条件的变化都为千年发展目标的最终制定和执行铺平了道路。很多国家开始意识到,在一个相互依存的全球化时代,要解决自身的经济和社会发展问题、生态问题等,不能单靠一国的力量,其必须在国际社会中开展合作和交流。到20世纪90年代末,在联合

---

[1]《联合国第四个发展十年国际发展战略》,https://www.un.org/zh/documents/treaty/files/A-RES-45-199.shtml。
[2]《世界粮食首脑会议》,《人民日报》,1996年11月14日。

国框架下,国际社会就发展议题达成了一系列广泛共识,这也为《千年宣言》的提出铺平了道路。

联合国千年发展目标(Millennium Development Goals, MDGs)是联合国全体191个成员国一致通过的一项行动计划,旨在将全球贫困水平在2015年之前降低一半(以1990年的水平为标准),2000年9月联合国首脑会议上由189个(现有成员国数量为193)国家的代表签署《联合国千年宣言》,正式做出此项承诺。

一、千年发展目标的基本内容

2000年9月,在联合国千年首脑会议上,世界各国领导人就消除贫穷、饥饿、疾病、文盲、环境恶化和对妇女的歧视,商定了一套有时限的8个目标:消灭极端贫穷和饥饿;普及小学教育;促进男女平等并赋予妇女权利;降低儿童死亡率;改善产妇保健;与艾滋病毒/艾滋病、疟疾和其他疾病作斗争;确保环境的可持续能力;制定促进发展的全球伙伴关系。这些目标和指标被置于全球议程的核心,统

表4-1 联合国千年发展目标及其具体目标

	目标	具体目标
1	消灭极端贫穷和饥饿	(1) 1990—2015年,将每日收入低于1.25美元的人口比例减半; (2) 使所有人包括妇女和青年人都享有充分的生产就业和体面工作; (3) 1990—2015年,挨饿的人口比例减半
2	普及小学教育	确保到2015年,世界各地的儿童,不论男女,都能上完小学全部课程
3	促进两性平等并赋予妇女权利	争取到2005年消除小学教育和中学教育中的两性差距,最迟于2015年在各级教育中消除此种差距
4	降低儿童死亡率	1990—2015年,将五岁以下儿童死亡率降低三分之二
5	改善产妇保健	(1) 1990—2015年,产妇死亡率降低四分之三; (2) 到2015年实现普遍享有生殖保健
6	与艾滋病毒/艾滋病、疟疾和其他疾病作斗争	(1) 到2015年遏制并开始扭转艾滋病毒/艾滋病的蔓延; (2) 到2010年向所有需要者普遍提供艾滋病毒/艾滋病治疗; (3) 到2015年遏制并开始扭转疟疾和其他主要疾病的发病率
7	确保环境的可持续能力	(1) 将可持续发展原则纳入国家政策和方案,并扭转环境资源的损失; (2) 减少生物多样性的丧失,到2010年显著降低丧失率; (3) 到2015年将无法持续获得安全饮用水和基本卫生设施的人口比例减半; (4) 到2020年使至少1亿贫民窟居民的生活明显改善
8	制定促进发展的全球伙伴关系	(1) 进一步发展开放的、有章可循的、可预测的、非歧视性的贸易和金融体制; (2) 满足最不发达国家的特殊需要; (3) 满足内陆发展中国家和小岛屿发展中国家的特殊需要; (4) 全面处理发展中国家的债务问题; (5) 与制药公司合作,向发展中国家提供负担得起的基本药物; (6) 与私营部门合作,普及新技术、特别是信息和通信的利益

资料来源:联合国网站,http://www.un.org/zh/millenniumgoals/global.shtml。

称为千年发展目标。千年发展目标——从极端贫穷人口比例减半,遏止艾滋病毒/艾滋病的蔓延到普及小学教育,绝大部分目标的完成时间是2015年,这是一幅由全世界所有国家和主要发展机构共同展现的蓝图。

二、千年发展目标的实施成效

千年发展取得了重大进展,但也仍然存在相当大的差距,如性别不平等、贫富与城乡差距、环境恶化、冲突频发、基本服务获取困难等。

(一)千年发展目标的进展

千年发展目标证明,设定目标可使数百万人脱贫,增强妇女和女童的权能,改善健康和福祉,为人们过上更好的生活提供大量的机会。生活在极端贫困中的人数减少了一半以上,从1990年的19亿降至2015年的8.36亿。女童入学人数越来越多,过去20年中,在有数据的174个国家中,有近90%的国家的妇女在议会中的代表性日益增大。同期,妇女在议会内的平均比例增加了近一倍。五岁以下儿童死亡率降低了一半以上,每千名新生儿中的死亡人数从1990年的90人降至43人。全球孕产妇死亡率下降了45%,主要的下降发生在2000年以后。用于与艾滋病毒/艾滋病、疟疾和其他疾病作斗争的有针对性的投资带来了前所未有的成果。2000—2015年,有超过620万人避免死于疟疾,2000—2013年,预防、诊断和治疗结核病的干预措施拯救了约3 700万人的生命。自1990年以来,全世界有21亿人可使用经改善的卫生设施,露天便溺者的比例几乎减半。2000—2014年,来自发达国家的官方发展援助按实际值计算增加了66%,达到1 352亿美元。[1]

(二)千年发展目标的差距

尽管全世界在千年发展目标的很多具体目标方面成绩显著,但性别不平等依然存在,最贫穷家庭和最富裕家庭以及农村和城市之间还存在巨大差距,气候变化和环境恶化危及已取得的进展,穷人受到的伤害最大,冲突依旧是对人类发展最大的威胁,大量穷人仍然生活贫困、忍受饥饿,无法获取基本服务。

1. 性别不平等依然顽固

女性在获取工作、经济资产以及参与私人和公共决策方面仍受到歧视。女性生活贫困的可能性也比男性要大。女性在劳动力市场上依然处于不利地位。全球约有四分之三的劳动年龄男性参加到劳动力中,而劳动年龄女性只有一半参加。全球而言,女性的报酬比男性低24%。在具有2012—2013年按教育程度划

---

[1] "千年发展目标的成功是迈向新的可持续发展议程的跳板:联合国报告",2015年7月6日。https://www.un.org/zh/millenniumgoals/pdf/MDG%202015%20Press%20Releas e_Chinese.pdf。

分的失业率数据的92个国家中,85%的国家里接受过高等教育的女性比同等教育水平的男性失业率高。[1] 尽管不断进步,但要在全世界实现私人和公共决策中的性别平等还有很长的路要走。

2. 最贫穷家庭和最富裕家庭以及农村和城市之间存在巨大差距

在发展中地区,最贫穷20%家庭的儿童发育迟缓的可能性是最富裕20%家庭儿童的两倍还多。最贫穷家庭的儿童失学的可能性是最富裕家庭儿童的四倍。最贫穷家庭的5岁以下儿童死亡率几乎是最富裕家庭的两倍。由熟练医护人员接生的比例农村只有56%,而城市有87%。约有16%的农村人口无法使用经改善的饮用水源,而城市人口的比例为4%。居住在农村的人口有约50%缺乏经改善的卫生设施,而城市人口只有18%。[2]

3. 气候变化和环境恶化危及已取得的进展,穷人受到的伤害最大

1990年以来全球二氧化碳排放量增加超过50%。应对不见减缓的温室气体排放以及可能随之产生的气候变化的影响,比如引起生态系统的改变、极端天气和社会风险,对全球社会来说仍是一个迫切的重大挑战。2010年估计有520万公顷的森林消失,大致相当于哥斯达黎加的面积。过度捕捞海洋鱼类资源导致位于生物安全界限内的鱼种比例从1974年的90%下降至2011年的71%。物种的数量和分布范围都在减少,它们日益受到灭绝的威胁。水资源的短缺影响世界上40%的人口。[3] 穷人的生计与自然资源的联系更为直接,由于通常居住在生态最脆弱的区域,他们受环境恶化的影响也最大。

4. 冲突依旧是对人类发展最大的威胁

截至2014年底,冲突已迫使近6 000万人放弃他们的家园——自第二次世界大战以来的最高水平。由于冲突,平均每天有4.2万人被迫流离失所,需要寻求保护,这几乎是2010年的四倍。2014年联合国难民署(the United Nations High Commissioner for Refugees)负责的全球难民中,儿童占了一半。在受冲突影响的国家,失学儿童的比例从1999年的30%上升到了2012年的36%。[4] 脆弱和受冲突影响的国家通常贫困率最高。

5. 大量穷人仍然生活贫困、忍受饥饿,无法获取基本服务

尽管已取得了巨大的进展,但即使在2015年仍有约8亿人生活在极端贫困中,忍受着饥饿的煎熬。2015年,全球近一半的工人仍在脆弱的条件下工作,很少能获取体面工作才有的福利。每天约有1.6万儿童在其5岁生日之前死亡,大多是死于可预防的原因。5 700万小学教育适龄儿童失学。发展中地区的孕产妇死

---

[1]《千年发展目标:2015年报告》,纽约:联合国,2015年,第7页。http://www.cn.undp.org/content/china/zh/home/library/mdg/mdg-report-2015.html。
[2] 同上。
[3] 同上。
[4] 同上。

亡率比发达地区高14倍。发展中地区只有半数的孕妇获得推荐的至少四次产前护理。2013年,发展中地区3 150万艾滋病毒携带者中只有估计36%接受了抗逆转录病毒疗法治疗。2015年,全球三分之一的人(24亿)仍在使用未经改善的卫生设施,其中9.46亿人仍在露天便溺。在发展中世界的城市里估计有8.8亿多人居住在类似贫民窟的条件中。[1]

三、千年发展目标的负面评价

联合国千年发展目标虽然取得了重大成效,但在其实施过程中也引发了众多的负面评价,例如发展观狭隘、扭曲重点、掩盖不平等及短期规划性等。

(一) 千年发展目标的发展观依然狭隘

一些西方学者认为,联合国《千年宣言》原本是具有高度全面性的发展观,但这在千年发展目标中却并没有体现出来。例如,千年发展目标中没有一个指标是用来衡量政治剥夺(人权和公民权利、参与方式、法治或行政透明度的缺乏)、社会剥夺(社会群体的边缘化、社会凝聚力的缺乏)或脆弱性(缺乏社会保障)的。由此,《千年宣言》的整体发展观在千年发展目标中被简化或选择性地遗漏。这一方面可能是因为很多被遗漏的方面很难找到相应的量化目标与指标;另一方面也是因为其高度的政治敏感性很难为发展中国家所接受。

(二) 千年发展目标有扭曲重点及牺牲质量追求数量的倾向

千年发展目标的目的是通过关注几个关键社会目标和指标以改善发展成果,但是,一些研究者认为,千年发展目标通过将重点放在社会部门,降低了援助者先前对基础设施、农业和工业发展的重视程度,这可能会对增长和创造就业并且从长期来看对减贫产生不利影响。而且,千年发展目标中并不包含一个变革的议程,在这个意义上,它们并不在最贫穷国家寻求促进结构转型;即使在社会部门内部,这种对特定目标的聚焦也非最优。例如,对入学率的过分强调可能会影响对教育质量应有的重视。再如,为了提高健康水平,建设医院固然重要,但如果没有良好的交通设施将医疗用品运进医院,让患者及时抵达医院就医,那建立再多医院又有何意义;千年发展目标中的指标是用来衡量减贫的数量方面而非质量方面。比如在千年发展目标4中使五岁以下儿童死亡率到2015年比1990年降低三分之二,其把标准简单地定为是死还是活,而不考虑生存下来的儿童的健康状况与生活质量,这显然存在很多欠缺。

---

[1]《千年发展目标:2015年报告》,纽约:联合国,2015年,第7—8页。http://www.cn.undp.org/content/china/zh/home/library/mdg/mdg-report-2015.html。

（三）千年发展目标忽视了某些欠发达国家根本就无法达到目标的问题

以减贫目标为例，虽然极端收入贫困人口减半的目标到2015年在全球层面上可以实现，但是根据世界银行的测算，到2015年依然有10亿人每天的生活标准低于1.25美元。然而，更重要的问题是，为什么有些国家不能实现千年发展目标，应采取什么措施来改变这种情况。而对于很多撒哈拉以南非洲国家来说，千年发展目标根本就是不可能实现的目标，因为这些目标是根据全球发展趋势来制定的，而这一趋势与撒哈拉以南非洲的发展历史并不相符。对于脆弱国家来说，无法实现千年发展目标的原因也许应从其缺乏发展的基本安全环境以及所处的政治环境等方面来考虑。

（四）千年发展目标对人类实际的不平等具有相当的掩盖性

根据一些学者的研究，由于千年发展目标是用全球和国家平均水平来衡量减贫等发展水平，因此易于导致即使某些国家或区域不平等现象不断增加、最贫困的群体被边缘化，但是，统计数据所得出的结果却依然是在实现千年目标方面大有进步。例如，就五岁以下儿童死亡率这一目标来看，即使在某个发展中国家的最穷群体中没有发生任何改变，但从该国的全国范围来统计死亡率依然在下降。

（五）千年发展目标具有短期规划性，并且对可持续发展理念的重视不够

有学者提出，如果一个国家竭尽全力在2015年实现千年发展目标，其中存在的危险是，这种成功不具可持续性。实际上，对于发展中国家来说更为重要的是，在千年发展目标取得进展的同时不应忽视从一开始就要确保进展的可持续性。尽管千年发展目标议程中包含了环境目标，但这些目标是放在靠近末尾的千年发展目标7中，对其理解也主要从所涉及的具体目标方面来考虑，这些具体目标与经济和社会目标相比则黯然失色。此外，环境和资源保护只是可持续发展的一个组成部分。至少同等重要的是，要确保可持续理念（包括生态与经济的所有方面）作为行动指导原则深深扎根于发展政策的所有领域。

第三节　联合国2030可持续发展目标

2015年9月，世界各国领导人在一次具有历史意义的联合国峰会上通过了2030年可持续发展议程，该议程于2016年1月1日正式生效，涵盖17个可持续发展目标。这些新目标适用于所有国家，因此，2016—2030的15年内，各国将致力

于消除一切形式的贫穷、实现平等和应对气候变化,同时确保没有一个人掉队。可持续发展目标建立在千年发展目标所取得的成就之上,旨在进一步消除一切形式的贫穷。可持续发展目标要求在致力于消除贫穷的同时,需实施促进经济增长、满足教育、卫生、社会保护和就业机会等社会需求并应对气候变化和环境保护的战略。新目标的独特之处在于呼吁所有国家,包括穷国、富国和中等收入国家,共同采取行动,促进繁荣并保护地球。

一、可持续发展目标的内容

虽然联合国千年发展目标的实施取得了有目共睹的成就,但是到2015年,依然还有相当多的具体目标未能完成,数以亿计的人被落在了后面,特别是贫穷的人和因为性别、年龄、残疾、种族或地理位置而处境不利的人。因此,国际社会需要在千年发展目标的基础上设定一项新的议程。

联合国193个会员国在2015年9月举行的历史性首脑会议上一致通过了可持续发展目标。新议程范围广泛且雄心勃勃,涉及可持续发展的三个层面:经济、社会和环境,以及与和平、正义和高效机构相关的重要方面。2030年可持续发展议程涵盖17项可持续发展目标,以及169个子目标,其内容可以归结为五大类:人、地球、繁荣、和平和合作伙伴,是一张旨在结束全球贫困、为所有人构建尊严生活且不让一个人被落下的路线图。联合国秘书长潘基文指出:"这17项可持续发展目标是人类的共同愿景,也是世界各国领导人与各国人民之间达成的社会契约。它们既是一份造福人类和地球的行动清单,也是谋求成功的一幅蓝图。"该议程还确认调动执行手段,包括财政资源、技术开发和转让以及能力建设,伙伴关系的作用至关重要。

表4-2 联合国2030年可持续发展目标

目标1:	在全世界消除一切形式的贫困
目标2:	消除饥饿,实现粮食安全,改善营养状况和促进可持续农业
目标3:	确保健康的生活方式,促进各年龄段人群的福祉
目标4:	确保包容和公平的优质教育,让全民终身享有学习机会
目标5:	实现性别平等,增强所有妇女和女童的权能
目标6:	为所有人提供水和环境卫生并对其进行可持续管理
目标7:	确保人人获得负担得起的、可靠和可持续的现代能源
目标8:	促进持久、包容和可持续经济增长,促进充分的生产性就业和人人获得体面工作
目标9:	建造具备抵御灾害能力的基础设施,促进具有包容性的可持续工业化,推动创新
目标10:	减少国家内部和国家之间的不平等

续表

目标11：	建设包容、安全、有抵御灾害能力和可持续的城市和人类住区
目标12：	采用可持续的消费和生产模式
目标13：	采取紧急行动应对气候变化及其影响
目标14：	保护和可持续利用海洋和海洋资源以促进可持续发展
目标15：	保护、恢复和促进可持续利用陆地生态系统,可持续管理森林,防治荒漠化,制止和扭转土地退化,遏制生物多样性的丧失
目标16：	创建和平、包容的社会以促进可持续发展,让所有人都能诉诸司法,在各级建立有效、负责和包容的机构
目标17：	加强执行手段,重振可持续发展全球伙伴关系

资料来源：联合国网站,https://www.un.org/sustainabledevelopment/zh/。

二、可持续发展目标对千年发展目标的继承和超越

可持续发展目标对千年发展目标既有继承又有超越。从目标的重合度来看,可持续发展目标与千年发展目标保持着明显的继承关系。其超越性则在于可持续发展目标比千年发展目标的内涵更为丰富。

(一) 可持续发展目标是对千年发展目标的继承

在讨论制定联合国2015年后发展议程的过程中,广大发展中国家就十分明确地提出,未来(2016—2030年)的发展议程应该建立在千年发展目标的基础之上,而不应该重起炉灶。

从联合国2015年后发展议程制定的轨迹看,最终由2015年联合国发展峰会所通过的2030年议程没有偏离继承千年发展目标这一原则。可持续发展目标与千年发展目标保持着明显的继承关系。可持续发展目标共有17项目标和169项具体目标,其内容与千年发展目标的八项目标有相当大的重合,比如可持续发展目标的目标1—5,以及目标14—16完全是对千年发展目标的八项目标的充实和发展。可持续发展目标与千年发展目标虽然紧密相联并具有明显的继承关系,但是两者之间还存在着十分明显的区别,即两者内涵的丰富程度是不同的。可持续发展目标从可持续发展的高度增设了一些重要的目标,从社会、经济和环境三个维度极大地丰富了千年发展目标。

(二) 可持续发展目标是对千年发展目标的超越

虽然可持续发展目标在很大程度上是建立在千年发展目标基础之上,但可持续发展目标的内涵却比千年发展目标更为丰富并有很大的超越性。其之所以如

此,根本的原因在于千年发展目标存在着相当部分的不足之处。

首先,千年发展目标主要是针对发展中国家的,因此它缺乏普遍性,且不强调发展问题上的全球性变革。千年发展目标是为发展中国家制定的目标,实现目标的手段主要是发达国家向发展中国家提供援助。而可持续发展目标则是适用于包括发达国家与发展中国家在内的全世界所有国家的目标,因为发展的可持续性是所有国家都会面临的问题。所以,与千年发展目标相比,可持续发展目标更具有普遍性并强调发展问题的全球性变革。

其次,千年发展目标的重点在解决减贫、教育、两性平等单纯的发展问题,而相对比较忽视经济增长及环境与气候变化等可持续发展问题。千年发展目标的基本目的是通过关注几个关键社会目标和指标以改善发展中国家的发展成果,同时强调发达国家应该通过发展援助帮助解决发展中国家的贫困、教育、两性平等、防治疾病等社会发展或人的发展问题。然而,通过将重点放在社会部门,千年发展目标一方面降低了对发展中国家基础设施、农业和工业发展的重视程度,另一方面对可持续性发展理念的重视不够。在8个大目标中只有目标7是直接与环境相关的目标,且放在众多目标之末,显示出其对环境与气候变化问题的重视不足。

最后,千年发展目标的各项目标之间缺乏有机的相互关联,形成了所谓发展目标的"筒仓结构"问题,目标之间相对独立,缺乏相互协调与协同效应。不少国际组织如世界卫生组织、欧洲联盟委员会等对千年发展目标中每个目标的各自为政互不关联现象提出了批评。联合国开发计划署在2010年提出报告认为:如果这些(千年发展)目标被同时而不是分开处理,实现千年发展目标的进展可能会进一步加快,"在千年发展目标的各个目标之间存在着重要的协同作用——一个目标的取得进展常常会加快其他目标的进展。在妇女是文盲的家庭中儿童死亡率也较高,这表明了教育、赋予妇女权利和儿童健康之间的联系。鉴于这些协同和乘数效应,所有的目标都需要得到同等的重视并同时实现。"[1]然而,千年发展目标的筒仓结构,在很大程度上导致了相反的效果。

可持续发展目标正是从上述三个方面对千年发展目标实现了超越。

第一,可持续发展目标充分体现了普遍性。与千年发展目标主要针对发展中国家不同,可持续发展目标具有普遍适用性,即它是建立在一个对所有国家(既包括发展中国家也包括发达国家)都具有约束力的目标框架基础之上的。

第二,可持续发展目标具有明显的全面性。与千年发展目标不同,可持续发展目标不仅注重传统的发展问题,如消灭贫困和饥饿、保障卫生健康、实现两性平等、提供优质教育等人的发展与社会发展问题,而且将诸如水、能源、基础设施、城

---

[1] UNDP, What will it take to achieve the Millennium Development Goals? An international assessment, UNDP website. http://www.undp.org/content/undp/en/home/librarypage/mdg/international-assessment-english-full-version/.

市与人类居住区、可持续的经济增长、可持续消费和生产模式、国家内部和国家之间的平等、全球气候变化、海洋和陆地的生态平衡等一系列与经济和环境相关的可持续发展问题均融入可持续发展目标之中。这不仅仅是简单地扩大发展目标的数量,而是将发展目标提升至更为全面和更为高级的层次,体现出人类在发展问题上的更高追求。

第三,可持续发展目标展现出强大的整合性。与千年发展目标的"筒仓结构"不同,可持续发展目标十分强调各个目标相互之间的整合性。由于可持续发展目标是根据经济、社会与环境三个维度的综合发展来设计各项目标与具体目标的,因此所有的17项目标下的具体目标都不同程度地综合体现经济、社会和环境三个维度的发展,而经济、社会和环境三个维度的综合发展又将各项目标有机地结合在一起,从而避免了发展目标的"筒仓结构"。比如在可持续发展目标1"在全世界消除一切形式的贫穷"之下的具体目标内容中,我们可清楚地见到诸如"建立适合本国国情的全民社会保护制度和措施,包括最低标准,并使其到2030年时在很大程度上涵盖穷人和弱势者","到2030年时,所有男子和妇女,特别是穷人和弱势者,都有获取经济资源的平等权利……",以及"到2030年时,增强穷人和处境脆弱者的韧性,减少他们遭受极端气候事件和其他经济、社会和环境冲击和灾害的风险和易受其影响的程度"等具体目标,由此可持续发展目标将消除贫困与经济、社会和环境三个维度的可持续发展有机地整合在一起。

(三)可持续发展目标的全球推进和实施

自2015年启动以来,2030年议程为可持续世界的共同繁荣提供了蓝图——在这个世界上,所有人都能在健康的星球上过上富有成效、充满活力和和平的生活。联合国《2019年可持续发展目标报告》表明,全球在一些关键的发展领域正在取得进展,并且一些有利趋势是显而易见的。五岁以下儿童死亡率2000—2017年下降了49%,免疫接种挽救了数百万人的生命,世界上绝大多数人口现在都能获得电力。各国正在采取具体行动保护我们的地球:海洋保护区的数量自2010年以来翻了一番;各国正在共同努力解决非法捕捞问题;186个缔约方已经批准了《气候变化巴黎协定》,几乎所有国家都已经通报了他们的第一笔国家自主贡献。大约150个国家制定了应对快速城市化的挑战的国家政策,71个国家和欧盟现在有300多项政策和工具支持可持续消费和生产。[1]

尽管取得了这些进展,报告确定了许多需要紧急集体关注的领域。自然环境以惊人的速度恶化:海平面上升;海洋酸化正在加速;过去四年是有记录以来最温暖的;100万动植物物种面临灭绝的危险;土地退化依然控制不住。我们在结束人

---

[1] 联合国:《2019年可持续发展目标报告》,纽约:联合国,2019年,第2页。https://unstats.un.org/sdgs/report/2019/The-Sustainable-Development-Goals-Report-2019_Chinese.pdf。

类苦难和为所有人创造机会方面的努力进展太慢:我们艰难应对根深蒂固的剥夺、暴力冲突和面对自然灾害的脆弱,到2030年结束极端贫困的目标处于危急之中。全球饥饿人口正在增加,世界上至少有一半人口缺乏必要的卫生服务。世界上一半以上的儿童在阅读和数学方面都达不到要求;只有28%的重度残疾人获得现金福利;世界各地的妇女继续面临结构性不利条件和歧视。

三、中国与联合国可持续发展目标

中国自身的发展为联合国千年发展目标所取得的重大成就做出了巨大贡献,中国也在落实联合国千年发展目标的过程中总结了宝贵的发展经验。在千年发展目标即将到期,国际社会对2030年可持续发展议程进行讨论时,中国积极参与其中,发布了两份中方立场文件。在2030年可持续发展议程通过后,中国政府又提出了落实新议程的指导思想和总体原则。

(一)中国落实千年发展目标的成就与经验

改革开放以来,中国通过在经济、社会、环境和南南合作方面的努力,在自身取得发展成就的同时也为其他发展中国家的发展做出贡献。中国成功的发展经验包括发展思想和理念的创新、中长期战略规划的实施、政府和市场关系的处理、法律法规的健全、试点示范的开展、对外发展合作的加强等。

1. 主要成就

1978年12月,中国共产党十一届三中全会召开,开启了中国改革开放的历史新时期。改革开放是当代中国命运的关键抉择,是国家发展进步的活力之源,也是坚持和发展中国特色社会主义、实现中华民族伟大复兴的必由之路。改革开放促使中国从高度集中的计划经济体制转向充满活力的社会主义市场经济体制,从封闭半封闭转向全方位开放,综合国力迈上新台阶,人民生活总体上达到小康水平。在推进改革开放的伟大进程中,中国在21世纪的头十五年成功落实联合国千年发展目标,取得了令人瞩目的发展成就。

(1)经济快速发展,农业和减贫领域成就显著。

国内生产总值从2000年的10万亿元人民币增加到2015年的68.55万亿元人民币,并从2010年起成为世界第二大经济体。农业综合生产能力稳步提升,粮食、蔬菜、肉类等主要农产品产量稳定增长。中国的贫困人口从1990年的6.89亿下降到2015年的0.57亿,为全球减贫事业做出了重大贡献。

(2)社会事业取得巨大进步。

就业稳定增长,2003—2014年全国城镇新增就业累计达1.37亿人。已逐步建立起政府主导、社会力量参与、较为健全的社会保障和救助制度体系,到2015年城乡居民基本养老保险制度已覆盖超过 5 亿人。九年义务教育全面普及,文盲率由 2000 年的 6.7% 下降到 2014 年的 4.1%。5 岁以下儿童死亡率从 1991 年的 61.0‰ 降到 2015 年的 10.7‰,孕产妇死亡率从 1990 年的 88.8/10 万人下降到 2015 年的 20.1/10 万人。遏制艾滋病、肺结核等传染性疾病蔓延方面取得积极进展。

(3) 环境保护和应对气候变化工作取得成效。

与 2005 年相比,2014 年中国单位国内生产总值(GDP)二氧化碳排放下降 33.8%,非化石能源占一次能源消费比重达到 11.2%,单位 GDP 主要资源性产品消耗如石油、煤炭、水资源等都显著下降。森林面积增加 3 278 万公顷,森林蓄积量比 2005 年增加 26.81 亿立方米,提前实现荒漠化土地"零增长"。

(4) 积极推进南南合作。

为 120 多个发展中国家实现千年发展目标提供力所能及的支持和帮助。2015 年 1 月 1 日起,正式实施给予与中国建交的最不发达国家 97% 税目产品零关税待遇措施。先后 6 次宣布无条件免除重债穷国和最不发达国家对华到期政府无息贷款债务,共计 300 亿元人民币。

2. 发展经验

中国成功落实千年发展目标主要有以下几条经验。

(1) 坚持发展是第一要务,不断创新发展思想和理念。

中国把发展作为解决中国所有问题的关键,中国政府和人民围绕世情国情,不断深化对发展内涵的认识,提出了科学发展观以及全面建成小康社会伟大奋斗目标,牢固树立创新、协调、绿色、开放、共享的新发展理念,形成了经济建设、政治建设、文化建设、社会建设、生态文明建设五位一体的中国特色社会主义的总布局。

(2) 制定并实施中长期国家发展战略规划,将千年发展目标全面融入其中。

中国政府根据不同时期经济社会发展需要,以五年为周期制定国民经济与社会发展规划纲要,调动各种资源推动规划的落实。中国还制定了《中国农村扶贫开发纲要(2011—2020 年)》《国家粮食安全中长期规划纲要(2008—2020 年)》《国家中长期教育改革和发展规划纲要(2010—2020 年)》《卫生事业发展"十二五"规划》等一系列专项发展规划,有力推动了相关领域的发展事业。

(3) 正确发挥市场机制作用,处理好政府和市场的关系。

一方面,社会主义市场经济体制推动了中国经济保持快速健康增长,为成功落实千年发展目标提供了保障;另一方面,坚持将有效的政府治理作为发挥社会主义市场经济体制优势的内在要求,努力深化行政体制改革,创新行政管理方式,建设法治政府、创新政府、廉洁政府和服务型政府,保障中国的各项发展成果更多更公平地惠及全体人民。

(4) 建立健全法律法规体系,调动社会各界的广泛参与。

中国政府相继颁布实施或修订了《义务教育法》《妇女权益保障法》《就业促进法》《劳动合同法》《环境保护法》等法律法规,从法律层面保障实施千年发展目标。中国政府通过主动引导、多方合作、舆论宣传等途径,推动社会各界积极参与实施千年发展目标。民间社会团体等也自下而上地推进落实以消除贫困与饥饿、促进环境保护等为主的千年发展目标。

(5) 积极开展试点示范,循序渐进向全国推广。

先行先试、稳步推广是中国在推进改革开放进程中摸索出的一项重要制度创新。中国政府根据实现可持续发展和千年发展目标需要,在经济、社会、环境保护等领域组织开展一系列试点示范工作,比如设立中国(上海)自由贸易试验区、在全国范围内设立可持续发展实验区、组织开展42个国家低碳省区和低碳城市试点等,逐步形成可复制、可推广的经验,服务全国发展。

(6) 加强对外发展合作,促进发展经验互鉴。

中国政府始终秉持开放、共赢的姿态落实千年发展目标。15年来,通过加强与国外政府机构、国际组织、企业、研究咨询机构、民间社会团体等的深层次、宽领域、多方式的交流与合作,共享各方的经验与教训,共同推动实现千年发展目标。

中国成功落实千年发展目标,推进了国内的各项发展事业,为全球加快落实千年发展目标、推进国际发展合作做出了重要贡献。中国的成功实践进一步坚定了党的领导,中国政府和人民走中国特色社会主义道路的决心和信心,也为发展中国家立足本国国情、探索发展道路、加快全方位发展提供了宝贵的经验和借鉴,得到了国际社会特别是广大发展中国家的高度评价。

(二) 中国对2030年可持续发展议程的落实

中国高度重视2030年可持续发展议程,各项落实工作已经全面展开。2016年3月,第十二届全国人民代表大会第四次会议审议通过了"十三五"规划纲要,实现了2030年可持续发展议程与国家中长期发展规划的有机结合。中国已经建立了落实工作国内协调机制,以保障各项工作顺利推进。中国利用主办2016年二十国集团杭州峰会的契机,将包容和联动式发展列为峰会四大重点议题之一,重点讨论落实2030年可持续发展议程等问题,首次将发展问题全面纳入领导人级别的全球宏观经济政策协调框架,并摆在突出位置。[1]

中国2019年发布的落实2030年议程的国别方案和进展报告显示,中国在多个可持续发展目标上实现"早期收获":第一,精准扶贫成效显著。2015年年底至

---

[1] 中华人民共和国外交部:《落实2030年可持续发展议程中方立场文件》,2016年4月22日。https://www.fmprc.gov.cn/web/ziliao_674904/zt_674979/dnzt_674981/qtzt/2030kcxfzyc_686343/t1357699.shtml。

2018年年底,农村贫困人口从5 575万人减少至1 660万人,贫困发生率从5.7%下降到1.7%。第二,宏观经济平稳运行。2018年国内生产总值达90.03万亿元,同比增长6.6%。城镇新增就业1 361万人,调查失业率稳定在5%左右的较低水平。第三,社会事业全面进步。健康领域可持续发展目标稳步推进。2015—2018年,孕产妇死亡率从20.1/10万下降到18.3/10万,婴儿死亡率从8.1‰降至6.1‰。教育发展总体水平进入世界中上行列,教育普及率已达中高收入国家平均水平。第四,生态环境持续改善。中国政府全面贯彻绿色发展理念,推进低碳产业发展,强化应对气候变化国内行动。2018年,单位国内生产总值能耗、二氧化碳排放同比分别下降3.1%、4.0%。第五,国际发展合作有效推进。截至2019年7月底,中国政府共与136个国家和30个国际组织签署195份合作文件,为有关国家落实2030年议程做出重要贡献。积极推进南南合作,利用中国-联合国和平与发展基金、南南合作援助基金等平台并通过双边渠道,为其他发展中国家实现可持续发展目标提供力所能及的帮助。[1]

本章小结

《联合国宪章》为联合国在发展问题上采取行动提供了法律依据和理论基石。1961—2000年,联合国共通过了四个发展十年规划。第一个发展十年表达了一种单纯追求"经济增长率"的发展观念;《关于建立新国际经济秩序的宣言》的通过使第二个发展十年战略大放异彩,它开始修正以增长为中心的发展思路,从而把"公正"而非"增长"作为优先考虑的因素;在第三个发展十年中,联合国长期以来以增长为中心的发展观向以人为中心的发展观演化,发展不仅意味着增长与公正,还意味着人权;可持续发展战略是第四个发展十年的主题,也是对联合国发展思想和战略的总结。

2000年9月,联合国千年发展目标开始指导此后15年的国际发展实践。15年中,8项目标在全球范围内取得重大进展,但不平等依旧存在,各个地区和国家的进展很不均衡。性别不平等依然顽固,最贫穷家庭和最富裕家庭以及农村和城市之间存在巨大差距,气候变化和环境恶化危及已取得的进展,冲突依旧是对人类发展最大的威胁,大量穷人仍然无法获得生活基本服务。千年发展目标获得赞扬的同时也招致批评,如发展观依然狭隘,扭曲重点及牺牲质量追求数量,忽视了某些最不发达国家根本就无法达到目标的问题,对人类实际的不平等具有相当的掩盖性,具有一定的短期规划性并且对可持续发展理念的重视不够,等等。2015年9月,世界各国领导人在总结千年发展目标经验教训的基础上通过了17个2030年可持续发展目标。新的目标体系既是对千年发展

---

[1] 中华人民共和国外交部:《中国落实2030年可持续发展议程进展报告(2019)》,2019年9月。https://www.fmprc.gov.cn/web/ziliao_674904/zt_674979/dnzt_674981/qtzt/2030kcxfzyc_686343/P020190924779471821881.pdf。

目标的继承也是对它的超越。与千年发展目标相比,可持续发展目标充分体现了普遍性,具有明显的全面性,展现出强大的整合性。

中国通过自身在经济、社会、环境和南南合作领域的成就为联合国千年发展目标取得的进展做出了重大贡献,中国在成功落实千年发展目标的过程中也总结出了宝贵的经验。为积极落实联合国2030年可持续发展议程,中国将该议程与国家中长期发展规划有机结合并提出创新发展、协调发展、绿色发展、开放发展和共享发展的发展理念。中国积极推进南南合作,利用中国-联合国和平与发展基金、南南合作援助基金等平台并通过双边渠道,为其他发展中国家实现可持续发展目标提供力所能及的帮助。

关键词

联合国发展十年　发展权　联合国2030年议程

简答题

1. 试从联合国的四个发展十年分析国际发展思想的演变。
2. 简述联合国千年发展目标的基本内容、实施成效与负面评价。
3. 试析联合国2030年可持续发展议程对千年发展目标体系的继承与超越。
4. 总结中国落实联合国千年发展目标的成就与经验。

思考题

1. 分析联合国发展思想演变的驱动因素。
2. 从千年发展目标到2030年发展议程,发展中国家的地位有何变化?发展中国家在国际发展目标确定中发挥了什么作用?

第 5 章

贫困与发展

"消灭极端贫穷和饥饿"是联合国 8 个千年发展目标中的第一个目标,"在世界各地消除一切形式的贫困"是联合国 17 个可持续发展目标中的第一个目标。从其目标排序可以看出,贫困是全球发展议程中最为关注的问题。经济学、社会学、发展学和政治学均将贫困作为其重要的研究领域,不同的学科均对贫困的概念进行了界定。导致贫困的原因多种多样,这决定了反贫困的方式也不是单一的。在全球化的今天,贫困问题的影响与应对也早已经超越国家界限,成为需要世界各国、多元行为体共同应对的挑战。

第一节 贫困的概念[1]

《英国大百科全书》将"贫困"定义为一个人缺乏一定量的或社会可接受的物质财富或货币的状态。这个概念包括两个方面的含义:一是社会可接受的,表明贫困是一个具有时间和空间变化的概念,随着人类社会的发展,不同时期社会可接受的物质财富或货币的衡量标准在变化;二是购买一定量商品和服务的能力,体现在一定量的货币或拥有的物质财富。在汉语中,《说文解字》将"贫"定义为"财分少也";《新华字典》将"贫"定义为"收入少,生活困难"。将"困"定义为"陷在艰难痛苦或无法摆脱的环境中",是指一种处境。"贫困"主要指收入或财分过少,而使人陷在艰难痛苦或无法摆脱的环境中。在当代国际发展学研究中,随着人类对贫困概念认识的不断深入,看待贫困的视角也呈现多元化趋势。

一、经济学视角

从"基本需要"的概念出发,经济学主要从收入、消费和资产视角对贫困进行界定。

(一)基本需要

贫困往往在人们缺乏满足其基本需要的手段时发生。由此,要确定一个人是否处于贫困状态,则首先需要确定构成"基本需要"的是什么。英国是较早建立比较完善的社会福利制度的国家。贝弗里奇(William Beveridge)于1942年发表了《社会保险和相关服务》,他总结了阻碍战后重建之路的"五大恶"(five giants):匮乏、疾病、无知、肮脏和闲散。[2]这"五大恶"有利于理解到底什么是"基本需要"。联合国千年发展目标规定了促进人类发展的八个目标。其中前七个是人类发展的基本目标,可以说是被世界各国基本接受的"基本需要"清单。我们将贝弗里奇报告的"五大恶"和千年发展目标的前七个基本目标结合起来讨论什么是"基本需要"。

第一个目标是"消除极端贫困和饥饿",对应贝弗里奇的第一恶"匮乏"。首先指食物的匮乏,如果再扩展一点,人走在大街上应该有块遮羞布。即满足基本生存需要的食物和衣着理当是基本需要的首要组成部分。第二个目标是"实现普及

---

[1] 本节内容主要源自:王小林:《贫困测量:理论与方法》(第二版),社会科学文献出版社2017年版,第一章。
[2] [英]贝弗里奇:《贝弗里奇报告:社会保险和相关服务》,中国劳动社会保障出版社2004年版,第3页。

初等教育",对应贝弗里奇的第三恶"无知"。教育是用来对付无知的。基本的文化教育水平被广泛认为是经济生产力和个人生活质量的基础,也是形成人力资本和阻断贫困代际传递的基础。第三个目标"促进两性平等并赋予妇女权利"中的第一个子目标也是关于教育的,"到2005年消除初等教育和中等教育中的两性差距,并最迟于2015年消除所有各级教育中的这种差距"。第四至第六个目标是"降低儿童死亡率,改善产妇保健,与艾滋病毒/艾滋病、疟疾和其他疾病作斗争",对应贝弗里奇的第二恶"疾病"。提供专业的公共卫生和医疗服务就是对付"疾病"的。完善的医疗卫生服务已经被国际社会认为是经济生产力和个人生活质量的另一基本需要。第七个目标是"确保环境的可持续能力",对应贝弗里奇的第四恶"肮脏"。它要求解决以下两点:一是人类需要栖身之所,二是人类需要一个适合居住的当地环境。联合国提出:"到2020年使至少一亿贫民窟居民的生活有明显改善"。另外,在第一个目标"消除极端贫困和饥饿"下的子目标中,包含着促进就业的关键信息,"使所有人包括妇女和青年人都享有充分的生产就业和体面机会"。事实上,就业对应的是贝弗里奇的"闲散"。通过比较千年发展目标和贝弗里奇报告的"五大恶",即可初步确定一个"基本需要"清单:食物、衣着、住房、健康、教育。

(二) 收入/消费贫困

从贫困的定义转化为减贫政策工具,首要工作是将贫困的概念转化为可测量的标准,即贫困线。朗特里(Benjamin Seebohm Rowntree)在其1901年的著作《贫穷:对城市生活的研究》中,按照"获得维持体力的最低需要"的"购物篮子"(shopping basket)所需要的货币预算,对英国约克市的贫困线进行估计,一家六口人,一周最低的食品预算为15先令;加上一定的住房、衣着、燃料和其他杂物,测算出一个六口之家一周26先令的贫困线[1]。这是最早的按照食物和非食物两部分,对贫困进行货币量化的方法。之后,这一方法或多或少地被应用到世界上大部分国家和地区。世界银行按照基本需要成本方法(cost of basic needs approach)定义和测量贫困。基本需要包括两部分:一部分是为满足充足的营养而获得一定量的食物需要;另一部分是衣着、住房等非食物基本需要。由于生活成本会随时间而发生变化,贫困线也需要定期调整。2008年世界银行设定的贫困线为1.25美元/天,2015年这一标准被调整为1.90美元/天。[2]

---

[1] Kanbur R., and L. Squire, "The Evolution of Thinking about Poverty: Exploring the Interactions" in Meier, Gerald M. and Stiglitz, Joseph E. (eds.) *Frontiers of Development Economics: The Future in Perspective*, World Bank and Oxford, 2007.

[2] "FAQs: Global Poverty Line Update", September 30, 2015. https://www.worldbank.org/en/topic/poverty/brief/global-poverty-line-faq.

（三）资产贫困

一些学者提出"资产贫困"（asset poverty）的概念和测量方法，试图弥补消费/收入贫困的不足。收入贫困反映的是家庭当年的经济所得，而不能反映过去的财富积累或存量。财富积累或存量是一个家庭应对风险打击、避免陷入贫困的重要经济资源。一个家庭在一定时期内没有充足的资产满足"基本需要"，就被视为资产贫困。1995年，美国社会政策专家梅尔文·奥利弗（Melvin Oliver）和托马斯·夏皮罗（Thomas Shapiro）出版了《白人的财富，黑人的财富——种族不平等的一个新视角》一书。该书揭示了一个重要事实：按照传统的收入贫困测量方法，美国黑人和白人的收入差距缩小了，但是从资产的视角来看情况却大不相同。平均而言，如果一个白人拥有1美元的资产，而一个黑人仅仅拥有10美分的资产。这揭示了当时美国社会白人和黑人之间的巨大财富差距。

用资产来测量贫困与用收入测量贫困相比，有几个好处。一是资产反映了一个家庭多年的收入积累，它更能准确地反映一个家庭的长期贫困或持久性贫困（chronic poverty）。而收入或消费贫困反映的是一个家庭当年的贫困状态。二是资产可以通过继承、转让、转移等多种形式获得，它更能反映一个家庭或个人所处的社会状态。三是测量资产的不平等，更能准确地反映一个家庭或个人的真实不平等。

二、社会学视角

经济学视角的贫困强调了收入的重要性，但是忽视了个体或家庭所处的社会环境和不利的社会因素。为了更加充分地理解贫困，社会学家从个人或家庭在社会中处于社会弱势（social disadvantage）的分析角度，将贫困区分为剥夺（deprivation，"missing out"）和社会排斥（social exclusion，"left out"）。剥夺这一概念主要用于识别谁是穷人并帮助设定贫困线，如测量收入贫困。相应地，社会排斥主要用于识别那些被排斥在福利制度之外的人，以及不能够参与到社会和经济活动中的人。[1] 社会排斥这一概念较早地在法国出现，主要指那些没有被传统的社会保障体系所覆盖的人，如单亲、残疾人、失业者等弱势人群。20世纪80年代末90年代初，社会排斥概念逐渐被法国以外的欧盟国家所采纳，并逐步传播到了欧盟以外的国家。联合国开发计划署将"社会排斥"定义为基本公民权利和社会权利得不到认同（如获得充足医疗、教育和其他非物质形式的福利），以及在

---

[1] Saunders, Naidoo and Megan, "Towards New Indicators of Disadvantage: Deprivation and Social Exclusion in Australia", Social Policy Research Center, November 2007.

存在这些认同的地方,缺乏获得实现这些权利所必需的政治和法律体制的渠道。[1]

贫困和剥夺的概念关注的是现象本身,而社会排斥概念则更加关注现象的本质或原因。贫困和剥夺更多地让人们与经济资源的不足相联系,而社会排斥则更容易让人联想到政治、经济、文化和制度。政治排斥是指个人和团体被排斥出政治决策过程,这些个人和团体缺乏权利,没有代表他们利益的声音。经济排斥是指个人和家庭未能有效参与生产、交换和消费等经济活动。社会中存在着一些主导性的价值和行为模式,由于文化价值观念不同,那些追随和表现出不同模式的人则可能受到排斥。一些学者从社会福利制度的角度来论述社会排斥的制度层面,福利制度排斥是指个人和团体不具有公民资格而无法享有社会权利,或者即使具有公民资格也被排斥出某些国家福利制度。解决社会排斥问题需要在立法和政策扶助方面为弱势群体创造实现社会公正的条件。

三、发展学视角

不可否认,收入可以用于购买"基本需要",以达到福祉的改善或脱贫。但收入只是实现一定福祉水平的工具,生活质量的改善才是真正的目的。过多地关注收入贫困,往往使公共政策偏离了改善人们生活质量这一真正目的。阿马蒂亚·森(Amartya Sen)的著作《以自由看待发展》深入讨论了"以能力看待贫困"。森提出,我们有很好的理由认为贫困是一种基本能力被剥夺,而不仅仅是收入低下。基本能力被剥夺可以表现为过早的死亡率、明显的营养不良(特别对于儿童)、持续的发病率、普遍的文盲以及其他不足。[2] 从能力视角分析贫困的重要贡献是,把注意力从手段(收入)转向了真正的目的(生活质量),加强了对贫困和被剥夺的性质及原因的理解。政府在解决基本能力被剥夺的问题上扮演着至关重要的角色,尤其是在为所有儿童提供均等的教育与健康机会方面。

四、政治学视角

森的权利理论从政治学视角分析了贫困,将贫困问题看作政治问题。森在对饥荒和权利的关系进行深入分析后发现,世界历史上发生过大饥荒的国家,都不是因为这个国家没有充足的粮食,而是因为粮食不能够分配到需要粮食的人口手中。因此,森将饥荒的原因归结为权利的不平等。饥荒的发生是由于一个国家一

---

[1] 丁开杰:《西方社会排斥理论:四个基本问题》,《国外理论动态》2009年第10期。
[2] Sen, A., *Development as Freedom*, Oxford University Press, 1999.

部分人拥有吃不完的粮食,而另一部分人却忍受着饥饿。权利的不平等和分配的不平等产生了饥荒。因此,消除饥荒,首先要消除不平等。按照森的理论,向穷人赋权是解决贫困问题的根本途径。

第二节 贫困的成因[1]

关于贫困的成因,从大的方面主要有三种理论解释:一是穷人自身原因论;二是环境原因论;三是贫困陷阱论。

一、穷人原因论

在从穷人自身探讨贫困原因的理论中,比较突出的有古典政治经济学的懒惰原罪论、社会达尔文主义的适者生存论和刘易斯的贫困文化论。

(一) 懒惰原罪论

基督教义认为,懒惰是人的一种罪恶,是导致贫穷的根源。《圣经》记载:"懒惰使人沉睡,懈怠的人必受饥饿","手懒的人要受贫穷,手勤的人却要富足"。19世纪美国一位名叫亨利·沃德·比彻(Henry Ward Beecher)的牧师认为,"大淘金"时代的美国机会多多,只要勤奋就能发财致富;如果一个人贫穷,则肯定是因为懒惰或有其他过错。他说:"一般事实将证明,在这片土地上,没有人会遭受贫困,除非是他自己的过错——除非这就是他的原罪。"在资本原始积累时期和自由资本主义发展时期,基督教的懒惰原罪说被古典政治经济学家和资本家阶级所利用,成为为原始积累辩护和逼迫被剥夺土地的自由农民就范雇佣劳动制度的重要工具。富人之所以富是由于勤劳,穷人之所以穷是因为他们懒惰,应当将"懒惰者"驱赶进工厂。

(二) 适者生存论

社会达尔文主义是将达尔文生物进化论中"适者生存"思想应用于解释人类社会现象。最早提出这一理论的是英国学者赫伯特·斯宾塞(Herbert Spencer)。为什么社会中一部分人在竞争中失败或被淘汰呢?斯宾塞认为,"一切祸害都是个人素质不适应外界条件的结果"。在斯宾塞看来,富人是适应社会的,他们应该

---

[1] 本节内容主要源自:谭诗斌:《现代贫困学导论》,长江出版传媒/湖北人民出版社2012年版,第八章。李小云、齐顾波、徐秀丽:《普通发展学》(第二版),社会科学文献出版社2012版,第七章第二节。

得到他们的收入和财富;穷人是不适应社会的,他们的贫穷源于技艺笨拙、体弱多病、呆痴低能、素质低下。保留"劣者"和"弱者"将会有悖社会进化规律,延缓人类达到"完美状态"。因此,斯宾塞极力反对英国实施《济贫法》。

(三) 贫困文化论

美国人类学家奥斯卡·刘易斯(Oscar Lewis)于1959年发表了《贫困文化:墨西哥五个家庭实录》,首创了"贫困文化"这一概念。刘易斯把"贫困文化"描述为"在阶级分层化而又高度个人化的资本主义社会中,穷人对其边缘地位的一种适应和一种反应"。穷人特有的亚文化价值观具体表现为:因持续的贫困而产生的与世无争和消极被动;因每日的生存压力而产生的"今朝有酒今朝醉"的心态;因远离政治进程而产生的宿命感和无力感;因缺少机会而产生的抱负低下;因社会对穷人的普遍蔑视和反感而产生的卑劣感;等等。刘易斯认为,贫困现象的持续加强和循环发生,是因为孩子从父母那里、从所生活的穷人聚居环境中学到了引起贫困或甘于贫困的价值观念和生活态度。

从"贫困文化"的视角解释穷人贫困的原因有一定的说服力。但将穷人贫困的原因完全或主要归咎于穷人自身的亚文化,把责任推到"受害者"身上,而忽视社会环境和制度原因,是有失公允的。它有可能导致把治理贫困的政策关注点,主要放到改造穷人的生活态度和行为方式上,而忽视制度变革和社会改革。

二、环境原因论

环境原因论主要从地理环境、经济环境和社会环境三个视角对贫困的原因进行分析。

(一) 地理环境论

瑞典著名经济学家冈纳·缪尔达尔(Karl Gunnar Myrdal)指出:"几乎所有的欠发达国家都位于热带和亚热带,所有成功的现代工业化都发生在温带,这是一个事实。这不会完全是一种历史的巧合而必然与一些和气候直接或间接相关的特殊障碍有关。"经济发展不平衡与大自然的不平等有密切关系。贫困作为一种匮乏性生活状态,不利的地理环境对这种匮乏性生活状态的形成和强化起着重要的作用。

1. 地理环境对体格、健康和精力产生影响

18世纪的法国启蒙思想家、哲学家孟德斯鸠(Charles-Louis de Secondat, Baron de Montesquieu)在其著作《论法的精神》第三篇中,花了大量篇幅阐述环境气候对人的体格特征、内心情感和精神特点的影响。孟德斯鸠指出,人在不同气

候条件下其生理、心理、精神特点的差异是很大的。寒冷地区的人心脏跳动更有力量,体格强壮,精力充沛,有较强的自信心和勇气;而生活在炎热地方的人,体格纤弱,常感到心神萎靡不振,软弱无力。"气候炎热到极度时,人就浑身乏力,精神萎靡,没有任何好奇心,没有任何高尚的抱负,没有任何慷慨豁达之情,一切偏好都相当消极,怠惰就是享福",孟德斯鸠的观点似乎有些绝对,但并非完全没有道理。

2. 地理环境对疾病传播的影响

恶劣的地理环境特别是炎热的气候,易于某些传染性疾病传播,严重影响人们的健康。杰弗里·萨克斯(Jeffrey Sachs)在《贫穷的终结》一书中谈到地理条件对穷国的发展和贫困的影响时指出:"大多数热带地区易于致命疾病的传播,这些疾病包括疟疾、血吸虫病、登革热及几十种其他疾病。非洲撒哈拉沙漠以南地区具有理想的降水、气温条件及蚊虫种类,使其成为全球疟疾的高发地区,这也许是历史上阻碍非洲发展的最大因素。"萨克斯指出,这里"有着世界上最严重的疟疾,不是因为其政府管理不良或者缺乏公共卫生设施,而是其具有独一无二的疾病发生的环境"。

3. 地理环境对人口和资源产生影响

人口地理分布的一个基本特征是,从生物学的观点看,北方寒冷地区的生物繁衍、生长和成熟速率一般比南方热带地区慢,热带和亚热带的不发达国家是世界人口增长率较高的地区。据联合国人口基金会《2011年世界人口状况报告》显示,2011年10月31日世界总人口达到70亿,其中约80%的人口居住在发展中国家。人口过快增长增加了对粮食、商品和服务的需求,必然对自然环境形成额外压力。如土地过度开发导致土壤严重退化,为解决眼前生存问题而毁林开荒、滥砍滥伐等。人口增长过快是导致资源掠夺式开发、生态环境恶化的重要因素之一,从而使贫困化问题更加严重。

4. 地理环境对经济区位的影响

经济区位是指地理范畴上的经济增长带或经济增长点及其辐射范围。经济区位是资本、技术和其他经济要素高度集聚的地区,因而也必然是经济快速发展的地区。地理环境对一个地区经济区位形成的影响是毋庸置疑的。亚当·斯密曾在《国富论》中指出,国民财富的增进似乎都是分工的结果,但分工受市场范围的限制,而市场的开拓又受交通运输条件限制。因此,"从来各种产业的分工改良,自然而然地都开始于沿海沿河一带"。斯密注意到,那些交通不便利的偏远地区如非洲内陆地区往往都是经济发展最迟滞的地区。

(二) 经济环境论

穷人贫困的成因与国家整体经济环境(经济增长水平)密切相关。如果一个国家的经济增长速度过低或停滞,经济发展水平(人均GDP或人均GNI)长期在温饱线或低水平上徘徊,那么这个国家就很有可能陷入整体性匮乏或增长型贫困陷阱。"国穷民必穷"——穷国经济落后与整体性贫困,必然导致民众的大规模极端贫困。亚当·斯密就在《国富论》中分析了一个国家的经济快速发展和国民财富增长,对劳动者就业需求、工资收入增加和生活状况的影响。他认为,一国收入、财富和资本的增加必然带来对工资劳动者需求的增加,经济的繁荣和进步必然导致工资水平上升和劳动者生活的改善;而经济停滞或退步必然减少对劳动者就业需求或工资水平下降,劳动人民将陷入生活困苦之中。

(三) 社会环境论

穷人的贫困与社会基本制度、分配制度的公正性、政府责任和社会包容性等社会环境因素密切相关,并且这些社会环境因素是穷人个人无法控制的。空想社会主义的私有制根源论、马克思的剩余价值剥削论、市场失灵论、政府失灵论等均是具有代表性的贫困成因的社会环境论。

1. 空想社会主义的私有制根源论

最早把穷人贫困的原因与社会经济制度联系起来的是空想社会主义思想家。空想社会主义者在研究资本主义制度下的贫困现象时,把贫困的成因归结于资本主义制度特别是资本主义私有制,认为私有制是导致贫富两极分化、农民和雇佣劳动者被剥夺的根源。18世纪空想社会主义代表摩莱里(Morelly)在《自然法典》一书中谈到,人的唯一恶习是贪欲。然而,贪欲的膨胀需要温床,这就是私有制。私有制使得穷人一无所有,穷人除了向富人出售劳动,"为富人创造一切必要的东西以外,就没有其他任何东西了"。废除私有制,建立没有贫困、没有贫富两极分化的公有制社会,是空想社会主义者对未来社会的设想和憧憬。

2. 马克思的剩余价值剥削论

马克思的剩余价值理论是理解资本主义生产的钥匙,它揭示了资本主义生产方式的本质,即以剥削雇佣劳动者在剩余劳动时间所创造的价值为手段,以无产阶级贫困化为代价,从而实现资本的最大限度增殖。马克思指出,资本主义生产方式的本质是以剥削为手段,追求剩余价值的最大化,从而实现资本的最大限度增殖和循环积累,其必然导致无产阶级贫困化。

3. 市场失灵论

市场制度是人类有史以来最有效率的经济制度。一个完全竞争的市场是资源配置的最佳方式。当市场机制不能够实现资源配置效率帕累托最优时,就出现了市场失效,或者说市场这只"看不见的手"失灵了。为什么市场机制会导致收入初次分配不平等,甚至是严重的不平等或贫富两极分化呢?这是因为:第一,市场经济信奉的是"适者生存,优胜劣汰"的游戏规则。在自由放任的市场制度下,强者更强,弱者更弱,甚至赢者通吃。第二,市场经济实行的是"按贡献分配"原则,即按生产要素(土地、资本、劳动、技术等)对产出所做的贡献大小进行功能性分配。这种收入差距的累积循环将产生马太效应,在没有政府的必要干预下,导致贫富两极分化。第三,市场经济按贡献分配的公平性是建立在机会平等的前提下,但是在没有政府干预的情况下,自由放任市场的所谓机会均等只是一种"形式上的机会平等",它只会对富人、社会精英等强势群体有利,而穷人只会在贫困陷阱中愈陷愈深。除以上三方面以外,由市场失灵造成的宏观经济危机和通货膨胀,其受害者首当其冲的也是穷人。一方面,经济危机导致大量企业开工不足或工厂倒闭,大量普通劳动者和工人处于非自愿失业状态,使之收入骤减;另一方面,通货膨胀、物价猛涨,导致普通劳动者和社会底层群体的实际收入和购买能力大大缩水,实际生活水平大幅下降。

4. 政府失灵论

市场失效和对社会公平正义的关注,需要政府负起应负的责任,对市场进行必要的干预,弥补市场不足,并通过再分配提供必要的社会保障和公共服务,推进社会公平正义。萨缪尔森认为,政府有两个核心经济责任:"保证效率和推进公正"。英国学者阿萨·布里格斯(Asa Briggs)认为,政府"至少在三个方向上发挥作用:保证社会成员基本收入、建立预防各种安全风险的社会保障制度、提供均等化社会服务。这是政府在纠正市场失灵、促进社会公平方面的最基本职能,也是西方福利国家的主要政策目标。但是政府这只"看得见的手"也有失灵的时候。萨缪尔森说:"当政府行动不能改善经济效率或者当政府不公正地进行收入再分配时,政府失灵就会发生。"其结果不仅不能遏制,还可能加剧不平等或贫困。由于政府失灵和在改进社会不公正方面的低效率,使得穷人没有分享经济增长和再分配的成果,社会资源和利益分配的天平继续向富人和精英阶层倾斜,不平等、社会排斥和穷人的贫困进一步加剧。

三、贫困陷阱论

贫困陷阱论主要包括贫困恶性循环理论、循环累积因果关系原理、低水平均衡陷阱理论和不平等陷阱与贫困代际传递理论。

(一)贫困恶性循环理论

贫困恶性循环理论是美国经济学家罗格纳·纳克斯(Ragnar Nurkse)于1953年在《欠发达国家的资本形成》一书中提出的。纳克斯认为,由于欠发达国家或地区的人均收入水平低,形成投资的资金供给(储蓄)和需求(购买力)两方面的不足,这就限制了资本的形成,使世界上那些被贫困所困扰的欠发达国家或地区长期陷于贫困之中。具体来说,在资本形成不足的两个方面(储蓄和投资)存在着以下恶性循环关系:一是在投资的供给方面,资本形成一个恶性循环:由于欠发达国家或地区的人均收入水平低,人们不得不将绝大部分收入用于生活消费,从而导致储蓄水平低;引起资本形成不足,使生产规模难以扩大,生产率难以提高;低生产率又导致低产出、低收入。由此,形成了一个周而复始的恶性循环:低收入→低储蓄→低资本形成→低生产率→低产出→低收入。二是在投资的需求方面,资本形成也有一个恶性循环:由于欠发达国家或地区的人均收入水平低,从而消费水平和购买力低;使资本形成不足;使生产规模难以扩大,生产率难以提高,导致低产出、低收入水平。由此,形成了一个周而复始的恶性循环:低收入→低购买力→投资动机不足→低资本形成→低生产率→低产出→低收入。纳克斯还认为,不仅欠发达国家或地区(宏观)存在着贫困恶性循环,而且穷人或贫困家庭(微观)也存在着贫困恶性循环。一个穷人也许没有足够的食物;由于处在饥饿状态,他的身体可能很虚弱;由于体质弱,他的工作能力就低,这意味着他收入低,反过来又意味着他将没有足够的食物;由此形成了一个"食物缺乏→低能力→低收入→食物缺乏"的贫困恶性循环。纳克斯的贫困恶性循环理论的结论为:"穷人之所以穷是因为他们(她们)穷"。

(二) 循环累积因果关系原理

循环累积因果关系原理是瑞典著名经济学家冈纳·缪尔达尔(Karl Gunnar Myrdal)1944年在其著作《美国的两难困境:黑人问题和现代民主》中提出来的。该理论认为,社会经济的发展过程是一个动态过程。某一社会经济因素发生初始变化,会引起另一社会经济因素的变化,而这后一因素的变化(第二级变化)反过来又强化了最初的那个变化,如此循环往复地累积,导致社会经济过程沿着最初那个因素变化的方向发展,从而形成一种具有累积效应的循环发展趋势。累积循环的发展趋势有两种:一种是向下运动,即当初始变动是一个不利的变动时,其累积动态过程呈现出恶性循环趋势;另一种是向上运动,即当初始变动是一个有利的变动时,其累积动态过程呈现出良性循环趋势。缪尔达尔应用循环累积因果原理对美国黑人生存状况进行了分析。他认为,白人对黑人的歧视和黑人物质文化生活贫困是两个互为因果的因素,并且这两个因素在相互影响过程中不断强化,从而导致黑人问题呈现出累积性循环趋势。白人的偏见和歧视使得黑人的生活、教育、习俗及道德等水平低下;与此相对应,黑人生活、教育、习俗及道德水平的低下,又使白人更加歧视黑人。要改变这种状况,就必须以正义、自由和机会平等为准则,给黑人以平等的地位。

(三) 低水平均衡陷阱理论

1956年,美国经济学家纳尔逊(Richard R. Nelson)在马尔萨斯人口陷阱理论的基础上,发表了《不发达国家的一种低水平均衡陷阱理论》一文,提出了"低水平均衡陷阱"理论。纳尔逊认为,人口增长率对于人均国民收入水平有很强的敏感性。生活贫困,死亡率必然高,从而抑制了人口的增长;一旦人均收入的增长率快于人口的增长率,人民生活得到改善,死亡率降低,出生率提高,人口增长速度加快。快速上升的人口增长率,又将使人均收入回到原来的水平,这样,就出现了一个低水平的均衡陷阱。即人均收入的增长被人口增长所抵消,陷入了"人口陷阱"。根据安格斯·麦迪森(Angus Maddison)的《世界经济千年史》,在1820年以前,世界各地人口与经济的缓慢增长几乎是同步的,长期处于维持生存状态的人口—收入低水平均衡,即处于马尔萨斯人口陷阱和纳尔逊所说的"低水平均衡陷阱"之中。即使到现今,一些欠发达国家仍然处在这一陷阱之中。对于某些贫困家庭来说,"越穷越生、越生越穷"也是一种恶性循环的贫困陷阱。

(四) 不平等陷阱与贫困代际传递

世界银行在《2006 年世界发展报告——公平与发展》(下称《报告》)中对"不平等陷阱"作了较深入的阐述和分析。《报告》称,经济、政治和社会不平等往往存在着长期的代际自我复制,特别是机会和政治权利不平等对穷人家庭及后代带来的负面影响更大,这种现象称为"不平等陷阱"。《报告》认为,政治、经济和社会文化的不公平之间存在着相互作用的关系,并且这种"不平等的经济机会将导致不平等的劳动产出,进而加强了不平等的政治权利;不平等的权利所形成的制度和政策,往往又会加强不平等的初始条件的持续性"。这种经济、政治和社会盘根错节的不平等现象,会扼杀阶层间的流动性,使社会分层结构模式固定化,不平等陷阱趋于稳定状态。处在不平等底层的穷人将持续被边缘化,并且使贫困代代相传,长期存在。机会不平等尤其成为不平等陷阱和贫困代际传递的一个很重要方面。一些个体无法控制的社会变量,如性别、种族、等级、父母所受的教育、工作、财富以及出生地,等等的不平等形成了直接的代际传递联系,影响了子女的机会不平等。《报告》认为,从社会公平正义的视角看,要打破"不平等陷阱",切断贫困代际传递"链条",比较有效的减贫方案是从三个方面促进机会公平:一是投资穷人及其子女的能力,包括儿童早期开发、学校教育、健康、风险管理等;二是扩大穷人获得司法公正、土地和基础设施的渠道;三是改善穷人进入市场的公平性,消除金融市场、劳动力市场、产品市场对穷人的歧视。

第三节 国际发展与减贫

鉴于贫困的多重危害,减贫是国际发展的重要目标。扶贫需要遵循特定的伦理原则,减贫模式也多种多样。二战后国际减贫思想经历多次演变。联合国千年发展目标和2030年可持续发展目标都将减贫放在突出位置。

一、贫困的危害与扶贫伦理原则

(一) 贫困的危害

现代主流观点认为,贫困对社会来说是消极的、无效用的,它的存在有着多方面的危害性或负外部性。因而,政府和社会应采取积极干预行动来消除贫困。贫困的负外部性至少表现为以下三个方面。

1. 贫困是犯罪的重要诱因之一

不是所有的犯罪都是由贫困而引起的,但贫困的确是某些犯罪的重要诱因之一。中国有一句俗话:"富贵起淫心,饥寒起盗心。"人在饿极了的时候,为了起码的生存,也许将道德伦理、法律规范等抛到九霄云外,其自然本能驱使其行为失控,出现越轨甚至是犯罪。现代犯罪社会学理论认为,一个社会如果只是贫穷或者只是富裕的社会,也许较少产生犯罪;但一个社会贫富差别悬殊就会产生大量犯罪,尤其是财产犯罪和暴力犯罪。

2. 贫困对社会稳定的潜在威胁

贫困威胁社会稳定,这似乎是一个不证而明的命题。当经济停滞、剥削和饥荒导致民不聊生,或者当社会分配严重不公导致贫富两极分化超过社会容忍极限时,那些被剥夺群体往往会采取某种极端的方式(如骚乱、动荡、暴乱等)对现存社会秩序进行冲击或颠覆。英国牛津大学非洲经济研究中心主任保罗·科利尔(Paul Collier)的研究认为:贫困是战乱的最重要诱因之一;贫困与战乱相互关联、相互作用,从而导致贫困国家陷入战乱陷阱。萨克斯在《贫穷的终结》一书中论述了贫困与恐怖主义的关系。他说:"我们需要理解潜伏着恐怖主义的那些社会的基本弱点——极端贫困;工作、收入及尊严的大量需要得不到满足;由于生存条件恶化所导致的政治和经济上的不稳定。如果索马里、阿富汗、巴基斯坦西部这些地方能够变得富裕一些,恐怖主义者便不能在这些社会中大量产生。"他认为,纯粹依靠军事手段来对付恐怖主义是注定要失败的,正如一个医生治病时不仅需要开药方,还要求病人加强营养,采取健康的生活方式以提高免疫力,这就需要与贫困和环境恶化作斗争。

3. 贫困对生态环境的直接危害

除非政府采取有效措施,否则贫困特别是农村贫困对生态环境的破坏是显而易见的。日本经济学家速水佑次郎指出:"发展中国家环境恶化的主要因素是人口压力造成的农村人口的贫困。"在传统的农业技术下,适宜耕作的土地供给随着人口增长变得越来越短缺,穷人为了生计被迫垦殖那些不适宜耕作的土地(如山区脆弱的土地和 25 度以上坡地),或者干脆毁林开荒、围湖造田。而且,为了生计所需的木材、薪材,穷人被迫砍伐森林,或者在草原上过度放牧,等等。这超过了自然资源的再生能力,形成资源"赤字"和环境"透支",导致水土流失、资源枯竭、土壤侵蚀、荒漠化等日趋加重。于是,在贫困与资源环境之间,形成了一个相互作用、互为因果的恶性循环圈:贫困导致资源环境恶化,资源环境恶化加剧了贫困。

(二) 扶贫伦理原则

谁应该对穷人的贫困负责,是穷人自己还是政府或社会?作为追求社会公正的扶贫济困,政府的扶贫责任是无限的还是有限的?

应对贫困所应遵循的伦理原则包括责任担当原则、底线平等原则、规避道德风险原则和尊重受扶者尊严和权利原则。

1. 责任担当原则

衡量穷人是否应该对自己贫困负责的标尺,是看导致贫困的主要原因或决定性因素是否属于穷人能自主控制或选择的。对于因环境因素而导致的贫困,政府应担当相应的扶贫责任,履行相应的扶贫义务。效率与平等平衡原则决定了政府的扶贫责任只能是有限的。政府对它应负责的贫困对象履行扶贫责任和义务,主要是通过国民收入再分配手段来施行。形象地说,政府的扶贫再分配就是"抽肥补瘦",即一手通过收税向富人"抽肥",另一手通过财政支出对穷人"补瘦",以促进社会分配的相对公平。但是,这种"抽肥"是有限度的。

2. 底线平等原则

政府的扶贫责任目标并不是要消灭社会不平等特别是收入分配不平等,而是要帮助穷人实现或达到社会底线平等。政府的扶贫责任目标不宜定得太高,不能对穷人特别是那些有劳动能力的穷人实行"大包大揽",而应追求一种低层次的目标,使每一个人都过上有尊严的最低限度体面生活。这就是底线平等。

3. 规避道德风险原则

美国著名经济学家斯蒂格利茨(Joseph Eugene Stiglitz)指出:"一个没有对其住房保火险的人,可能会购买烟尘报警器和家庭灭火器,并且特别小心谨慎,以此减少火灾风险;但如果同一个人购买了火险,他可能就不这样小心了;如果保险赔偿额多于住房的市场价值,他甚至会受到诱惑而烧毁他自己的房屋。这虽然是合乎理性的,但却是不道德的。"所谓扶贫方面的道德风险,是指政府对穷人提供扶贫公共援助后,背离了政府的初衷和扶贫援助本身所期望的激励方向,受援者有可能产生"负向激励"反应,如部分穷人降低了自立脱贫积极性,或自愿失业,或形成对政府扶贫救助的长期依赖等。

4. 尊重受扶者尊严和权利原则

根据责任担当伦理原则，只要穷人的贫困是由不可控制因素所致，那么，政府或社会对这些穷人提供扶贫救助保障服务，就是在尽一种道德义务或法定义务，而不是在提供一种恩惠。与此相应的是，穷人获得政府或社会的扶贫救助保障服务是"应得"的，这是一种道德权利或法定权利，而不是在乞求一种恩惠。《世界人权宣言》第25条规定："人人有权享受为维持他本人和家属的健康和福利所需的生活水准，包括食物、衣着、住房、医疗和必要的社会服务。在遭到失业、疾病、残废、守寡、衰老或在其他不能控制的情况下丧失谋生能力时，有权享受保障。"

二、战后国际减贫思想的演变

在二战结束后的半个多世纪，对发展中国家应采取什么样的增长、分配和减贫战略问题上，一直存在着很大争议，一些发展理论与战略主张，在市场与政府、效率与公平、增长与再分配等重大关系问题上来回地摆动，这也是20世纪后半叶国际社会关于发展中国家减贫战略的一个显著特点。

(一) 20世纪50—60年代："涓滴效应"减贫战略

这是一种主张政府减少干预或不干预，主要依靠市场机制的"涓滴效应"(trickle-down effect)来实现经济增长成果向穷人渗漏或扩散。在20世纪50—60年代，发展经济学家和国际社会推崇的就是这种涓滴式增长减贫模式。但是涓滴式增长减贫模式实质上有利于富人而不利于穷人，或者至少说穷人从中获利太少或减贫见效周期太长。富裕阶层越来越有钱，伴随着经济地位上升的是对政治权利的攫取，政治权利的优势会使得公共政策更多向富人倾斜，从而导致穷人贫困状态的固化。

如前所述，"涓滴效应"是指一国或地区在经济增长过程中，政府对穷人并不给予特别的扶持和再分配干预措施，而是寄希望于通过推动以工业化为主导的经济增长，扩大正规部门就业机会，提高劳动工资水平，从而使大众劳动者（包括穷人）普遍受益。也就是说，经济增长的成果最终可以像涓涓细流一样滴漏给穷人，从而实现减贫。

(二) 20世纪70年代(1)：伴随增长的再分配减贫战略

经过20世纪50—60年代的努力，众多发展中国家尤其是拉美国家实现了其经济增长目标。然而，大部分国民的生活水平却依然如旧，增长的果实并没有通过"涓滴效应"让低收入阶层和贫困者分享受益。20世纪60年代末至70年代初，先增长后再分配的"涓滴效应"战略受到了质疑。在 1969 年新德里举行的国际开发协会会议上,英国发展经济学家达德利·西尔斯(Dudley Seers)作为大会主席的演讲,对传统发展理论提出了尖锐的批评。他认为,把发展与经济发展以及经济发展与经济增长相混淆,是十分轻率的表现。就一个国家发展而言,可以提出如下问题:贫穷发生了什么改变?失业发生了什么改变?不平等发生了什么改变?如果这些问题中有一两个问题,特别是所有问题趋向恶化,即使人均收入成倍增加,把这种结果称为是"发展"也会使人感到奇怪。由于先增长后再分配的"涓滴效应"在消除贫困、增加就业、改善收入分配不平等等方面令人失望,于是,20 世纪 70 年代主张政府再分配和政策干预的减贫思想应运而生。其中,最有影响的是世界银行 1974 年提出的"伴随增长的再分配"(redistribution with growth,RWG)战略。

"涓滴"模式是"分配中立的"(redistribution-neutral),即政府不对分配作过多干预。在增长与分配的关系方面,可以采取先增长后分配战略,等经济增长到一定的程度,政府再干预收入分配;与之相对应的是先分配后增长战略,前计划经济国家采用的就是这种战略。"伴随着增长的再分配"则是第三种战略,该战略主张必须将分配目标有机结合到增长目标之中,赋予低收入阶层的收入增长更高的权重,经济增长的同时必须促进低收入阶层收入更快地增长。这一思想在世界银行的影响很短暂,到 20 世纪 80 年代初随着新自由主义和"华盛顿共识"的兴起而被抛弃。

(三) 20 世纪 70 年代(2):基本需要战略

1975 年,国际劳工组织在日内瓦世界就业大会上提出,国家发展战略不仅要把增长与就业放在优先位置,也应把满足人的基本需要放在重要地位。会议文件指出:"与较早期的期望相反,过去 20 年的经验表明,总产量的迅速增长,其本身不能减轻贫穷和不平等。"文件批评了"涓滴效应"理论:"为了发展的利益慢慢向下流,直到达到最贫穷阶层,要等待几个世代,这从人性上说是不能接受的,从政治上说是不负责任的。"国际劳工组织提出,国家的发展应优先满足人民特别是人民中穷人的最低生活标准的基本需要。这个最低生活标准应包括"一个家庭用作个人消费的最低需要:食物、住房、衣服"还有"享受最基本的服务,如安全的饮用水、卫生设施、交通运输、保健和教育",以及"为每个愿意工作的人提供合适报酬的职业",还应有"一个健康的高尚的和令人满意的环境,并能在影响每个人的生活和生计以及个人自由的事务上参与制定决策"。国际劳工组织所提出的关于最低生活标准"基本需要"所涉及的个人生活消费、公共服务、就业和参与权,至今仍是当今多维贫困的主要内容。尽管基本需要战略很有号召力和影响力,但在当时以及尔后一个时期,由于发展中国家经济落后,政府财政能力十分有限,20 世纪 70—80

年代石油危机和发展中国家债务危机爆发以及新自由主义思潮占据上风、保守主义政治家上台，该战略没有得到发展中国家的积极响应和推行。

(四) 20世纪80年代：返回"涓滴效应"减贫战略

20世纪80年代是新自由主义占上风的年代，也是全球减贫返回"涓滴效应"的年代。以罗纳德·里根和玛格丽特·撒切尔当选执政为标志，新自由主义供给学派和撒切尔主义逐渐成为美国、英国乃至国际社会制定政策的主流思潮，到1990年形成了被称为新自由主义政策教义的"华盛顿共识"，其基本主张包括：对国有企业实施私有化，对富人大幅度减税，最大限度地减少政府干预和经济管制，压缩政府支出和财政赤字，削减政府在社会保障和福利方面的再分配职能，等等。按照约瑟夫·斯蒂格利茨的说法，"华盛顿共识"的教条是主张政府的角色最小化、快速私有化和自由化。从减贫视角来看，新自由主义认为，广泛使用政府补贴和转移支付等再分配减贫办法，不仅是对市场的扭曲，削减了激励机制，妨碍了经济增长，而且导致严重的财政赤字。因而，新自由主义主张应继续发挥市场机制的"涓滴效应"作用。新自由主义思潮对20世纪80年代发展中国家的经济发展和减贫事业产生了不利影响。时任世界银行行长科纳布尔（Barber Benjamin Conable）在《1990年世界发展报告》前言中称，20世纪80年代是穷人被遗弃的年代。

(五) 20世纪90年代：直面穷人的减贫战略

在经历了穷人被遗弃的10年之后，世界银行发表了著名的《1990年世界发展报告——贫困问题与社会指标》（下称《报告》），旨在呼吁国际社会对日益严重的全球贫困问题给予重新关注。《报告》强调，减少贫困必须直面穷人，采取直接针对穷人的减贫战略和扶持措施。《报告》在总结过去经验教训的基础上，提出了"2+1"减贫战略框架，即"机会与能力两项基本战略＋转移支付与安全保障辅助措施"：(1)扩大机会——推进广泛的经济增长，使穷人有获得收入的经济机会。(2)提高能力——对穷人的人力资源进行投资，提供基本的社会服务，特别是初等教育、初级卫生保健和计划生育，提高穷人利用经济机会的能力。作为以上两项基本战略的辅助措施是：转移支付——为没有劳动能力和丧失劳动能力的人，提供转移支付，保障其生活需要；安全保障——为遭受灾害、灾难和不幸事件的人，提供安全保障网，以帮助他们克服短暂的困难与灾祸。贫困问题在20世纪90年代重新得到国际社会高度关注的一个重要标志是，联合国开发计划署从1990年开始隆重推出一年一度的《人类发展报告》，提出了促进人类发展、消除人类贫困的政策议程。人类发展理念与消除人类贫困或多维贫困，作为一种新的发展观和扶贫观，引起了国际社会的高度关注，而且逐渐被各国政府所认同。

三、21 世纪以来的国际减贫目标及政策措施

进入 21 世纪以来,联合国千年发展目标和联合国 2030 年可持续发展目标为削减贫困规定了更为具体的努力方向。

(一) 联合国千年发展目标中减贫目标及政策措施

1. 千年发展目标的减贫目标

在联合国八个千年发展目标中,第一个就是减贫目标"消灭极端贫穷与饥饿"。这一大目标又包含三个子目标:1990—2015 年,将日收入不足 1.25 美元的人口比例减半;让包括妇女和年轻人在内的所有人实现充分的生产性就业和体面工作;1990—2015 年,将饥饿的人口的比例减半。

这一目标在发展中国家和地区取得重要进展。1990 年发展中国家和地区近一半的人口依靠低于一天 1.25 美元生活,而到 2015 年这一比例下降至 14%。全球生活在极端贫困中的人数下降超过一半,从 1990 年的 19 亿下降至 2015 年的 8.36 亿,其中大多数进展是在 2000 年后取得的。1991—2015 年,劳动中产阶级(日生活费高于 4 美元)的人数几乎增长了两倍。该群体占发展中地区工作人口的一半,比 1991 年的仅 18% 有了提高。1990 年以来,发展中地区营养不足的人口的比例接近减半,从 1990—1992 年的 23.3% 下降至 2014—2016 年的 12.9%。[1]

中国为千年发展目标减贫目标的进展作出了重大贡献。首先,中国贫困人口从 1990 年的 6.89 亿下降到 2011 年的 2.5 亿,减少了 4.39 亿,为全球减贫事业作出了巨大贡献。其次,2014 年中国就业人员总数达 7.73 亿人,城镇就业人员总数 3.93 亿人,2003—2014 年全国城镇登记失业率保持在 4.3% 以下。最后,中国营养不良人口占总人口比例由 1990—1992 年的 23.9% 下降至 2012—2014 年的 10.6%。中国 5 岁以下儿童低体重率由 1990 年的 19.1% 下降至 2010 年的 3.6%,5 岁以下儿童生长迟缓率由 1990 年的 33.4% 下降至 2010 年的 9.9%,下降幅度分别为 81.2% 和 70.4%。[2]

2. 国际社会实现 MDG 减贫目标的政策措施

联合国千年发展目标的第 8 项目标"全球合作促进发展"规定了国际社会为发展中国家实现包括减贫目标在内的前 7 项目标的手段,主要包括:进一步发展开放的、遵循规则的、可预测的、非歧视的贸易和金融体制;对欠发达国家免征关税、不实行配额,加强重债穷国减债方案,向致力于减贫的国家提供更为慷慨的官

---

[1] 联合国:《千年发展目标报告(2015 年)》,2015 年,第 3 页。
[2] 中华人民共和国外交部、联合国驻华系统:《中国实施千年发展目标报告(2000—2015 年)》,2015 年 7 月,第 11 页。

方发展援助；与发展中国家合作，为青年创造体面的生产性就业机会；与私营部门合作，提供新技术、特别是信息和通信技术产生的好处等。2000—2014年，发达国家向发展中国家提供的官方发展援助增加了66%。[1] 许多国际发展组织在20世纪末和21世纪初提出了"益贫式增长"(pro-poor growth)，旨在寻求更有利于穷人的增长方式。"益贫式增长"这一术语首次出现在1997年英国国际发展白皮书中，随后它相继出现在1999年《亚洲开发银行报告》、2000年世界银行的《世界发展报告》中。益贫式增长通常的定义是经济增长给穷人带来的收入增长比例大于平均增长率。它和普遍增长(broad-based growth)、包容性增长(inclusive growth)等概念一脉相承。它要求：(1)益贫式增长是机会平等的增长；(2)在增长中强调对贫困群体的关注，经济增长应有利于大多数人并且具有持续性；(3)是充分就业的增长，应该使穷人充分就业并使劳动收入增长率高于资本报酬增长速度，以缩小贫富差距。[2]

包容性增长这一概念最先由亚洲开发银行于2007年提出。包容性增长既强调通过经济增长创造就业与其他发展机会，又强调发展机会的均等化。政策层面，一方面，包容性增长需要保持经济的高速与持续的增长；另一方面，包容性增长要求通过减少与消除机会不均等来促进社会的公平与共享性，两方面相辅相成。

(二) 联合国2030年议程中减贫目标及政策措施

SDG减贫目标可分为三类：第一类为减贫目标，包括1.1和1.2；第二类是为实现减贫目标设定的国内制度框架，包括1.3、1.4和1.5；第三类是为实现减贫目标提出的国际发展合作政策框架，包括1.a和1.b。

表5-1 联合国可持续发展目标中的减贫目标

目标	内容
1	在全世界消除一切形式的贫困
1.1	到2030年时，在全世界所有人口中消除极端贫困，极端贫困目前是指每人每日生活费不到1.25美元
1.2	到2030年时，各国按其标准界定的陷入各种形式贫困的不同年龄段男女和儿童人数至少减半
1.3	建立适合本国国情的全民社会保护制度和措施，包括最低标准，并使其到2030年时在很大程度上涵盖穷人和弱势者

---

[1] United Nations, *The Millennium Development Goals Report 2015*, New York, 2015, p.62.
[2] 范从来、谢超峰：《益贫式增长、分配关系优化与共享发展》，《学术月刊》，2017年3月，第61页。

续表

目标	内容
1.4	到 2030 年时,所有男子和妇女,特别是穷人和弱势者,都有获取经济资源的平等权利,并能获得基本服务,拥有和控制土地和其他形式财产,获取遗产、自然资源、有关新技术和包括小额供资在内的金融服务
1.5	到 2030 年时,增强穷人和处境脆弱者的韧性,降低他们遭受极端气候事件和其他经济、社会和环境冲击和灾害的风险和易受其影响的程度
1.a	从各种来源,包括通过加强发展合作、大力调集资源,为发展中国家,特别是最不发达国家提供适当和可预见的资源,以便执行消除一切形式贫困的方案和政策
1.b	根据旨在帮助穷人和顾及性别平等问题的发展战略,在国家、区域和国际各级制定合理的政策框架,协助加快对除贫行动的投资

资料来源:联合国网站。

1. SDG 的减贫目标

目标 1.1 和 1.2 是联合国为人类社会到 2030 年设定的减贫目标。其中目标 1.1 为到 2030 年,消除全世界所有人口中的极端贫困。这里的极端贫困用每人每天生活费在 1.25 美元(2005 年的 PPP)以下表示。2015 年,世界银行已经将 1.25 美元极端贫困标准更新为 1.9 美元(2011 年 PPP)。也就是说,到 2030 年,在全世界消除每天生活费在 1.9 美元以下的极端贫困人口。这是针对全球减贫的硬性约束指标。目标 1.2 为各国按照本国的贫困标准,将陷入各种形式贫困的不同年龄段男女和儿童人数至少减半。

2. 实现 SDG 减贫目标的国内减贫制度体系

目标 1.3、1.4、1.5 实质上是为了实现目标 1.1 和 1.2 要求建立的国内减贫制度体系。一是要求建立普遍覆盖穷人和脆弱者的社会保护制度;二是要求保障所有人获得公平的经济权利,并能获得基本服务,拥有和控制土地和其他形式财产,获取遗产、自然资源、有关新技术和包括小额供资在内的金融服务;三是针对穷人的脆弱性,要求增强降低贫困人口遭受极端气候事件和其他经济、社会和环境冲击和灾害的风险和易受其影响的程度。

3. 实现 SDG 减贫目标的国际发展合作

目标 1.a 提出的"各种来源",既包括国内政府、市场、社会组织、私人等筹资渠道,也包括国际发展合作。由于发展中国家,特别是低收入国家,单凭本国能力实现联合国减贫目标是有困难的。为此,联合国提出两项(目标 1.a 和 1.b)相应的国际发展合作政策,强调通过国际发展合作拓展国际发展融资,为发展中国家消除极端贫困提供方案、政策和资金。

与千年发展议程中的减贫目标相比,SDG减贫目标至少表现出三个方面的不同。首先,"在全世界"表明消除贫困不再只是发展中国家的事情,而是世界各国都需要解决的问题;其次,"消除"而非"削减"贫困表明新议程与千年发展目标相比更具雄心;最后,"一切形式"而非仅是每人每天生活费低于1.25美元,拓展了对贫困维度的认识。另外,其政策取向更加强调获取经济资源的平等权利,获得基本服务,拥有和控制财产等。这些新理念突破了以往从维持生存的"基本需要"(basic needs)定义贫困的范畴,拓展到了从促进发展的"基本能力"(basic capabilities)认识和消除贫困。

本章小结

与贫困作斗争贯穿着整个人类历史,而随着人类认识的不断发展,认识贫困的视角也日趋多元。从经济学视角看,贫困是在人们缺乏满足其基本需要的手段时发生的;从社会学角度看,贫困是在个人或家庭在社会中处于弱势地位时发生的;从发展学视角看,贫困是由于基本能力被剥夺;从政治学视角看,贫困则是由于权利的不平等。

导致贫困的原因多种多样,但总体来看主要包括穷人自身原因、环境原因和贫困陷阱三种视角,贫困的原因差异决定了应对贫困的方法不同。对于那些由于自身原因导致的贫困,摆脱贫困的主要责任在贫困者自身。而对于由于市场失灵或政府失灵等原因导致的贫困,公共机构应承担主要责任,通过干预措施确保贫困者的最低生活标准,为贫困者摆脱贫困提供正向激励。

二战后,发展中国家减贫战略经历了一个演变的过程,从20世纪50—60年代的"涓滴效应"减贫战略到20世纪70年代伴随增长的再分配减贫战略与基本需要战略,从20世纪80年代返回"涓滴效应"再到20世纪90年代直面穷人的减贫战略。国际减贫的理念在政府与市场、国家与个人之间摆动。进入21世纪以来国际社会从国际层面设定议程、汇聚资源,致力于全球层面的减贫进展。联合国千年发展目标和2030年可持续发展目标均是致力于减贫的全球发展议程,这些议程在汇聚全球资源削减全球贫困方面发挥着重要的推动作用。

关键词

贫困陷阱　涓滴效应　基本需要

简答题

1. 考察贫困概念的视角有哪些?
2. 贫困的成因有哪些?
3. 从 MDG 到 SDG,国际减贫目标发生了哪些变化?

 思考题

1. 二战后,国际减贫思想经历了哪些演变? 其对国际减贫政策产生了哪些影响?
2. 发展援助在国际减贫议程中能够发挥何种作用?

第 6 章

健康与发展

自 2019 年新型冠状病毒暴发以来,健康与发展的相关性受到越来越多的关注。健康是幸福的起点,个人健康是立身之本,人民健康是立国之基。健康实际上是一种能力,它既是发展的目标,又是发展的手段,而得到基本的卫生保健是保证获得这种能力的"权利"。从政府和社会来看,发展就是要为人们提供这种"权利",并使得更多的人得到这种"能力"。与发达国家相比,发展中国家的健康问题更为严峻。在全民健康状况的改善过程中,政府扮演着关键的角色。从千年发展目标到 2030 年可持续发展目标,联合国及其成员国始终将健康作为发展的重要目标。在众多的卫生相关国际组织中,世界卫生组织起着重要的协调作用,在可持续发展目标的监测与执行方面扮演着重要角色。鉴于发展中国家存在着健康资金的巨大缺口,国际发展援助成为弥补这一缺口的重要资金来源。

第一节 健康概述

人类具有与疾病斗争的漫长历史,也正是在与疾病斗争的过程中医学得到不断发展,相关国际组织也相继成立。世界卫生组织、经合组织和世界银行都建立了指标体系对健康状况进行衡量。健康与发展密切相关,它既是发展的目标,又是发展的手段。

一、健康的概念与指标

世界卫生组织是最为重要的卫生国际组织,它在健康概念的界定和健康指标体系的建立方面都发挥着重要作用。

(一) 健康的概念

根据世界卫生组织的定义:"健康不仅仅是不生病,而是在躯体、心理和社会方面的完满状态。"在经济学上,健康既可以理解为一种消费品,因为通过健康方面的消费能够给人带来幸福,又可以理解为一种投资品,因为它能够用于工作,从而生产产出,创造收入。

对于国家而言,更加关注的是全体国民的公共健康问题。哈佛大学公共卫生学院丹尼尔·维克勒(Daniel Wikler)教授把"公共健康"定义为:"健康的人口,即大多数人口处在健康状况。公共健康有两个重要的特点:一是更好的健康状况;二是更公正的健康分配。"公共健康包括健康状况、健康公平、健康安全三个方面的内容。公共健康不仅仅是卫生的问题,还涉及社会公正和机会平等的问题。公共健康还面临着健康安全的问题。所谓健康不安全,就是指健康处于危险状态,健康相关危险因素得不到有效控制,或者健康权利受到剥夺,人群不能同时满足心理、社会与躯体的全部健康状态。

(二) 健康的指标

不同的国际组织纷纷建立各种健康指标体系,用于项目管理、资源配置、国家发展监测、绩效评价和全球比较。[1]

---

[1] 世界卫生组织、经合组织、世界银行部分主要参考马骅:"2017中国现代化报告阐述健康现代化核心指标",中国网·中国发展门户网,2018年2月26日。http://cn.chinagate.cn/reports/2018-02/26/content_50596791.htm。

1. 世界卫生组织健康指标体系

世界卫生组织的前身可以追溯到1907年成立于巴黎的国际公共卫生局和1920年成立于日内瓦的国际联盟卫生组织。战后,经联合国经社理事会决定,64个国家的代表于1946年7月在纽约举行了一次国际卫生会议,签署了《世界卫生组织组织法》。1948年4月7日,该法得到26个联合国会员国批准后生效,世界卫生组织宣告成立。它是联合国下属的一个专门机构,总部设在瑞士日内瓦,只有主权国家才能参加,是国际上最大的政府间卫生组织。世界卫生组织的宗旨是使全世界人民获得尽可能高水平的健康。世界卫生组织的主要职能包括:促进流行病和地方病的防治;提供和改进公共卫生、疾病医疗和有关事项的教学与训练;推动确定生物制品的国际标准。世界卫生组织的主要健康指标体系包含如下。

(1) 全球健康观察(Global Health Observatory),全球健康观察指标体系涉及8大主题46个领域,涵盖疾病死亡率和负担、健康系统、环境健康、非传染病、传染病、健康公平性、药物使用和精神健康、暴力和伤害,超过1 000项指标,涵盖194个世界卫生组织成员国家。通过这套指标体系监测总体健康目标发展、健康公平性及与可持续发展相关的健康问题。

(2) 世界卫生统计(World Health Statistics),《世界卫生统计》系列收录了194个世界卫生组织成员国每年度的卫生数据,指标涉及9大领域:死亡率和疾病负担,根据死因计算的死亡率和发病率,部分传染病,卫生服务覆盖率,危险因素,卫生人力、基础设施和基本药物,卫生费用,健康不平等,人口与社会经济统计,共100多个指标。

(3) 100个核心健康指标全球参考目录(Global Reference List of 100 Core Health Indicators),2015年全球健康机构领导人会议通过了建立100个核心健康指标全球参考目录的议程,旨在形成统一的国家健康部门平台,减少过度和重复的报告要求,提升国家数据采集投资的效率,扩大数据的可得性和质量,提高透明度和完善问责制度,为全球报告提供基础。100个核心健康指标分为4大主题、24个领域。此外,100个核心指标根据结果链框架可以分为投入、产出、结果、影响四个层次。

2. OECD健康指标体系

经济合作与发展组织(OECD)的前身是1947年由美国和加拿大发起,成立于1948年的欧洲经济合作组织(OEEC),该组织成立的目的是帮助执行致力于第二次世界大战以后欧洲重建的马歇尔计划。后来其成员国逐渐扩展到非欧洲国家。1961年,欧洲经济合作组织改名为经济合作与发展组织。经合组织的其宗旨为:帮助各成员国家的政府实现可持续性经济增长和就业,成员国生活水准上升,同时保持金融稳定,从而为世界经济发展作出贡献。经合组织提供了一个框架,在此框架内成员国可以交流经济发展经验,为共同的问题寻找答案,协调在国内外政策中合作实践。经合组织已经成为世界上最大和最可靠的全球性经济和社会统计数据的来源之一。其与健康相关的指标体系包括以下两项。

(1) OECD健康统计指标(OECD Health Statistics),该体系包括12个主题,97个指标,最多覆盖45个国家,最长的时间跨度达到75年。12个健康主题分别是:健康支出和财务、健康状况、健康的非医疗决定因素、健康服务资源、健康人力资源迁移、健康服务使用、健康服务质量指标、药物市场、长期护理资源和使用、社会保护、人口参数、经济参数。

(2) OECD健康概览统计指标(Health at a Glance),主要集合OECD成员国以及一些观察国(巴西、中国、哥伦比亚、印度、印度尼西亚、俄罗斯、南非等)有关健康体系绩效的指标,包括健康状况、健康非医疗因素、健康人力资源、健康服务活动、健康服务获得、健康服务质量、健康支出和财务、制药行业、老龄化和长期护理9大领域、74个核心指标。

3. 世界银行健康指标体系

世界银行集团努力帮助各国建设更健康、更公平的社会,改善政府财政状况和国家竞争力。世行集团把它对卫生部门的投资和研究重点放在对2030年实现全民健康覆盖至关重要的领域,与捐助国、发展伙伴、政府和私营部门密切合作。这些重点领域包括:消除可预防的孕产妇死亡和儿童死亡;改善婴幼儿营养,减少发育不良;加强卫生体系和卫生筹资;做好对大规模流行病的准备,确保有效应对;促进性和生殖健康与权利;预防和治疗传染病。世界银行的健康统计是有关卫生健康、营养和人口统计的综合数据库,涉及健康融资、艾滋病、免疫、疟疾和结核、健康人力资源和健康设施使用、营养、生殖健康、人口和人口预测、死亡原因、非传染病、饮水和卫生、贫困背景信息、劳动力、经济和教育等主题,集合200多个国家和地区共335个健康指标。

二、健康作为发展目标

健康与发展之间的关系主要表现为两个方面:一方面,基于以人为本的发展观,健康本身就是发展的重要目标;另一方面,人是生产的要素之一,人的健康又是促进经济发展的重要手段。

(一) 传统发展观中的健康

不同的发展观对健康与发展的关系有着不同的理解。传统的发展概念基本上把发展当作一种经济现象,认为人均收入的增长(主要表现为人均GDP的提高)是发展最重要的涵义。它假定财富的增加会带来社会福利的提高,诸如卫生、教育之类的福利是经济增长的"副产品",可以通过经济的增长自然而然地实现,并

平等地分配给全体人民。但是,发展中国家早期经济发展过程中曾出现人均GDP获得较快的增长,而广大的人民群众却没有得到实惠的情况,这种情况被称为"有增长但没有发展"。在这些国家,生活水平(包括卫生服务和健康状况)所达到的成就,远远落后于人均GDP水平上所应达到的水平。

(二) 能力发展观

20世纪80年代中期,尤其是20世纪90年代以来,以1998年诺贝尔经济学奖获得者阿马蒂亚·森为代表的一批发展经济学家,提出了一个围绕能力、权利与福利而建立起来的有关发展的理论体系。森指出,传统发展经济学的主要缺陷之一是集中于国民产品、总收入、总供给的研究,而不是人们的权利,以及这些权利所产生的能力。森认为,经济发展最终应该归结到人们"是什么"和"做什么",例如人们是否长寿、健康,能否读书写字、相互沟通等。森的发展观将发展的含义从只限于经济增长、以财富为目的的理论,转向重视生活质量、以人为目标的理论。在森的发展观中,健康与发展关系的观点是健康(与教育一样)是使人类生活体现价值的基本潜能之一。他强调,某些实质性的自由(政治参与的自由和接受基本教育或卫生保健的机会)是"发展的合法组成部分"(本质上是最终目标),同时也有助于经济发展。因此,健康实际上是一种能力,它既是发展的目标(即人们是否能够拥有健康是用来衡量发展的标准),又是发展的手段(即通过健康人们能够获得一些好的发展机会),而得到基本的卫生保健是保证获得这种能力的"权利"。

三、健康作为发展手段

作为人的基本能力的一个方面,健康对于推动生产力的提高和经济的长期增长作出过重要贡献。从经济史的角度看,历史上一些巨大的腾飞——诸如工业革命时期英国的突飞猛进,20世纪早期美国南部的腾飞和日本的快速发展,20世纪五六十年代南欧和东亚的强劲发展——所有这些都是以公共卫生、疾病控制和改善营养摄入等方面的重大突破为后盾的。

(一) 人力资本

经济学界关于卫生健康问题的研究始于对人力资本问题的探讨。人力资本(human capital)概念是由美国经济学家舒尔茨(Theodore W. Schultz)在1960年首先提出的。经过舒尔茨、贝克尔(Gary Becker)等人的研究,最终形成了完整的人力资本理论。贝克尔认为,健康和教育是人力资本的两大基石,是个人经济生产力的基础;而且,健康是投资的结果,健康投入指的是人们为了获得良好的健康而消费的食品、衣物、健身时间和医疗服务等资源。[1]根据这一理论,人们对健康投入与经济问题进行了研究。按其研究主体的层次,这些研究可以分为微观研究和宏观研究。前者主要是在个体和家庭的层面上,应用微观经济学的方法,分析健康投入对就业、劳动生产率、工资率等的影响;后者则集中在地区、国家乃至跨国研究的层面上进行,分析健康指标或者卫生投资对于经济增长的贡献,其中有相当一部分研究都是在20世纪80年代兴起,在融入了人力资本理论的新增长理论的框架下进行的。微观层面的研究实证地说明了个人(或家庭成员)健康投入与个人(或家庭)的劳动生产率或者收入等个体经济变量之间存在明显的联系。宏观层面的研究揭示了社会的卫生投资及总体健康状况对于生产力和经济增长的影响。

基于经济史和人力资本理论,经济学家福格尔(Fogel)就营养对经济增长的影响进行了研究。通过研究,他认为过去200年获得热量的增加,对法国和英国等国家人均收入的增长肯定作出了非凡的贡献,"饮食中能量的增加,以及将这些能量转换为工作产出的效率的提高,可以解释1800年以来英国经济增长的大约50%"[2]。

(二) 新增长理论

20世纪90年代以后,大量研究增长的经济学家加入到卫生健康与经济增长关系的讨论中。其理论依据主要是卢卡斯(Lucas)和罗默(Romer)等人发展的新增长理论,即将人力资本的概念整合进对增长因素的讨论,而健康是人力资本的重要组成部分。这些研究大都在宏观层面上展开,定量地分析健康指标与经济增长的关系。其中1993年世界银行在研究两百多个国家和地区社会经济发展数据后提出,良好的健康状况可以提高个人的劳动生产率。巴罗(Barro)在1996年的研究中认为,健康通过延长人的寿命降低了人力资本的折旧率,使得教育投资更有吸引力。布卢姆(Bloom)和萨克斯(Sachs)在1998年研究发现,与东亚高增长国家相比,非洲一半以上的增长差距在统计学上可以归因于疾病负担、人口和地理问题,而不只是由于宏观经济政策和政治治理等传统变量。疟疾和艾滋病等疾病的患病率居高不下带来了持续和大幅度的经济增长率下滑,其中疟疾的高患病率导致经济增长率每年下降了1%以上。

除了应用增长理论和计量方法研究健康与增长的问题,还有一种方法是计算疾病的经济损失。世界卫生组织宏观经济与卫生委员会(Commission on

---

[1] 加里·贝克尔:《家庭经济分析》,北京:华夏出版社,1987,第74—85页。
[2] Fogel R W. *New findings on secular trends in nutritional and mortality: some implications for population theory*. Handbook of Population and Family Economics, Vol. 1a. Amsterdam: Elsevier Science. 1997. 433-481.

Macroeconomics and Health, CMH)的一份报告中指出,可预防疾病造成的经济损失累计起来是相当巨大的。这些疾病每年给最贫困国家造成国民生产总值百分之几十的损失,这相当于数千亿美元之多。[1]世界卫生组织在2002年的一项测算显示,在发展中国家,仅肺结核和艾滋病就使低收入人群在经济上的损失达120亿美元。同时,如果疟疾在30年前得到根治,非洲的国民生产总值可能增加1 000亿美元。[2]

第二节 发展中国家的健康问题

与发达国家相比,发展中国家面临的健康问题更为突出。在传染性疾病尚未得到有效控制的情况下,通常被视为"富贵病"的诸多非传染性疾病在发展中国家日趋严重,发展中国家健康公共投资与医疗保险覆盖的不足使得诸多发展中国家的民众面临着严峻的健康风险。而政府在健康改善方面扮演着极为重要的角色。

一、发展中国家的主要健康问题

以非洲为例,发展中国家的主要健康问题涉及"贫困病"与"富贵病"的双重负担、健康公共投资匮乏和医疗保险覆盖不足等。

其一,"贫困病"与"富贵病"的双重负担。"富贵病"又称"现代文明病",是人们进入现代文明社会,生活富裕后,吃得好、吃得精,营养过剩,活动量减少,从而产生的非传染性的流行病,如肥胖、肠道癌、高血脂、冠心病、糖尿病等。这些病在贫穷的社会和贫穷人群中是很少的,所以叫富贵病。长期以来,这些非传染性疾病被视为西方疾病,常常与城市和社会富裕联系在一起。此类疾病也悄悄地蔓延到非洲的许多地方,却一直没有引起太多关注。这是因为各国政府和国际社会一直在关注抗击传染性疾病,例如疟疾、肺结核、脊髓灰质炎和艾滋病毒/艾滋病等。根据世界卫生组织统计,非传染性疾病是当今大多数地区的主要死亡原因,致死人数高达全世界死亡人数的70%。例如,2012年,此类疾病导致3 800万人死亡,其中80%来自发展中国家。据世界卫生组织预测,到2030年,非洲地区因癌症、糖尿病、心血管疾病等非传染病导致的死亡人数将超过艾滋病、疟疾、肺结核等传

---

[1] 宏观经济与卫生委员会:《宏观经济与卫生——投资卫生领域促进经济发展》,人民卫生出版社2002年版,第15页。
[2] 王小方、刘丽杭:《增大健康投资,加快我国卫生事业发展》,《中国卫生经济》,2003年第1期。

染病、寄生虫病导致的死亡人数。[1]本身疲于应对传染病负担的医疗体系将面临新的挑战,而非传染病通常是无法根治的。

其二,匮乏的公共投资。尽管非洲承担着25%的世界疾病负担,但是卫生支出却只占世界的1%以下。世界卫生组织制定的最低基础卫生服务支出标准为每人每年34—40美元,仅有三分之一的非洲地区国家能达到该标准。投资医疗卫生不但意味着国民健康的促进,更重要的是一个稳健的社会保障体系会促进国家的长远利益。研究数据表明政府公共财政对每一个人增加10%的健康投入就能减少25%的五岁以下儿童死亡率,减少21%的婴儿死亡率;2000—2011年,民众健康的改善贡献了非洲5.7%的GDP增长;在儿童疫苗领域每投入1美元,未来就能节省6美元的医疗服务支出。[2]

其三,医疗保险的缓慢普及。设立医疗保险的目的是降低医疗卫生服务的现金支付比例,进而减少因病返贫、因病致贫的现象。目前有三种主要的医疗保险体系可供选择,第一种是政府靠税收收入出资提供的国民健康保险计划;第二种是政府与外来援助资金共同出资设立医疗保险公司;第三种是政府与雇主共同支付保险费提供国民健康保险计划。[3]世界卫生组织数据显示,在为数不多拥有国家医疗保险计划的非洲国家,只有少数人能享受服务。在加纳,只有三分之一的人通过国家医疗保险计划享受医疗保险。尼日利亚的国家医疗保险计划只覆盖不到3%的公民。遗憾的是,情况正在恶化。世界银行数据显示,在撒哈拉以南非洲地区,自费保健占所有保健支出的份额从2000年的40%上升到2014年的超过60%。自费对家庭的影响可能是灾难性的,它会使家庭陷入贫困。[4]

二、政府在健康改善中的角色

良好的健康不一定能够通过经济的增长自然而然地获得。同等经济发展水平的国家,其健康水平可能存在较大差异。根据联合国开发计划署(UNDP)《2001年人类发展报告》,巴基斯坦和越南的人均收入(按购买力平价PPP计算)类似,但是越南的人均预期寿命比巴基斯坦长将近8岁;哥斯达黎加和韩国的人均预期寿命都比较长(分别为76.2岁和74.7岁),但是哥斯达黎加人均收入(PPP)仅为韩国的一半。这与政府秉持何种发展理念,在卫生及其相关领域扮演了何种角色有重

---

[1] 西坡拉·穆索(Zipporah Musau):"生活方式疾病给非洲带来新负担:到2030年,糖尿病、癌症、心脏病和呼吸系统疾病将成为主要杀手",https://www.un.org/africarenewal/zh/magazine/2016年12月—2017年3月/生活方式疾病给非洲带来新负担.
[2] 哈拿提·海拉提:《撒哈拉以南非洲的医疗卫生》,《中国投资》,2017年4月第8期.
[3] 同上.
[4] 马辛巴·塔菲尼卡(Masimba Tafirenyika):"医疗保险模式再思考",https://www.un.org/africarenewal/zh/magazine/2016年12月—2017年3月/医疗保险模式再思考.

要的联系。如果一个政府能够在经济增长的过程中将人民福利的改善作为发展的首要目的,注重人的能力的提高,并且采取适当的政策实现卫生服务供给的公平和效率,降低整个社会的疾病负担,那么就能够取得与经济增长相应甚至更高水平的健康成果。

根据经济学理论,政府在许多领域的作用分为两类:一是解决市场失灵问题,如提供纯公共物品、解决外部效应、规范垄断企业、克服不完整或不对称问题,协调私人活动;二是促进社会公平,如保护穷人、消除社会不平等。就卫生领域而言,政府应该发挥如下基本作用。

(一) 提供公共物品性质的卫生保健服务

像重大流行病的控制、清洁水源的提供、改善健康与营养的指导、用于公共卫生服务的研发等,对降低公共健康风险都具有重要意义,应该由政府来出资提供。提供的具体方式有两种:一种是非营利性医疗卫生机构提供,政府购买,向居民分配;另一种是由政府直接承办这类机构,向居民进行分配。[1] 而具有竞争性和正外部性的产品,例如预防接种、母婴保健等,则应由居民自己出资一部分,政府补贴一部分。这类服务因为属于基本卫生保健,通常由政府办的公共医疗机构提供,只按服务本身的成本收费,政府负责对这些机构的人员和设施进行补偿。

(二) 改变医疗供给机构的激励机制

这主要是为了解决医疗市场供需双方信息不对称导致的市场失灵问题。例如,美国作为一个崇尚自由市场经济的国家,也是采用公共支持措施改变医疗供给机构的激励机制,切断医疗服务提供者的收入与其提供的服务之间的直接联系,避免他们为利润所驱动。在医院收取的治疗费用中,患者直接支付的只占很小一部分,大部分费用由第三方承担:政府支付其中的二分之一以上,私营保险公司承担三分之一,余者由私营慈善机构支付。早在19世纪后半叶,西欧一些国家就建立了公共健康保险计划。现在西欧国家中,多数居民都享有综合性的社会医疗保险。例如在欧盟,近78%的卫生经费来自公共基金,或是通过国家健康保险或由政府直接出资。

(三) 向弱势人群提供医疗保健补贴

卫生健康与贫困和社会不平等存在着密切相关性。政府的一个重要职责就是促进社会公平,消除不平等,为贫困人口提供医疗补贴,降低在享受基本医疗保健方面的不平等。一般认为,政府向弱势人群提供补贴时,应该直接补贴需要方,

---

[1] 饶克勤:《转型经济与卫生改革》,《卫生经济研究》,2002年第12期。

帮助其购买医疗服务,而不是补贴供给方。另外,研究表明高度的社会不平等会妨碍社会总体健康水平的提高。例如,美国花在医疗保健上的费用比任何国家都大,但是四分之三的发达国家的健康指标比美国好,其主要原因之一就是美国社会的不平等性,包括收入、种族、政治等方面的不平等。因此,政府除了向弱势人群提供医疗补贴之外,还应该注重降低其他方面的不平等。

政府要发挥上述作用,需要保证一定数量的财政预算用于公共卫生支出。公共卫生经费主要用于关键的卫生公共产品的提供,并确保足够的资源用于贫困人口的卫生服务。如果公共经费不足,将使得基本公共卫生服务的发展受到限制,无法实现对全体人口的广泛覆盖和改善公平的目标。政府公共卫生支出占GDP的比重可以大致反映出政府在卫生领域的投资程度。对公共健康的投资是政府不可推卸的责任之一,也是实现社会发展的必要手段,如表6-1所示。

表6-1 主要国家政府公共卫生支出占GDP的比重(2017年)　　　单位:%

国家	百分比	国家	百分比	国家	百分比	国家	百分比	国家	百分比
美国	16.40	南苏丹	9.76	塞尔维亚	8.43	中国	5.15	尼日利亚	3.76
阿富汗	11.78	马拉维	9.65	黎巴嫩	8.20	秘鲁	5.00	泰国	3.75
古巴	11.71	英国	9.63	利比里亚	8.16	莫桑比克	4.94	印度	3.53
法国	11.31	澳大利亚	9.21	南非	8.11	肯尼亚	4.80	阿联酋	3.33
德国	11.25	智利	8.98	海地	8.04	缅甸	4.66	印度尼西亚	2.99
瑞典	11.02	葡萄牙	8.97	尼泊尔	7.74	赞比亚	4.47	巴基斯坦	2.90
日本	10.94	西班牙	8.87	布隆迪	7.52	新加坡	4.44	委内瑞拉	1.18
加拿大	10.57	意大利	8.84	津巴布韦	6.64	土耳其	4.22	世界平均	9.90
比利时	10.34	伊朗	8.66	乌干达	6.19	伊拉克	4.17	OECD成员	12.55
荷兰	10.10	纳米比亚	8.55	博茨瓦纳	6.13	马来西亚	3.86	撒哈拉以南非洲	5.18

数据来源:世界银行网站,https://data.worldbank.org/indicator/SH.XPD.CHEX.GD.ZS?most_recent_value_desc=true。

第三节　国际发展与健康

健康议题是国际发展议程的重要关注对象,联合国千年发展目标和2030年可持续发展目标均将健康目标作为其重要组成部分。在健康国际发展目标的监

测和落实方面,世界卫生组织扮演着重要角色,健康发展援助是发展中国家健康融资的重要来源。

一、MDG 和 SDG 健康方面的目标和指标

在 8 个千年发展目标中,与健康相关的目标占据了 3 个。在 2030 年可持续发展目标中,目标 3 与健康直接相关,其他目标也都与健康有着间接关系。

(一) MDG 健康目标及指标

联合国千年发展目标 4—6 为健康目标,分别为降低儿童死亡率,改善孕产妇保健,防治艾滋病毒/艾滋病、疟疾和其他疾病(表 6-2)。其所选定的进展监测指标亦与此相关。尽管卫生千年发展目标未能实现许多全球目标,但总体结果令人印象深刻。15 年中,发展中国家的儿童和孕产妇死亡率大幅下降,与艾滋病毒、结核病和疟疾的斗争取得了进展。成功的关键因素包括:全球卫生资金增加一倍,

表 6-2 联合国千年发展目标健康目标及指标

目标	具体目标	进展监测指标
目标 4:降低儿童死亡率	具体目标 5:1990—2015 年将 5 岁以下儿童死亡率降低三分之二	13. 5 岁以下儿童死亡率 14. 婴儿死亡率 15. 接受麻疹免疫接种的儿童比例
目标 5:改善产妇保健	具体目标 6:1990—2005 年将产妇死亡率降低四分之三	16. 产妇死亡率 17. 由熟练保健人员接生的比例
目标 6:防治艾滋病毒/艾滋病、疟疾和其他疾病	具体目标 7:到 2015 年制止并开始扭转艾滋病毒/艾滋病的蔓延	18. 15—24 岁孕妇的艾滋病毒感染率 19. 避孕普及率中保险套的使用率 19A. 上一次高风险性行为中保险套的使用率 19B. 全面正确了解艾滋病毒/艾滋病的 15—24 岁人口比例 19C. 避孕普及率 20. 10—14 岁孤儿与非孤儿的入学率
	具体目标 8:到 2015 年制止并开始扭转疟疾和其他主要疾病的发病率增长	21. 疟疾发病率及与疟疾有关的死亡率 22. 疟疾风险区采用有效预防和治疗措施的人口比例 23. 肺结核发病率及与肺结核有关的死亡率 24. 短期直接观察治疗方案下查出和治愈的肺结核病例

资料来源:联合国,《千年发展目标监测指标:定义、理由、概念和来源》,2004 年,第 3 页。https://unstats.un.org/unsd/publication/seriesf/Seriesf_95C.pdf。

建立新的筹资机制和建立伙伴关系,以及民间社会在应对艾滋病毒/艾滋病等疾病方面的关键作用。[1]

(二) SDG 健康目标及指标

联合国 2030 年可持续发展目标的第三个目标为健康目标,其下又进一步设定了具体目标和监测指标(表 6-3)。几乎所有的可持续发展目标都与健康直接相关,或将间接对健康作出贡献。有一项目标(SDG3)专门提出了"确保各年龄段人群的健康生活方式,促进他们的福祉"。它的 13 个子目标以千年发展目标的进展为基础,反映了对非传染性疾病和全民健康覆盖的新关注。全民健康覆盖贯穿所有与健康相关的目标,它是健康发展的关键,反映了可持续发展目标高度重视公平并惠及世界各地最贫困、最弱势的人群。

表 6-3 联合国 2030 年可持续发展目标中的健康目标及其指标

目标	具体目标	指标
目标 3. 确保各年龄段人群的健康生活方式,促进他们的福祉	3.1 到 2030 年,全球孕产妇每 10 万例活产的死亡率降至 70 人以下	3.1.1 孕产妇死亡率 3.1.2 由熟练保健人员协助的分娩比例
	3.2 到 2030 年,消除新生儿和 5 岁以下儿童可预防的死亡,各国争取将新生儿每 1 000 例活产的死亡人数至少降至 12 例,5 岁以下儿童每 1 000 例活产的死亡人数至少降至 25 例	3.2.1 5 岁以下儿童死亡率 3.2.2 新生儿死亡率
	3.3 到 2030 年,消除艾滋病、结核病、疟疾和被忽视的热带疾病等流行病,抗击肝炎、水传播疾病和其他传染病	3.3.1 每 1 000 名未感染者中艾滋病毒新感染病例数,按性别、年龄和主要群体分列 3.3.2 每 100 000 人中的结核病发生率 3.3.3 每 1 000 人中的疟疾发生率 3.3.4 每 100 000 人中的乙型肝炎发生率 3.3.5 必须接受干预措施以治疗被忽视的热带疾病的人数
	3.4 到 2030 年,通过预防、治疗及促进身心健康,将非传染性疾病导致的过早死亡人数减少三分之一	3.4.1 心血管疾病、癌症、糖尿病或慢性呼吸道疾病死亡率 3.4.2 自杀死亡率

---

[1] 参考世界卫生组织网站:https://www.who.int/en/news-room/detail/08-12-2015-from-mdgs-to-sdgs-who-launches-new-report。

续表

目标	具体目标	指标
目标3. 确保各年龄段人群的健康生活方式，促进他们的福祉	3.5 加强对滥用药物包括滥用麻醉药品和有害使用酒精的预防和治疗	3.5.1 药物使用紊乱症治疗措施的覆盖面（药物、心理、康复及疗后护理服务） 3.5.2 酒精有害饮用量，根据国情界定为一个历年内以纯酒精升数表示的人均(15岁及15岁以上)消费量
	3.6 到2020年，全球道路交通事故造成的死伤人数减半	因道路交通伤所致死亡率
	3.7 到2030年，确保普及性健康和生殖健康保健服务，包括计划生育、信息获取和教育，将生殖健康纳入国家战略和方案	3.7.1 计划生育方面需求通过现代化方法得到满足的育龄妇女(15—49岁)的比例 3.7.2 该年龄组每1 000名女性的青少年生育率(10—14岁;15—19岁)
	3.8 实现全民健康保障，包括提供经济风险保护，人人享有优质的基本保健服务，人人获得安全、有效、优质和负担得起的基本药品和疫苗	3.8.1 基本保健服务的覆盖面(定义为以跟踪措施向普通和最弱势群体提供包括生殖健康、孕产妇健康、新生儿和儿童健康、传染性疾病、非传染性疾病和服务能力和机会的基本服务平均覆盖范围) 3.8.2 家庭保健支出在家庭总支出或收入中所占份额大的人口比例
	3.9 到2030年，大幅减少危险化学品以及空气、水和土壤污染导致的死亡和患病人数	3.9.1 家庭和环境空气污染导致的死亡率 3.9.2 不安全供水、不安全环卫设施以及缺个人卫生(接触人人享有饮水、环境卫生和个人卫生项目(水卫项目)所述的不安全服务)导致的死亡率 3.9.3 意外中毒导致的死亡率
	3.a 酌情在所有国家加强执行《世界卫生组织烟草控制框架公约》	15岁及以上人口中目前的年龄标准化烟草使用流行率
	3.b 支持研发主要影响发展中国家的传染和非传染性疾病的疫苗和药品，根据《关于与贸易有关的知识产权协议》与公共健康的多哈宣言》的规定，提供负担得起的基本药品和疫苗，《多哈宣言》确认发展中国家有权充分利用《与贸易有关的知识产权协议》中关于采用变通办法保护公众健康，尤其是让所有人获得药品的条款	3.b.1 能够享用其国家方案内的所有疫苗的目标人口比例 3.b.2 给予医学研究和基本保健部门的官方发展援助总数净额 3.b.3 具备一套可持续获得、负担得起、相关和必要的核心药物的保健设施所占比例
	3.c 大幅加强发展中国家，尤其是最不发达国家和小岛屿发展中国家的卫生筹资，增加其卫生工作者的招聘、培养、培训和留用	卫生工作者的密度和分布情况
	3.d 加强各国特别是发展中国家早期预警、减少风险，以及管理国家和全球健康风险的能力	遵守《国际卫生条例》的能力和保健方面应急准备

资料来源：UNSD,《各项可持续发展目标和具体目标全球指标框架》。

二、国际健康发展援助

近年来,几乎所有国家的卫生支出都在增加,卫生发展援助在低收入国家的卫生资金来源方面占据重要比例,并发挥着重要作用。

(一) 全球卫生支出[1]

可持续发展目标 3"确保所有年龄段的所有人都享有健康的生活并促进其福祉"明确表明了全民健康覆盖方面的进展;改善获得安全、有效和负担得起的药物的途径;到 2030 年,艾滋病毒/艾滋病、疟疾和结核病等流行病的终结。尽管这些目标可以刺激创新、社会和政治承诺,并推动人们以更少的钱获得更多的健康收益,但实现这些目标仍需要财政支持。财政资源有助于建立新诊所、培训医务人员以及开发和采购新药。没有足够的健康资源,卫生系统就不得不对哪些患者接受护理或要治疗哪些疾病进行选择。

幸运的是,几乎所有国家的国民医疗保健支出都在增加。在 195 个国家中有 173 个国家即使在扣除物价上涨因素后,2016 年的人均卫生支出均比 1995 年增加。高收入国家的卫生支出增加了很多(每人高达 10 802 美元),以致许多国家的卫生支出占国民支出的很大一部分。但是,考虑到全球范围内的卫生支出,这些高收入国家仍然与众不同。尽管 61 个高收入国家仅包括全球人口的 16.6%和健康负担的 13.7%,但 2016 年它们合计占全球卫生总支出的 81.0%。[2] 仅美国就占全球卫生支出的 41.7%,尽管仅占全球人口的 4.4%。在另一个极端,全球人口的 48.9%生活在中低收入或低收入国家,这些国家的卫生支出仅占全球支出的 3.3%,年人均支出在 15—329 美元。即使价格较低,这笔支出仍不足以在一些中低收入国家提供基本医疗服务,更不用说在实现可持续发展目标方面取得进展了。

(二) 卫生发展援助[3]

从历史上看,增加最贫穷国家卫生支出的一种方法是提供卫生发展援助(Development Assistance for Health, DAH),这是国际发展机构为维持或改善卫生而向中低收入国家提供的财政或实物援助。2018 年,DAH 达 389 亿美元,是

---

[1] Joseph L. Dieleman, Angela E. Micah, and Christopher J. L. Murray, "Global Health Spending and Development Assistance for Health", *JAMA*. 2019; 321(21): 2073-2074. doi:10.1001/jama. 2019. 3687.
[2] GBD 2017 Mortality Collaborators. Global, regional, and national age-sex-specific mortality and life expectancy, 1950-2017: a systematic analysis for the Global Burden of Disease Study 2017. Lancet. 2018; 392(10159): 1684-1735. https://www.sciencedirect.com/science/article/pii/S0140673618318919? via%3Dihub.
[3] Joseph L. Dieleman, Angela E. Micah, and Christopher J. L. Murray, "Global Health Spending and Development Assistance for Health", *JAMA*. 2019; 321(21): 2073-2074. doi:10.1001/jama. 2019. 3687.

1990年提供的DAH的5倍,年支出的大部分增长都发生在2000—2009年。[1]尽管DAH在全球卫生总支出中所占比例不到1%,但在低收入国家中却占25.4%,在某些国家中甚至占50%以上。

2018年,提供DAH最多的是美国(33.8%)和英国(8.4%)政府,比尔和梅琳达·盖茨基金会(Bill & Melinda Gates Foundation)(8.3%),德国(4.2%)和日本(3.1%)政府。分配DAH最多的发展机构包括美国国际开发署(USAID)、全球基金(the Global Fund)和世界卫生组织。2018年,援助给撒哈拉以南非洲地区DAH数量超过任何其他地区,并且在所有DAH中有32.1%针对生殖、孕产妇和儿童健康;24.3%针对艾滋病毒/艾滋病;14.3%针对卫生系统的加强。

尽管卫生部门被认为是外国援助发挥最大作用的部门,但越来越多的人建议低收入国家应为自己的卫生系统作出更多贡献,拥有能够在一个国家内筹集健康所需的所有资金的国内卫生筹资系统。非洲联盟(African Union)2019年2月启动了一项承诺,即非洲政府和私营部门为健康计划投入2亿美元。[2]但是,最贫穷国家的经济状况表明,至少在短期内,仅国内卫生保健支出的增加不可能弥补与卫生支出不足有关的缺口,也不太可能产生实现雄心勃勃的卫生可持续发展目标所需的资金。

在世界银行2018年认定为低收入的34个国家中,以其国内生产总值的一部分衡量的国内卫生支出为1.2%—9.1%。[3]这与高收入国家在卫生上花费的国内生产总值所占的百分比没有什么不同,后者为1.2%—17.1%。即使低收入国家将其国内卫生支出增加到高收入国家的中位数水平,也只会导致每人卫生支出增加104美元。尽管这会使某些国家的医疗保健支出增加一倍,但仍远远不足以缩小医疗保健支出最少的国家与医疗保健支出最多的国家之间的差距。

(三) 世界卫生组织的措施

世界卫生组织的成立在全球公共卫生治理的历史上具有里程碑的意义。作为联合国的一个专门机构,世界卫生组织"充任国际卫生工作之指导及调整机关",在全球层面上的公共卫生政策制定和实施方面发挥了至关重要的作用。可持续发展目标通过后,世界卫生组织积极推动健康目标的落实,尤其在健康目标进展的监测与行动计划制定方面活动积极。

---

[1] Global Burden of Disease Health Financing Collaborator Network. Past, present, and future of global health financing: a review of development assistance, government, out-of-pocket, and other private spending on health for 195 countries, 1995-2050[published April 25, 2019]. Lancet. doi:10.1016/S0140-6736(19)30841-4.

[2] "Africa's leaders gather to launch new health financing initiative aimed at closing funding gap and achieving universal health coverage", February 09, 2019. https://au.int/pt/node/35786.

[3] Global Burden of Disease Health Financing Collaborator Network. Past, present, and future of global health financing: a review of development assistance, government, out-of-pocket, and other private spending on health for 195 countries, 1995-2050 [published April 25, 2019]. Lancet. doi:10.1016/S0140-6736(19)30841-4.

1. 对可持续发展目标的进展进行监测

与可持续发展目标有关的健康目标密切反映了世界卫生组织 2014—2019 年工作规划中的主要优先事项;这些目标中的许多目标已经在世界卫生大会上得到会员国的同意。例如,2013 年制定的预防和控制非传染性疾病的全球自愿目标与可持续发展目标具体目标 3.4 紧密相关,以在 2030 年前将非传染性疾病的过早死亡率降低三分之一。世卫组织理事机构将在与卫生有关的可持续发展目标的后续行动和审查中发挥关键作用。面临的最大挑战之一是衡量众多目标的进展情况,尤其是在发展中国家缺乏卫生数据的情况下。可持续发展目标的监测需要来自所有人群的定期高质量数据,例如有关死亡原因的信息,以便国际社会更好地了解将资源定位于何处。世卫组织与合作伙伴一起在 2016 年初建立卫生数据合作(Health Data Collaborative),旨在支持各国建立更好的卫生数据系统。这项全球合作的早期产品是 2016 年发布的"世界卫生组织 100 项核心指标全球参考清单"(WHO Global Reference List of 100 Core Indicators),该清单已被用于指导许多国家的工作。作为负责覆盖整个卫生议程的全球机构,世卫组织将发挥领导作用,支持各国制定自己的国家目标和战略,就最佳干预措施提供建议,确定研究重点并监测实现卫生保健的进展。2017 年和 2018 年,世界卫生组织均出版了《世界卫生统计报告》(World Health Statistics),对可持续发展目标的进展情况进行监测。

2. 协调全球卫生行动计划

2019 年 9 月 24 日,在联合国大会上,有 12 个多边机构启动了一项联合计划,以在未来 10 年中更好地支持各国,以加快实现与健康相关的可持续发展目标的进度(表 6-4)。该计划历时 18 个月,《加强合作,改善健康:全民健康生活与福祉全球行动计划》(Stronger Collaboration, Better Health: Global Action Plan for Healthy Lives and Well-being for All)概述了十几个多边卫生、发展和人道主义机构将如何合作,以提高效率并为各国提供更简化的支持,以实现全民健康覆盖并实现与健康相关的可持续目标。健康的人们对于可持续发展和消除贫困、促进和平与包容的社会以及保护环境至关重要。在过去的几十年中,关键卫生领域取得了显著成就,但如果不加倍努力,2030 年目标将无法实现。全民健康覆盖是实现与健康有关的目标和解决健康不平等的关键。如果这种趋势继续下去,到 2030 年,基本卫生服务将仅覆盖全球 50 亿人口。[1] 为了不让任何人落后,各国需要解决卫生不平等问题。改进的合作与协调可以帮助各国应对复杂的卫生挑战并带来创新的解决方案。

---

[1] WHO, "Multilateral agencies launch a joint plan to boost global health goals", 24 September 2019. https://www.who.int/news-room/detail/24-09-2019-multilateral-agencies-launch-a-joint-plan-to-boost-global-health-goals.

表 6-4　12 个多边卫生机构

	中文名称	英文名称
1	全球疫苗免疫联盟	Gavi, the Vaccine Alliance
2	妇女、儿童和青少年全球筹资机制	the Global Financing Facility for Women, Children and Adolescents (the GFF)
3	全球抗击艾滋病、结核病和疟疾基金	The Global Fund to Fight AIDS, Tuberculosis and Malaria (The Global Fund)
4	联合国艾滋病毒/艾滋病联合规划署	the Joint United Nations Programme on HIV/AIDS (UNAIDS)
5	联合国发展基金	United Nations Development Fund (UNDP)
6	联合国人口基金	United Nations Population Fund (UNFPA)
7	联合国儿童基金会	United Nations Children's Fund (UNICEF)
8	联合援助国际药品采购机制	Unitaid
9	联合国妇女署	United Nations Entity for Gender Equality and the Empowerment of Women (UN Women)
10	世界银行集团	the World Bank Group
11	世界粮食计划署	World Food Programme (WFP)
12	世界卫生组织	the World Health Organization (WHO)

这 12 个机构共同为卫生提供了所有发展援助的近三分之一。根据《全球行动计划》，各机构承诺加强合作，以：

(1) 与各国更好地接触，以确定优先事项、计划并共同实施。

(2) 在 7 个议题下通过联合行动加快在国家层面的合作。此 7 个议题包括：①初级卫生保健；②可持续卫生筹资；③社区和民间社会的参与；④健康的决定因素；⑤在脆弱环境中以及针对疾病暴发应对的创新计划；⑥研究与开发、创新和获取；⑦数据和数字健康。

(3) 共同努力促进性别平等并支持全球公共物品的提供。

(4) 协调其业务和财务战略和政策，以支持各国提高效率并减轻国家负担。

(5) 回顾进度并共同学习以增强共同的责任感。

2019 年联合计划启动以来各国政府正在确定优先事项，制定实施计划并加紧努力以实现与健康有关的可持续发展目标。各国对《全球行动计划》的需求正在增长。

(四) 卫生发展援助的有效性[1]

对 DAH 的需求预计将持续存在，根据最佳实践来分配 DAH 变得越来越重

---

[1] Joseph L. Dieleman, Angela E. Micah, and Christopher J. L. Murray, "Global Health Spending and Development Assistance for Health", *JAMA*. 2019; 321(21): 2073-2074. doi:10.1001/jama. 2019. 3687.

要。例如，应以可预见的方式提供 DAH，以便可以在规定的时间段内每年提供 DAH，以补充更广泛的国内卫生系统筹资需求，并与各国人民和政府设定的目标保持一致。这些原则符合 DAH 主要捐助者于 2005 年签署的《援助有效性巴黎宣言》(the Paris Declaration on Aid Effectiveness)。宣言主张，DAH 接受者应制定自己的卫生系统目标并确定实现这些目标所需的计划，捐助者的资金应与这些目标保持一致并加以协调，以补充这些国家的国内计划，并应设计发展项目促进相互问责和能力发展。有了这些原则，DAH 可以对受援国国内卫生计划提供更多补充，甚至可以促进发展可持续的国内卫生筹资体系。

除了为低收入国家的基本卫生计划提供资金外，DAH 在资助全球公共物品（例如针对新传染病的研发）以及开发工具和确保全球大流行防范方面也发挥着关键作用。[1] 随着各国各地区之间的联系日益紧密，大流行对全球卫生安全的威胁大大增加。期望低收入国家在短期内大幅增加其本国卫生系统的国内支出是不现实的，期望低收入国家在为这些重要的全球公共产品提供资金方面起主要作用也是不现实的。所有国家都应分担这种筹资负担，其中大部分支持来自拥有更多可用资源的高收入国家。对于捐助者而言，为这些重要的全球职能提供国际支持至关重要。

2018 年，最富裕国家和最贫穷国家在卫生方面的支出之间的差距比以往任何时候都要大。同样，对确保全球卫生安全的全球公共物品的需求继续增加。尽管不能取代在低收入国家建立可持续的国内卫生筹资体系，但对于无法为自己的卫生系统提供充分资金和进行大流行防范的国家，DAH 可能是关键的权宜之计。随着 2030 年的临近和可持续发展目标时代的结束，主要捐助者必须以支持中低收入国家的国内卫生系统以及对全球公共物品进行投资的方式对卫生进行投资。

（五）卫生发展援助的效果

卫生发展援助有利于改善受援国医疗水平，为受援国人民带来健康福祉。以中国对非洲卫生援助为例，卫生发展援助的效果如下：

其一，提升医疗质量。2007 年开始，中国先后在非洲建设了 30 多个疟疾防治中心，提供疟疾防控的医疗设备和药品，为数亿非洲疟疾患者提供高科技诊断技术，结束了发烧便用疟疾药的历史。中国医疗队在马里、坦桑尼亚等国相继成立腔镜中心，带动非洲从开放手术时代走向微创时代。

其二，助力提升非洲公共卫生能力。随着非洲卫生水平的逐年提升和卫生基础设施的改善，中国对非医疗援助逐渐从关注疾病调整到关注健康水平。中国帮助非洲国家在干涸的大地上打井，为非洲民众提供洁净的饮用水源，减少霍乱等

---

[1] Patel V, Saxena S, Lund C, et al. The Lancet Commission on global mental health and sustainable development. Lancet. 2018; 392(10157): 1553-1598. doi:10.1016/S0140-6736(18)31612-X.

水源性传染病,改善民众健康状况。中国在毛里塔尼亚首都无偿援建城市低洼地带雨水排水管道,缓解城市内涝,减少城区积水,有效减少蚊虫滋生和疾病传播。

其三,共享优质医疗资源。2017年,河南省人民医院病理远程会诊中心落户埃塞俄比亚黑狮子医院,实现洲际远程会诊,高质量地填补了埃塞俄比亚病理医生严重稀缺的空白,开启了全新的智慧医疗援助新模式。[1]

本章小结

卫生与健康在人类的发展历史中扮演着重要角色,一定程度上人类的历史也是一部与疾病斗争的历史。重大疾病作为社会发展的外部冲击,它刺激了社会系统的变革,包括科技的进步和社会医疗体系的完善,每一次与疾病的斗争,都增强了人类战胜疾病和抵御各种灾害的能力,使人类社会向更高的方向发展。然而,这种发展并非直线式的,随着人类与自然关系的变化,健康的进步会历经诸多反复,因此人类应该注意,在为自身谋取福利的同时,要做到尊重自然,与自然和谐相处,这样才能获得均衡和可持续的发展。

按照新的基于能力的发展观,卫生和健康不仅仅是以物为导向的经济发展的结果,更重要的是,作为一种基本能力和基本价值,它本身即是发展的对象和目标;健康作为人力资本的一个重要方面,对提高个人收入和促进宏观经济增长都具有十分重要的意义,它还是实现发展的手段。而且,基于人力资本的增长有助于改善经济增长的质量,使经济增长的成果更好地转化为人民的福利,并实现公平的分配,减少贫困。

有关健康与发展的分析对于各国政府政策具有很强的启示,那就是要投资人民健康,降低社会的疾病负担,并不断提高投资的质量和效率。至于政府在卫生领域的功能定位,则需要依据经济学的有关原则进行界定。政府应该解决两方面的问题:一是解决卫生领域的"市场失灵"的问题,大力投资公共卫生,提供医疗保障等;二是促进社会公平,如为穷人提供医疗补贴,消除"健康贫困"。

在国际层面,全球化增加了传染性疾病的传播风险,现代生活方式及其对自然的破坏使得非传染性疾病的威胁增加。应对全球健康风险需要包括国际组织、主权国家、非政府组织等在内的多元行为体的共同参与。联合国2030年可持续发展目标中的健康目标是国际社会在2030年之前致力于实现的目标,世界卫生组织及其他相关国际组织在健康发展的监测与行动计划的制定方面发挥着重要作用。鉴于众多发展中国家国内健康筹资方面的缺陷,在相当长一段时间内,健康发展援助仍将继续发挥作用。

---

[1] 胡美:"创新对非医疗援助发展形式",2018年4月13日,中非合作论坛网站:https://www.fmprc.gov.cn/zflt/chn/zfgx/t1550686.htm。

关键词

健康　公共卫生　世界卫生组织

简答题

1. 简析健康与发展的相关性。
2. 简述发展中国家健康问题的成因与应对措施。
3. 联合国 2030 年可持续发展议程中健康目标的内容是什么？

思考题

1. 西方发达国家健康发展援助的有效性如何？
2. 分析全球公共卫生治理的现状、机遇与挑战。

第 7 章

教育与发展

经济、政治和社会不平等往往存在着长期的代际自我复制,特别是机会和政治权利不平等对穷人家庭及后代带来的负面影响更大。不平等的经济机会将导致不平等的劳动产出,进而加强了不平等的政治权利;不平等的权利所形成的制度和政策,往往又会加强不平等初始条件的持续性。这种政治、社会、文化和经济上盘根错节的不平等现象,会扼杀阶层间的流动性,使社会分层结构模式固化,不平等陷阱趋于稳定状态。处在不平等底层的穷人将持续被边缘化,并且使贫困代代相传,长期存在,而教育则为打断贫困代际传递的链条提供了机会。

第一节 教育与发展概述

"教育"一词的定义可以从社会角度以及社会与个体相结合的角度进行。为了对教育进行衡量，联合国教科文组织、世界银行、联合国千年发展目标和联合国可持续发展目标都制定了较为完善的教育指标体系。

一、教育的概念

"教育"一词在日常生活中经常使用，也是社会学、发展学、政治学等学科的重要研究对象。

从社会角度可以把"教育"定义为不同的层次：广义的教育是所有能增进人们的知识和技能、影响人们思想品德的活动；狭义的教育主要指学校教育，即教育者根据一定的社会或阶级的要求，有目的有计划有组织地对受教育者身心施加影响，把他们培养成为一定社会或阶级所需要的人的活动。在国际发展中讨论的教育主要是指狭义的学校教育。这种定义方式，强调社会因素对个体发展的影响，把"教育"看成是整个社会系统中的一个子系统，承担着一定的社会功能。

从社会与个体相结合的角度，教育是在一定社会背景下发生的促使个体的社会化和社会的个体化的实践活动。这个定义首先描述了"教育"的"实践特性"，即"教育"这个概念首先指称的是某一类型的实践活动，而不是纯粹的理念或在某种理念支配下的一套规则。其次，这个定义把"教育"看作是耦合的过程：一方面是"个体的社会化"，另一方面是"社会的个性化"。个体的社会化是指根据一定社会的要求，把个体培养成为符合社会发展需要的具有一定态度、知识和技能结构的人；社会的个性化是指把社会的各种观念、制度和行为方式内化到需要、兴趣和素质各不相同的个体身上，从而形成他们独特的个性心理结构。再次，这个定义强调了教育活动的"动力性"，即教育活动要在个体社会化和社会个体化的过程中起到一种"促进"或"加速"的作用。也就是说，"教育"与一组特殊的条件相联系，如明确的目的、精心选择的课程、有专门知识的教师、良好的校园环境等。最后，该定义强调"教育"行为发生的社会背景，强调"教育"是与一定的社会、政治、经济文化等条件相联系的，从而说明教育活动的社会性、历史性和文化特性。

二、教育的指标

世界银行、联合国教科文组织、联合国千年发展议程和联合国可持续发展议程均有自己的教育指标体系。其中联合国 2030 年可持续发展议程目标体系影响最大,联合国教科文组织在 2016 年的《全球教育监测》(*Global Education Monitoring,GEM*)报告中开始采用 2030 年可持续发展议程的教育指标体系。

(一)世界银行的世界发展指标中的教育指标体系

世界银行作为一个世界性的旨在帮助发展中国家消除贫困、实现世界公平的机构,其对教育的关注从未停止过。世界银行将教育视为"减贫""经济增长"的手段和工具,集中投资教育场地、器材等硬件设施。世界银行从 1978 年以来每年发表《世界发展指标》,其中包括了教育指标。2021 年世界银行网站将教育指标划分为投入、就学、效能和产出以及差距五个部分。投入指标主要涉及资金与师资方面的投入,就学指标主要通过入学率来衡量,效能指标包含五年级学生保留率和初等教育升中率,产出指标用初等教育完成率和青年识字率等来衡量,差距指标则包含用收入、性别和地区来衡量的差距(见表 7-1)。

表 7-1　2018 年世界银行教育指标体系

2.7　教育投入指标	2.8　教育就学指标	2.9　教育效能指标	2.10　教育完成和产出指标	2.11　教育差距指标
1. 初等、中等和职业教育生均公共教育经费(占人均 GDP 百分比)	1. 学前、初等、中等、职业教育毛入学率	1. 一年级毛入学率	1. 初等、初中教育完成率	1. 最贫困 1/5 与最富裕 1/5、男性与女性、城市与乡村初等教育完成率差距
2. 公共教育经费(占 GDP 和政府财政支出百分比)	2. 初等、中等教育净入学率	2. 五年级学生保留率(顺利升读五年级与其小学一年级入学时人数的比例)	2. 青年识字率(15—24 岁)	2. 最贫穷 1/5 与最富裕 1/5 平均就读年数差距(15—19 岁)
3. 初等、中等教育受过训练教师占所有教师百分比	3. 调整后的初等教育男、女净入学率	3. 初等教育重读率	3. 成人识字率(15 岁及以上)	3. 最贫穷 1/5 与最富裕 1/5 学龄儿童辍学率差距
4. 初等、中等教育生师比	4. 初等教育男、女未就学人数	4. 初等教育升中率	4. PISA 水平最低学生比率(15 岁)	

资料来源:世界银行网站,http://wdi.worldbank.org/tables。

(二)联合国千年发展目标中的教育指标体系

联合国千年发展目标涉及教育的指标包含在目标2和目标3中。千年发展目标中的教育指标与社会发展其他指标密切相连、相互印证,构成社会发展的基本概貌,迅速成为联合国和其他国际机构及世界各国评价和比较社会发展的基本标准(见表7-2)。

表7-2 千年发展目标中的教育指标

指标类别	监测指标
小学教育指标	2.1 初等教育净入学率 2.2 一年级学生读到小学最后一年级的比例 2.3 15—24岁人口的识字率
教育中的两性平等指标	3.1 初等、中等和高等教育中女生和男生的比例

资料来源:https://www.unicef.org/statistics/index_24304.html,2014年12月31日更新。

从上述两个教育指标体系可以看出,指标的设置体现在从投入、过程到效果和成果的完整环节。投入方面主要涉及物力方面的公共教育经费投入以及人力方面的师资配备,过程方面的指标主要是用儿童入学率来衡量,效果则是看完成某一级教育的人数与入学人数之比,成果则通过特定年龄段人口中的识字率来揭示。总体来看,这些指标重点关注的是教育成效的数量维度,而对于质量方面的关注则较为欠缺。

(三)联合国2030年可持续发展目标中的教育指标体系

联合国2030年可持续发展目标的目标4为教育目标,其内容为"确保包容和公平的优质教育,让全民终身享有学习机会"。目标下设10个子目标,每个子目标又对应着相关的监测指标(见表7-3)。

表7-3 联合国2030年可持续发展目标中的教育指标体系

指标类别	指标
4.1 中小学教育	4.1.1 在(a) 2/3年级、(b) 小学结束时、(c) 初中结束时获得起码的(一)阅读和(二)数学能力的儿童和青年的比例,按性别分列
4.2 学前教育	4.2.1 在保健、学习和社会心理健康方面发育正常的5岁以下儿童的比例,按性别分列 4.2.2 有组织学习(小学入学正规年龄的一年前)的参与率,按性别分列
4.3 技术、职业和高等教育	4.3.1 过去12个月青年和成年人正规和非正规教育和培训的参与率,按性别分列
4.4 掌握就业所需相关技能人数	4.4.1 掌握通信技术技能的青年和成年人的比例,按技能类型分列

续表

指标类别	指标
4.5 教育平等	4.5.1 所有可以分类的教育指标的均等指数(女/男、城市/农村、财富五分位最低/最高,以及具备有关数据的其他方面,如残疾状况、土著人民和受冲突影响等)
4.6 识字和计算能力	4.6.1 某一年龄组中获得既定水平的实用(a)识字和(b)识数能力的人口比例,按性别分列
4.7 公民教育与可持续发展教育	4.7.1 (一)全球公民教育和(二)可持续发展教育,包括两性平等和人权,在多大程度上在(a)国家教育政策、(b)课程、(c)教师培训和(d)学生评估方面进入主流
4.a 学习环境改善	4.a.1 能获得以下资源的学校比例:(a)电;(b)教学用因特网;(c)教学用电脑;(d)为残疾学生提供的经调整的基础设施和材料;(e)饮用水;(f)男女分开的基本卫生设施;(g)基本洗手设施(按水卫项目指标定义)
4.b 奖学金	4.b.1 按部门和学习类型分列的奖学金官方发展援助数额
4.c 师资	4.c.1 至少接受过有关国家相应水平教学所规定起码水平的有组织任前或在职师资培训(如教学法培训)的(a)学前、(b)小学、(c)初中和(d)高中教育中教师的比例

资料来源:UNSD,《各项可持续发展目标和具体目标全球指标框架》。

三、教育与发展

教育与经济发展和社会公平之间具有密切关系,它既是发展的重要内容,也是发展的重要手段。

(一) 教育与经济发展

1. 教育为经济发展提供前提条件

首先,教育是实现劳动力"再生产"的重要手段,从而为物质生产提供前提。社会物质生产必须以劳动者和生产资料相结合为前提条件,但人的劳动能力不是生而具有的。诚如马克思所言:"要改变一般的人的本性,使它获得一定劳动部门的技能和技巧,成为发达的和专门的劳动力,就要有一定的教育或训练"[1],教育和培训使可能的劳动力变成现实的劳动力。在现代社会中,由于劳动过程和技能的复杂化、知识化,对劳动者总体的文化水平、技能和智能的要求提高,学校教育逐渐成了社会各种劳动力再生产的手段。

其次,教育提供知识形态的科学技术,为社会物质生产提供必要的条件。现代生产的特性就是科学技术在生产上的广泛应用。科学技术渗透到生产的各部

---

[1]《资本论》(第一卷),北京:人民出版社,1975年,第195页。

门,改变着生产力的各个要素。科学技术要转化为直接的、现实的生产力,须以教育为条件,教育是科学技术发展的基础。

2. 教育发展直接影响经济运行

从教育对经济运行的实际影响看,教育可以直接促进劳动生产率的提高。劳动生产率指劳动者的生产效果或能力,它用劳动者单位劳动时间生产的产品的数量表示。教育对劳动生产率提高的作用主要表现在四个方面。

(1) 提高对生产过程的理解程度和劳动技能的熟练程度,从而提高工作效率。据苏联经济学家的统计,一个熟练工人接受一年的科技文化教育,比工人在工厂工作一年,平均能提高工作效率1.6倍。

(2) 能合理操作、使用工具和机器,注意对工具机器的保养和维修,减少工具的损坏率。据我国一汽的一项调查,在损坏工具的工人中,高中程度的占9%,初中程度的占91%。此外,生产的文明程度,包括生产活动中的生态平衡、减少污染等意识与行为,也与劳动者的文化程度有关。

(3) 提高学习知识和技能的能力,能缩短学习新技术或掌握新工种所需的时间,并节约相关的费用。教育提高了人的一般学习能力,越是成功的教育,在提高一般学习能力上的作用也越大。

(4) 提高创新意识和创造能力。据国外的调查,劳动者受教育年限每增加一年,合理化建议就平均增加6%。特别是物质生产领域中的科技人员更是物质财富的直接创造者,他们为社会所提供的经济效益是十分可观的。

(二) 教育与社会公平

1. 教育有利于打断贫困代际传递链条

机会不平等是不平等陷阱和贫困代际传递的一个很重要方面。一些个体无法控制的社会变量,如性别、种族、等级、父母所受的教育和工作、财富以及出生地,等等,这些先天性的条件不平等形成了直接的代际传递联系,导致了子女的机会不平等。国际21世纪教育委员会主席雅克·德洛尔(Jacques Delors)曾指出,面对未来的种种挑战,教育看来是使人类朝着和平、自由和社会正义迈进的一张必不可少的王牌。[1] 在不平等的社会中,教育能增强人的社会能力,提供相对公平的竞争和向社会上层流动的机会,帮助弱势群体改善生存状态,促进社会公平、公正、平等。

2. 妇女教育是社会发展的核心

教育也能提高妇女的就业机会并扩大她们的政治权利。受过良好教育的母亲在怀孕和分娩期间更有可能寻求帮助,并且能更好地喂养她们的孩子,使孩子

---

[1] 国际21世纪教育委员会:《教育——财富蕴藏其中》,北京:教育科学出版社,1996年,第1页。

身体健康。如果撒哈拉以南非洲地区在2030年实现了普及妇女中等教育,那么,2050—2060年就能减少350万名儿童死亡。

3. 教育是预防暴力冲突强有力的工具

持续的暴力和武装冲突会破坏个人安全和福祉。防止暴力和实现可持续和平需要民主和有代表性的机构以及运作良好的司法制度。教育是扩大政治参与、包容和民主的关键因素。教育是有效预防暴力和冲突的强有力的工具。来自100多个国家的数据显示,教育差距越大的国家越有可能发生冲突。

第二节 发展中国家的教育

发展中国家的教育面临着教育经费缺乏、师资力量不足、基础设施欠缺等诸多问题。降低教育成本、学校午餐计划、教育父母等方法可以有效改善发展中国家的教育。而合理配置教育资源,有利于促进和保证教育公平。

一、发展中国家的教育问题

在许多发展中国家,儿童受教育的机会可能受到许多因素的限制。语言障碍、性别角色和对童工的依赖都可能阻碍在优质教育提供方面的进步。来自贫困地区的最弱势的儿童(包括女童和残疾儿童)更有可能错过进入学校学习的机会。全球教育合作伙伴关系(Global Partnership for Education, GPE)的研究[1]认为,全球(特别在发展中国家)教育当前面临十大挑战,世界需要立即采取行动以实现可持续发展目标4:到2030年实现优质教育。

(一) 缺乏教育经费

发展中国家不能仅仅依靠自己的教育经费,也需要更多的外国援助。联合国教科文组织2015年《全民教育全球监测报告》(*Education for All Global Monitoring Report*)对实现2015年后教育议程的关键目标进行了成本分析,其重要结论如下:2015—2030年,低收入和中等偏低收入国家普及学前、初等和中等教育的年度总成本,预计将从2012年的1 490亿美元,增长到平均3 400亿美元。根据2015年后议程的设想,提高教育质量需要大幅增加花费在每名学生身上的支

---

[1] Phineas Rueckert. "10 Barriers to Education Around the World: From overcrowded classrooms to poor nutrition". Global Citizen. Aug.13, 2019. https://www.globalcitizen.org/en/content/10-barriers-to-education-around-the-world-2/.

出。例如,到2030年低收入国家需要将为每名小学生花费的金额,从70美元增加到197美元。2012—2030年,低收入国家的政府教育开支(不包括中学后教育)占国内生产总值的份额,需要提高50%。即便如此,国内资源也不足以保证到2030年能实现这些关键教育目标。可用国内资源与实现新教育目标必需的数额之间的年度资金缺口总额,预计2015—2030年为平均390亿美元。低收入国家的缺口尤其大,占年度总费用的42%。[1]

(二)缺少教师或教师未经培训

教师的效能是学生学习的最重要的预测指标。没有足够的教师来实现普及初等或中等教育,并且许多目前正在工作的教师未经培训。这导致孩子没有受到适当的教育,有1.3亿儿童没有学习基本技能,如阅读、写作和数学。联合国估计,在全球范围内,到2030年要实现普及初等和中等教育需要6 900万名新教师。为了给每个儿童提供初等教育,需要招聘2 580万名学校教师。同时,每3个国家中就有1个国家只有不到四分之三的教师接受了国家标准的培训。

(三)学校欠缺基础设施

没有适当的环境,孩子就无法学习。撒哈拉以南非洲许多国家的儿童经常挤在人满为患的教室学习,或在室外学习。在马拉维,一年级每个教室平均有130个孩子。问题不仅仅在于缺乏教室,还在于缺乏学校应该拥有的所有基本设施,例如自来水和厕所。在乍得,只有七分之一的学校有饮用水,只有四分之一的学校有厕所。此外,已有厕所中只有三分之一用于女童,这是对女童上学的真正障碍。当女孩无法使用安全厕所时,她们在寻找私密场所时经常会受到骚扰,甚至袭击。

(四)缺乏教材及学习资料

在世界许多地方,过时和破旧的教科书通常由六名或以上的学生共享。例如,在坦桑尼亚,六年级学生中只有3.5%的同学独自使用一本教科书。在喀麦隆,小学二年级,每一本阅读课本有11名学生共用,每一本数学课本有13名学生共用。除此之外,供学生使用的作业簿、练习表、阅读器和其他用于帮助他们学习课程的核心材料缺乏。

(五)排除残疾儿童

尽管教育是一项普遍人权,但对于世界上0.93亿—1.5亿名残疾儿童来说,无法上学是很普遍的事情。在世界上一些最贫穷的国家中,多达95%的残疾儿童失

---

[1] UNESCO, "Pricing the right to education: the cost of reaching new targets by 2030", 2015. https://unesdoc.unesco.org/ark:/48223/pf0000232197.

学。残疾学生的出勤率较低,并且更有可能在完成初等教育之前失学或离开学校。歧视、教师缺乏包容性教学方法的培训以及缺乏可就读的学校,使得残疾群体在获得教育方面显得特别脆弱。

(六) 性别

性别是许多儿童无法接受教育的重要原因。尽管在女孩教育方面最近取得了进步,但全球仍有超过 1.3 亿年轻女性未入学。发展中国家有三分之一的女孩在 18 岁之前结婚,结婚后通常会辍学。保持女孩入学对她们及其家庭有利,但贫穷迫使许多家庭选择将哪个孩子送入学校。女孩常常会错过就读机会,原因是家长认为让女孩接受教育的价值比男孩低。相反,她们被派去工作,被迫结婚或被留在家里照顾兄弟姐妹并从事家务劳动。女孩们即使上学每年也会缺课数天,或者因为在学校没有适当的月经卫生教育或厕所设施而无法上课。

(七) 生活在冲突或有冲突风险的国家

目前全世界近 2.5 亿儿童生活在受冲突影响的国家。冲突使政府无法运转,师生经常逃离家园,学习的连续性受到极大破坏。在 35 个受危机影响的国家和地区,共计有 7 500 万儿童的教育因冲突或危机而中断,包括学校受到破坏和周围环境的自然灾害。据联合国难民署统计,全世界有不到一半的难民儿童可以入学。与其他地区相比,冲突地区的年轻女孩中学辍学的可能性要高 90%。

(八) 到学校的距离过远

对于许多孩子来说,从家步行到学校最多三个小时并不罕见。对于许多儿童,尤其是残疾儿童、营养不良或患有疾病的儿童,或需要在家庭中工作的儿童而言,这实在难以想象。孩子每天早上 5 点不得不饿着肚子上学,直到晚上 7 点才返回家中。许多儿童,尤其是女孩,在往返学校的漫长而危险的旅程中也容易遭受暴力侵害。

(九) 饥饿和营养不良

良好的营养是学习的关键准备。据估计,约有 1.55 亿五岁以下的儿童发育迟缓,发育迟缓会影响儿童的认知能力以及他们在学校的注意力。发育迟缓的孩子到八岁时阅读的可能性降低了 19%。

(十) 教育费用

《世界人权宣言》明确规定,每个儿童都有接受免费基础教育的权利,因此,贫穷不应成为上学的障碍。在过去的几十年中,许多发展中国家政府宣布取消学费,因此,上学的孩子人数有了惊人的增长。但是对于许多最贫困的家庭来说,教育仍然太昂贵了,孩子们被迫留在家中做家务或自己工作,家庭陷入世代相传的贫困循环中。在非洲的许多国家中,虽然理论上学费是免费的,但实际上存在"非正式费用",家长被迫支付"强制性物品",如校服、书籍、钢笔、额外的课程、考试费用或用于资助学校建筑的资金。有些地方的公立学校(政府支持的学校)缺乏功能,意味着父母别无选择,只能把孩子送进私立学校,而这些学校的学费是贫困家庭无法承担的。

二、改善发展中国家教育的方法

对于发展中国家的教育而言,一个重大挑战是,即使孩子们在上学,他们的学习水平也很低。例如,估计有2.5亿儿童没有学习基本的阅读和数学技能,尽管其中一半已经在学校学习了至少四年。这使发展中国家每年耗费数十亿美元的教育资金未达到良好的效果。因此,教育系统的重点不仅是使更多的孩子上学,而且还需要提高教育系统本身的质量。因此,瑞恩(Liliana Rehorn)提出了改善发展中国家教育的五种方法[1]。

(一) 降低教育成本

一些非洲的国家取消了学费,此举每次都会触发小学入学率的大幅提高。例如,取消学费后,加纳的入学率增加了12%,肯尼亚的入学率增加了18%,埃塞俄比亚的入学率增加了23%,马拉维的入学率增加了51%。

(二) 推行学校午餐计划

营养不良的孩子普遍学习能力很差。根据2009年世界粮食计划署(World Food Programme)的数据,有6 600万学童处于饥饿状态。在学校提供食物可以减轻这些孩子在上课时的饥饿感,并鼓励他们上学。事实证明,学校午餐计划可以提高数学成绩、学生注意力和综合成绩。

(三) 教育父母

父母在教育上的投入对于子女的成功至关重要。全球有7.59亿成年人是文盲,没有提高其生活条件和子女生活水平的必要意识。向父母提供有关教育价值的信息对于增加和维持入学率至关重要。例如,在马达加斯加,每个孩子仅需花费2.3美元就可以实现这一目标,其收益可能是成本的600倍。

---

[1] Liliana Rehorn. "Five Ways to Improve Education in Developing Countries", February 15, 2017. https://www.borgenmagazine.com/education-in-developing-countries/.

(四)实施新的教育模式

根据《斯坦福大学社会创新评论》(*Stanford Social Innovation Review*),教育不应再专注于考试成绩而应将传统内容与重要的财务、卫生和行政技能相结合。学生应训练团队合作、领导才能和批判性思维,他们还应该接触创业项目,通过诸如社区循环利用之类的商业想法来发现和利用市场机会。

(五)改善教师资源

计算机辅助学习可以改善发展中国家的教育并增强师生的教育经验。受过技术教育的员工应该知道如何维护相应的计算机软件。这些改善发展中国家教育的方法除了继续鼓励学生入学,最重要的是,还应确保儿童留在学校学习,并在那里学习到更多的技能。[1]

三、改善发展中国家教育的政策措施

从根本上讲,促进教育事业均衡发展是实现教育公平的前提和保障。所谓教育事业的均衡发展指的是政府均衡配置教育资源,保证受教育者接受教育所需的校舍、设备、师资等基本条件,促进城乡之间、区域之间、学校与学校之间的教育均衡发展,为每个儿童和青少年提供平等的学习条件、权利、机会,让所有的孩子——不管他(她)生活在城市还是农村,不管他(她)处于何种社会阶层,不管他(她)有怎样的家庭背景,都能享受平等、良好的教育。

促进和保证教育公平,应当从教育资源配置上考虑。

其一,增加政府在国民教育资源上的投入力度。教育尤其是基础教育是公共事业,政府承担着义不容辞的责任和义务。总体而言,各级政府教育投入不足是限制教育公平的重要因素。

其二,合理配置教育资源,向弱势群体倾斜。研究表明,学业成绩低下或学习困难的学生多数来自下层社会,而且,多归因于早期生活经验的不足,形成文化不利以及文化剥夺等现象,这种情况在国家范围内表现为地区差异、民族差异和城乡差异,同时也表现为同一地区内阶层差异。因此,在教育资源配置上,政府要基于正义与公平的原则,从补偿教育的角度,向弱势群体倾斜,对于不同需求的个人和群体投入不同的教育资源。

其三,调动一切可以利用的社会教育资源。在政府尚没有足够的财政力量,以高质量的教育满足民众教育需求的情况下,积极地采取政策导向机制,包括

---

[1] Liliana Rehorn. "Five Ways to Improve Education in Developing Countries", February 15, 2017. https://www.borgenmagazine.com/education-in-developing-countries/.

采用适当的市场运行机制,引导、吸纳、调动一切可以利用的社会资源来丰富教育资源,使教育公平建立在相当的资源基础上,不失为一种可行的选择。

第三节　国际发展与教育

教育是国际发展的重要领域,教育援助是国际发展援助的重要投向部门。英国、美国和日本的双边教育援助各有特色,世界银行、联合国教科文组织和经济合作与发展组织是与教育援助密切相关的多边机构。

一、国际教育援助的目标

联合国千年发展议程和2030年可持续发展议程均包含教育发展目标。

(一) MDG 教育目标

联合国千年发展目标中的目标2为"普及小学教育",目标3中"促进两性平等并赋予妇女权利"目标下的子目标也涉及教育在两性之间的平等问题。

表7-4　联合国千年发展议程中的教育目标

目标分类	目标内容	具体目标
目标2	普及小学教育	确保所有男童和女童都能完成全部小学教育课程
目标3	促进两性平等并赋予妇女权利	到2005年最好在小学教育和中学教育中消除两性差距,最迟于2015年在各级教育中消除此种差距

资料来源:联合国网站。

(二) SDG 教育目标

联合国千年发展议程中的教育目标重点关注的是中小学教育,并且对成果的衡量主要从数量方面进行。而联合国可持续发展议程则对此进行了改进,致力于在学前、中小学、职业教育和高等教育等多个教育层次从数量和质量方面改善教育成果。

表 7-5 联合国 2030 年可持续发展议程中的教育目标

目标	子目标
目标 4：确保包容和公平的优质教育，让全民终身享有学习机会	4.1 到 2030 年，确保所有男女童完成免费、公平和优质的中小学教育，并取得相关和有效的学习成果
	4.2 到 2030 年，确保所有男女童获得优质儿童早期发展、看护和学前教育，为他们接受初级教育做好准备
	4.3 到 2030 年，确保所有男女平等获得负担得起的优质技术、职业和高等教育，包括大学教育
	4.4 到 2030 年，大幅增加掌握就业、体面工作和创业所需相关技能，包括技术性和职业性技能的青年和成年人数
	4.5 到 2030 年，消除教育中的性别差距，确保残疾人、土著居民和处境脆弱儿童等弱势群体平等获得各级教育和职业培训
	4.6 到 2030 年，确保所有青年和大部分成年男女具有识字和计算能力
	4.7 到 2030 年，确保所有从事学习的人都掌握可持续发展所需的知识和技能，具体做法包括开展可持续发展、可持续生活方式、人权和性别平等方面的教育、弘扬和平和非暴力文化、提升全球公民意识，以及肯定文化多样性和文化对可持续发展的贡献
	4.a 建立和改善兼顾儿童、残疾和性别平等的教育设施，为所有人提供安全、无暴力、包容和有效的学习环境
	4.b 到 2020 年，在全球范围内大幅增加发达国家和部分发展中国家为其他发展中国家（特别是最不发达国家、小岛屿发展中国家和非洲国家）提供的高等教育奖学金数量，包括职业培训和信息通信技术、技术、工程、科学项目的奖学金
	4.c 到 2030 年，大幅增加合格教师人数，具体做法包括在发展中国家，特别是最不发达国家和小岛屿发展中国家开展师资培训方面的国际合作

资料来源：联合国网站。

2015 年 5 月，联合国教科文组织等五大国际组织和近两百个国家的代表在韩国仁川召开"全球教育论坛"，通过了《2030 教育宣言》（仁川宣言）（*Incheon Declaration—Education 2030: Towards Inclusive and Equitable Quality Education and Lifelong Learning for All*）。该宣言第 15 条特别提出："兑现所有与官方发展援助相关的承诺至关重要，包括许多发达国家承诺拿出 0.7% 的国民生产总值(GNP)用于对发展中国家的援助。"[1]同年秋天，联合国教科文组织又在全体大会上通过了与《2030 教育宣言》相应的《2030 教育行动框架》（*Education 2030 Framework for Action*）。《2030 教育行动框架》重申，为了实现"2015—2030 年可持续发展"的教育目标，"低收入和中低收入国家每年平均还缺少 390 亿美元资金……这相当于这些国家年收入的 42%"。要弥补这个巨大的资金缺口，就需

---

[1] "Incheon Declaration—Education 2030: Towards inclusive and equitable quality education and lifelong learning for all", World Education Forum 2015, 2015.

要大量"包括官方发展援助在内的国际公共资金"。联合国教科文组织还强调：官方发展援助应成为发展中国家"教育财政中最关键的资源"。[1]

二、国际教育援助趋势

教育是官方发展援助的重要援助领域。20世纪60年代前期，经合组织发展援助委员会的成员国和国际组织都把援助的主要领域放在基础建设、经济恢复、医疗机构建设和设备购置等方面。即便是联合国系统中专司发展中国家援助的金融机构，如世界银行，也是到1963年才开始实施第一个教育援助计划，而且即便用于教育援助的资金，也主要用于硬件建设。20世纪60年代，世界银行用于教育援助的资金69%用于建造学校，28%用于仪器设备购置，仅有3%用在人力和技术支持上。随着越来越多的发达国家和国际组织意识到"教育是发展的中心"和"关键"，"教育是消除贫困和不平等的最重要的工具之一，是经济和社会可持续发展的基础"，各国和各国际组织的资金逐渐转向投入发展中国家的教育事业中。同时，在各国投向性别平等、妇女儿童、公共卫生、环境保护、气候问题和就业培训方面的资金中，也常常包含着大量的教育培训和相关人员能力建设培训项目。从投入数据看，各国官方发展援助资金投向教育和人力资源领域的比例差异很大。美国、法国等国的投入占总值的20%左右，英国、加拿大、韩国占9%—13%左右，瑞典、日本占4%左右。美国官方发展援助资金投入教育最多，比例最高。2014年，美国通过双边渠道投入的官方发展援助资金中，用于"人"的资金所占份额最大，资金总量达到55亿美元，占30%，其中直接用于教育的资金达到近20亿美元。[2]纵观整个援助界，教育援助出现了一些有趣的趋势。[3]

其一，教育经费下降。查看国家/地区捐助者对教育的重视程度的最好方法是查看其双边资金，因为这是他们最能控制的发展资金领域。经合组织发展援助委员会(DAC)中的援助国用于教育的资金，自2010年达到顶峰以来总体上已显著下降，从81亿美元降至76亿美元，降幅为6%。

其二，大部分资金用于中学后教育。援助国的资金侧重于中学后教育。2015年，援助国教育官方发展援助平均分配给该部门的比例为42%，这主要是由奖学金和发展中国家学生在援助国学习的其他费用所致(占中学后教育经费总额的73%)。相比之下，经合组织捐助国在2015年仅将其双边教育官方发展援助的

---

[1] UNESCO, "SDG4—Education 2030: Framework for Action", Paris, 4 November 2015.
[2] 夏人青、张民选：《官方发展援助：全球教育发展不可或缺的资金来源》，《比较教育研究》，2017年第4期，第15—22页。
[3] Chris Kardish, "How do donors support global education? Findings from a deep dive on education aid", October 24, 2017. https://www.globalpartnership.org/blog/how-do-donors-support-global-education-findings-deep-dive-education-aid.

26%分配给了基础教育,其中包括:初等教育、幼儿教育以及青年和成人的基本生活技能教育。

其三,中等收入国家获得最多的教育经费。低收入国家的小学毕业率要比中等收入国家低得多。但是,低收入国家仅占经合组织国家教育援助的30%,而中等收入国家为52%。

三、双边教育援助

美国作为世界上最早开始向发展中国家进行教育援助的国家之一,十分重视对教育部门的援助。美国国际开发署与其他美国政府机构、捐助者、多边机构、民间社会和私营部门合作,确保所有人享有高质量的教育——特别是边缘化和弱势人群。美国国际开发署教育战略的目标包括:提高小学生的阅读技能,增加学业成功率;增加青年就业机会,加强高等教育体系,使青年找到好工作,为国家经济发展作出贡献;在危机和冲突环境中增加平等接受教育的机会。其援助的主要区域包括撒哈拉以南的非洲、亚洲、中东、拉丁美洲和加勒比地区、欧洲。进入 21 世纪后,美国在 2005 年发布了《教育战略:通过学习改善生活》(Education Strategy: Improving Lives through Learning),重点阐述了美国新时期的两个教育援助目标:①促进公平的、有质量的教育;②加强劳动力市场的知识和技能。为了响应新时代人人接受教育的呼吁,2010 年底,美国国际开发署制定了《2011—2015 年教育战略》(USAID Education Strategy 2011-2015)。这一教育战略以发展为前提,即教育既是人类发展的基础,也与广泛的经济增长和民主治理密切相关。

英国的援助理念是"减贫"。国际发展部(Department for International Development, DFID)作为援助机构,其在教育援助方面的主要工作包括:普及基础教育、平衡性别差异、全民教育、提升教育质量、教育与艾滋病防治、动乱和不稳定区域的教育、高等和职业教育。1997 年,国际发展部发布了白皮书《消除世界贫困:21 世纪的挑战》(Eliminating World Poverty: A Challenge for the 21st Century),指明了英国援助的重点领域,主要是促进可持续发展、关注贫困阶层的教育与医疗、改善自然资源和环境保护。2000 年,国际发展部出版《消除世界贫困:让全球化惠及贫困人口》(Eliminating World Poverty: Making Globalization Work for the Poor)白皮书,再次强调这些援助目标的同时,重点分析了全球化进程给贫穷国家带来的挑战与机遇。为了改善世界上最贫穷国家的教育,2013 年国际发展部发布了《教育立场文件:改善学习,扩大机会》(Education Position Paper: Improving Learning, Expanding Opportunities)。为了兑现千年发展目标和全民教育目标的承诺,国际发展部将重点放在三个核心事项上:提高学习质量;帮助所有的儿童,特别是贫穷国家的儿童接受教育;让女童留在学校。

日本的国际援助部门是日本国际协力机构(Japan International Cooperation Agency, JICA),该机构的教育援助业务主要包括学校教育、扫盲教育、社会教育、职业培训等。1954年,日本加入援助南亚和东南亚国家的"科伦坡计划",这标志着日本的援助国地位得到国际认可。20世纪60年代,日本继续扩大接收外国留学生的数量并且参与"卡拉奇计划"[1],这时期的国际教育援助强调经济发展。1989年,日本官方发展援助金额以89.65亿美元超过美国居于世界第一。由于日本经济社会发展的成功主要源于其教育的发展,所以在日本的国际援助中,教育援助领域是其重要的内容,也是日本开展国际交流与合作的主要形式之一。就援助理念来讲,日本认为教育是一项人权,援助教育可以削减发展中国家的贫困和实现人类安全,接受教育援助的同时,发展中国家更应依靠自助。日本对国际教育的具体政策主要是:将基础教育主要作为一项基本人权来看待;对于高等教育,则主要通过援助帮助发展中国家培养经济社会发展的人力资源,且援助的重点从专业技术转向管理。[2]

四、多边教育援助

全球教育治理参与的主体很多,包括国家政府、非政府组织、政府间组织、私营部门等。从超国家的层面来看,国际组织在全球教育治理中发挥着不可忽视的作用,例如联合国教科文组织、世界银行、经合组织等。

(一) 全球教育治理的领导者——联合国教科文组织

联合国教科文组织(United Nations Educational, Scientific and Cultural Organization, UNESCO)于1945年11月16日正式成立,总部设在法国巴黎,是联合国在国际教育、科学和文化领域成员最多的专门机构。截至2020年2月3日,联合国教科文组织有成员193个,另有11个准成员,共计204个国家和地区。该组织之宗旨在于通过教育、科学及文化来促进各国间之合作,对和平与安全作出贡献,以增进对正义、法治及联合国宪章所确认之世界人民不分种族、性别、语言或宗教均享人权与基本自由之普遍尊重。UNESCO是各国政府间讨论关于教育、科学和文化问题的国际组织,设置了五大职能:(1)前瞻性研究:明天的世界需要什么样的教育、科学、文化和传播。(2)知识的发展、传播与交流:主要依靠研究、培训和教学。(3)制定准则:起草和通过国际文件和法律建议。(4)知识和技术:以"技术合作"的形式提供给会员国制定发展政策和发展计划。(5)专门化信息的交流。

---

[1] 卡拉奇计划(Karachi Plan)是联合国教科文组织在1960年通过的计划,其目标是亚洲国家到1980年普及义务教育。
[2] 参见彭文平:《日本国际教育援助的理念和政策》,《教育科学》,2012年6月第3期,第74页。

在众多与全球教育治理相关的国际组织中,无论从法律地位还是从政策影响范围来讲,联合国教科文组织都扮演着全球领导者的角色。作为政府间的国际组织,其拥有产生理念、明确问题、设定议程、说服疑虑、制定行为标准以及确立国际准则的力量。其具体参与全球教育治理的方式可以归纳为提出新思想和新理念。

联合国教科文组织对世界教育的一大贡献首先是原创性概念与思想的提出,例如,举世瞩目的两大教育报告《学会生存:教育世界的今天和明天》(*Learning to Be: the World of Education Today and Tomorrow*)(1972年)和《教育:财富蕴藏其中》(*Learning: The Treasure within*)(1996年)确立了终身教育和终身学习的理念,以及2016年最新的报告《反思教育:向"全球公共利益"的理念转变?》(*Rethinking Education: Towards a Global Common Good?*),强调教育的人文主义原则,提出教育和知识应被界定为需要社会集体努力的"共同利益"。

其次,积极推动教育新思想在全球范围的推广和实践。联合国教科文组织与其他国际组织建立合作伙伴关系,引领其他国际组织在教育方面的工作;召开各种国际会议,应对教育国际化以及教育全球化的挑战;牵头发起世界全民教育计划等。

最后,通过国际法、国际公约和宪章,制定教育国际治理的原则。它通过制定"外部决议"对自觉自愿的绝大多数国家进行建议、号召、倡导、劝诫和理论上的禁止,体现出联合国教科文组织"文治"式的治理方式。

(二)知识型银行——世界银行

世界银行通过向发展中国家提供低息贷款、无息贷款和赠款,用于包括教育、卫生、公共管理、基础设施、金融和私营部门发展,以及农业、环境和自然资源管理投资在内的多重目的。从1998年发布《世界发展报告》起,世界银行开始从经济银行向知识银行转变,以期能够创造、收集、总结并传播有关教育发展的知识。世界银行通过树立"知识银行"的形象,增加其在发展援助事业中与受援国开展"知识合作"的比重,成为一个来自世界各地的"最好的实践知识"的信息交换场所,提倡与世界分享先进知识的理念。

世界银行主要通过三种方式参与全球教育治理,包括知识生产与交流、资金援助和技术支持(包括为加强系统提供技术和实践支持,实行结果为导向的放贷,以跨部门的方法对教育提供保护,同时加强世行和国际金融公司的合作,增强和提高对私营部门在教育领域作用的了解)以及与联合国各专门机构、援助国、私营部门、公民社会组织构建战略合作伙伴关系。

(三)国际教育评估者——经济合作与发展组织

经济合作与发展组织的会员国主要是欧美发达国家及少数发展中国家,多年来一直是世界上最大和最可靠的经济和社会比较统计数据来源之一。经合组织参与全球教育治理最直接的方式就是通过在国家教育系统层面监测指标的制定,包括世界教育指标项目(World Education Indicator Project)和国际学生评估项目(Programme for International Student Assessment, PISA)等。除了制定监测指标,经合组织还通过制定国际教育标准分类,与联合国教科文组织合作,共同参与全球教育治理。与更多关注低收入国家和中等收入国家的世界银行不同,经合组织在教育领域研究的关注点主要在于发达国家。有学者对国际学生评估项目参与全球教育治理的路径进行了探讨,指出其主要通过扩大评估范围以测量更广泛的技能和能力,通过增大评估的规模以覆盖更多的国家和学校,以及通过增强解释力为政策制定者提供更有说服力的证据,这三种路径参与全球教育治理。国际学生评估项目在全球教育治理中的角色体现了经合组织在大数据时代的教育治理能力。

五、国际教育援助的演变

不同历史阶段的时代背景为考察国际教育援助提供了有益的视角。[1]

20世纪50—60年代:援助主要用来服务经济增长。在这一时期,发展几乎等同于经济发展,教育被看作为经济建设开发人力资源的手段,因此,教育援助的根本目的是通过培养人才来促进经济发展,而不是满足人类自身发展的需要。在此背景下,外部援助机构大都避开了初等教育,将援助的重点放在中、高等教育以及职业技术教育领域。这是因为:一方面,它们认为初等教育是个"无底洞",最好还是让发展中国家自己来填补;另一方面,它们认为最紧迫的任务是加强高级人才的供给,为政府和所有主要部门提供专业技术人才和领导人才。

20世纪70年代:援助主要用来服务基本需求。鉴于以经济增长为核心的发展援助并未促进大量发展中国家的发展,国际援助界在20世纪70年代提出了"人类基本需求"的发展战略,提出将援助重点转移到与人类生活密切相关的基础教育、卫生、饮水等领域。人类基本需求的提出对援助思想的发展做出了重要贡献,但在实际援助中,初等教育直到20世纪80年代仍然不是援助的重点。

20世纪80年代:援助主要用来服务结构调整。在这一时期,深受经济危机影响的非洲和拉美国家,在结构调整的名义下,大幅削减了包括教育在内的社会、福利预算,教育发展遭到沉重打击。发展中国家长期偏重中、高等教育的收益率并不高。20世纪80年代中期,有关研究显示,基础教育的投资收益率是最高的,但相对高投入的高等教育而言,基础教育存在着投入严重不足、学生留级率和辍学

---

[1] 赵玉池:《国际教育援助发展的四个历史阶段》,《外国教育研究》,2013年第5期,第81—86页。

率上升、设施短缺合格师资严重不足等问题。结构调整政策遭到一些非政府组织的严厉批评,纷纷要求提高援助效率,转变教育发展战略,即将重点从高等教育转向满足人类基本的教育需求。20 世纪 80 年代后期开始,对初等教育的国际援助逐渐增多,农村教育、非正规教育、女性教育越来越引起国际社会的关注。

20 世纪 90 年代以来:援助协调。1990 年,由联合国教科文组织等国际组织发起的"世界全民教育大会"(World Conference on Education for All)召开。会议讨论通过了《世界全民教育宣言》(World Declaration on Education for All)和《满足基本学习需求的行动纲领》(Frame-work for Action to Meet Basic Learning)。大会提出,每一个人(包括儿童、青年、成人),都应当获得旨在满足其基本学习需要的学习机会。宣言呼吁发达国家和国际组织扩大对基础教育的资金和技术援助,其对"学习权"概念的阐述成为世界各国理解学习权内容的重要基础。同年,世界银行发表了关于初等教育的政策报告,再次重申对初等教育的投资回报率高于其他层次教育的论述,并呼吁援助方增加对初等教育的经费支持。1992 年,经合组织发展援助委员会专门召开了"基础教育会议"。2000 年,联合国千年发展目标在教育领域提出了普及小学教育的目标。2000 年 4 月,世界教育论坛在达喀尔召开,会议通过了《达喀尔行动纲领》,呼吁国际社会加大对基础教育领域的援助。

经过七十年的发展,国际教育援助获得了巨大的发展。通过援助而获得的资金以及随之而来的先进教育理念、教育方法、教育技术等,对于接受援助的发展中国家提高教育研究和管理,促进教育制度建设和教育质量提升,最终实现内源性发展具有积极意义。

本章小结

教育与发展密切相关:教育为经济发展提供人力资本;教育有利于阻断贫困代际传递;教育有利于发展的社会维度中两性平等、健康与安全目标的实现;环境教育是实现可持续发展的重要条件。政府应在提供教育公共产品方面扮演重要角色,通过教育公平为追求发展机会公平提供基础。

发展中国家的教育面临着教育经费缺乏、教师培训不足、基础设施欠缺、学习资料紧张、排除残疾儿童、性别机会不同、冲突环境影响、学校距离过远、学生营养不良、教育费用过高等诸多问题。这些问题导致儿童学习机会不足和在读学生学习质量不高。降低教育成本、学校午餐计划、对父母进行教育、改进教育模式、改善教师资源有利于发展中国家教育状况的改善。从根本上讲,促进教育事业均衡发展,是实现教育公平的前提和保障。促进和保障教育公平,应当从教育资源配置上考虑,增加政府在国民教育资源上的投入力度,合理配置教育资源向弱势群体倾斜,调动一切可以利用的社会教育资源。

第7章 教育与发展

　　鉴于发展中国家教育资源的不足,国际教育援助对于教育发展具有重要意义。教育援助是美国、英国、日本等发达国家国际发展援助的重要领域。联合国教科文组织、世界银行和经济合作与发展组织是与教育援助密切相关的多边组织。近年来,教育援助出现了教育经费减少、大部分用于中学后教育、中等收入国家获得最多的教育经费等趋势。

关键词

教育　联合国教科文组织　国际教育援助

简答题

1. 教育的概念与主要指标是什么?
2. 教育与发展之间有何关系?
3. 发展中国家的教育面临哪些问题?
4. 如何改善发展中国家的教育?
5. 联合国教科文组织在教育领域扮演着何种角色?
6. 教育援助的发展趋势是怎样的?

思考题

1. 国际教育援助存在哪些问题,有何改进建议?
2. 科教兴国战略在中国发展过程中发挥了怎样的作用?

第8章

性别与发展

发展理念更多关注人本身的题中应有之义是,发展是包括男人和女人在内的所有人的发展。如果女性不能像男性那样享有发展成果,那么,这样的发展是不全面的;如果女性没有机会像男性那样发挥自身的潜力与才能,那么,这样的发展是动力不足的。因此,不论是联合国千年发展目标还是可持续发展目标,两性平等都是其重要的目标,而且对两性平等的考量也贯穿其他目标之中。

第一节 性别平等与发展概述

性别平等是国际发展领域受到广泛关注的议题,国际社会为性别平等问题设定了诸多指标。两性平等既是发展的目标,也是促进发展的手段。近年来,性别平等取得重大进展,但也存在着诸多滞缓的领域。

一、性别平等的概念及指标

考察性别平等存在着机会平等还是结果平等的视角。为了衡量性别平等的状况,诸多国际组织都制定了自己的指标体系,其中影响力较大的包括性别发展指数、性别赋权指数、性别平等指数、全球性别差距指数、社会制度和性别指数、性别不平等指数等。

(一)性别平等的概念

社会性别(gender)指的是与女人和男人分别相关的社会、行为、文化的特点、预期和规范。社会性别平等指的是这些因素如何决定男性与女性之间的关系以及由此造成的权力差异。衡量性别平等应当考察结果平等还是机会平等,经济学和哲学对这个问题并没有统一的观点。坚持性别平等应当是机会平等的学者认为,机会平等可以将那些由于个人无法控制的情况造成的不平等和那些由于偏好和选择差异造成的不平等区别开来。很多研究文献都记录了男女在风险规避、社会偏好和对竞争的态度等方面的差异。按照这种思路,如果男女在态度、偏好和选择上有所不同,那么结果的不同就不能全部归结于男女面临的机会差异。坚持性别平等应当是结果平等的学者认为,男女在偏好和态度上的差异在很大程度上是后天习得的,而并不是由于两性有内在的不同。这就是说,这种差异是文化和环境造成的,男性和女性将社会的规范和预期内化,从而导致了两性之间的差别。长期以来男女在权力和地位上的差别可能内化于他们的抱负、行为和偏好,从而使两性之间的不平等一直延续下去。不管理论上的辩论如何,实践中很难把对机会的衡量和对结果的衡量分开。机会平等和结果平等从理论上和实际衡量中都是密切联系的。

(二)性别平等的指标

1. 性别平等指标的演进

(1) 性别发展指数(Gender Development Index, GDI)。1990 年,联合国开发

计划署创立了人类发展指数(Human Development Index, HDI)用以衡量联合国各成员国经济社会发展水平。HDI 虽然可以对人民的生活质量进行测量,但却无法反映社会发展水平的性别差异。为此,1995 年联合国开发计划署于构建出性别发展指数,以测量预期寿命、教育和收入三个维度的性别差距。该指标体系重点衡量男女在基本行为能力方面的差距,着重反映女性因教育机会不足导致的发展能力受限的情况。

(2) 性别赋权指数(Gender Empowerment Measure, GEM)。由于 GDI 不能独立于 HDI 使用,且指标太少,1995 年联合国开发计划署又提出了衡量全球性别不平等程度的独立指数——性别赋权指数,用以反映两性在参与和决策方面的差距,关注女性可获得的机会而非能力。

(3) 性别平等指数(Gender Parity Index, GPI)。20 世纪 90 年代中后期,联合国教科文组织(UNESCO)提出性别平等指数,用以衡量男女受教育的相对机会。该指数最简单的形式是女性入学人数与男性入学人数之比。

(4) 社会制度和性别指数(Social Institution and Gender Index, SIGI)。2009年,经济合作与发展组织(OECD)发展中心提出社会制度和性别指数,测量社会制度(如正式与非正式的法律、社会规范及习俗等)对女性的歧视。歧视性的社会制度相互交叉,贯穿女性的一生,限制了她们获得公正、权利和资源的机会,削弱了她们在生活选择方面的决策权。SIGI 不是单纯地反映男女之间客观的差距,而是捕捉导致性别不平等的制度性因素。

(5) 性别不平等指数(Gender Inequality Index, GII)。联合国开发计划署在《2010 年人类发展报告》中提出了性别不平等指数,用以客观衡量两性之间长期存在的社会差异程度,以弥补该机构之前提出的两个指数和其他指数的缺陷。性别不平等指数的开创性在于首次将生殖健康纳入指标体系中。

表 8-1 常用性别平等指数情况一览表

指数	指标	特点
性别发展指数 1995 年 联合国开发计划署	健康长寿:预期寿命 知识:教育状况 生活水准:人均国民收入估值	能力差距
性别赋权指数 1995 年 联合国开发计划署	政治:政治参与和决策 经济:经济参与和决策 权力:支配经济资源的权力	机会差距
性别平等指数 20 世纪 90 年代 联合国教科文组织	教育:男女的受教育差距	相对机会差距

续表

指数	指标	特点
社会制度和性别指数 2009年 经济合作与发展组织	歧视性的家庭规范:法律规定的结婚年龄、早婚、婚姻期间与离婚后的监护权、抚养权、继承权 受限的身体自主权:家庭暴力法、强奸法、性骚扰法;对暴力的态度、终生暴力的普遍性;女性生殖器切割的普遍性、生育自主权 男孩偏好:女性缺失、生育偏好 资源和资产的有限性:确保有权拥有土地、获得非土地资产的安全途径、使用金融服务 受限的民权:进入公共空间、政治表达、政治代表	两性不平等的制度性因素
性别不平等指数 2010年 联合国开发计划署	健康:女性生殖健康 赋权:两性赋权 劳动力市场参与率:两性劳动力市场参与率	纳入生殖健康

资料来源:作者根据相关资料自制。

2. SDG两性指标

1995年在北京举行的联合国第四届世界妇女问题国际会议通过的《行动纲领》(*Beijing Declaration and Platform for Action*)明确了社会性别主流化,并将以此作为提供两性平等的全球性策略。这一概念强调,必须确保两性平等是一切经济社会发展领域的首要目标。这一理念也体现在联合国2030年可持续发展议程的设计中,例如目标1"在全世界消除一切形式的贫穷"就包括"国家贫困线以下人口的比例,按性别和年龄组分列","各国按其标准界定的陷入各种形式贫穷的不同年龄段男女和儿童所占比例"等指标。除了体现于其他目标中的两性因素外,专门关注两性问题的是目标5"实现性别平等,增强所有妇女和女童的权能",其相关指标如表8-2所示。

表8-2 SDG两性指标

目标	子目标重点	指标	
目标5:实现性别平等,增强所有妇女和女童的权能	5.1 要有法律保障	是否已制定法律框架来促进、推行和监督实现平等和无性别歧视	
	5.2 消除暴力行为	5.2.1	有过伴侣的妇女和15岁及以上女童在过去12个月中遭到过现任或前任亲密伴侣殴打、性暴力或心理暴力的比例,按暴力形式和年龄分列
		5.2.2	妇女和15岁及以上女童在过去12个月中遭到过亲密伴侣之外其他人的性暴力的比例,按年龄组和发生地分列
	5.3 消除伤害行为	5.3.1	20—24岁妇女中在15岁以前和18岁之前结婚或同居的妇女所占比例(童婚、早婚)
		5.3.2	15—49岁女童和妇女中生殖器被残割/切割过的人所占比例,按年龄分列(割礼)
	5.4 认可家务劳动	用于无薪酬家务和护理工作的时间所占比例,按性别、年龄和地点分列	

续表

目标	子目标重点	指标
目标5：实现性别平等，增强所有妇女和女童的权能	5.5 参与决策	5.5.1 妇女在(a)国家议会和(b)地方政府席位中所占比例 5.5.2 妇女在管理岗位任职的比例
	5.6 性与生殖	5.6.1 15—49岁妇女就性关系、使用避孕药具和生殖保健问题自己做出知情决定的比例 5.6.2 已制定法律规章确保15岁及以上的男女充分和平等享有获得性与生殖保健、信息和教育机会的国家数目
	5.a 经济资源	5.a.1 (a)农业总人口中对农业用地拥有所有权或有保障权利的人口比例，按性别分列；(b)农业用地所有人或权利人中妇女所占比例，按土地保有类型分列 5.a.2 包括习惯法在内的国家法律框架保障妇女有权平等享有土地所有权和(或)控制权的国家所占比例
	5.b 技术	拥有移动电话的人口比例，按性别分列
	5.c 政策	已建立制度来追踪并拨付公共款项用于性别平等和增强妇女权能的国家所占比例

资料来源：联合国网站。

二、性别平等与发展

性别平等是一项基本人权，它本身就是发展的题中应有之义与目标。同时，性别平等还通过影响生产率、下一代的教育与健康、制度与政策，而成为促进发展的工具。

（一）性别平等作为发展目标

性别平等本身有其内在的重要意义，因为一个人按照自己的选择去生活、免于绝对匮乏是一项基本人权，不管是男是女，对每个人都应当平等。沿用阿马蒂亚·森的理论，可以将发展视为所有人平等地扩大各种自由的过程。按照这种对发展的理解，性别平等本身就是一个核心发展目标。因此，正如发展意味着减少收入贫困或是使人们获得更为公正的待遇，它也应当意味着男性和女性福利差距的缩小。这一观点在国际发展领域体现得非常明显，发展机构普遍将妇女的赋权和性别平等本身作为发展目标，千年发展目标中的目标之三和目标之五，2030年可持续发展目标之五对此有着明确的表述。各国对联合国《消除对妇女一切形式的歧视公约》（The Convention on the Elimination of All Forms of Discrimination against Women, CEDAW）的广泛签署和批准也证明了这一点。这个公约在1979年联合国大会上通过，为提高妇女地位、保障妇女权益建立了一个综合框架。到2015年为止，已有189个国家批准了这个公约。[1]

---

[1] 参见联合国网站：https://treaties.un.org/pages/ViewDetails.aspx? src = TREATY&mtdsg_no = IV-8&chapter=4&clang=_en。

(二) 性别平等作为发展工具

性别平等有助于提高经济效率和其他重要发展目标的实现,因此,它作为实现其他发展目标的一种工具也具有重要意义。它可以从三个途径提高经济效率,改善发展结果。

1. 性别平等影响生产率

如果一国经济要充分发挥其潜力,那么女性的技术和才能就应当用于可以最大程度地发挥其作用的经济活动。如果对女性劳动力未能充分利用或出现错配,如她们在劳动市场上面临歧视,或是社会习俗使她们无法完成教育、阻碍她们从事某些职业或获得与男性同样的报酬,导致的结果就是经济损失。如果女性农民缺乏土地所有权保障——很多国家都是这样,特别是非洲国家——她们就很难获得信贷和生产投入品,从而导致土地的使用效率低下,产量很低。信贷和生产投入品等方面的性别歧视也使那些女性领导的企业难以达到男性为首的企业的生产效率和利润。还有,如果有能力的女性仅是因为性别原因被排除在管理职位之外,管理层的总体管理技能就会降低,从而减缓创新和新技术应用的步伐。在当前日益融合的世界经济中,对资源的有效使用对增强国家竞争力和推动经济增长十分重要。在这种背景下,通过加强性别平等提高生产率的益处就更加突出。

2. 性别平等影响下一代的教育与健康

女性的禀赋、能动性和机会影响到下一代人。如果女性对家庭资源的控制力较大,她们就会提高对孩子人力资本积累的投入,这对未来的经济增长会产生积极作用。来自一系列国家(如孟加拉国、巴西、科特迪瓦、墨西哥、南非和英国)的证据显示,如果家庭收入中由妇女控制的份额提高——不管是她们自己的收入还是外来的现金补贴,家庭支出模式所发生的变化将有利于孩子。在加纳,家庭财产和土地中由女性拥有的份额越高,家庭食品支出就越高。在印度,女性劳动收入的提高会增加其子女的受教育年限。

女性自身教育和健康状况的改善对其子女的教育、健康诸多方面也有积极影响。母亲的营养状况与孩子的健康状况和存活率有关联。女性的教育水平也与孩子的一系列健康指标呈正相关——母亲受教育程度越高,孩子的疫苗接种率就越高,营养状况越好,死亡率越低。在各种类型的国家,母亲(及父亲)所受教育的年限与孩子在教育上的成就都呈正相关关系。在巴基斯坦,哪怕母亲只上过一年学,她们的孩子与完全没上过学的女性的孩子相比每天会在家多学习一个小时,学习成绩也更好。女性缺乏能动性——如家庭暴力的情况——会对孩子成年以后的认知行为和健康产生影响。对发达国家的医学研究已经证实了儿童时期接触家庭暴力与成年后健康状况的联系:不管男性还是女性,如果小时候经历过家庭暴力,成年后患癌症、中风和心血管病的风险比常人高出 2—3 倍,他们酗酒和使用毒品的可能性比常人高出 5—10 倍。如果儿童时期经历过父母之间的暴力，成年后女性遭受来自配偶的暴力的风险就会增大，而男性对配偶施加暴力的风险也会增大。

3. 性别平等影响制度与政策

增加女性的个人及集体能动性可以带来更好的发展成果、制度和政策选择。能动性(agency)事关一个人做出选择并将其转化为实际行动、实现目标的能力。女性的能动性一方面影响她们建立自己的人力资本和利用经济机会的能力。例如，在孟加拉国，那些对医疗保健和家庭购买决定有更大控制权的女性营养状况也会更好。女性的能动性也影响着子女的福利。在墨西哥，女性对家庭事务的决策权越大，其女儿做家务的时间就更少（对儿子则没有影响）。另一方面，女性的集体能动性可以促进社会的转型。它可以重塑那些限制女性个人能动性和机会的制度、市场和社会规范。赋予女性权力使之在政治和社会事务中积极发挥作用可以改变政府的政策选择，使国家各种制度具有更广泛的代表性，反映更多人的呼声。女性获得选举权以后可迫使决策者将注意力转向儿童和孕产妇保健等议题，从而使新生儿死亡率降低。在印度，通过赋予女性地方政治权利（通过政治性的配额制）使公共产品的提供（既包括女性特别重视的供水和卫生设施，也包括男性重视的灌溉设施和学校等）有所增加。女性在公共事务中发挥更大作用不仅使女性和儿童受益，而且男人也会从中受益。在很多富裕国家，女性对经济活动的参与度很高，同时也有很多女性活跃在政治领导层，两方面结合塑造了在工作和家庭生活之间寻求平衡的社会观念，推动了更为"家庭友好"的劳动立法的颁布实施。

反之，如果女性和男性没有参与政治和社会事务、影响法律、政治和决策的平等机会，那么各种制度和政策就可能系统性地偏向那些影响力更大的人群的利益。这样，造成性别不平等的机构制约和市场失灵就不太可能得到解决和纠正，从而使性别不平等持续存在下去。《2006 年世界发展报告：平等与发展》强调，可能出现一种"不平等陷阱"，阻碍一代又一代的女性获得教育，不能与男性平等获得经济机会，从而降低了她们做出良好选择、实现其个人潜力的能力。

三、性别平等进展滞缓的领域

性别平等状况在向好的方向发展，但并不是对所有女性在所有方面都是如此。在极端贫困的国家，性别平等的进展缓慢且有限。无论在同一个国家内对男性和女性状况进行比较，还是对女性进行绝对状况的跨国比较，许多女性面临的冰冷现实告诉我们，性别平等的进步在某些方面仍然停滞不前。撒哈拉以南非洲地区的女性生育死亡率至今还相当于北欧 19 世纪时的水平。在尼日利亚，富裕的城市儿童平均接受 10 年左右的学校教育,而贫困农村地区的豪萨族女孩接受学校教育的时间还不到 6 个月。性别平等在某些领域的进步——如在职业差异和参与决策方面的进步——受到一些无法随经济增长而改变的限制条件的束缚。这些结果是由制度变革缓慢以及深层结构性因素所造成,单靠经济增长无法得以有效改善。

(一) 工作不同,工资更低

在发达国家和发展中国家,男性和女性往往在不同的行业和岗位上工作。尽管在几乎所有国家,出外工作的女性增加了,但她们却聚集在被选定的"经济空间"之中,且随时间的推移变化很小,即使是在发达国家也是如此。工作场所分割的三个标志尤为明显。第一,女性比男性更容易从事低生产率的活动,并在非正规部门就业。女性比男性更容易成为雇佣工人或无工资的家庭作坊工人,她们在正规和非正规部门之间的流动性较差,且更容易在非正规部门就业和失业状态之间转换。第二,农业领域之外的自就业女性更倾向于经营小而非正规的生意。在某些发展中国家如智利和泰国,在家庭作坊中工作的工人中 80% 为女性。女性业主也更多集中在小企业中——雇员人数、销售额、成本和资产总值都很低,企业利润也比男性拥有的企业要低。第三,即使是在正规部门和非正规部门内部,女性和男性的职业选择也非常不同。女性更倾向于在公共服务、零售服务和贸易领域就业,男性则在危险职业如采矿、建筑、运输和重工业中比例过高。国防和公共治安的担子也主要落在了男性的肩上。这些性别差异规律导致了巨大性别收入差异的持续存在。

(二) 家务和照料家人仍被视为女性的职责

家务和照料时间分配是性别差异表现得特别持久的领域之一。在不同时间和不同国家,女性所承担的家务和照料职责比例明显偏高,而男性则主要承担市场工作,女性在教育投资、能动性、占有经济机会的能力以及广泛参与经济、政治和社会生活等方面可能处于不利地位。家庭职责不同分工的一个直接后果是,男性和女性时间使用的规律和闲暇时间总量差异很大,减少了女性的娱乐时间,降低了女性的福利和福祉。

(三) 较小的话语权和权利

性别平等进展最慢的维度是女性能动性,可以从三个方面进行观察。

第一,对资源的控制力较小。很多女性对于家庭财务缺乏话语权,甚至对她们的自有收入也是如此。人口和健康调查显示,一些发展中国家特别是撒哈拉以南非洲和亚洲的女性,被排除在其自有收入的使用决策之外。34% 的马拉维已婚女性、18%的印度已婚女性和14%的尼泊尔已婚女性在如何使用其收入上几乎没有话语权。在许多国家,土地所有权仍然仅限于男性,无论是在传统上和法律上都是如此。在大多数非洲国家和大约半数的亚洲国家,惯例法和成文法中在土地所有权方面的规定对女性不利。根据某些非洲地区的惯例法,未经男性许可,女性不能获得土地所有权。婚姻是女性获得土地的最常见途径。但丈夫通常拥有土地,而妻子只有名义上的使用权。

第二,更容易受到家庭暴力的伤害。对女性身体上的、性的以及心理上的暴力在全世界普遍存在。女性受到其伴侣暴力侵犯的风险比男性大得多。家庭暴力在富裕和贫困国家都无处不在,形式各异,但其发生率随着社会经济地位的跌落而上升。根据不同经济状况小组反映的情况,家庭暴力在经济上处于劣势地位的女性中最为常见。女性社会经济地位低和家庭暴力互为因果。

第三,从政的可能性较小。很少有国家会对女性参与公职竞选的行为设置法律限制,然而议会中女性议员的席位却非常少,而且进展缓慢。尽管男性和女性通过投票平等地行使其政治话语权,据观察,男性行使政治权利的能力胜过女性,男性比女性赢得选举的机会要大。配额制和预留席位制有助于提升议会中的女性代表率。

第二节　性别平等的促进因素

诸多因素对性别平等取得进展具有促进作用,这些因素包括:教育与健康、能动性、全球化等。

一、性别平等与教育、健康

对教育和健康的投资(即人力资本禀赋)决定了男性和女性在社会中实现其最大潜力的能力。对女性的健康和教育投资具有特殊性,主要表现在三个方面。首先,作为母亲,受过教育的女性可以把教育的收益传递给她们的孩子。教育程度较高的母亲生育的孩子死于婴儿期的可能性较小,出生体重可能更高,接种疫苗的可能性也更高。其次,女性在怀孕期间和生产时面临着特别的风险。在阿富汗,1/11的女性死于生育;在安哥拉,1/29的女性死于生育。[1] 这和瑞典的

---

[1] WHO (World Health Organization), UNICEF (United Nations Children's Fund), UNFPA (United Nations Population Fund), and World Bank. 2010. "Trends in Maternal Mortality: 1990 to 2008." WHO, Washington, DC.

1/11 400形成了鲜明的对比。最后,公开歧视造成的偏重男性的性别比例会对社会产生长期影响。如果男孩的出生率高于女孩,最终会导致许多男人找不到妻子。印度已经出现了较为严重的"婚姻挤压"[1]问题。

(一) 教育

当前研究显示,增加女性教育投资的回报,取消制度限制因素或增加家庭收入都足以提高女性的教育参与率。当这三者同时实现时,进步的速度甚至更快。

1. 提高女性教育投资的回报

从20世纪80年代早期开始出现的实验证据表明,父母对女孩的教育投资会随着女性教育回报的增加而增加。早期研究显示,农业技术进步提高了女性教育的回报率,从而促使父母加大对女孩教育的投资力度。在技术日新月异的环境下,全球化将新一代的工作和教育回报联系在一起。在印度,外包的兴起正在为人们特别是为女性提供新的工作机会。

2. 改变制度限制因素

如果女性入学率只是对日益增长的教育回报的响应,性别平等的进展就会较慢。但是即使在回报非常低的地方,正式制度结构的变化也会改善教育成果。降低学费使得家庭对孩子的差异性教育投资变得不再必要。例如,撒哈拉以南非洲地区实施免费初等义务教育方案后的第一年,马拉维和乌干达的学生入学率提高了68%,肯尼亚的学生入学率提高了22%。缩短与学校的距离也有作用。在巴基斯坦,那些成长在7岁时已有学校的村子里的成年女性,较之那些直到7岁以后才建立学校,或没有建立学校的村子里的成年女性,初等教育程度更高。儿童雇佣率越高,入学就读率就越低。在巴西城市地区,14—16岁男孩和女孩的雇佣率随着劳动力市场的改善而提高,而随着地方劳动力市场条件的改善,儿童更倾向于离开学校。

3. 改变家庭限制因素

即使教育回报和明显的制度特征没有改善,较高的、来源更稳定的家庭收入也有助于女孩入学读书。家庭收入与较高的儿童入学率相联系(对女孩而言尤其如此),而相对于父亲收入的增加而言,母亲收入的增加对女孩教育产生的影响更大。当家庭遭遇收入的突然下降时(也许是由于歉收),家庭会立即减少教育投资。

(二) 健康

与教育相比,健康问题有其特点。与男性相比,女性在健康风险与死亡率方

---

[1] "婚姻挤压"是超常规的性别导致的最直接后果。简单地说,就是由于婚龄男女人口出现较大落差,有可能导致大批一种性别的人找不到配偶。

面存在差异。

第一,女性和男性天生体质不同,面临的健康风险也不同。在教育问题上,如果投入相同,女孩和男孩可能实现相似的教育成果。但是生理差别可以使同样的健康投入产生截然不同的健康结果。

第二,女性死亡率总体高于男性。从死亡率方面看,存在着不小的性别差异。尽管发达国家的男性死亡人数超过女性,世界上许多中、低收入国家的女性死亡率总体上高于男性。特别是撒哈拉以南非洲国家,受到艾滋病影响的国家尤其如此。(1)导致女孩婴幼儿时期超额死亡的原因有哪些呢?解释之一是父母歧视女孩。在世界的部分地区,例如阿富汗、印度北部地区和巴基斯坦,这样的歧视非常严重。研究显示,女孩生病时,治疗常常被拖延,而且用于女孩的医疗费用也比较低。(2)15—60岁的女性也受到超额死亡(即超过一般水平的死亡率)的威胁,对那些生活在中低收入国家育龄期女性(15—49岁)而言尤其如此。导致育龄期女性超额死亡的原因主要有两条,一是生育导致的产妇死亡或患病。在索马里和乍得,每14位女性中就有1位女性的死因与生育有关。二是艾滋病感染。在撒哈拉以南非洲,艾滋病感染的性别差异在较年轻的群体中表现最大。15—24岁年龄组中艾滋病感染的女性与男性之比是2.4[1]。女性艾滋病感染率较高的现象被称为"艾滋病女性化"。就生理而言,由于和男性相比,女性身体更容易受到感染,女性感染病毒的几率是男性的1.2倍。如果得不到治疗,HIV病毒感染会发展成为艾滋病,7—10年之后,病人就会死亡。但是,在非洲,艾滋病与女性超额死亡的联系主要集中在南部非洲和东部非洲部分地区的高感染率国家中。

二、能动性

能动性系指个体(或团体)做出有效选择并使选择转化成所希望的结果的能力。能动性可以理解为女性和男性使用自身禀赋、利用经济机会实现所希望的结果的过程。即使人力资本和物质资产方面的性别差异缩小了,但由于女孩和男孩及以后的女性和男性发挥能动性的能力不同,两性的成果差异依然可能发生。

(一) 女性能动性的重要性

能动性是女性在建设制度、社会规范和社会福利方面发挥积极作用的必要条件。首先,女性影响自己生活的能力对其自身很重要。一个人做出有效选择和左右自己生命的能力是自身幸福与否的重要方面。女性影响自己生活的能力对自身福利的其他方面也很重要。组建家庭的决策,尤其是关于结婚时间、生育时间

---

[1] 联合国艾滋病规划署2010年数据。

和子女数量的决定,对女性的教育投资而言至关重要。事实上,晚婚与较高的教育程度与较高的收入密切相关。在孟加拉国,对健康护理、家庭采购行为、走访亲朋控制力较强的女性,其总体营养状况也较好。其次,女性发挥能动性可以改善孩子的福利。女性更看重对儿童人力资本的投资。在巴西、科特迪瓦和英国,较大的女性收入支配权增加了对儿童身心有益的物品的支出。女性的能动性塑造了自己孩子的未来行为。孩子们在家里看到的、经历过的可以对他们一生的信仰和行为产生影响。童年时期目睹过家暴或是家暴受害者的孩子在成年后更有可能实施家暴或经历家暴。对儿童的认识(同时包括女孩和男孩)而言,什么样的活动或行为是可以接受的,男性和女性行为通常也是在家庭中形成的。因此,女性免于暴力危害和发挥更大的经济能动性的能力可以限制暴力的代际传递,促进形成积极的性别角色规范。最后,女性的集体能动性具有改革能力,可以促进社会和政策变革。女性的集体声音可以促进法律、政策、服务、制度和社会规范发生变化,从而最终增强女性的个体能动性。在高收入国家,政府机构中女性代表的增加突出了与女性生活相关议题的重要性,其中包括儿童死亡率、产假、儿童护理、针对女性的家暴等。

(二)经济增长可以提高女性的能动性

通过增加女性的经济机会和自主收入、提供基础设施并扩大服务可以促进女性发挥能动性。

首先,女性的收入机会和自身财产提高了她们的谈判力。较高的收入如来自女性收入的增加,就会从多方面增强女性的话语权和谈判力。有证据显示,女性资产、收入,及其收入在家庭收入中的比例与家暴的发生存在着某种关系。在哥伦比亚、印度、南非和乌干达,女性的财产所有权(至少从中期来看)降低了发生家暴的风险。

其次,通过基础设施扩大和服务提供促进发挥能动性。南非对农村电网的投资使女性就业率在五年内提高了将近10个百分点。电力使女性从家庭生产中解放出来,扩大了她们可以参与的市场活动类型。在危地马拉和巴基斯坦,农村公路网络的扩建对女性流动和教育产生了重大影响。

(三)权利及其行使可以促进女性能动性

首先,相关法律赋予的权利可以增强女性的能动性。许多法律可以增加女性的自主权。例如,要求实施义务教育的法律延迟了女性的结婚和生育时间,从而增强了女性的能动性。增强女性对收入和财产的支配力的法律通过提高女性脱离婚姻的能力和谈判力,可能改善女性在自己家庭内部的地位,允许离婚或减轻离婚难度的法律也可以增加女性选择的能力。

其次，权利有效行使是促进女性能动性的关键因素。女性缺少获得公正的途径是将规定的女性权利转化为女性能动性的主要限制因素之一。许多因素可能限制女性获得公正，从供给方来说，法律制度和其他国家行为者不能充分履行职能就是限制因素，从需求方来说，个体或群体不寻求恢复公正就是限制因素。

（四）社会规范阻碍女性能动性的提高

首先，社会规范可以阻碍政策和服务发挥作用。通过对偏离社会规范或不遵守社会规范的人的惩罚，社会规范界定和限制了女性发挥能动性的范围。影响女性流动性的规范包括对合理使用公共交通、骑自行车和获得驾驶执照等进行管理的规范。在马拉维，社会规范阻止孕产妇使用用于紧急产科护理的自行车式救护车。

其次，社会规范难以消除。在直接影响权力或控制力的领域，社会规范通常具有极大的反复性。那些在社会规范变革中丧失权力的人会积极地抵制变革，而那些能在变革中受益的人又不足以对变革施加影响。某些性别规范可能非常顽固。

再次，市场激励和社会网络可以改变社会规范。通过提供补偿，市场力量有时候可以帮助削弱社会规范的影响力。例如，如果女性在劳动力市场上的收入或以女孩入学为条件的社会转移支付足够大，这就会为女性进入劳动力市场和父母让女儿接受教育提供极大的激励，即使在社会规范不支持的地方也是如此。在孟加拉国，关于女性流动的社会规范迅速演变，这主要是由服装业带给女性的日益增长的经济机会形成的。社会结构是将个体或家庭与其社区联系起来的纽带。社会结构的削弱可以减少社会规范。例如，从乡村地区向城市地区移民或乡村地区之间的移民削弱了家庭与群体之间的关系，降低了群体强化社会规范的能力。

三、全球化

全球化是促进性别平等的重要途径。

（一）贸易自由化增加了对女性工人的需求

早期贸易自由化的主要特征是纺织和信息技术制造从发达国家转向发展中国家。生产活动地理位置的改变促进了发展中国家的女性劳动参与和制造业就业的女性化，在亚洲和中美洲国家尤其如此。在韩国，女性在制造业就业比例从1970年的6%增加至20世纪80年代和90年代初期的30%左右。信息通信技术的普及扩大了服务产品的贸易，也在一定程度上促进了发展中国家信息通信技术领域的增长，就业从制造业转向了服务业。无论是制造业还是服务贸易出口，女性就业都以前所未有的速度增长，而且其增长速度也超过其他领域。

(二)信息通信技术的发展扩大了女性的市场准入

信息通信技术通过降低时间和流动限制因素引起的交易成本,可以扩大市场准入,提高市场工作参与率。和男性相比,女性受到的流动性和时间限制更大,所以女性从这些发展中受益更多。近年来,发展中国家的手机普及率大幅度提高。在塞内加尔,女性渔商认为手机方便了她们与客户和供应商之间的沟通,降低了旅行的时间和成本,在她们外出时方便了她们与家庭的联系。同样,在玻利维亚、埃及、印度和肯尼亚接受采访的女性中,41%的女性声称拥有一部手机增加了她们的收入和经济机会。

(三)全球化使性别歧视成本上升

经济理论认为产品市场竞争的加强应当降低要素市场(劳动力、资本和土地)上的歧视。换句话说,经济一体化的加深使竞争压力进一步增强,这迫使雇主降低成本高昂的性别(和其他)歧视。在女性或劳动密集型工业具有比较优势的国家,性别歧视会给开放贸易造成更高的成本。在那些女性劳动密集型的商品出口比例较高的国家中,性别平等的程度似乎较高。

(四)国际公约与经济协议推进了性别平等

自20世纪60年代以来,性别平等和针对女性的系统性歧视在国际社会引起了广泛的关注,由此起草了一些独立的包含有非歧视条款的国际公约及经济协议,促进了在世界范围内推进性别平等的立法运动。最突出的国际公约是1979年联合国大会通过的《消除对妇女一切形式歧视的公约》(The Convention on the Elimination of all Forms of Discrimination Against Women,CEDAW)、国际劳工组织第100号公约(简称《同酬公约》,Equal Remuneration Convention)和第111号公约(简称《关于消除就业和行业歧视的公约》,The Elimination of Discrimination in Respect of Employment and Occupation)。这些协议和公约已经成为监管和提倡非歧视待遇的首要国际工具。一些证据显示,《消除对妇女一切形式歧视的公约》提高了女性的识字水平、劳动参与率和在议会的席位。贸易和其他经济协议是刺激推进性别平等国内行动的第二国际压力渠道。这些协议文件常常包括反歧视社会条款,协议将一国获得经济利益与遵守某些最低标准联系在一起。例如《北美自由贸易协议》中的《北美劳工合作协议》(North American Agreement for Labor Cooperation, NAALC)。

四、国别层面促进性别平等的公共行动

在国别层面上,缩小健康和教育性别差异的政策,增加女性经济机会的政策

和提高女性能动性的政策有利于促进两性平等取得进展。

（一）缩小健康和教育性别差异

首先，提供洁净水与卫生设施。1900—1930年，发达国家通过积极提高洁净水与高质量卫生设施的覆盖率，最终解决了女性婴幼儿的超额死亡问题。总体上说，用户端水处理比水源处水处理可以更有效地降低痢疾的发病率，这是因为后者存在着二次污染的潜在风险。因此，发达国家政府选择通过管道系统确保用户端用水的清洁，同时改善城区的卫生设施。在一些水供给得到改善的发展中国家，健康状况发生了很大的变化。阿根廷的水供给改善后，儿童死亡率降低了5—7个百分点，这一措施在最贫困地区的效果更为突出。

其次，为极弱势群体提供教育服务。需要针对加剧性别不平等状况的特定劣势提出解决方案，直接查出特定环境下加深性别不平等情况的劣势的根源。比如，如果距离远近是主要问题，特别是女孩上学距离问题（阿富汗农村地区的情况即是如此），那么可以通过在偏远地区建设更多学校来缩小性别差异；如果种族问题是主要原因，那么招聘讲本地语言的教师则是比较经济的解决办法。

（二）增加经济机会

首先，在非正式制度中，消除女性的时间限制。时间限制因素是造成女性收入低、生产率低的主要原因。这些限制因素主要来自非正式制度——关于由谁承担家务、照料家人的社会规范与观念。解决此类限制的政策必须解决社会规范带来的问题，而不是尝试改变社会观念。主要方法包括：扩大儿童保育服务的覆盖面，完善产假政策，通过基础设施投资使女性从时间限制因素中解脱出来，运用技术手段与交通手段降低女性进入劳动力市场的难度。

其次，完善市场运行机制，克服劳动力市场上的信息障碍。一方面通过积极的劳动力市场政策，特别是技能培训解决信息障碍问题。此类政策中部分注重提供培训，有些则为参与者安排新的岗位，从而克服信息障碍。另一方面通过小额信贷计划解决农民和企业家面临的信息障碍。此类计划是从集体借贷演变而成的，如孟加拉国农村银行（Grameen Bank）及此后建立起来的其他同类银行，借贷的个人（往往缺乏抵押品）组成贷款小组以获取贷款。贷款发放给个人，但债务偿还责任则落到了整个小组身上。小额信贷计划的共同特征是债务由各小组成员共同承担，以及定期的小组会议，以帮助贷款人克服信息障碍。

再次，提高正规制度的公平性。正规制度（法律、法规、服务机制等）也可能成为女性获取经济机会的障碍。可以考虑通过两套政策来解决这些障碍：一是修正歧视性法律、法规；二是纠正服务提供机制中的性别偏见。就劳动法来看，以两性的就业实践为依据制定非歧视性法律只是迈出了基础的一步。除此之外，许多国家都应当将其政策重点放在审视兼职工作限制上(包括完全禁止兼职工作的规定)。对于那些因承担过多家务与照料家人职责而无法全职工作的女性员工来说,放宽此类限制,将有利于女性得到更多有酬就业的机会。以阿根廷为例,解除对正规部门兼职合同的限制,使大量有孩子的女性从非正规部门的兼职工作转入正规部门的兼职工作。就物权法来看,对于女性企业家和农民来说,决定婚内财产所有权与资源控制权的法律尤其重要,这其中包括家庭法(规定婚姻、离婚与继承的基本准则)中的许多方面以及土地法。许多发展中国家家庭法的改革即以消除对男性与女性的差别对待为主。在2012年之前的十年中,莱索托、纳米比亚和南非都废除了只承认丈夫为世俗婚姻中一家之主的条款,提高了妻子订立契约、以自己名义注册资产以及管理共有财产的能力。修正继承法后,印度南部各邦的女性也享有了与男性同等的继承权,这增加了女性继承土地的可能性。

(三) 提高女性能动性

即使国家越来越富有,女性在社会和家庭中的能动性仍然受到制约,女性往往缺乏话语权。无论是在政治还是社会经济领域(如司法界、企业界与商界),决策机构中都缺乏足够的女性代表。首先,增强女性的社会话语权,以提高女性在社会机构中的参与度为目标的政策,可以通过解决信息问题或转变认为女性领导力不如男性的观念来实现目标。施加压力让人们摒弃传统社会规范,以及改善(投票者与股东可获得的)信息,可能是最可行的办法。在实践方面,设定政治代表与董事会成员中女性的比例的举措的效果已经得到了证实。其次,提升女性在家庭中的话语权。尽管法律变化本身不直接转变社会规范,但以往经验表明,废除或修正歧视性法律是提升女性话语权过程中不可或缺的组成部分。

第三节 国际发展与性别平等

性别平等是国际发展的重要议题,促进性别平等需要国家与国际层面的共同努力。

一、两性平等发展目标(MDGs,SDGs)

联合国千年发展议程中与两性平等相关的是目标3"促进两性平等并赋予妇女权力"和目标5"改善产妇保健"。虽然各国依据千年发展目标在性别平等方面取得了进步(包括初级教育中的男女平等),但世界各地的妇女和女童依然在遭受歧视和暴力。性别平等不仅是一项基本人权,也是世界和平、繁荣和可持续发展的必要基础。让妇女和女童获得教育、保健、体面工作并参与政治经济决策,将促进经济可持续发展,造福整个社会和人类。因此,联合国可持续发展议程对两性平等目标做了进一步扩展与深化,主要体现在可持续发展目标 5 中。具体内容如表 8-3。

表 8-3 联合国发展议程中的两性平等目标

目标	具体目标
MDG 3:促进两性平等并赋予妇女权利	争取到 2005 年消除小学教育和中学教育中的两性差距,最迟于 2015 年在各级教育中消除此种差距
MDG 5:改善产妇保健	5.a 1990 年—2015 年,产妇死亡率降低四分之三 5.b 到 2015 年实现普遍享有生殖保健
SDG 5:实现性别平等,增强所有妇女和儿童的权能	5.1 在全球消除对妇女和女童一切形式的歧视 5.2 消除公共和私营部门针对妇女和女童一切形式的暴力行为,包括贩卖、性剥削及其他形式的剥削 5.3 消除童婚、早婚、逼婚及割礼等一切伤害行为 5.4 认可和尊重无偿护理和家务,各国可视本国情况提供公共服务、基础设施和社会保护政策,在家庭内部提倡责任共担 5.5 确保妇女全面有效参与各级政治、经济和公共生活的决策,并享有进入以上各级决策领导层的平等机会 5.6 根据《国际人口与发展会议行动纲领》《北京行动纲领》及其历次审查会议的成果文件,确保普遍享有性和生殖健康以及生殖权利 5.a 根据各国法律进行改革,给予妇女平等获取经济资源的权利,以及享有对土地和其他形式财产的所有权和控制权,获取金融服务、遗产和自然资源 5.b 加强技术特别是信息和通信技术的应用,以增强妇女权能 5.c 采用和加强合理的政策和有执行力的立法,促进性别平等,在各层面增强妇女和女童权能

资料来源:联合国网站。

二、双边发展援助与两性平等

美国国际开发署(United States Agency for International Development, USAID)在两性平等议题方面有着悠久的历史。1982 年,该机构发布了《发展中的妇女》(Women in Development)政策文件,重点阐述了美国在该领域对最不发达国家的援助政策。[1] 2012 年,美国国际开发署又发布新的政策文件《两性平等与妇女赋权》(Gender Equality and Female Empowerment)。根据这一文件,开发署的援助项目致力于实现三个总体目标:减少在资源、财富、机会和服务的获取、

---

[1] USAID, "Women in Development", October 1982. https://www.usaid.gov/sites/default/files/documents/1865/womendev.pdf.

控制与受益方面的两性差距;减少基于性别的暴力;提高妇女和女童实现其权利的能力。该政策文件的指导性原则是:①将性别平等和女性赋权纳入美国国际开发署的工作;②采取包容性方法促进平等;③与广泛的利益相关者建立合作关系;④利用科技与创新缩小性别差距并增强妇女和女孩的权能;⑤应对危机和冲突影响环境中的独特挑战;⑥成为思想领袖和学习型社区;⑦促进两性平等是开发署所有人员的责任。[1]

英国国际发展合作部(Department for International Development, DFID)将两性平等议题置于其工作的重要位置,分别于2011年和2018年发布了《英国国际发展合作部关于妇女和女孩的战略远景》(*DFID's Strategic Vision on Women and Girls*)和《英国国际发展合作部——两性平等战略愿景》(*DFID—Strategic Vision for Gender Equality*)两份战略文件。英国国际发展合作部认为两性平等和妇女赋权对联合国可持续发展目标的实现具有根本重要性,2018年的战略愿景文件制定了相关计划:①挑战和改变男女之间不平等的权力关系;②在健康、教育、免受暴力、经济与政治赋权等方面为改变两性不平等状况奠定基础;③在冲突、旷日持久的危机和人道主义紧急情况下保护妇女和女童并增强她们的权能;④重点关注由于多种歧视或不利因素而进展缓慢的女性群体,包括身有残疾者;⑤将两性平等纳入贸易、税收、气候变化、基础设施、防治艾滋病、营养等所有工作之中;⑥工作应涉及妇女和女孩的各生命周期,尤其要注意青春期;⑦按性别、年龄和残障对数据进行分类统计,以对成果和不足进行追踪。[2]

日本国际协力机构(Japan International Cooperation Agency, JICA)的设想是通过"包容性和动态性发展"(inclusive and dynamic development)促进其伙伴国家的人类安全、减贫、可持续的经济增长和改善治理。而性别平等和妇女赋权对于实现包容性和动态性发展至关重要。日本国际协力机构一直将性别主流化作为其整个工作过程中促进两性平等和增强妇女权能的关键战略。日本国际协力机构将女性潜能的发掘视为促进发展的关键因素,并确保妇女在所有干预措施中具有平等的发言权和领导权。日本国际协力机构将通过重点关注以下五个优先领域,在其性别主流化工作中进行战略投资,以促进性别平等和增强妇女权能:①促进妇女的经济权能;②确保妇女的权利与安全;③促进妇女的健康和教育;④促进性别平等的治理;⑤促进性别平等的基础设施。[3]

---

[1] USAID, "Gender Equality and Female Empowerment", March 2012, pp.1-2. https://www.usaid.gov/sites/default/files/documents/1865/GenderEqualityPolicy_0.pdf.

[2] DFID, "Strategic Vision for Gender Equality", March 2018, p.3. https://assets.publishing.service.gov.uk/government/uploads/system/uploads/attachment_data/file/708116/Strategic-vision-gender-equality1.pdf.

[3] JICA, "Gender Equality and Women's Empowerment: JICA Strategies and Actions", https://www.jica.go.jp/activities/issues/gender/ku57pq00002cucek-att/position_paper_en.pdf.

三、多边发展援助与两性平等

国内行动对于减少性别不平等具有核心作用。任何发达和发展中国家的政府、人民、组织,以及国际组织所采取的全球性行动都无法替代公平有效的国内政策与制度的效果。但是全球性行动可以起到补充作用,它们可以加强国内政策的影响,并且加深在促进所有或部分女性的性别平等和生活改善方面所发挥的作用。

(一) 联合国与两性平等

联合国一直把人权放在最重要的位置。妇女权利也是人权,自然也是联合国关注的主要工作。联合国自建立之初,即致力于推动国际公约的制定和执行、通过促进经济发展和社会进步来保障人权、实现世界和平与国际合作。早在1948年联合国通过的《世界人权宣言》,就特别强调了基本人权、人格尊严和价值,以及无论大国小国、无论男女、种族、年龄,人人都应享有平等的权利。1979年联合国通过《消除对妇女一切形式歧视的公约》(简称《消歧公约》)。《消歧公约》再次确认妇女权益不容侵犯,任何形式的歧视都是对妇女人权的侵害,其最关键的一点就是把性别平等和非歧视变成一个法律化的国际条约,是对妇女人权的全方位保障,被公认为"国际妇女人权宣言",希望各成员国都能遵循这些准则,使妇女在政治、法律、工作、教育、医疗服务、商业活动和家庭关系等各个方面的权利得到充分保障。

1995年在北京召开的第四次世界妇女大会构建了一座新的里程碑。大会通过的《北京宣言》《行动纲领》等文件,将性别观点纳入社会发展各领域的主流,被联合国确定为促进性别平等的全球战略。世妇会的成果给世界妇女运动的发展奠定了很好的基础,也提出了长远目标。这些目标迄今没有一个国家完全实现,因此至今仍未召开第五次世妇会,而是一直通过"北京+5""北京+10""北京+15"和"北京+20",不断评估进展,反馈这些纲领性文献和目标是否实现,行动方案是否完成。

1997年联合国经社理事会一致通过决议,要求各国把社会性别问题纳入主流,这就是所谓社会性别主流化。无论什么项目、政策和法律法规,都应纳入社会性别的视角,以更好地让国家和社会来履行性别平等和维护妇女权益的责任。2000年各国元首在纽约签署《千年发展目标》和《千年宣言》,性别平等和妇女赋权为千年发展目标的八个目标之一,而且也是实现其他目标的必要条件。也就是说,其他目标的实现依托于妇女的充分参与和性别平等理念的贯穿。2015年,经过各国首脑磋商,联合国通过了《人类可持续发展议程》,设定了2016—2030年的

17个目标,社会性别和妇女赋权再度作为一个单列目标,而其他16个涉及人类生活的方方面面的目标,也同样需要性别平等和人人参与。这个议程设定的目标的最大亮点就是集中力量消除极端贫困、战胜不平等和不公正、遏制气候变化。这是全球发展的三大挑战。所以从这方面讲,联合国所有的措施都给性别平等和妇女赋权提供了很好的战略框架。

(二) 联合国教科文组织与两性平等

联合国教科文组织立足自身关键业务领域,采取协调一致的行动,为创造有利于两性平等的环境作出独特而全面的贡献:在教育领域,教科文组织借助教育系统缩小性别差距、推动性别平等——学习机会(入学公平)、学习过程(内容、环境和实践、传授方式及评估)以及学习产出(学习成果、生活机遇与工作机会)。在自然科学领域,教科文组织致力于为女性树立强有力的榜样、提高其能力,支持有助于促进公平和可持续发展的知识的生产和传播。在社会和人类科学领域,教科文组织力图将性别平等纳入社会包容和转型政策之中。在针对年轻人所开展的活动中,教科文组织特别关注处于不利地位的妇女的需求、期待和愿望。此外还推动男性的能力建设,意在推动他们成为性别平等的坚定倡导者。[1]

确保妇女和男子平等享有获取、参与和促进文化生活的权利,是教科文组织开展文化工作的指导原则。国际文化公约促进人人参与国际、国家和地方各层级实施工作,鼓励妇女和男子平等地从遗产和创造力中受益。教科文组织传播与信息部门牵头赋权妇女和女童的独特倡议,例如制定媒体性别敏感指标(Gender-Sensitive Indicators for Media, GSIM),以及推广适合不同性别需求的开放教育资源政策。教科文组织通过将性别平等确立为本组织的全球优先事项,致力于为赋权全球女性、促进性别平等作出积极而持久的贡献。

(三) 世界卫生组织与两性平等

性别不平等会通过卫生资源的不公平分配而直接影响到千百万女性的健康,也会通过母婴关系等途径影响到男性健康。世界卫生组织重视包括两性平等在内的社会因素对人类健康的影响。2005年3月,世界卫生组织前总干事李钟郁(Lee Jong-Wook)博士建立了健康问题社会决定因素委员会(The Commission on Social Determinants of Health, CSDH)。该委员会是由世界卫生组织召集的决策者、研究人员和民间社会组织组成的全球性网络,为解决不良健康和健康不平等的社会原因提供支持。

2007年9月,该委员会的"妇女与两性平等知识网络"(Women and Gender

---

[1] 联合国教科文组织网站:https://zh.unesco.org/genderequality/actions。

Equity Knowledge Network)向委员会提交了一份名为《不平等、不公平、无效和低效——健康中的性别不平等：为什么存在以及我们如何改变它》(*Unequal, Unfair, Ineffective and Inefficient—Gender Inequity in Health: Why it Exists and How We Can Change it*)的报告。报告提出了可以有所作为的七种方法：①解决性别不平等的基本结构问题；②挑战性别陈规陋俗，并采取多层战略来改变直接危害妇女健康的规范和做法；③通过解决与性别相关的脆弱性问题，降低男女健康风险；④通过提高认识并处理女性作为卫生保健的提供者和消费者所面临的问题，改善妇女获得卫生保健的机会，并使卫生系统对妇女更加负责，改变卫生系统的卫生政治；⑤采取行动，通过改变健康研究内容和过程中的性别失衡来改善政策的证据基础；⑥采取行动，通过建立支持性结构、激励机制和问责机制，使各级组织更有效地发挥作用，将性别平等纳入主流并赋予妇女健康权；⑦支持对确保妇女发言权和代理权至关重要的妇女组织，这些组织经常在发现问题和尝试创新解决方案方面处于最前沿。[1]

（四）联合国粮食及农业组织与两性平等

联合国粮食及农业组织（粮农组织）认为，农村妇女和男子是消除饥饿和极端贫困的关键，特别是农村妇女和女孩被认为是变革的主要推动者。在发展中国家，妇女占农业劳动力的50%。她们中有农民、农场工人、园艺师、市场销售员、商人、企业家和社区领导人，妇女们在整个农产品价值链上，以及在土地和水资源等自然资源的管理中发挥了重要作用。然而，粮食和农业中的性别差距相当大。作为消费者，世界上每个地区的女性都比男性更容易遭受粮食不安全，而作为生产者，农村妇女在获得基本生产资源以及服务、技术、市场信息和金融资产等方面也受到比男性更大的限制。她们在地方机构和治理机制中的代表性不足，往往决策权较小。除了这些制约因素，普遍存在的性别规范和歧视常常意味着妇女面临过重的劳动负担，而她们大部分的劳动却仍是无偿的且是不被承认的。正如《2010—2011年粮食和农业状况》中所指出的，妇女与男子一样擅长耕作：有证据表明，如果农妇在农田上使用与男子同等的资源，也会达到相同的产量水平。

粮农组织通过规范与准则、数据与信息、政策对话、能力发展、知识与技术、伙伴关系以及倡导与交流等发挥作用，帮助减少性别不平等。在全球和区域层面，粮农组织主张突出粮食安全和营养问题高层对话与决策的重点，从而确保性别平等和赋予妇女权能问题得到充分解决。通过与世界粮食安全委员会（Committee

---

[1] Women and Gender Equity Knowledge Network, "Unequal, Unfair, Ineffective and Inefficient—Gender Inequity in Health: Why it exists and how we can change it", final report to WHO Commission on Social Determinants of Health, September 2007, pp. viii-vi. https://www.who.int/social_determinants/resources/csdh_media/wgekn_final_report_07.pdf? ua=1.

on World Food Safety, CFS)的合作,粮农组织邀请各国政府、发展机构、学术界、民间社会和私营部门共同制定重要的国际文书,如《国家粮食安全范围内土地、渔业及森林权属负责任治理自愿准则》等,这为扭转全球的性别不平等情况提供了最重要的机会。在国家层面,粮农组织在种植业、畜牧业、林业和渔业等分部门帮助政府制定和实施各项政策与方案,确保男女平等进入或获得生产资源、组织、技术、市场、体面的就业和社会保护,平等参与农业服务,获得平等机会,并从中平等获益。除了加强各部委和其他国家机构的地方能力外,粮农组织还与各国合作,编制并使用按性别分类的数据、性别敏感型指标和性别分析。[1]

四、国际发展援助的效果及问题

国际发展援助有利于妇女减贫。一些国际组织和援助机构致力于通过开展小额信贷、帮助建立创收项目、技能培训等援助项目推动发展中国家妇女平等地参与经济生活。妇女经济边缘化的根源之一是因为男性享有教育、技术和技能培训的优先权,妇女不得不从事低生产率的、对技能要求低的工作从而导致贫困。因此一些国际援助机构如联合国妇女地位委员会(The Commission on the Status of Women, CSW)通过为农村女童和妇女提供非正规教育来提高妇女地位。世界银行则强调贫困妇女所遭受的歧视,认为应当通过援助推动发展中国家法律和政治的改革,使妇女获得更大的代表权,以使妇女享有更多的受教育权和决策权。

国际发展援助有利于妇女参与公共管理。妇女参与公共管理能够更好地将妇女的关注与视角纳入发展政策、计划和项目实施过程,以确保妇女的利益。《消除对妇女一切形式歧视的公约》《北京宣言》及《千年宣言》中都明确了男女应平等参与决策这一基本原则,《北京行动纲领》还设立了让妇女在国家的决策位置上达到 30% 的目标。各主要援助国及援助机构也纷纷为提高妇女在发展中国家的公共参与而设计援助项目。在这方面成功的援助案例有欧盟援助中国湖南农村妇女参与村级治理项目,福特基金会援助中国陕西合阳提高妇女当选村委会成员比例项目,美国援助尼泊尔和塞内加尔妇女提高政治参与项目等。[2]

> **本章小结**
>
> 两性平等是国际发展的重要议题。两性平等既是发展的目标也是发展的手段,性别平等本身就是基本人权的重要组成部分,同时也通过多种途径促进经济发展。为了对性别平等进行测量,不同的国际组织从不同维度设定了衡量指标,主要包括:性别发

---

[1] 联合国粮食及农业组织网站:http://www.fao.org/gender/background/zh/。
[2] 曾璐:"国际发展援助中的妇女待遇及妇女的中心作用",《社会科学家》,2013 年第 7 期,第 51—53 页。

展指数、性别赋权指数、性别平等指数、全球性别差距指数、社会制度和性别指数、性别不平等指数等。这些指数的制定和演进显示了国际社会对两性平等相关因素理解的不断深入。性别平等在获得进展的同时也存在着滞缓的领域,如女性工作不同与工资偏低,家务和照料家人仍被视为女性的职责,女性较小的话语权和政治权利等。

诸多因素对性别平等取得进展具有促进作用。对教育和健康的投资决定了女性在社会中实现其最大潜力的能力;女性个体的能动性塑造了自己和孩子的未来行为,女性的集体能动性具有改革能力,可以促进社会和政策变革;全球化也促进了性别平等:贸易自由化增加了对女性工人的需求,信息通信技术扩大了女性的市场准入,全球化使性别歧视的成本上升,国际公约与经济协议推进了性别平等。

对性别平等的推动需要从国家和国际等多个层面上开展。在国别层面上的政策应注重缩小健康和教育性别差异、增加经济机会和提高女性能动性。在国际层面上应加强国际组织的作用。联合国大会、经社理事会、联合国教科文组织、联合国粮农组织都将两性平等作为其工作的重要内容,联合国 2030 年可持续发展目标为国家和国际组织在性别平等方面的工作提供了重要的参照系和推动力。

关键词

性别平等　赋权　能动性

简答题

1. 性别平等的主要指标有哪些?
2. 性别平等与发展之间的关系是什么?
3. 性别平等的促进因素有哪些?
4. 国家层面采取哪些公共行动可以促进性别平等?
5. 国际组织在促进性别平等方面发挥了什么作用?

思考题

1. 简述两性平等思想的起源与演进。
2. 国际机构在推进两性平等方面采取了哪些措施,具体效果如何?

第 9 章

环境与发展

　　人类出现后,在为了生存而与自然界的斗争中,运用自己的智慧和劳动,不断地改造自然,创造和改善自己的生存条件。同时,将经过改造及使用的自然物和各种废弃物还给自然界,使它们又进入自然界参与物质循环和能量流动过程。其中,有些成分会引起环境质量的下降,影响人类和其他生物的生存和发展,从而产生了环境问题。大自然本身是有一定自净能力的,但是当废弃物的产生量越来越大,超过环境的自净能力时,就会影响环境质量,造成环境污染。随着全球人口的急剧增长和经济的快速发展,资源需求也与日俱增,人类正受到某些资源短缺和耗竭的严重挑战。资源和环境问题威胁着人类的生存和可持续发展。

第一节 全球环境问题概述

《寂静的春天》和《增长的极限》是推动环保运动的两本重要著作。在环境保护运动的推动下,联合国通过召开环境大会和促进环境条约的签署将全球环境保护不断向前推进。2030年可持续发展目标的制定与实施标志着联合国框架下环境议程与发展议程的进一步深度融合。

一、全球环境问题的演进

人类对环境问题的重视与反思始于美国国内的环保运动,而联合国则在推动环境保护的国际制度构建方面扮演着领导性角色。

(一) 1962年《寂静的春天》

现代环保主义(environmentalism)的兴起可以追溯到20世纪60年代初,当时的各种运动(其中一些是跨国性的)提请人们注意与核武器试验有关的环境危害。许多学者将全球环保主义与美国环境运动的兴起联系起来。[1] 蕾切尔·卡逊(Rachel Carson)于1962年出版的《寂静的春天》(*Silent Spring*)通常被视为重要的里程碑。卡逊认为,在美国对农药(大部分为DDT)未经控制和未经检查的使用正在伤害和杀死动物种群(尤其是鸟类)。此外,她强调说,通过生物累积(bioaccumulation)过程,达到危险数量的农药正在进入人类的食物链,造成严重危害。卡逊对资本主义进行了严厉批评,她说资本主义把利润置于对健康和安全的考虑之上。她还对主流科学进行批评,她说主流科学淡化或完全忽略了与广泛使用农药有关的风险和不确定性。卡逊的书在美国引发了激烈的全国性辩论,辩论内容不仅涉及使用多种化学物质的安全性,还涉及西方工业化对全世界的影响。最后,这本书促使国家农药政策发生了逆转,并引发了一场环保运动,促使了美国环境保护署(the US Environmental Protection Agency)的建立。

(二) 1972年《增长的极限》:促进全球环境保护

另一本对全球环保主义的崛起具有深远影响的出版物是1972年出版的《增

---

[1] Rootes, C., ed. 2014. *Environmental Movements: Local, National and Global*. London: Routledge; Dryzek, J.S. 2013. *The Politics of the Earth: Environmental Discourses*. Oxford: Oxford University Press.

长的极限》(*The Limits to Growth*)。[1] 这本书源自罗马俱乐部(the Club of Rome)委托进行的研究,描绘了关于饥荒、资源稀缺、饥饿、生态系统崩溃、污染和预期寿命减少的世界末日图画,而这一切都是因为过去30年中人口的指数级增长和环境退化。像卡逊一样,这些作者对物质主义持批评态度,并呼吁对环境进行监管,并在全球范围内更加重视环境保护。

(三) 1972 年联合国斯德哥尔摩环境会议

为了回应这些关于可持续利用环境资源的意见,联合国于1972年在斯德哥尔摩组织了联合国人类环境会议(the United Nations Conference on the Human Environment)。这是联合国召开的首次环境会议。来自113个国家的代表以及许多国际非政府组织、政府间组织和其他专门机构的代表出席了会议。会议的主要成果是《斯德哥尔摩宣言》(*the Stockholm Declaration*),其中载有旨在维护和改善人类环境的26项原则。该文件反映了发展与环境之间的联系,包括以下观点:环境保护是生活质量和人权享有的基础,而人口增长和经济发展对环境保护构成相当大的威胁。作为会议的后续行动,联合国大会于1972年设立了联合国环境规划署(the United Nations Environment Programme, UNEP),其核心职能是领导联合国在环境及其与国际发展的联系方面的工作。

(四) 1982 年联合国内罗毕会议

1982年,联合国环境规划署在肯尼亚首都内罗毕召开了特别会议。这次会议是为纪念1972年联合国人类环境会议10周年而召开。1972年在瑞典首都斯德哥尔摩召开的联合国人类环境会议后的10年间,环境保护事业取得了很大进展,除了成立联合国环境规划署外,很多国家纷纷通过了环境方面的立法,并成立了一些环保非政府组织,缔结了有关环境的重要国际协定。在内罗毕会议期间,与会代表们总结了斯德哥尔摩人类环境会议以来的工作,并针对出现的新问题,规划了以后10年的工作,会后发表了著名的《内罗毕宣言》(*Nairobi Declaration*)。宣言总结了过去10年间出现的新观念,指出进行环境管理和评价的必要性。内罗毕会议在人类环境保护的发展上可以说是起到了一个承前启后的作用。自内罗毕会议结束到1992年的联合国环境与发展大会的10年间,国际环境法得到了极大的发展,1982年《联合国海洋法公约》(United Nations Convention on the Law of the Sea, UNCLOS)、1983年《国际热带木材协定》(International Tropical Timber Agreement)、1985年《保护臭氧层维也纳公约》(Vienna Convention for the Protection of the Ozone Layer)、1987年《关于消耗臭氧层物质的蒙特利尔议定书》

---

[1] Meadows, D. H., D. L. Meadows, J. Randers, and W.W. Behrens. 1972. *The Limits to Growth*. New York.

(Montreal Protocol on Substances that Deplete the Ozone Layer)等40多个国际公约、协定都是在此次会议后签订的,极大地促进了环境保护的全球一体化的发展。如果说,从1972年的联合国人类环境会议到内罗毕会议的10年是世界环境保护事业繁荣发展的时期,那么,从1982年内罗毕会议到1992年联合国环境与发展大会的10年间,世界环境保护事业则又向成熟期迈进了一步。

(五) 1987年《我们共同的未来》

1983年,联合国秘书长请挪威总理及公共卫生专家格罗·哈莱姆·布伦特兰(Gro Harlem Brundtland)博士主持世界环境与发展委员会(World Commission on Environment and Development,WCED)。该委员会的成立是由全球一系列引人注目的环境事件引发的,包括非洲的严重干旱造成约100万人丧生,危及3 600万人的生计;印度博帕尔(Bhopal)一家农药工厂的泄漏造成超过2 000人死亡,20多万人受伤;墨西哥城发生的液化气储罐爆炸事件,造成1 000人死亡,数千人无家可归;切尔诺贝利(Chernobyl)核反应堆爆炸事件在整个欧洲造成核辐射,增加了人类患癌的潜在风险。[1] 经过广泛磋商和会议,布伦特兰委员会于1987年4月发布了其开拓性报告《我们共同的未来》(*Our Common Future*),将"可持续发展"(sustainable development)一词纳入公众的讨论范围。该报告将"可持续发展"定义为"在不损害子孙后代满足其自身需求的能力的前提下满足当代人需求的发展"。[2] 布伦特兰报告强调了环境与发展之间的相关性,在制定和执行发展政策以应对全球环境挑战时需考虑经济、环境和社会问题的相互关系和相互依存的重要性。

(六) 1992年里约峰会

1992年,联合国环境与发展会议(the United Nations Conference on Environment and Development,UNCED),通常称为地球峰会(the Earth Summit),在巴西里约热内卢举行。环发会议被认为是有史以来规模最大的全球环境会议,其主要目的是加强环境与发展之间的联系,讨论实施可持续发展的具体方法。会议提出了在全球范围内实现可持续发展的21条原则,其中原则4主张"环境保护应构成发展过程的组成部分,不能孤立地考虑"。此外,还通过了一个在国家、区域和国际各级具体实现可持续发展的行动计划——《21世纪议程》(Agenda 21)。《21世纪议程》的重点广泛,包括减少毁林、防止污染、减轻贫困、促

---

[1] Paul A. Haslam, Jessica Schafer and Pierre Beaudet (eds.), *Introduction to International Development: Approaches, Actors, Issues, and Practice (Third Edition)*, Oxford University Press Canada, 2017, p.326.
[2] World Commission on Environment and Development (WCED). 1987. *Our Common Future*. (Brundtland Report). Oxford and New York: Oxford University Press, p.43.

进化学品管理和避免自然资源的消耗。为了完全支持《21世纪议程》的目标，联合国大会于1992年成立了可持续发展委员会(the Commission on Sustainable Development)，作为经济及社会理事会的一部分。此外，联合国环境与发展会议还制定了《联合国生物多样性公约》(the UN Convention on Biological Diversity, UNCBD)、《联合国防治荒漠化公约》(the UN Convention to Combat Desertification, UNCCD)、《联合国气候变化框架公约》(the UN Framework Convention on Climate Change, UNFCCC)以及广泛的森林保护原则。

（七）2002年里约＋10会议

1992年在巴西里约热内卢召开的环境与发展大会通过了《里约宣言》(Rio Declaration)和《21世纪议程》等重要文件，确定了相关环境责任原则，可持续发展的观念也逐渐形成。但由于国际环境发展领域中的矛盾错综复杂，利益相互交错，以全球可持续发展为目标的《21世纪议程》等重要文件的执行情况并不良好，全球的环境危机没有得到扭转。一方面，发展中国家实现经济发展和环境保护的目标由于自身经济不发达而困难重重；另一方面，发达国家没有履行公约中向发展中国家提供技术资金支持的义务。因而，全球贫困现象还普遍存在，南北差距不断增大，大多数国家认为召开新的国际会议，总结回顾里约会议的精神，讨论里约会议建立的全球伙伴关系所面临的新问题有着极大的必要性。2002年的首脑会议也是基于此目的筹备召开。根据2000年12月第55届联大第55/199号决议，2002年在南非约翰内斯堡召开了可持续发展世界首脑会议(World Summit on Sustainable Development, WSSD)，这次会议全面审查和评价了《21世纪议程》执行情况，是重振全球可持续发展伙伴关系的重要会议。会议通过了两份主要文件——《可持续发展问题世界首脑会议执行计划》(Plan of Implementation of the World Summit on Sustainable Development)和《约翰内斯堡可持续发展承诺》(The Johannesburg Declaration on Sustainable Development)。各国领导人再次郑重表达了实施可持续发展的承诺。他们在宣言中表示，将联合采取行动以"拯救我们的星球，促进人类发展，并实现共同的繁荣与和平"。《执行计划》是建立在地球峰会以来所取得的进展和经验教训的基础上，提供更有针对性的办法和具体步骤，以及可量化的和有时限的指标和目标。

（八）2012年里约＋20会议

2012年，"联合国可持续发展大会"在巴西里约热内卢举行，是继1992年联合国环境与发展大会及2002年约翰内斯堡可持续发展世界首脑会议后，国际可持续发展领域举行的又一次大规模、高级别会议。2012年联合国可持续发展会议的两个主题是绿色经济在可持续发展和消除贫困方面的作用以及可持续发展的体制框架。总体来看,里约+20峰会各利益方在经济、社会发展和环境保护三大支柱相统筹,"共同但有区别的责任"原则,发展模式多样化、多方参与、协商一致等基本原则上达成共识。很多国家也提出了设立可持续发展目标、研究设计可持续发展衡量新指标等建议。来自188个国家的代表签署了一份题为《我们期望的未来》(*The Future We Want*)的成果文件。这一长达53页的文件包含了将环保和发展归入生态经济(绿色经济)的措施。

表9-1 历届全球环境大会及其成果

年份	地点	会议名称	成果文件	意义
1972	斯德哥尔摩	联合国人类环境会议	《人类环境宣言》(《斯德哥尔摩宣言》)和《行动计划》	反映发展与环境之间的联系
1982	内罗毕	纪念联合国人类环境会议十周年特别会议	《内罗毕宣言》	承前启后,指出进行环境管理和评价的必要性
1992	里约热内卢	联合国环境与发展会议	《21世纪议程》	具体实现可持续发展的行动计划
2002	约翰内斯堡	可持续发展世界首脑会议	《可持续发展问题世界首脑会议执行计划》和《约翰内斯堡可持续发展承诺》	更有针对性的办法和具体步骤,以及可量化的和有时限的指标和目标
2012	里约热内卢	联合国可持续发展大会	《我们期望的未来》	将环保和发展归入生态经济(绿色经济)的措施

资料来源:作者自制。

二、全球主要环境问题

从上述环境会议及其成果文件所关注的环境问题看,人类当前面临的主要全球性环境挑战包括以下十个方面。

(一) 全球气候变暖

全球气候变暖是这些主要挑战中最为复杂也是最为危险的问题。人类燃烧煤、油、天然气和树木,产生的大量二氧化碳和甲烷进入大气层后使地球升温,使碳循环失衡,改变了地球生物圈的能量转换形式。大气中二氧化碳排放量增加是造成地球气候变暖的根源。如果不采取行动,预计21世纪全球地表平均温度将持续上升,本世纪的升幅可能超过3℃。[1] 地球温度上升将导致极端天气、冰雪消融、永久冻土层融化、海平面上升、珊瑚礁死亡、旱涝灾害增加、致命热浪、生态

---

[1] 联合国网站资料:https://www.un.org/sustainabledevelopment/zh/climate-action/。

系统改变,等等。近年来,热浪、洪水、台风、干旱、地震、海啸,种种灾害在世界各地上演,让整个地球处于"水深""火热"的煎熬中。全球变暖将对自然生态系统和人类社会经济活动造成诸多负面影响,严重影响到人类的生存和社会的可持续发展,对广大发展中国家和贫困地区的经济社会冲击最甚。

(二) 臭氧层的损耗与破坏

臭氧层耗竭是指高空 25 千米附近臭氧密集层中臭氧被损耗、破坏而稀薄的现象。主要由人类活动产生的大量氮氧化物、氟氯烃化合物及其他痕量气体进入臭氧层所造成。臭氧层被破坏后,地面将受到过量的紫外线辐射,使平流层温度发生变化,导致地球气候异常;影响植物生长、生态平衡;破坏人体免疫系统及大多数生命物质,危害人类健康。如果臭氧层破坏的势头继续发展下去,生态系统中复杂的食物链、网将被打乱;一些生物物种将濒于灭绝;农业生产受损;气候趋于恶化;人类生存与发展的自然环境将面临灾难性的变化。

(三) 生物多样性减少

生物多样性是地球生命的基础,可持续发展的支柱之一。生物多样性承受的主要压力包括栖息地丧失和退化、过度开采、外来入侵物种、气候变化和污染。随着种群物种和栖息地大量、持续丧失,全球生物多样性现状持续恶化。生物多样性的持续丧失对人类当代和子孙后代的福祉具有重大的影响。如果地球系统所承受的压力超过了一定的临界点,那么生物多样性将严重丧失,广泛的生态系统服务将随之退化,而此类服务的丧失将使全人类受到影响,但首先影响到直接依赖于环境的贫困人群。

(四) 酸雨蔓延

酸雨是指 pH 值小于 5.6 的雨雪或其他形式的降水,泛指酸性物质以湿沉降或干沉降的形式从大气转移到地面上。酸雨的形成是一种复杂的大气化学或大气物理现象,它主要是人为向大气中排放大量酸性物质造成的。酸雨会对人体健康、生态系统和建筑设施带来直接和潜在的危害,酸雨可直接使大片森林死亡,农作物枯萎,诱发植物病虫害;抑制土壤中有机物的分解和氮的固定,导致土壤酸化;加速建筑和文明古迹的腐蚀和风化过程;甚至可能危及人体健康。酸雨的长距离传输还会造成典型的越境污染问题。全球酸雨地区主要集中在西欧、北美和东亚。欧洲和北美已采取了防止酸雨跨界污染的国际行动。在东亚地区,酸雨的跨界污染也已成为一个敏感的政治问题。

(五) 森林锐减

森林是地球上最大的陆地生态系统,是人类赖以生存和发展的资源。作为全球生物圈中重要的一环,它对维系整个地球的生态平衡起着至关重要的作用。但是在世界各地,为了取得廉价的木材和经营农场、牧场及生产纸浆,森林遭到不断的砍伐,因此违法的森林开采和人为纵火而引起的森林火灾正在不断增加。目前,非法砍伐已经成为森林消失的主要原因。据估计,世界上约一半以上的温带和热带雨林已被砍伐,地球上80%以上的原始森林已遭破坏,而热带地区森林消失的速度尤快。一般来说,森林砍伐不但会造成环境退化和物种多样性的减少,而且还会造成气候变迁和地理环境的改变。

(六) 土地荒漠化

土地荒漠化是指气候异变和人类活动等诸多因素造成的干旱地区的土地退化,它对人类的生存构成严重威胁。目前,除南极洲以外的世界各大洲均出现了荒漠化。荒漠化正影响着世界上36亿公顷的土地,约占地球陆地总面积的25%。每年消失的土地可生产2 000万吨的粮食,威胁着大约100个国家的10亿多人的生活。每年由于土地荒漠化和土地退化造成的经济损失达到420亿美元。[1] 荒漠化对区域和全球环境均存在影响,有时受影响的地区可能是远离荒漠化地区数千公里的其他地区。荒漠化也是影响贫困人口生计潜在的危害程度最大的生态系统变化状况。荒漠化不但导致生态系统服务的持续下降,引起土地退化以及人类福祉的丧失,而且还会造成固碳能力的丧失以及地面反照率的加大,从而导致全球气候变化的加剧。

(七) 大气污染

大气污染是指大气中污染物质的浓度达到有害程度,以至破坏生态系统和人类正常生存和发展的条件,对人和物造成危害的现象。其成因有自然因素(如火山爆发、森林灾害、岩石风化等)和人为因素(如工业废气、燃料、汽车尾气和核爆炸等),尤以后者为甚。世界卫生组织提供的最新数据显示,每10人中就有9人呼吸含有高浓度污染物的空气,每年因环境(室外)和室内空气污染造成的死亡数达到惊人的700万人。90%以上的与空气污染有关的死亡发生在低收入和中等收入国家,主要在亚洲和非洲,其次是东地中海区域、欧洲和美洲的低收入和中等收入国家。[2]

(八) 水资源短缺及淡水污染

淡水对于人类健康和生态系统至关重要,在地球上可获得的所有水资源中约

---

[1] 中国人民共和国应急管理部网站资料:https://www.mem.gov.cn/kp/zrzh/qtzh/201904/t20190401_243426.shtml。
[2] 世界卫生组织网站资料:https://www.who.int/zh/news-room/detail/02-05-2018-9-out-of-10-people-worldwide-breathe-polluted-air-but-more-countries-are-taking-action。

有 2.5%的水为淡水,有相当部分的淡水尚无法获取。首先,水资源短缺是人类用水安全最重要的影响因素,全球有 1/5 的人口居住在水资源短缺的地区,还有 5 亿人正接近这种状况。[1] 由于土地利用、砍伐森林、气候变化以及不断增长的人口及工业对淡水的大量消耗,在河流、湖泊和地下所发现的少量淡水的可及性日益受到威胁。全世界人均淡水可用量正在下降,部分是因为地表水和地下水资源的过度抽取。其次,水质也因日益严重的污染而受到破坏。整个世界的地下水都受到来自农业、城市地区、固体废弃物、现场废水处理、石油和天然气开采及精炼、采矿、生产和其他工业资源污染的威胁。水污染一直是全球范围内导致人类患病和死亡的最主要原因。淡水污染也严重威胁野生动植物的生存。化肥和其他化学物质径流会引发水体富营养化,水生植物的过度生长将导致鱼类和其他动物因缺氧而死。如果目前的趋势继续下去,水资源供需差距很可能会越来越大,威胁到经济和社会发展及环境的可持续性。

(九) 海洋污染

海洋污染(marine pollution)通常是指人类改变了海洋原来的状态,使海洋生态系统遭到破坏。有害物质进入海洋环境而造成的污染,会损害生物资源、危害人类健康、妨碍捕鱼和人类在海上的其他活动、损坏海水质量和环境质量等。由于海洋的特殊性,海洋污染与大气、陆地污染有很多不同,其突出的特点:一是污染源广,不仅人类在海洋的活动可以污染海洋,而且人类在陆地和其他活动方面所产生的污染物,也将通过江河径流、大气扩散和雨雪等降水形式,最终都将汇入海洋。二是持续性强,海洋是地球上地势最低的区域,不可能像大气和江河那样,通过一次暴雨或一个汛期,使污染物转移或消除;一旦污染物进入海洋后,很难再转移出去,不能溶解和不易分解的物质在海洋中越积越多,往往通过生物的浓缩作用和食物链传递,对人类造成潜在威胁。三是扩散范围广,全球海洋是相互连通的一个整体,一个海域污染了,往往会扩散到周边,甚至有的后期效应还会波及全球。四是防治难、危害大。海洋污染有很长的积累过程,不易及时发现,一旦形成污染,需要长期治理才能消除影响,且治理费用大,造成的危害会影响到各方面,特别是对人体产生的毒害,更是难以彻底清除干净。

(十) 危险性废物

危险性废物是指除放射性废物以外,具有化学活性或毒性、爆炸性、腐蚀性和其他对人类生存环境存在有害特性的废物。化工业是促进经济发展的一个重大推动因素。但是,化工业是一个能源消耗密集型的产业,产生的污染排放无处不

---

[1] 联合国经济和社会事务部网站资料:https://www.un.org/zh/waterforlifedecade/scarcity.shtml。

在。化学品也会给环境和人类健康带来负面影响。化学品在整个生命周期中会通过多种步骤释放化学物质。一些生命周期长的化学品会在全球范围内转移,如持久性有机污染物和重金属,这些化学物质可能会转移到一些原始环境中,如雨林、深海或极地地区,并会沿食物链快速传递,在生物体内积累,最终对人类和野生动物产生毒性影响。一些从化学品衍生出来的产品最终会成为有害废弃物,产生额外污染风险,从而降低最初产生的惠益价值,抵消发展优势。

三、全球环境问题的特征

伴随着经济全球化的快速发展,环境污染和生态危机正在以一种人类难以控制的方式迅速在全球蔓延。这十大生态与环境问题共同威胁着地球的自然禀赋、生产以及可居住性,包括提供给人类社会的自然生态系统的各种服务。它们具有全球性、公共性和综合性的特征。

(一) 全球性

生态与环境是全人类维持生存状态所必需的全球公共物品,因此,环境领域中的全球公共问题具备与国际经济事务领域和国际军事安全领域相同的全球性。当代出现的一些环境问题,如气候变暖、臭氧层空洞等,其发生和影响的范围是全球性的,并且,这些问题往往高度关联,一个诱发因素可能会因为连锁反应而引起多个后果。一些环境污染还会跨国或跨地区流动,如上游国家在国际河流造成的污染可能危及下游国家、一国大气污染造成的酸雨可能会降到别国等。这种特征决定了全球环境问题的解决也应该是全球性的。环境问题的全球化,决定了环境问题的解决要靠全球的共同努力。

(二) 公共性

由于当代环境问题已影响到社会的各个方面,影响到每个人的生存与发展,因此,环境问题不是少数人或少数部门的事,也不是某一个国家或地区的事,而成为全世界共同面对、全社会共同关心的问题,关系到整个人类生存与可持续发展。全球环境问题已经成为"全球公共问题"的重要领域,这一特征决定了其治理必然依赖跨国和多层次的全球合作。保护全球环境在很大程度上超出了单个国家的能力,只有一致和协调的国际行动才足以解决问题。

(三) 综合性

环境问题不只是科学和技术的问题,也是经济和政治问题。各种全球环境问题与全球经济、社会和政治问题相互交织,具有高度的综合性和复杂性。由于气候变化、水资源、沙漠化以及生物多样性丧失之间存在广泛的内部联系,因此,孤立地对某一项采取治理措施是远远不够的,往往会适得其反。因此,环境问题不仅成为国际合作和交往的重要内容,也成为国际政治斗争的导火索之一,如各国在环境义务的承担、污染转嫁等问题上经常产生矛盾并引起激烈的政治斗争。

四、衡量全球环境的主要指标

(一)联合国环境规划署的职能及主要指标

联合国环境规划署成立于1972年,总部设在肯尼亚首都内罗毕,是联合国系统内负责全球环境事务的牵头部门和权威机构。联合国环境规划署的主要职责是:贯彻执行环境规划理事会的各项决定;根据理事会的政策指导提出联合国环境活动的中、远期规划;制定、执行和协调各项环境方案的活动计划;向理事会提出审议的事项以及有关环境的报告;管理环境基金;就环境规划向联合国系统内的各政府机构提供咨询意见等。

2012年"里约+20"会议确认了通过发展绿色经济实现可持续发展和消除贫困的目标。2012年12月3日,联合国环境规划署发布的《衡量一个朝向包容性绿色经济进展》(*Measuring Progress towards an Inclusive Green Economy*)报告指出,各项衡量指标对于政策的实施至关重要,因为它们有助于确定政策的结果并评估其影响。根据报告,目前大多数国家过多地将国内生产总值作为衡量经济表现的指标,从而在政策制定过程中并未将森林、清新的空气以及水资源等纳入固定资产折旧的考虑之中。报告围绕环境、政策干预和人类生活质量和福祉提出了一系列衡量指标,其中包括气候变化、生态系统管理、资源利用效率、绿色投资、绿色财政改革、就业、财富总额、社会服务、健康等。

表 9-2 联合国环境规划署绿色经济指标

阶段	指标类别	问题/政策/幸福与公平	指标
初始阶段	环境问题指标	气候变化	• 碳排放量(吨/年) • 可再生能源(占电力供应的百分比) • 人均能耗(英热单位/人)
		生态系统管理	• 林地(公顷) • 水资源压力(百分比) • 陆地和海洋保护区(公顷)
		资源利用效率	• 能源生产率(英热单位/美元) • 材料生产率(吨/美元) • 水生产率(立方米/美元) • 二氧化碳生产率(吨/美元)

续表

阶段	指标类别	问题/政策/幸福与公平	指标
初始阶段	环境问题指标	化学品和废物管理	• 垃圾收集(百分比) • 废物回收和再利用(百分比) • 废物产生(吨/年)或垃圾填埋场(公顷)
中间阶段	政策干预指标	绿色投资	• 研发投资(占GDP的百分比) • 环境商品和服务部门投资(美元/年)
		绿色财政改革	• 化石燃料、水和渔业补贴(美元或百分比) • 化石燃料税(美元或百分比) • 可再生能源激励措施(美元或百分比)
		定价外部性和评估生态系统服务	• 碳价(美元/吨) • 生态系统服务的价值(例如水的供应)
		绿色采购	• 可持续采购支出(美元/年和百分比) • 政府运营的二氧化碳和物质生产率(吨/美元)
		绿色就业技能培训	• 培训支出(美元/年和占GDP的百分比) • 受训人数(人/年)
最后阶段	政策影响指标	就业	• 建筑(人,百分比) • 运营和管理(人,百分比) • 产生的收入(美元/年) • 基尼系数
		环境商品和服务部门绩效	• 增值(美元/年) • 就业(岗位) • 二氧化碳和材料生产率(例如,美元/吨)
		总财富	• 自然资源存量价值(美元) • 年度净增加值/删除值(美元/年) • 识字率(百分比)
		获取资源	• 获得现代能源的比例(百分比) • 用水(百分比) • 卫生条件(百分比) • 获得保健的比例(百分比)
		健康	• 饮用水中有害化学物质的含量(克/升) • 因空气污染住院的人数(人) • 每10万人的道路交通死亡人数(与交通有关)

资料来源:UNEP,"Measuring Progress towards an Inclusive Green Economy",2012.

(二)联合国可持续发展目标及其指标

联合国千年发展目标的重点是发展的社会与经济维度,在8个目标中只有目标7"确保环境的可持续能力"是环境维度的目标。联合国2030年议程对此进行了纠正,在17个可持续发展目标中,超过一半的目标关注环境或解决自然资源的可持续性:贫困、健康、粮食和农业、水和环境卫生、人类住区、能源、气候变化、可持续的消费和生产、海洋以及陆地生态系统。超过86个子目标涉及环境可持续性,在17个大目标中,每个大目标下至少都有一个子目标与环境可持续性相关。而且,各发展目标之间是相互融合的,这意味着某一目标的进展同时取决于其他目标的进展。

设立环境目标的目的是为了保护环境,判断这些目标是否达到需要设定合理的指标。环保的指导思想不仅需要贯穿生产过程,而且需要用来指导人们的消费。从这一点来说,可持续发展目标12"负责任消费和生产"体现着人类对于环保与发展认识的深化。其子目标包括:12.1"各国在照顾发展中国家发展水平和能力的基础上,落实《可持续消费和生产模式十年方案框架》,发达国家在此方面要做出表率";12.3"到2030年,将零售和消费环节的全球人均粮食浪费减半,减少生产和供应环节的粮食损失,包括收获后的损失";12.c"对鼓励浪费性消费的低效化石燃料补贴进行合理化调整,为此,应根据各国国情消除市场扭曲,包括调整税收结构,逐步取消有害补贴以反映其环境影响,同时充分考虑发展中国家的特殊需求和情况,尽可能减少对其发展可能产生的不利影响并注意保护穷人和受影响社区"。衡量目标进展情况的指标则包括:12.1.1已制定可持续消费和生产国家计划或已将可持续消费和生产作为优先事项或目标纳入国家政策主流的国家数目;12.3.1粮食损耗指数和食物浪费指数;每单位国内总产值(生产和消费)的化石燃料补贴数额及其在国家化石燃料总支出中的占比。

联合国发展议程与环境议程融合为联合国2030可持续发展议程,可持续发展议程对环境维度的加强体现了人类对于发展理解的进一步深入。发展不只是经济系统内部的问题,还涉及经济系统与社会系统,以及经济系统与环境系统之间的关系。

第二节 全球环境问题的应对

人与自然关系问题是哲学研究中最基本的问题,全球环境问题的应对需要破除人类中心主义的环境观;低碳经济与碳金融是应对环境问题的经济方案;但更为深层的解决方案则需要环境政治与环境伦理。

一、人与自然关系的理论

检视人与自然关系上的已有理论,我们可以看到"中心主义"的痕迹。无论是人类中心主义,还是自然中心主义,都表现出倚重"中心",贬损"边缘"的理论倾向。[1]

(一) 人与自然从"中心主义"转向"和谐共生"

在人类中心主义看来,人是宇宙的"中心",人是自然界的主人,自然界是人的奴仆,处于边缘位置。自然界存在的理由和价值就是充当人的手段和工具,自然界只能是"一切为了人、为了一切人、为了人的一切"而存在。这种观点过分强调"人是万物的尺度",生机盎然的自然界在人类中心主义的遮蔽下沦落为畸形的附属物存在。所以,面对日益严重的生态环境危机,人类中心主义难辞其咎。

为了克服人类中心主义对自然界的霸凌行为,人们又提出了自然中心主义观点。自然中心主义强调自然界的内在价值,主张扩大伦理关怀的对象,呼吁爱及众生,怜惜万物。如果说人类中心主义强调"人为自然界立法",那么,自然中心主义就是用自然界为人立法。遗憾的是,自然中心主义也存在着矫枉过正,过犹不及的现象,表现出理论和实践上的缺陷与困境。自然中心主义贬低了人的地位与价值,压抑了人的能动性和创造性。自然中心主义使人重新受制于自然界的外在必然性并降格为奴仆,这是自然界对人的遮蔽。

无论是人类中心主义还是自然中心主义,主张的"中心"虽然不同,但内含的"中心主义"理念是一致的。一方成为"中心",另一方势必沦落为"边缘"。人与自然关系上的"中心"一旦形成,就会出现"中心"对"边缘"的支配和控制。

(二) 人与自然和谐共生的理论基础

"人与自然和谐共生"理念在人与自然关系问题上,"和谐"是手段,"共生"是目的。"和谐"意味着人与自然和睦相处、协调平衡;"共生"意味着人与自然同生共在,一荣俱荣。

"人与自然和谐共生"理念有中国古代生态哲学的思想渊源。儒家生态哲学主张"天人合一"和"生生不息",强调人与自然是一个整体,天、地、人三者互惠共生。为了共生,必须推崇"仁"与"和"的思想。孟子讲过"君子之于物也,爱之而弗仁;于民也,仁之而弗亲;亲亲而仁民,仁民而爱物"。[2]这表明,儒家"仁爱"是从"亲亲",到"亲民",再到"亲物",追求的是"和为贵""万物各得其和以生"。张载提出了"民胞物与"[3]和"仁者以天地万物为一体"的思想。该思想是对人与自然的根源关系和依赖情感最深切的体认和表达。人与人的关系是同胞关系,人与自然的关系是伙伴关系。人既是社会共同体的成员,也是自然共同体的成员。所以,我们既要以同胞关

---

[1] 解保军:《人与自然和谐共生的哲学阐释》,《光明日报》,2018年11月12日,15版。
[2] 出自《孟子》的《尽心章句上》。意为:君子对于万物,爱惜它,但谈不上仁爱;对于百姓,仁爱,但谈不上亲爱;亲爱亲人而仁爱百姓,仁爱百姓而爱惜万物。
[3] 出自宋·张载《西铭》。意思是:民为同胞,物为同类。泛指爱人和一切物类。

系待人,又要以伙伴关系待物,在爱人与爱物中达到人与自然的和谐共生。

道家生态哲学追求的是"道法自然"和"万物一体"。"万物一体"意味着万物平等,生命绵延。老子"人法地,地法天,天法道,道法自然"的思想,是对人与自然和谐共生关系最精妙的概括。庄子提出"齐物"思想,齐物即是"天地与我并生,万物与我齐一",既强调人与万物平等,同时也强调人与万物和谐共处。

儒家和道家思想构成中国古代生态哲学的重要内容。儒家以"人"为本位,强调关爱自然、体恤自然;道家以"自然"为本位,主张顺应自然、自然而然。这些思想的实质都是努力追求人与自然和谐共生。

二、低碳经济

上述环境问题其实都与经济发展模式紧密相关,因此,解决这些环境问题的根本办法就是找到经济发展的新模式。经济史表明,工业化初期到成熟期的过渡期,在人均 GDP 处于 3 000 美元到 1 万美元的上升期,经济增长的前提是化石能源消耗量和温室气体排放量的增加,这种高碳的发展模式都曾使得美国和英国陷入了高碳陷阱。

(一) 低碳经济的概念

低碳经济是以低能耗、低污染、低排放为基础的经济模式,是人类社会继农业文明、工业文明之后的又一次重大进步。低碳经济,意指最小化的温室气体(以二氧化碳的温室效应为量度,即标准二氧化碳当量)排放为约束条件,与以成本最小化为约束条件的高碳经济具有本质上的区别。其实质是提高能源利用效率,开发清洁能源技术,优化产业结构,根本上改变人类生存发展的观念。"低碳经济"最早见诸政府文件是在 2003 年的英国能源白皮书《我们能源的未来:创建低碳经济》(*Our Energy Future: Creating a Low Carbon Economy*),这一概念之后得到了联合国的大力支持。2007 年 7 月,美国参议院提出了《低碳经济法案》(Low Carbon Economy Act),表明低碳经济的发展道路将成为美国未来的重要战略选择。奥巴马执政之后把清洁能源经济列为振兴美国经济,提升美国领导地位的重要手段。2009 年 6 月,美国参议院通过了《2009 美国清洁能源与安全法》(American Clean Energy and Security Act),该法案的核心有两个:一是大力发展清洁能源技术,减少对化石燃料的依赖;二是建立起温室气体排放贸易系统,发展出新型的碳金融市场。

(二) 碳交易与碳金融

碳交易是利用市场机制引领低碳经济发展的必由之路。低碳经济最终要通过实体经济的技术革新和优化转型来减少对化石燃料的依赖,降低温室气体排放水平。但历史经验已经表明,如果没有市场机制的引入,仅仅通过企业或个人的自愿或强制行为是无法达到减排目标的。碳交易市场从资本的层面入手,通过划分环境容量,对温室气体排放权进行定义,延伸出碳资产这一新型的资本类型。碳交易把原本一直游离在资产负债表外的气候变化因素纳入企业的资产负债表,改变了企业的收支结构。而碳交易市场的存在则为碳资产的定价和流通创造了条件。本质上,碳交易是一种金融活动,但与一般的金融活动相比,它更紧密地连接了金融资本与基于绿色技术的实体经济:一方面金融资本直接或间接投资于创造碳资产的项目与企业;另一方面来自不同项目和企业产生的减排量进入碳金融市场进行交易,被开发成标准的金融工具。碳交易将金融资本和实体经济联通起来,通过金融资本的力量引导实体经济的发展。这是虚拟经济与实体经济的有机结合,代表了未来世界经济的发展方向。

碳交易是为促进全球温室气体减排,减少全球二氧化碳排放所采用的市场机制。联合国政府间气候变化专门委员会通过艰难谈判,于1992年5月9日通过《联合国气候变化框架公约》(United Nations Framework Convention on Climate Change, UNFCCC, 简称《公约》)。1997年12月于日本京都通过了《公约》的第一个附加协议,即《京都议定书》(简称《议定书》)。《议定书》把市场机制作为解决二氧化碳为代表的温室气体减排问题的新途径,即把二氧化碳排放权作为一种商品,从而形成了二氧化碳排放权的交易,简称碳交易。碳交易就是合同的一方通过支付另一方获得温室气体减排额,买方可以将购得的减排额用于减缓温室效应从而实现其减排的目标。在六种被要求减排的温室气体中,二氧化碳为最大宗,所以这种交易以每吨二氧化碳当量(tCO_2e)为计算单位,其交易市场称为"碳市场"。

(三) 碳达峰与碳中和

当前,越来越多的国家投身"碳达峰"和"碳中和"事业。所谓"碳达峰",就是指二氧化碳年总量的排放在某一个时期达到历史最高值,达到峰值之后逐步降低。当在一定时期内,通过植树、节能减排、碳捕集、碳封存等方式抵消人为产生的二氧化碳,实现二氧化碳净排放为零,也就实现了碳中和。2020年我国首次提出:中国将提高国家自主贡献力度,采取更加有力的政策和措施,二氧化碳排放力争于2030年前达到峰值,努力争取2060年前实现碳中和。我国作为"世界工厂",产业链日渐完善,国产制造加工能力与日俱增,同时碳排放量加速攀升。但我国油气资源相对匮乏,发展低碳经济,重塑能源体系具有重要安全意义。

三、环境政治与环境伦理

(一) 环境政治

自20世纪60年代《寂静的春天》出版到90年代,经过30多年的环境保护运动的努力,已经取得了令人瞩目的成就。其环境保护主要体现在两个方面:一是公众的环境意识得到了广泛性普及与加强;二是推动了政府的环境政策和行为。环境保护运动的高涨同时也对政府行为产生了巨大的影响。1969年,美国国会批准了《国家环境政策法案》,随后的20年间,又有数百个环境法规出台。1970年,国家环保总局重新整编,成为美国国内最重要的政府管理实体之一,它不仅是国家重大的环境保护工程的制定和实施者,而且负有国家环境法规的执行和监督责任。与此同时,各级地方政府也都健全和完善了环境管理的机构。因此,到了90年代,甚至连那些最严厉的批评者也不得不承认,在实施了环境立法的地方,"空气和水都比20年前清洁了,环境污染的情况减少了,树木在1995年比1985年多了"。1992年,克林顿在竞选总统时挑选的竞选伙伴是1992年美国的畅销书《濒临失衡的地球》的作者阿尔·戈尔,则更呈现了一种人心所向,表达了一个政治家对全球环境问题的关注和愿为保护地球而付诸努力的决心。

20世纪60年代末期,欧洲从狂热的共产主义、极端的民主意识、性解放等的自由理念中,逐渐形成一支"绿色政治运动"队伍,以环境保护、反核、可持续能源等作为其政治诉求,同时在体制内与体制外作抗争与改革的活动。20世纪70年代,一股"绿色政治"的风潮在欧洲大陆兴起。到80年代初期,一场以市民为主体的绿色运动在西方国家勃然兴起。这场运动既包括生态运动、环境保护运动,也包括和平运动、女权运动以及生态社会主义运动。这就是被西方政治家称为具有"十二级飓风"能量的"绿色政治运动"。"绿色政治"将为"绿色行动"(环境保护行动)争得更多权力。在此基础上,"自然之友"(Friends of Nature)、"峰峦俱乐部"(Sierra Club)、"绿色和平组织"(Greenpeace)、"布伦特兰委员会"(Brundtland Commission)等非政府组织蓬勃发展,推动着作为国际社会一种市民运动的"绿色政治运动"的发展,其影响日益深入,并渗透至社会的每一个角落,形成所谓"绿色政治化"的局面。到20世纪70年代末和80年代初,欧洲出现了一批环保主义政党,成为这场"绿色政治运动"的核心力量,并很快成为世界政治舞台上一个引人注目的党派。1973年在绿色政治的发源地欧洲出现了第一个绿党——英国的人民党。20世纪80年代欧洲各国也纷纷建立绿党,1979年联邦德国环境保护者组成的政党——德国绿党是欧洲第一个正式意义的绿党。全球已有超过70个绿党组织,并且在非洲和拉丁美洲也有该党的组织联盟。与传统政党不同,绿党的意识形态是公开希望超越阶级界线,超越左派和右派,把与人民和自然界共存亡看作是自己的最高目的。它的出发点是全人类,不分阶级和阶层,它所关心的不是哪一个阶级、阶层或哪一部分人的生存,而是整个人类和星球的生存。绿党认为,只有以人类学和生态伦理学的世界观和方法论,才能缓解民族冲突和人类与自然之间的冲突,从而拯救人类与保护自然。

(二) 环境治理与环境伦理

环境治理成为一个世界性的难题。其一，环境问题的特殊性决定了环境治理问题的艰巨性。环境问题具有以下特性：①公共效应：从产权意义上说，环境作为一种公共资源或产品，存在非排他性的特点，因此，给治理带来了一定的难度，经济学将此类问题称为"公地的悲剧"，即一种涉及个人利益与公共利益对资源分配有所冲突的社会陷阱。以亚里士多德的名言来说，就是"那由最大人数所共享的事物，却只得到最少的照顾"。在物质主义盛行的时代，这种"公地的悲剧"会更普遍和更为严重。②溢出效应：环境破坏制造者的收益与其承担的成本之间发生了分离，即污染者和治理者都存在收益与成本的不对性。③累积效应：环境破坏具有累积性，治理的边际成本存在递增规律。④沉没成本：环境破坏具有不可恢复性的特征以及危害程度的不确定性，决定了环境破坏一旦成立，试图通过治理方式修复环境的可能性不大，或者说无法达到破坏之前的状态。其次，物质主义发展观的存在。在发展主义导向下，无论是政府还是企业，都倾向或依赖环境资源的争夺，甚至不惜以牺牲环境为代价。因为人们只能看到物质化的收益，仅凭物质的或有形的成本来核算效率，环境效益作为一种未来的、看不见的价值，则易被忽视。

鉴于环境破坏之后修复的难度、成本以及不可修复性，环境治理不能仅仅依赖经济机制，还需要动员全社会采取积极的行动来保护环境，尽可能地减少环境污染的范围与程度。于是兴起了环境伦理以及全民环境运动。环境伦理的兴起源于人们对环境的一种崭新认识，即人类开始认识环境的生命形态，并将其视为人类生命存在的一种形式和保障，甚至是构成人类生命的一个组成部分。因此，尊重人类的生命，就必须尊重自然环境的生命，与自然环境共呼吸和同命运，这就是"天人合一"的基本思想，也是环境伦理的基本精神。基于这种理念，西方国家兴起了全民性的环境保护运动。人们开始意识到，保护环境就是保护我们的家园和保护我们的生存空间。

第三节 全球环境治理

随着人类对环境破坏的日益严重，全球环境保护主义运动日益兴起，并促成了联合国环境会议与环境组织的产生，联合国2030年可持续发展议程更是将环境目标提升到了新的高度。全球环境治理需要包括主权国家、国际组织、跨国公司和非政府组织等多元行为体的广泛参与。

一、联合国 2030 发展议程中的环境目标

SDGs 中的目标 3、目标 6、目标 7、目标 8、目标 11、目标 12、目标 13、目标 14 和目标 15 中均不同程度涉及环境内容,但是有更大直接关联的目标主要有五大类。

(一)与水相关的目标

联合国 2030 年可持续发展目标 6 为"为所有人提供水和环境卫生并对其进行可持续管理"。子目标包括:饮用水安全;减少水污染,消除废物倾倒,减少危险化学品和材料的排放,改善水质;跨国境水资源合作;水生态系统保护与恢复;水环境治理南南合作等。其相关指标包括:使用得到安全管理的饮用水服务的人口比例;使用得到安全管理的环境卫生设施服务(包括提供肥皂和水的洗手设施)的人口比例;安全处理废水的比例;环境水质良好的水体比例;按时间列出的用水效率变化;用水紧张程度,淡水汲取量占可用淡水资源的比例;水资源综合管理的执行程度(0—100);制定有水合作业务安排的跨界流域的比例;与水有关的生态系统范围随时间的变化;作为政府协调开支计划组成部分的与水和环境卫生有关的官方发展援助数额;已经制定业务政策和流程以促进当地社区参与水和环境卫生管理的地方行政单位的比例。

(二)与可持续消费和生产相关的目标

联合国可持续发展目标 12 为"确保采用可持续的消费和生产模式"。子目标包括:实施关于可持续消费和生产的 10 年框架;自然资源的可持续管理和有效利用;实现化学品和所有废物整个生命周期的环境无害化管理;减少废物的产生;推动可持续的公共采购;逐步取消现存的对环境有害的补贴等。其相关指标包括:已制定可持续消费和生产国家行动计划或已将可持续消费和生产作为优先事项或目标纳入国家政策主流的国家数目;物质足迹、人均物质足迹和单位国内生产总值的物质足迹;国内物质消费、人均国内物质消费和单位国内生产总值的国内物质消费;全球粮食损耗指数;关于危险物质和其他化学品及废物的国际多边环境协定的缔约方中按照每个相关协定的要求履行了信息转递承诺和义务的缔约方数目;有害废物人均生成量和处理的有害废物的比例,按处理类型分列;国家回收利用率、物资回收吨数;发布可持续性报告的公司数量;实施可持续公共采购政策和行动计划的国家数目;全球公民教育和可持续发展教育(包括气候变化教育)在多大程度上在国家教育政策、课程、教师培训和学生评估方面进入主流;对发展中国家在可持续消费和生产和无害环境技术的研究与发展的支助量;可持续旅游战略或政策的数目和利用监测和评价工具所实施行动计划的数目;每单位国内总

产值(生产和消费)的化石燃料补贴数额及其在国家化石燃料总支出中的占比。

(三) 与气候变化相关的目标

可持续发展目标 13 为"采取紧急行动应对气候变化及其影响"。子目标包括：加强气候变化适应能力以及抗灾能力；将应对气候变化的措施纳入国家政策、战略和规划；推动绿色气候基金运行等。其相关指标包括：每 10 万人当中因灾害死亡、失踪和直接受影响的人数；依照《2015—2030 年仙台减少灾害风险框架》通过和执行国家减少灾害风险战略的国家数目；依照国家减少灾害风险战略通过和执行地方减少灾害风险战略的地方政府比例；通报已经建立或运作综合政策/战略/计划的国家数目，目的是增强其适应气候变化的不利影响，并促进气候抗御能力和温室气体低排放发展，以不威胁到粮食生产(包括国家适应计划、国家确定的贡献、国家信息通报、两年期更新报告等)；已将减缓、适应、减少影响和预警内容纳入小学、中学和大学课程的国家数目；已经通报为执行适应、缓解、技术转让和发展行动而加强了机构、系统和个人能力建设的国家数目；在 2020—2025 年为 1 000 亿美元承诺款每年筹集的美元数额；得到专门支持以建立增强能力的机制，从而有效进行与气候变化有关的规划和管理，包括重点注意妇女、青年、地方社区和边缘化社区的最不发达国家和小岛屿发展中国家的数目，以及支助总额，包括金融、技术和能力建设的支助。

(四) 与海洋环境相关的目标

可持续发展目标 14 为"保护和可持续利用海洋和海洋资源以促进可持续发展"。子目标包括：减少所有类型的海洋污染，特别是陆源污染、海洋废弃物污染和养料污染；可持续管理和保护海洋和沿海生态系统；减少和应对海洋酸化等。其相关指标包括：国家级经济特区当中实施基于生态系统管理措施的比例；在商定的一系列有代表性的采样站测量平均海洋酸度(pH 值)；在生物可持续产量水平范围内的鱼类种群的比例；保护区面积占海洋区域的比例；各国在执行为打击非法、未报告和无管制的捕捞活动的国际文书程度上取得的进展；小岛屿发展中国家、最不发达国家和所有国家的可持续渔业占国内总产值的比例；对海洋技术领域研究的分配额占研究活动预算总额的比例；各国在通过和执行承认小规模渔业并保护其市场准入权利的法律/监管/政策/制度框架方面取得的进展的程度；为养护和可持续利用海洋及其资源，通过法律、政策和体制框架，在批准、接受、执行《联合国海洋法公约》中有关执行海洋国际法的文书方面取得进展的国家数目。

(五) 与陆地生态系统相关的目标

可持续发展目标 15 为"保护、恢复和促进可持续利用陆地生态系统，可持续管理森林,防治荒漠化,制止和扭转土地退化,遏制生物多样性的丧失",子目标包括:保护山区生态系统;确保公正和公平分享利用遗传资源所产生的惠益;解决非法野生动植物贸易;防治外来入侵物种等。其相关指标包括:森林面积占陆地总面积的比例;保护区内陆地和淡水生物多样性的重要场地所占比例,按生态系统类型分列;实施可持续森林管理的进展;已退化土地占土地总面积的比例;保护区内山区生物多样性的重要场地的覆盖情况;山区绿化覆盖指数;红色名录指数;已通过立法、行政和政策框架确保公正和公平分享惠益的国家数目;野生生物贸易中偷猎和非法贩运的比例;通过有关国家立法和充分资源防止或控制外来入侵物种的国家的比例;根据2011—2020年生物多样性战略计划遏制生物多样性目标2确立的国家目标方面的进展;在养护和可持续利用生物多样性和生态系统方面的官方发展援助和公共支出;在养护和可持续利用生物多样性和生态系统方面的官方发展援助和公共支出;偷猎和非法贩运在野生生物贸易中的比例。

鉴于环境问题的全球性与公共性特征,上述目标的实现有赖于全球范围内多元行为体的共同参与。

二、全球环境治理的主体

全球环境治理是由国家、国际组织、跨国公司、非政府组织等不同行为体构成的复杂结构。这些行为体在环境领域中共同承担治理功能、分享政治权威,并由此形成了全球问题的"多层治理",治理主体之间的相互联系又形成了一个规模宏大的治理网络。

(一) 国际组织

在超国家层面,国际组织是最重要的治理主体。在全球环境治理领域,国际组织在疏通信息渠道、创建规范和原则、为受影响地区提供培训和经济资源等方面做出了很大贡献。另外,国际组织还有助于从多个层面推进治理行动。

联合国是最具普遍性和权威性的国际组织,其他一些全球性国际组织如世界银行、世界贸易组织等,在全球环境治理领域发挥着重要的全球性影响。在环境与发展领域,联合国呼吁环境保护的迫切性,调解各国在环境保护方面的矛盾,致力于推动世界环境与发展领域的国际合作。环境活动在联合国环境规划署、各部门、秘书处、协调机制里均能得到体现。联合国作为最具权威性和普遍性的政府间国际组织而成为全球环境治理的中心。以环境署为代表的一批联合国机构的建立,大大增强了联合国干预国际环境事务的能力,强化了联合国在全球环境治理中的作用和地位。

联合国环境规划署中文简称"环境署",是联合国系统内负责全球环境事务的牵头部门和权威机构,其宗旨为激发、提倡、教育和促进全球资源的合理利用并推动全球环境的可持续发展。1972年12月15日,联合国大会做出建立环境规划署的决议。1973年1月,作为联合国统筹全世界环保工作的组织,环境署正式成立。环境署的临时总部设在瑞士日内瓦,后于同年10月迁至肯尼亚首都内罗毕。环境署是一个业务性的辅助机构,它每年通过联合国经济和社会理事会向大会报告自己的活动。环境署出版了许多报告,地图集和新闻通讯。其中环境署每年对空气、生物安全、化学品与废弃物、气候变化、灾难与冲突、生态系统与生物多样性、教育与环境、能源、环境权利与治理、提取物、森林、性别、绿色经济、海洋、资源效率、可持续发展目标、交通、水资源等领域的数据进行统计并发布年度报告。

(二) 主权国家

在全球环境治理中,主权国家依然是最基本和最重要的治理主体。国家是历次全球环境会议的主要参与者,同时也是全球环境治理机制中主要原则、规范和决策程序的确立者。在全球环境治理问题上,各主权国家的政策行为对于国际环境机制的创建和运行具有其他行为体不可比拟的影响力。国际机制的实际运行需要各主权国家出台相应的国内政策法律方可得以实现。主权国家在国际环境法制定和实施过程中也起着决定作用。国家在参与全球环境治理时,越来越多地表现出自身的多层次性,即中央政府、中央政府各部门、次国家政府都已逐步参与到全球环境治理进程中来。20世纪70年代,美国尼克松政府和卡特政府主导了全球环境治理的发展,一系列条约得以签订。例如,管制有害废弃物跨国移动的《巴塞尔公约》(Basel Convention)、管制臭氧层破坏物质的《蒙特利尔议定书》(Montreal Protocol)、《生物多样性公约》(Convention on Biological Diversity)、保护濒临绝种动植物的《华盛顿公约》(the Convention on International Trade in Endangered Species of Wild Fauna and Flora),以及管制持久性有机污染物(Persistent Organic Pollutants, POPs)的《斯德哥尔摩公约》(Stockholm Convention)等。然而自21世纪以来,无论是美国还是欧洲都未能提供类似20世纪的领导作用。受金融危机影响,以往在环境领域最为积极的欧洲各国把主要精力放在欧元区和各国的国内事务,挽救欧元、维护金融和经济秩序、解决严重失业问题是其头等要务。新兴国家在经济方面的群体性崛起,带来了世界经济政治格局的变化,深刻地影响了全球环境治理的领导结构。全球环境治理进行40多年来,发展中国家的经济总量地位显著提升,金融危机以来以金砖国家为代表的新兴经济体对全球经济增长的贡献超过50%,全球政治经济格局出现"东升西降"趋势,由此也改变了近几十年来一直由发达国家主导的全球治理模式。一些国际组织如世界贸易组织、国际货币基金组织和世界银行等纷纷进行改革,不断提升中国等新兴国家的话语权和影响力。[1]

(三) 跨国公司

随着经济活动的全球化,作为国际关系重要参与者的跨国公司对全球环境的影响越来越大。企业既可以成为全球环境问题的加害者,也可以成为全球环境治理的积极参与者和重要治理主体。一方面,跨国公司因难抵挡市场的逐利冲动而忽视环境保护,其遍布全球的生产经营活动会不可避免地导致全球环境的恶化;另一方面,跨国公司巨大的财政资源和技术开发实力可为全球环境的改善作出巨大贡献。经济全球化背景下,越来越多的跨国公司开始转变对环境问题的态度,接受了可持续发展的理念,将环境保护纳入生产经营活动,实施绿色经营战略,履行社会责任,从事一些与环境有关的公益事业。有的跨国公司还成立全球商业环境治理机构以应对环境问题,如1919年成立的国际商会和1995年成立的世界可持续发展工商理事会。跨国公司对于各国的环境政策及全球环境制度产生重大的影响,同时,跨国公司对国际环境标准的支持和自觉执行,也对全球环境治理机制的完善起到促进作用。

(四) 非政府组织

目前国际非政府组织、跨国社会运动和跨国交往网络所构成的全球和地区公民社会,已经在全球和地区治理中占据一席之地。其中,追求自身价值目标的各种非政府组织是全球公民社会中最主要和最活跃的组成部分。非政府组织所传播和推行的全球价值观念是全球公民社会最集中的精神体现。作为环境意识的倡导者和宣传者以及国际环境法的参与者和监督者,国际环境非政府组织在全球环境治理中的地位越来越重要。国际环境非政府组织发展迅速,逐步建立起全球网络体系,它通过出版书籍、组织培训和新闻媒体等各种方式搭建信息交流平台,开展环保宣传教育活动,提高公众的环保意识。国际环境非政府组织虽然在全球环境治理中发挥着补充性角色,但其能量和优势是显而易见的,其所属的公民社会总体上处于发展之中。全球问题带来的治理需求,为国际环境非政府组织发挥其职能优势提供了广阔的前景。

目前有四大国际环保非政府组织最为引人注目:绿色和平组织(Greenpeace)、世界自然基金会(World Wild Fund for Nature, WWF)、地球之友(Friends of the Earth International, FOEI)和世界自然保护联盟(International Union for Conservation of Nature, IUCN)。绿色和平组织诞生于1971年,总部位于荷兰阿姆斯特丹,是世界最大的国际环保组织。该组织主要在气候变化与能源、食品和

---

[1] 于宏源、王文涛:《制度碎片和领导力缺失:全球环境治理双赤字研究》,《国际政治研究》(季刊),2013年第3期,第46—47页。

农业安全、有毒废物以及林业保护四个领域展开环保活动。世界自然基金会成立于1961年，总部位于瑞士。该组织致力于保护世界生物多样性、确保可再生自然资源的可持续利用、推动降低污染和减少浪费性消费的行动。地球之友成立于1971年，1981年在荷兰阿姆斯特丹设立秘书处。其目标是：保护地球，恢复因人类活动而遭破坏的环境；维护地球生态、环境和种族的多样性；增加公众参与和民主决策；实现社会、经济和政治正义。世界自然保护联盟于1948年在瑞士格兰德成立。其主要职责是对陆地与海洋环境以及生物多样性的保护，包括为森林、湿地、海岸及海洋资源的保护与管理制定各种策略及方案。

在当前全球环境治理中，多元主体的存在已成为不争的事实，四大主体并行构成当今全球环境治理的体系结构。现有针对全球环境问题治理安排的一个基本现实却是：国家主体在这些安排中拥有明显而普遍的权威，其他治理主体则相对缺乏权威。全球环境治理各主体之间，虽然在价值观和利益上相互博弈，甚至存在冲突和对立，但彼此在职能和治理模式上相互补充。因此，各主体之间的共存与合作是大势所趋。各种治理主体通过对话协商、共享资源、增进合作，在改善互动关系的同时达成各方都可以接受的政策方案。这需要对政府、非政府组织、私人部门、科学网络、国际制度等行为体进行治理分工，进而就需要它们发挥各自的比较优势，进行充分的互动合作。

三、全球环境治理的原则

随着国际环境法的发展，全球环境领域形成了一些基本的有关全球环境治理的行为规范原则。这些原则对于协调各治理主体之间的关系、促进全球合作，具有普遍的指导意义。

（一）国家环境主权原则

1972年联合国人类环境会议发布的《人类环境宣言》指出："各国有按自己的环境政策开发自己资源的主权；并且有责任保证在他们管辖或控制之内的活动，不致损害其他国家的或在国家管辖范围以外地区的环境。"这是关于国家环境主权原则最早的阐述。1992年，《里约宣言》再次重申了这一重要原则："各国拥有按照其本国的环境与发展政策开发本国自然资源的主权权利，并且有确保在其管辖范围内或在其控制下的活动不致损害其他国家或在各国管辖范围以外地区的环境的责任。"从以上两个宣言可以看出，国家环境主权原则体现了权利与义务的平衡：一方面，国家享有开发其资源的主权权利，包括对环境资源的所有权和环境事务的处置权；另一方面，各国也有在行使各自环境主权的同时确保不损害他国和国际公有地区的环境的义务。权利与义务相结合保证了该原则的国际合法性与现实的可行性。在国际环境法领域,尊重国家主权原则在国际上得到了广泛的认同,该原则更是不断在许多其他重要的国际环境法文件与司法判例中得到重申确认,并逐渐发展成一项国际习惯法原则。

(二) 共同但有区别责任原则

1992年的《里约宣言》中明确指出:鉴于导致全球环境退化的各种不同因素,各国负有共同但是有区别的责任。该原则被《关于消耗臭氧层物质的蒙特利尔议定书》《联合国气候变化框架公约》等众多环境条约所采纳,成为一项具有普遍意义的国际环境保护原则。共同但有区别责任原则本质上是对全球政治主体保护环境责任的划分,是对保护全球环境行动秩序的维护。发达国家和发展中国家在经济、科技、文化等诸多方面存在显著差距,因而由世界各国完全平等地承担责任将会造成对发展中国家的巨大不公正。这一原则表明,虽然保护全球环境是各国的共同责任,但是,在全球环境问题的形成上,各国的责任是不相同的。因此,与发展中国家相比,发达国家在保护全球环境方面应负主要责任。这就需要发达国家履行更多的国际义务,援助发展中国家更多的资金。当然,明确发达国家的主要责任并非否认发展中国家应负的责任。目前,发展中国家的许多环境问题呈扩展趋势,发展中国家不能推脱责任,应该意识到环境的破坏对世界的危害性。共同但有区别责任原则是国际环境法合理运行的基石,它将保护全球环境的行动秩序化,用制约强者的方式保护弱者的发展权益,以便有利于更新国际合作理念、拓展国际合作方式,为人类解决环境难题提供一个科学理性、统筹兼顾的法律原则。

(三) 国际环境合作原则

国际合作原则是《联合国宪章》确定的国与国之间交往的基本原则,而国际环境合作原则是国际合作原则在环境保护领域的拓展和延伸。国际环境合作原则作为国际环境法的一项基本原则,指主权国家及包括国际组织、公司、个人在内的其他国际行为体在环境保护领域的合作,基于人类共同利益的考虑,为解决已经发生或未来可能发生的对人类社会的可持续发展构成严重威胁的环境问题而采取集体行动的原则。1972年的《人类环境宣言》将国际合作的内容扩大到环境保护领域,同年,联合国大会通过了《环境领域国家间合作》的决议,要求"国家在对其自然资源行使主权时,必须通过有效的双边和多边合作或地区机制维护和改善环境"。全球环境问题的突出特点是全球性,因此,任何一个国家都无力单独解决全球环境问题。全球环境问题的解决必须依靠国际合作。只有各国通力合作,调动各种国际组织和全球公民社会组织一致行动,才能最终实现全球环境的治理。国际环境合作原则在全球环境治理中具有重要意义,它不但体现了可持续发展的理念,也突出了"人类共同利益"的理念。当前,国际环境合作原则已经成为世界

范围内被普遍接受和认可的国际环境法基本原则,它对于国际环境保护事业的发展具有十分重要的作用。

四、主要国际环境公约、参与及影响

随着国际社会环保意识的增强,迄今已产生了数百个和环境保护相关的国际公约或协定,但大多数的适用范围仅限于数量有限的国家,其中影响力较大的国际环境公约或协定包括以下几个方面。

(一)大气:《联合国气候变化框架公约》

《联合国气候变化框架公约》(United Nations Framework Convention on Climate Change, UNFCCC,简称《公约》)于1992年5月在纽约联合国总部通过,1992年6月在巴西里约热内卢召开的有世界各国政府首脑参加的联合国环境与发展会议期间开放签署,1994年3月21日生效。根据联合国网站资料,截至2021年6月底,共有197个缔约方。《公约》确立了应对气候变化的最终目标是将大气温室气体的浓度稳定在防止气候系统受到危险的人为干扰的水平上,国际合作应对气候变化的基本原则主要包括"共同但有区别的责任"原则、公平原则、各自能力原则和可持续发展原则等,明确发达国家应承担率先减排和向发展中国家提供资金技术支持的义务,承认发展中国家有消除贫困、发展经济的优先需要。

为加强《公约》实施,1997年《公约》第三次缔约方会议通过《京都议定书》(Kyoto Protocol)。《京都议定书》于2005年2月16日生效。截至2021年6月底,共有192个缔约方。《京都议定书》内容主要包括:附件一国家整体在2008年至2012年间应将其年均温室气体排放总量在1990年基础上至少减少5%;减排二氧化碳、甲烷、氧化亚氮、氢氟碳化物、全氟化碳和六氟化硫六种温室气体(《多哈修正案》将三氟化氮纳入管控范围);发达国家可采取"排放贸易""共同履行""清洁发展机制"三种"灵活履约机制"作为完成减排义务的补充手段。

2015年11月30日至12月12日,《公约》第21次缔约方大会暨《京都议定书》第11次缔约方大会(气候变化巴黎大会)在法国巴黎举行。巴黎大会最终达成《巴黎协定》,对2020年后应对气候变化国际机制做出安排,标志着全球应对气候变化进入新阶段。截至2021年底6月底,签署和批准《巴黎协定》的《公约》缔约方分别达到195个和189个。《巴黎协定》的主要内容包括:①长期目标:重申2℃的全球温升控制目标,同时提出要努力实现1.5℃的目标,并且提出在本世纪下半叶实现温室气体人为排放与清除之间的平衡。②国家自主贡献:各国应制定、通报并保持其"国家自主贡献",通报频率每五年一次。③减缓:要求发达国家继续提出全经济范围绝对量减排目标,鼓励发展中国家根据自身国情逐步向全经济范围绝对

量减排目标迈进。④资金:明确发达国家继续向发展中国家提供资金支持,鼓励其他国家在资源基础上出资。⑤透明度:建立"强化"的透明度框架,重申遵循非侵入性、非惩罚性的原则,并为发展中国家提供灵活性。⑥全球盘点:每五年进行一次定期盘点,推动各方不断提高行动力度,并于2023年进行首次全球盘点。

(二) 海洋:《联合国海洋法公约》

《联合国海洋法公约》(United Nations Convention on the Law of the Sea)指联合国曾召开的三次海洋法会议,以及1982年第三次会议所决议的海洋法公约。在中文语境中,"海洋法公约"一般是指1982年的决议条文。《联合国海洋法公约》于1982年12月10日在牙买加的蒙特哥湾召开的第三次联合国海洋法会议最后会议上通过,1994年11月16日生效,已获150多个国家批准。此公约对内水、领海、邻接海域、大陆架、专属经济区、公海等重要概念做了界定。对当前全球各处的领海主权争端、海上天然资源管理、污染处理等具有重要的指导和裁决作用。

(三) 生物:《生物多样性公约》

《生物多样性公约》(Convention on Biological Diversity)是一项保护地球生物资源的国际性公约,于1992年6月1日由联合国环境规划署发起的政府间谈判委员会第七次会议在内罗毕通过,1992年6月5日,由签约国在巴西里约热内卢举行的联合国环境与发展大会上签署,于1993年12月29日正式生效。常设秘书处设在加拿大蒙特利尔。生物多样性公约是一项有法律约束力的公约,旨在保护濒临灭绝的植物和动物,最大限度地保护地球上的多种多样的生物资源,以造福于当代和子孙后代。公约规定,发达国家将以赠送或转让的方式向发展中国家提供新的补充资金以补偿它们为保护生物资源而日益增加的费用,应以更实惠的方式向发展中国家转让技术,从而为保护世界上的生物资源提供便利;签约国应为本国境内的植物和野生动物编目造册,制定计划保护濒危的动植物;建立金融机构以帮助发展中国家实施清点和保护动植物的计划;使用另一个国家自然资源的国家要与那个国家分享研究成果、盈利和技术。截至2020年,该公约的参与方为196个,签字方168个。[1]

本章小结

自工业革命以来,人类显示出巨大的力量,这种力量不仅表现在其创造力方面,也表现在其破坏力方面。全球气候变暖、臭氧层的损耗与破坏、生物多样性减少、酸雨蔓延、森林锐减、土地荒漠化、大气污染、淡水污染、海洋污染、危险性废物越境转移等是全

---

[1] 联合国网站:https://treaties.un.org/Pages/ViewDetails.aspx? src=TREATY&mtdsg_no=ⅩⅩⅦ-8&chapter=27&clang=_en。

球环境面临的主要挑战。这些环境问题具有全球性、公共性和综合性特征。20世纪60年代初兴起的现代环保主义与美国环境运动相联系。蕾切尔·卡逊于1962年出版的《寂静的春天》在美国引发了激烈的辩论,促使美国农药政策发生逆转,并促成了美国环境保护署的建立。1972年出版的《增长的极限》呼吁对环境进行监管,并在全球范围内更加重视环境保护。为了回应这些意见,联合国于1972年组织了首次环境会议,设立了联合国环境规划署。1987年,布伦特兰委员会发布了《我们共同的未来》,对"可持续发展"进行了界定,并强调了环境与发展之间的相关性。此后召开的数次全球环境会议,产生的多个环境保护公约或议定书,使全球环境治理机制日趋完善。联合国2030年可持续发展议程对主要的环境目标和环境指标进行了规定,主要涉及与水、可持续消费与生产、气候变化、海洋、陆地生态系统相关的环境指标。这些指标为全球环境的应对提供了重要的参照。

人类对人与环境关系的认知包括人类中心主义、自然中心主义以及人类与自然和谐共生的环境观。为了实现人与自然的和谐共生,除了包括低碳经济与碳金融在内的经济措施外,环境政治与环境伦理也扮演着重要的角色。低碳经济是以低能耗、低污染、低排放为基础的经济模式,碳交易则是利用市场机制引领低碳经济的必由之路。20世纪60年代末期,欧洲逐渐形成一支"绿色政治"队伍,以环境保护、反核、可持续能源等作为其政治诉求。尊重人类的生命,就必须尊重自然环境的生命,与自然环境共呼吸和同命运,这就是"天人合一"的基本思想,也是环境伦理的基本精神。

全球环境治理是由国家、国际组织、跨国公司、非政府组织等不同行为体构成的复杂结构。国家环境主权原则、共同但有区别责任原则、国际环境合作原则对于协调各治理主体之间的关系、促进全球合作,具有普遍的指导意义。《联合国气候变化框架公约》《联合国海洋法公约》《生物多样性公约》等是全球主要的环境治理公约或协定,为推进全球环境治理的发展发挥了重要作用。

 关键词

全球环境治理　低碳经济　环境政治

 简答题

1. 全球环境问题有哪些,其主要特征是什么?
2. 什么是低碳经济?
3. 联合国2030年议程中有哪些环境目标?
4. 全球环境治理有哪些原则?
5. 国际主要环境公约有哪些,其制定的目的和作用是什么?

思考题

1. 全球环境治理中发达国家和发展中国家有何不同的立场,为什么?
2. 中国"生态文明"理念与实践对全球环境治理有什么意义?

第10章

冲突、安全与发展

根据美国心理学家马斯洛（Abraham Harold Maslow）的人类需求理论，安全是人类五大基本需求之一。毁灭性的世界战争、殖民地斗争和意识形态冲突的遗患以及建立能够促进世界和平与繁荣的国际体系的各种努力主宰了20世纪。在一定程度上，该国际体系是成功的——国家之间的战争比过去少了，内战的数量也在下降。然而，安全问题不但依然存在，而且它还成为了我们这个时代中对发展的首要挑战。有15亿人仍生活在受脆弱性、冲突或大规模有组织刑事暴力影响的地区，低收入的脆弱国家或者受冲突影响的国家未实现任何一项联合国千年发展目标。除了依然让人忧心忡忡的国家间和国家内部的传统战争外，还出现了有组织犯罪和非法贸易、由全球经济震荡引起的社会动荡、恐怖主义等新的威胁。尽管第二次世界大战结束以来世界多数地区在减贫方面取得了飞速的进步，但那些政治和刑事暴力活动反复循环发生的地区却被远远地甩在了后面，它们的经济增长受到了损害，它们的人类发展指标停滞不前。

第一节 冲突和安全概述

安全在任何时候、对任何国际行为体而言都是参与国际交往的基本条件与首要目标。因此,长期以来,安全问题是国际政治研究的最重要内容之一。冷战结束后,安全问题出现了泛化的趋势。传统的国际安全研究开始让位于新兴的非传统安全研究,政治、经济、金融等问题纷纷与安全嫁接,甚至环境、粮食、水资源等问题也成为安全研究的热点。

一、概念界定

在当今全球化和信息化日益发展的时代,安全是一个具有广义内涵的概念,它既分为传统安全(政治安全、军事安全)和非传统安全(经济安全、金融安全、环境安全、宗教冲突、恐怖主义、能源安全等),也分为硬安全(军事对抗)和软安全(制度和规范)之争。[1]

(一) 传统安全的定义与领域

1. 传统安全的定义

一般而言,传统安全是指国家的主权、领土、政治体制等处于一种不受威胁的状态。具体来讲就是,传统安全捍卫的是国家利益,维护的是国家政治体制的独立、领土完整和主权独立。谋取传统安全的手段是国家实力,特别是军事实力,传统安全的终极解决手段通常是国家间的冲突与战争。

2. 传统安全的重要领域

首先,国家主权安全。国家主权就是一个国家独立自主处理自己内外事务,管理自己国家的最高权力。在主权范围内,国家有权确定自己国家的政治制度和社会经济制度,有权对自己领土内的一切人(享有外交豁免权的人除外)和事物以及领土外的本国人进行管辖,有权动用一切手段捍卫国家的政治独立和领土完整。主权是国家作为国际法主体所必备的条件,丧失主权就意味着沦为其他国家的殖民地和附属国。在国家间关系上,主权国家不论大小、强弱,也不论政治、经济、意识形态和社会制度有何差异,在国际法上的地位一律平等。相互尊重国家主权是现代国家确认的一条基本原则。国家在主权领域的安全威胁通常表现在

---

[1] 李形、彭博:《中国崛起与全球安全治理转型》,《国际安全研究》,2016 年第 3 期,第 53 页。

国家的政治体制受到来自内外势力的挑战，国家的主流意识形态和价值观受到侵蚀，国家内部出现了激烈的民族、宗教矛盾，且这些矛盾有可能被外部势力加以利用，引起国家的社会动荡和政权不稳。

其次，军事安全。军事领域是传统安全的关键领域。军事领域既是传统安全的重要手段，又是传统安全的重要目标。这就是说，国家以军事手段作为实现国家安全的最后手段，又以实现军事领域不受威胁作为国家安全的目标。国家军事实力是传统安全的柱石。作为传统安全的重要目标，国家追寻军事实力的不断增强，以求获得军事优势。传统安全的最终解决是由军事力量通过战争完成的，但是片面重视军事实力也会拖垮国家的综合国力。同时，国家片面发展军事力量，必然会引起国家间的军备竞赛，加大国家间军事冲突的危险性和破坏性。冷战时代，苏联正是为了与美国争夺世界霸权，陷入了与美国进行军备竞赛的泥坑，并最终拖垮整个国民经济，导致解体。

最后，领土安全。领土是国家构成要素之一，国家是一定领土之内的国家。国家领土分为领陆、领水（包括内水和领海）和领空三个部分，上及高空、下及底土。领水附随于领陆，领空和底土又附随于领陆和领水。因此领陆是最重要的部分，是领土的主要成分，领陆如发生变动，附随于领陆的领水、领空和底土亦随同变动。捍卫国家的领土完整除了陆上领土外，还包括领海与领空。对于外太空，虽然还没有任何国家宣布对外太空拥有主权，但对于外太空的争夺却早已开始，美国为此还提出了"高边疆战略"，把外太空作为未来国家的又一边疆，目的是在太空争夺战中赢得先机。

（二）非传统安全的定义与领域

1. 非传统安全的定义

非传统安全是与传统安全相对应的一个概念，是指随着全球化和科学技术的发展，出现的一些由非政治和非军事因素引发的危及国家安全的新问题，比如国际恐怖主义、经济安全、信息安全、重大传染性疾病蔓延等造成的公共卫生安全、环境生态安全，越境走私、贩毒、偷渡、非法移民等跨国犯罪问题等。这些问题21世纪以前很少遇到，现在却越来越严重，而且它们的危害性足以引起一国或多国恐慌和混乱，且单凭一国之力已无法有效解决。这些问题与传统安全问题性质不同，很少涉及领土、主权和政治体制之争，无法完全动用军事力量以冲突和战争的手段加以解决，所以将之归为非传统安全问题。1983年，美国著名国际政治经济学家乌尔曼（Richard H. Ullman）在《国际安全》上发表"重新定义安全"（*Redefining Security*）一文，明确提出国家安全以及国际安全概念应予以扩大，使之包容非军事性的全球问题，如资源、环境、人口问题等。[1]

---

[1] Richard H. Ullman, "Redefining Security", *International Security*, 1983, 8(1), pp.129-153.

非传统安全问题具有以下主要特点。

(1) 跨国性。非传统安全问题从产生到解决都具有明显的跨国性特征,不仅是某个国家存在的个别问题,而且关系到其他国家或整个人类利益;不仅是对某个国家构成安全威胁,而且可能对别国的国家安全不同程度地造成危害。首先,许多非传统安全威胁本身就属于"全球性问题"。如地球臭氧层的破坏、生物多样性的丧失、严重传染性疾病的传播等,都不是针对某个国家或某个国家集团的安全威胁,而是关系到全人类的整体利益。其次,许多非传统安全威胁具有明显的扩散效应。如在东亚、拉美先后爆发过的金融危机,始于一个国家,而最终波及整个地区,而且随着其不断扩散,其危害性也逐渐积聚、递增,以致酿成更大危机。再次,许多非传统安全威胁的行为主体呈"网络化"分散于各国。如以"基地"为核心的国际恐怖组织就分散在全球60多个国家,其结构呈网络状,彼此并无隶属关系,但联系紧密、行动灵活。

(2) 不确定性。非传统安全威胁不一定来自某个主权国家,往往由非国家行为体如个人、组织或集团等所为。传统安全的核心是军事安全,主要表现为战争及与之相关的军事活动和政治、外交斗争。非传统安全威胁远远超出了军事领域的范畴。首先,大部分非传统安全威胁属于非军事领域,如能源危机、资源短缺、金融危机、非法洗钱等主要与经济领域相关,有组织犯罪、贩运毒品、传染性疾病等主要与公共安全领域相关,环境污染、自然灾害等主要与自然领域相关,都不是传统安全所关注的领域。其次,某些非传统安全威胁虽具有暴力性特征,但也不属于单纯的军事问题,靠单一手段难以根治。如恐怖主义、海盗活动、武装走私等虽然也属于暴力行为,并可能需要采取一定的军事手段应对,但它们与传统安全意义上的战争、武装冲突仍有很大不同,而且单凭军事手段也不能从根本上解决问题。

(3) 突发性。传统安全威胁从萌芽、酝酿、激化到导致武装冲突,往往会通过一个矛盾不断积聚、性质逐渐演变的渐进过程,往往会表现出许多征兆,人们可据此而采取相应的防范措施。然而,许多非传统安全威胁却经常会以突如其来的形式迅速爆发出来。首先,不少非传统安全威胁缺少明显的征兆。1990年以来全球有100多起影响较大的恐怖事件,都是在毫无防范的情况下发生的。从20世纪80年代出现的艾滋病,到近年来的"疯牛病"、口蹄疫、"非典"、禽流感、新冠病毒肺炎等,当人们意识到其严重性时,已经造成很大危害。其次,人类对某些问题的认识水平还有局限。如地震、海啸、飓风等自然灾害,其发生前并非全无征兆,但由于人类在探索自然方面还有许多未解之谜,而全球经济、科技发展的不平衡,也导致许多发展中国家缺乏对灾害的早期预警能力。此外,金融危机、传染性疾病等非传统安全威胁并非源于某个确定的行为主体,其威胁的形成过程也带有很大的随机性,使防范的难度明显增大。

(4) 动态性。非传统安全因素是不断变化的,例如,随着医疗技术的发展,某些流行性疾病可能不再被视为国家发展的威胁;而随着恐怖主义的不断升级,反恐成为维护国家安全的重要组成部分。当前,非传统安全威胁与传统安全威胁相互交织、相互影响,并在一定条件下可能相互转化。首先,许多非传统安全问题是传统安全问题直接引发的后果。如战争造成的难民问题、环境破坏与污染问题等。其次,一些传统安全问题可能演变为非传统安全问题。如恐怖主义的形成,就与霸权主义所引发的抗争心态,领土、主权问题导致的冲突和动荡,民族、宗教矛盾形成的历史积怨等传统安全问题有着密切关联。最后,一些非传统安全问题也可能诱发传统安全领域的矛盾和冲突。如恐怖组织谋求获取核生化等高技术手段,就会涉及大规模杀伤性武器扩散问题。非传统安全威胁与传统安全威胁的互动性,使看似相对孤立的事物,却常表现出"牵一发而动全身"的效应,不能简单地对待和处理。

2. 非传统安全的主要领域

非传统安全的领域涉及国家经济安全、信息安全、公共卫生安全、跨国犯罪、恐怖主义、生态安全等。

(1) 国家经济安全,是指经济全球化时代一国保持其经济存在和发展所需资源有效供给、经济体系独立稳定运行、整体经济福利不受恶意侵害和非可抗力损害的状态和能力,是指一国的国民经济发展和经济实力处于不受根本威胁的状态。它包括两个方面,一是国内经济安全,即一国经济处于稳定、均衡和持续发展的正常状态;二是指国际经济安全,即一国经济发展所依赖的国外资源和市场的稳定与持续,免于供给中断或价格剧烈波动而产生的突然打击,散布于世界各地的市场和投资等商业利益不受威胁。为了达到这种状态,国家既要保护、调节和控制国内市场,又要维护全球化了的民族利益,参与国际经济谈判,实现国际经济合作。随着经济全球化和信息化的深入发展,以及可持续发展压力的加大,一种新的国家安全观即国家经济安全越来越像传统的军事安全一样受到各主权国家和社会的广泛重视。国家经济安全既有积极参与国际经济竞争带来的问题,如信息安全、金融风险、贸易问题、引进外资与保护民族工业问题等;也有可持续发展中存在的问题,如石油供应、重要矿产资源保障、粮食供应、淡水资源保障等;还存在体制层面上的问题,如经济体制转轨时期的就业保障、中央财政调控能力等。

(2) 信息安全,意为信息及信息系统免受未经授权的进入、使用、披露、破坏、修改、检视、记录及销毁。自从人类有了书写文字之后,国家首脑和军队指挥官就已经明白,使用一些技巧来保证通信的机密以及获知其是否被篡改是非常必要的。恺撒(Gaius Julius Caesar,公元前100年—公元前44年)被认为在公元前50年发明了恺撒密码,它被用来防止秘密的消息落入错误的人手中时被读取。第二次世界大战使得信息安全研究获取了许多进展,并且标志着其开始成为一门专业的学问。20世纪末到21世纪初见证了通信、计算机硬件和软件以及数据加密领域的巨大发展。政府、军队、公司、金融机构、医院、私人企业积累了大量的有关他们的雇员、顾客、产品、研究、金融数据的机密信息。绝大多数此类的信息现在被收集、产生、存储在电子计算机内,并通过网络传送到别的计算机。万一诸如一家企业的顾客、财政状况、新产品线的机密信息落入了其竞争对手的手里,这种安全性的丧失可能会导致经济上的损失甚至企业的破产。保护机密的信息是商业上的需求,并且在许多情况中也是道德和法律上的需求。对于个人来说,信息安全对于其个人隐私具有重大的影响,但这在不同的文化中的看法差异相当大。

(3) 公共卫生安全。1920年,美国公共卫生安全专家温斯洛(Charles Edward Amory Winslow)提出了"公共卫生"(public health)的定义:"公共卫生是通过有组织的社区努力来预防疾病、延长寿命、促进健康和提高效益的科学和艺术。这些努力包括改善环境卫生、控制传染病、教育人们注意个人卫生、组织医护人员提供疾病早期诊断和预防性治疗的服务,以及建立社会机制来保证每个人都达到足以维护健康的生活标准。"[1]1952年世界卫生组织接受此定义并一直沿用至今。世界卫生组织认为,维护全球公共卫生安全"是指为尽可能减少突发公共卫生事件对全球范围内人群健康的威胁而采取的行动",需要用"全球公共卫生集体行动为人类构建一个更加安全的未来"——这是全球公共卫生安全的总体目标。[2]

(4) 跨国犯罪。对于跨国犯罪,基本上都是从犯罪跨越国境或是违反多国刑法的角度进行定义。较为权威的是《联合国打击跨国有组织犯罪公约》中第3条第2款对跨国犯罪所下的定义:"第一,在一个以上国家实施的犯罪,或虽在一国实施,但其准备、筹划、指挥或控制的实质性部分发生在另一国的犯罪;第二,犯罪在一国实施,但涉及一个以上国家从事犯罪活动的有组织犯罪集团;第三,犯罪在一国实施,但对于另一国有重大影响。"[3]联合国关于打击跨国有组织犯罪的相关文件对跨国犯罪的类型作了较为详细的说明,并列举了18种跨国犯罪类型,包括:跨国洗钱犯罪、恐怖主义活动、盗窃文物和艺术品、侵犯知识产权、非法贩运武器、劫机、海盗、抢劫地面交通工具、保险欺诈、计算机犯罪、生态环境犯罪、贩卖人口、人体器官交易、非法贩卖毒品、虚假破产、渗透合法商业组织、贪污受贿、跨国犯罪集团的其他犯罪。[4]

(5) 恐怖主义。恐怖主义活动具有多样性和复杂性,恐怖主义大致有几个构成要素:第一,恐怖主义行动必须是有预谋的暴力行动,具有一定的破坏性。第

---

[1] 黄建始:《公共卫生的起源和定义》,《中华预防医学会第三届学术年会论文集》,2009年,第36页。
[2] 世界卫生组织:《构建安全未来:21世纪全球公共卫生安全》,见世界卫生组织网站。https://www.who.int/whr/2007/zh/。
[3] 《联合国打击跨国有组织犯罪公约》(A/55/383)。
[4] 孟维德:《跨国犯罪》,五南图书出版有限公司2012年版,第9—14页。

二,恐怖主义活动往往具有一定的政治诉求或是希望达到一定的政治目标。第三,恐怖主义旨在制造一种恐怖的气氛,引起大众的恐慌。第四,恐怖主义袭击具有突发性和难以预测性,其袭击行为超越常规,具有不确定性,手段往往特别残忍,无辜平民经常成为恐怖袭击的对象。恐怖主义犯罪在何时、何地针对何人、何物以何种方式发生难以预知,而正是这种突发性或对受害者而言的偶然性增加了其恐怖性。恐怖主义在突然情况下对公众造成的身体和精神的双重伤害是其对公共安全造成的最大的威胁。

(6) 生态安全。"生态安全"一词是20世纪后半期提出的概念,是一个国家赖以生存和发展的生态环境处于不受或少受破坏与威胁的状态,通常具有两重含义:一是生态系统自身是否安全,即自身结构是否受到破坏,功能是否健全;二是生态系统对于人类是否安全,即生态系统所提供的服务是否能满足人类生存发展的需要。生态安全与政治安全、军事安全和经济安全一样,都是事关大局、对国家安全具有重大影响的安全领域。生态安全是其他安全的载体和基础,同时又受到其他安全的影响和制约。当一个国家或地区所处的自然生态环境状况能够维系其经济社会的可持续发展时,它的生态就是安全的;反之,覆巢无完卵,生态环境一旦遭到严重破坏,必然影响社会稳定,危及国家安全。[1]

综上所述,安全涉及领域众多,这些诸多的安全领域都涉及发展能否顺利开展。在前面关于环境、健康领域我们已经涉及了与非传统安全有关的议题。限于篇幅,本章主要参考世界银行《2011年世界发展报告》中对"冲突、安全与发展"的关注,主要从暴力活动的视角来探讨安全与发展的关系。

二、暴力活动威胁发展进程

与20世纪的世界大战相比,目前国家间战争相对少见。重大国内战争自20世纪90年代早期达到顶峰后也开始下降。20世纪80年代每年死于内战的人数超过16万,到21世纪00年代,这一数字已降至不足5万。除拉丁美洲和加勒比以及撒哈拉以南非洲以外,大多数地区的凶杀率也一直在下降。[2] 然而,暴力活动依旧是发展进程的重大威胁之一。

无论是从人类苦难还是从社会经济影响来看,公民、社区、国家和世界都为暴力活动付出了巨大的代价。这种代价既包括死亡、残疾和破坏等直接代价,也包括预防、不稳定和流离失所等间接代价。其中一些损失可以用经济学概念直接测

---

[1] 高吉喜:《生态安全是国家安全的重要组成部分》,《求是》,2015年第24期。http://www.qstheory.cn/dukan/qs/2015-12/15/c_1117450158.htm。
[2] World Bank, *World Development Report 2011: Conflict, Security, and Development*, World Bank, 2011, p.51.

量和定量,但是创伤、社会资本和社会公信的丧失、预防成本以及投资和贸易损失等并不容易测量。

(一) 暴力活动的人力资源成本

暴力活动最重要的影响是其对人类安全和尊严的危害,因此,免于暴力和恐惧是一项基本人权。2008年,90多个国家签署支持《关于武装暴力和发展问题的日内瓦宣言》。宣言认为:"免于武装暴力威胁的生活是人类的一项基本需求。"社会中最弱势的群体受到暴力影响最为频繁。暴力活动导致人口流离失所或不能取得收入,导致贫穷儿童营养不良,损害了他们的身体功能和认知功能,从而产生了长期的不良影响。暴力活动破坏学校基础设施,迫使教师离职,中断教育活动,而且常常是中断一代贫穷儿童的教育。战争、劫掠和犯罪活动损害了贫穷人口的家庭资产。由于害怕暴力袭击,他们不去田里耕作,不去诊所就诊,不去工作。

(二) 暴力活动对发展的影响

第一,暴力活动影响减贫。暴力活动对发展产生的破坏性影响使受冲突影响国家与未受冲突影响国家之间的差距不断拉大。与没有受到暴力活动影响的国家相比较,受到大规模暴力活动影响的国家的减贫活动年均低1个百分点。经过几年大规模暴力活动之后,两者之间的差异更为突出:20世纪80年代受到暴力活动影响的国家,其减贫活动落后8个百分点;而那些在20世纪80—90年代经历过大规模暴力活动的国家则落后16个百分点。1981—2005年一直经历大规模暴力活动的国家,其平均贫困率比未经历暴力活动的国家高出21个百分点。[1]

第二,暴力活动使人们被迫离开家园。2015年,全球难民危机波及欧洲,100多万难民和移民抵达欧洲南部海岸,他们大部分来自阿富汗、伊拉克和叙利亚等饱受战争蹂躏的国家。然而,这还只是冰山一角。在世界范围内,超过6 000万人因战争、迫害或人权遭受侵犯而流离失所,其中约86%的人口生活在发展中国家,绝大多数是冲突区的邻国。在21世纪10年代,叙利亚战争是流离失所问题的首要根源,仅该地区就输入480万难民和至少660万境内流离失所者。[2] 流离失所人口的苦难遭遇常常延续很长时间。乍得、约旦、黎巴嫩和苏丹的营地已经成为许多流离失所人口的家,他们常常在那里一住就是几十年,而不仅仅是数月数年。21世纪被迫流离失所的人口大多是国内武装冲突所致,而非国际冲突的

---

[1] World Bank, *World Development Report 2011: Conflict, Security, and Development*, World Bank, 2011, p.60.
[2] 菲利普·格兰迪:《世界人道主义首脑会议:解决被迫流离失所问题》,联合国网站:https://www.un.org/zh/chronicle/article/20852。

结果。

第三,暴力活动影响人口的教育与健康。脆弱和受冲突影响国家的人口贫穷、辍学的概率更高,获得基本健康卫生服务的可能性更小。在脆弱国家或受冲突影响国家出生的儿童,罹患营养不良的概率是其他国家儿童的 2 倍;小学学龄儿童未入学概率是其他国家儿童的 3 倍;在 50 周岁之前死亡的概率将近 2 倍。[1]

第四,暴力活动影响经济发展路径。对经历过内战的国家而言,恢复到战前的增长路径平均需要 14 年的和平。直到 1990 年,布基纳法索和布隆迪的收入水平和增长路径平分秋色。布隆迪突然爆发内战后,人民的实际收入降到了 1970 年的水平。由于未经历重大冲突,布基纳法索的收入是布隆迪的 2.5 倍还多。2011 年世界发展报告数据"走出贫困"研究发现,受冲突影响村庄需要 2—3 年的时间才能摆脱对暴力活动再次发生的恐惧,从而迟滞了经济发展。[2]

第五,暴力活动影响投资者信心。受冲突影响国家在重新吸引投资者(包括国内投资者和国外投资者)方面存在困难。内战可能使一国在政治风险服务集团(Political Risk Services Group, PRS Group)制定的《世界各国风险指南》(the International Country Risk Guide)中平均分降低 7.7 分(100 分制),暴力犯罪的影响也大体如此。冲突平息后的前三年,国家的分数比类似的非冲突国家低 3.5 分。尽管这些国家的经济活动常常出现冲突后的繁荣,但这种繁荣不是体现投资者信心恢复的、基于投资的经济活动。在内战发生的第一年,贸易可能降低 12%—25%,但是对最为严重的内战而言(累计死亡人数超过 50 000),贸易的损失在 40% 左右。甚至在冲突发生后的 25 年以后,中断的贸易仍没有恢复。不太严重的冲突,对贸易的影响较小,但贸易要恢复到冲突前的水平,平均需要 20 年时间。[3]

(三)暴力活动具有溢出效应

暴力活动对发展的影响,如同它的起源一样,跨越边界向外溢出,这意味着其对邻国、对区域、对全球都产生影响。暴力活动可以使一国成为他国的"恶邻"。例如,20 世纪 90 年代晚期发生在利比里亚查尔斯·泰勒(Charles McArthur Ghankay Taylor)总统时期的冲突现象(被暴力活动训练出来的人口、轻武器的泛滥、木材和钻石的非法交易)对科特迪瓦、几内亚和塞拉利昂造成了伤害。估计数

---

[1] World Bank, *World Development Report 2011: Conflict, Security, and Development*, World Bank, 2011, p.63.
[2] Ibid.
[3] Ibid., p.64.

字显示,内战国邻国每年的损失可达其年国内生产总值的0.7%。为打击非洲之角和印度洋的海盗,部署海军力量执行打击海盗任务的国家超过了27个,年成本在13亿—20亿美元之间波动。2010年世界旨在遏制和威慑海盗的行为的成本在17亿—45亿美元之间,如果将赎金、保险和船只变更航线等包括在内,海盗抢劫的直接经济成本总计为57亿—112亿美元。[1]

暴力活动的溢出效应并不仅限于经济层面。世界上将近75%的难民被其邻国收留。利比里亚和多哥的难民长期在加纳避难,超越了加纳国家提供服务的能力,造成了与当地居民的紧张关系。1999年科索沃战争期间,科索沃阿尔巴尼亚人大规模涌入马其顿,加剧了斯拉夫多数派和阿尔巴尼亚少数派的紧张关系。传染病会在因暴力活动而中断了卫生健康服务或公共服务缺失的地区出现。有数据表示,每1 000名难民进入一个非洲国家,东道国就会新增1 400例疟疾病例。[2]

第二节 冲突和安全问题及其成因

暴力活动威胁发展进程,对发展中国家尤其如此。一方面暴力和冲突会影响一国的发展,处于战争中的国家不仅在资源上,而且在人类生活和基础设施上都付出了巨大的代价;另一方面,发展不足会引发冲突,特别是在战争的情况下。

一、发展中国家的主要冲突与安全问题

冲突与安全问题在最不发达国家(Least Developed Countries, LDCs)表现得尤为突出。截至2017年,有48个国家被列为最不发达国家。最不发达国家的特点是收入水平低和增长的结构性障碍。许多最不发达国家经历了对其发展具有毁灭性影响的冲突时期。自1991年以来,三分之二的最不发达国家经历了武装冲突。根据联合国发展政策委员会(Committee for Development Policy, CDP)和乌普萨拉冲突数据计划(Uppsala Conflict Data Program, UCDP)数据,自1991年以来发生冲突的最不发达国家是阿富汗、安哥拉、孟加拉国、布隆迪、柬埔寨、中非共和国、乍得、科摩罗、刚果、吉布提、厄立特里亚、埃塞俄比亚、几内亚、几内亚比绍、海地、老挝、莱索托、利比里亚、马里、毛里塔尼亚、莫桑比克、缅甸、尼泊尔、尼日

---

[1] World Bank, *World Development Report 2011: Conflict, Security, and Development*, World Bank, 2011, p.65.
[2] Ibid., p.66.

尔、卢旺达、塞内加尔、塞拉利昂、索马里、南苏丹、苏丹、乌干达和也门。

一般而言,冲突会导致发展不足。受冲突影响的国家在最不发达国家指标上的得分要比处于和平状态的国家差。处于和平状态的最不发达国家的人均国民总收入比受冲突影响的最不发达国家的人均国民总收入高2.6倍。尽管冲突国家和非冲突国家之间的经济脆弱性没有显著差异,但和平的最不发达国家的人力资本平均要高1.4倍。[1] 冲突与发展相互影响的分析本身很重要,但对于最不发达国家来说更重要,因为它们是最脆弱的国家。有证据表明,处于战争中的国家不仅在资源上,而且在人类生活和基础设施上都付出了巨大的代价。向非生产部门的预算转移是经济增长的障碍。为了增加军事开支,政府从其他生产部门重新分配了预算。此外,由于社会支出减少,不平等现象可能加剧。削减教育、医疗保健或退休金尤其会使非富裕者的经济状况恶化。健康恶化和死亡可能是战争的直接结果,也可能是疾病传播和保健功能失调所造成的间接影响。医疗保健在很大程度上取决于良好的基础设施以及平稳运行的供应链。从长远来看,由于基础设施的严重破坏,冲突后的恢复可能导致与直接战争情况一样多的死亡。[2]

另一方面,发展不足会引发冲突,特别是在内战的情况下。贫穷是爆发冲突的关键因素。高贫困率标志着国家财政和官僚机构的薄弱。稳定的经济增加了年轻人加入反叛运动的机会成本。然而,叛乱可以由各种不满情绪引发,例如种族或宗教分裂、政治和法律排斥以及不平等。通过基尼系数,科利尔(Paul Collier)和霍夫勒(Anke Hoeffler)衡量了社会内部的不平等,发现在冲突前的时期中,不平等程度往往高于稳定时期。他们得出的结论是,仅贫困是不会引发冲突的,而只有在将经济困难与拥有更多财富的其他人进行比较时才会引发冲突。[3]

二、冲突与安全问题的成因

包括安全、经济和公正在内的多重压力提高了暴力活动的风险,而薄弱的制度合法性往往与暴力活动形成恶性循环。

(一) 多重压力提高了发生暴力活动的风险

经济、政治和安全因素均可以提高发生暴力活动的风险性。其中某些因素,如低收入、高失业、不同群体之间的不平等等属于内部因素。外部经济冲击、国际

---

[1] Namsuk Kim and Melanie Sauter, "Is Conflict Additional Structural Obstacles for Least Developed Countries?", *International Journal of Development and Conflict*, 7(2017)33.
[2] Chen, Siyan, Norman V. Loayza, and Marta Reynal-Querol. 2008. "The Aftermath of Civil War." *The World Bank Economic Review* 22(1):63-85.
[3] Collier, Paul, and Anke Hoeffler. 2004. "Greed and Grievance in Civil War." *Oxford Economic Papers* 56(4):563-595.

贩毒集团或外国雇佣兵的渗透等属于外部因素。暴力活动的导火索可归结为"安全、经济和公正压力"。这些因素很少孤立存在，常常交织在一起。

1. 安全

当特定的精英群体或团体感到威胁（常常是既往压迫造成的结果）而组织起来自卫的时候，内部安全压力就会产生。在国家间战争中，基于对他国意图的认识而采取的先发制人的行动被称为"安全困境"。如果一国认为另一国正在准备发动袭击，它可能决定先行发动袭击，从而取得绝对优势。先发制人从希腊时代以来即被认为是战争的导火索。随着国际关系中现实主义方法论的流行，先发制人成为"冷战"时期战略思维的重要特征，尽管根据国际法它是否合法尚未达成一致的意见。安全的外部威胁因素可能加剧内部压力。许多国家面临外部国家和非国家行为者的压力或侵犯。外部行为者可能随时采取干预行为，造成内部行为者相互之间很难达成可信承诺。外部资源和武装干预可能通过支持一方发挥决定性作用。

2. 经济

(1) 低收入。低收入降低了参与暴力活动的机会成本。近期对内战的研究多强调经济动机，叛乱为领导叛乱的人带来经济租金，也为那些没有其他生计来源的追随者提供了一份足以保证生存的收入。在低收入环境中，参与暴力活动的机会成本可能很小。发展缓慢的、依赖自然资源的低收入经济体发生内战的概率是其他国家的10倍。

(2) 失业。高失业率，特别是青年失业率增加了发生暴力活动的风险。《2007年世界发展报告：发展与下一代》(*World Development Report 2007: Development and the Next Generation*)对青年最初寻找工作时的失败如何导致持续的失业状态、对继续接受教育失去兴趣、延迟成家、心理疾病和"不良公民表现"进行了描述。"穷人之声项目"(the Voices of the Poor Project)的发现也证实战后出现的、有挫败感的失业青年常常与较大的暴力活动和帮派活动有关。根据在暴力活动影响地区进行的调研，失业和无所事事是导致青年人参加叛乱活动的最重要的因素。

(3) 剥削性就业。剥削性就业也是暴力风险因素之一。失业和暴力活动之间的关系常常牵扯社会认同和社会排斥。对拉丁美洲、非洲帮派和叛乱活动人员招募的定性研究显示了就业、尊严和身份认同之间的关系。就暴力活动的动因而言，权力关系和"尊严"观念可能比单纯的金钱动机更重要。它也是一种社会互动，带有个人地位及其对所受待遇的期望。失业和地位卑下的感觉也是参与帮派活动的因素之一。

(4) 自然资源。自然资源丰富的国家可能面临争夺这些利益的武装攻击。由于从石油、木材和矿山出售中获利需要控制一国或某一地区，蕴含丰富自然资源的国家尤其容易受到冲突的危害。此外,在自然资源丰富的国家,国家领导层可能不愿为调停或镇压暴力活动而对制度进行投资,因为制度会挑战他们的统治地位,降低他们所得利益的份额。在一个军事力量强大而民主监督薄弱的国家,自然资源带来的收益常常被军方领导所攫取。

(5) 食品价格冲击。食品和能源价格冲击能增加发生冲突的风险。对撒哈拉以南非洲降雨量的研究认为,在降雨量连年不足时,发生国内冲突的可能性增大。大多数脆弱国家是粮食进口国,和其他发展中国家相比较,脆弱发展中国家的家庭平均粮食支出更高。粮价暴涨和城市地区的不稳定形势长期相关。

3. 公正

经济因素很重要,但并不是问题的全部。许多发展中国家面临着多种经济挑战,比如增长缓慢或停滞、受到全球商品价格趋势的影响和人口的迅速增长。尽管这些因素非常重要,但是完全从经济动机的角度出发解释暴力现象是不够的:要避免暴力活动,社会必须做的不仅仅是促进增长。身份认同、意识形态、不公正和政治动机对解释暴力活动和冲突的原因都非常重要。

在缺少公平的地方,不公正和社会排斥可能成为压力。基于种族、民族、宗教或地理位置和血统的特定群体的政治排斥或民族排斥是不公正和不公平的一个方面。政治排斥或民族排斥现象严重的国家发生暴力叛乱的可能性也大。对1986—2003 年 55 个国家的分析显示,政治和经济横向不平等严重的国家,发生冲突的可能性也大大提高。科特迪瓦北部和南部数十年的经济社会不平等阐明了这种联系。1993 年 12 月总统费利克斯·乌弗埃-博瓦尼去世后,政治经济因素的交汇最终导致了内战的爆发。叛军的《北方宪章》明确表达了北方居民的经济不满以及他们对穆斯林宗教未能得到国家有力认可的怨恨。

(二) 薄弱制度合法性与暴力活动的恶性循环

制度薄弱的国家爆发内战、经历反复内战以及极严重犯罪暴力活动的风险最大。制度合法性最重要的来源是政治合法性和绩效合法性。政治合法性的政治过程做出反映共同价值和选择的决策,赋予所有公民平等的发言权,并为这些决策负责。这包括为公民提供信息,提供以法律手段解决纠纷和上访机制。绩效合法性指国家有效履行既定义务,并通过提供安全、经济监督、服务和公正等赢得合法性。

薄弱制度的合法性与暴力活动之间的因果关系就像人类免疫系统不强致使身体容易遭受疾病侵袭一样,制度薄弱致使一个国家容易遭受暴力活动的困扰。恢复身体健康意味着不仅要治疗疾病,还要恢复身体抵御疾病的能力。每一次暴力活动发生的原因可能不同,但是,社会无力抵制压力的根本原因在于过于薄弱的制度无力和平解决这些压力。因此,要想永久性地解决暴力活动问题,仅仅解决单个压力是远远不够的,它要求采取行动解决制度合法性中潜在的薄弱环节。

第三节 国际发展与冲突和安全

鉴于安全与发展之间的紧密相关性,安全在国际发展议程中受到越来越多的关注。在应对安全挑战的过程中,除了国内措施之外还应充分利用国际行动来减轻安全的外部压力。国际社会在通过集体行动恢复信心,早期工作重点的确立,抵制外部压力与发动外部支持等方面的成功经验值得有关国家借鉴。

一、MDGs、SDGs 与安全

联合国千年发展目标并未包含安全议题,可持续发展目标16则涉及安全议题,这体现了国际社会对发展与安全相关性认识的深入。实际上,在2030年可持续发展议程的设定过程中,对于是否应专门设定一个安全目标,国际社会是存在争议的。包括中国在内的一些发展中国家不赞成设立专门的安全目标。中国在2013年和2015年发布了两份中国对于2015年后议程的立场文件,在议程设置的总体原则和优先领域部分都未提到各国国内冲突与安全问题,而是强调目标设定要聚焦。其原因在于:一方面,中国认为国内冲突与安全问题的解决主要是一国内部的事务,将其放在全球议程中恐导致对一国内政的干涉;另一方面,中国希望2030年议程是一个发展的议程,而不是一个政治议程和安全议程。

(一) MDGs 与安全

联合国千年发展目标体系并未直接涉及安全领域。2010年,联合国大会高级别全体会议对千年发展目标的进展情况进行了评估。在会上,各国政府要求加快千年发展目标的进展并思考2015年之后通过什么方式继续推进发展议程。在这次会议之后,联合国秘书长潘基文采取了多项措施:建立了联合国系统工作组(UN System Task Team),成立了高级别名人小组(High Level Panel of Eminant Persons),并任命穆罕默德(Amina J. Mohammed)作为他后2015年发展规划的特别顾问。2012年7月31日,联合国秘书长潘基文任命了来自世界各地的27个代表组成高级别名人小组。2013年5月30日,名人小组提交了其关于2015年后联合国发展议程报告《新型全球合作关系:通过可持续发展消除贫困并推动经济转型》。该报告指出,千年发展目标体系对发展中伴随的冲突与暴力所造成的毁灭性后果无从应对,[1]所以新的2015年后发展议程要予以改善。

(二) SDGs 与安全

联合国2030年可持续发展目标16为"创建和平、包容的社会以促进可持续发展,让所有人都能诉诸司法,在各级建立有效、负责和包容的机构",其中关于"和平"的因素则涉及了冲突与安全议题。联合国官网在对该目标重要性的强调中谈到:"在受到冲突影响的地区,有约2 850万的小学适龄儿童失学。腐败、贿赂、偷盗和逃税每年给发展中国家造成的损失达到1.26万亿美元,而通过这笔钱,那些每天靠着不足1.25美元维持生计的人可以至少在6年内每天收入达到甚至超过1.25美元。"

目标16下与冲突和安全相关的具体目标包括:在全球大幅减少一切形式的暴力和相关的死亡率;制止对儿童进行虐待、剥削、贩卖以及一切形式的暴力和酷刑;到2030年,大幅减少非法资金和武器流动,加强追赃和被盗资产返还力度,打击一切形式的有组织犯罪;大幅减少一切形式的腐败和贿赂行为;通过开展国际合作等方式加强相关国家机制,在各层级提高各国尤其是发展中国家的能力建设,以预防暴力,打击恐怖主义和犯罪行为。

二、冲突与安全问题的表现

经济全球化将各国置于从国际腐败到资源短缺的种种外部经济压力之下。政治制度薄弱的国家在进行内部协商时一直都受到各种形式的外部干预。各国的社会团体通常与外部人士保持着联系,这些外部人士可能是重要的外部支持者,但也可能干预政治与安全问题。

(一) 外部安全压力:跨境不安全

跨境不安全问题和非法交易问题,尤其是小武器和毒品问题,可能对治理和发展稳定的、合法的制度产生极端负面的影响。在不具备大规模国际支持的前提下,较为脆弱的国家和地区不能应对这些挑战:非国家行动者可以耗尽国家行动者所能动用的资源和人力。外部安全压力会加剧内部紧张局势,破坏终结冲突的最初解决方案。侵略、外国驻军或占领可能会颠覆整个国家。更为常见的情况是,跨境活动的非国家组织已经卷入脆弱国家的暴力活动中。疏于防备的边境可以给叛乱分子或有组织犯罪团伙提供逃脱国家武装部队追捕的逃跑路线,世界上许多地区——南亚、东南亚、西非、中非、非洲之角、中东、中美洲、安第斯山脉地

---

[1] 联合国高级别名人小组:《新型全球合作关系:通过可持续发展消除贫困并推动经济转型》,2013年5月30日。

区——的国家都面临着非国家团体的袭击、邻国对内部叛乱分子的支持或走私犯和跨国恐怖分子的危害。许多不安全和暴力活动都集中在边境地区。

国际安全响应通常是在国家层面而不是次区域层面上组织的。因此,国际维和行动很少是为应对跨境安全威胁而组织的,即使在次区域层面上活动的团体已经成为不安全的主要根源。显然,这种情况要求加强区域的作用与能力。发展计划通常也是在国家层面上组织实施的,即使是在国家边界将具有紧密社会经济联系的区域分离开来的地区也是如此。例如,横跨阿富汗-巴基斯坦边界的普什图部落地区的开发计划要求两国政府解决不安全、地方行政管理薄弱、种族与社会意识强烈的类似问题,但是两国国家机构之间很少交流与协调。当邻国之间的关系紧张时,协调跨境计划就具有了政治复杂性。

除此之外,还有一些创新型跨境计划。在意识到不安全边境地区会成为冲突反复发生的地方后,非洲联盟于2007年成立了非洲联盟边境方案,标定敏感边界区域,促进跨境合作与贸易,以此来预防暴力事件的发生。该计划要求同时划定陆地边界与海域边界,旨在推动针对打击流动犯罪活动的跨境合作、支持跨境和平建设计划、巩固区域经济网络创立带来的经济一体化收益。区域性组织在解决跨境暴力活动方面也扮演着重要角色,正如二战后欧洲合作的经验所证明的那样,欧元区的跨境合作和一体化能够为其他区域解决棘手的边境地区问题提供启发。

(二) 外部经济压力:跨国腐败与国际非法资金流

脆弱国家和地区可能还会受到外界施加的经济压力。其中比较突出的有由外部企业财团利益驱动的腐败、与腐败相关的非法资金流动、逃税和非法交易——以及随着全球对食品和燃料需求的不断上涨带来的价格冲击和获取重要自然资源(土地、水、能源)的使用权和所有权的压力。同样地,我们无法期待治理体系与谈判能力相对较弱的国家在没有全球和区域性援助的条件下应对这些外部压力。

1. 跨国腐败

反腐败工作是国家改革过程中极重要和具有政治挑战性的一部分。腐败往往不仅仅是一项地方性挑战;国际犯罪在腐败活动中扮演着重要的角色,并为国家改革工作设置了极大的障碍。至少从某种程度上说,反腐败工作能否取得进展,取决于国际努力。国家应当判定向其他国家官员行贿的国民有罪,这一原则已经在国际法中牢固树立,但是在执行方面还有很大的改进空间。2000年前,许多发达国家实际上是鼓励跨境行贿行为的,允许其公民或企业向他国政府官员行贿以享受税收减免待遇。这种情况正在发生转变。1997年制定的《经合组织反贿赂公约》(Convention on Combating Bribery of Foreign Public Officials in

International Business Transactions)(即《禁止贿赂外国公职人员公约》)和《联合国反腐败公约》(United Nations Convention against Corruption)要求缔约国规定贿赂外国公职人员的刑事处罚。以取得矿产特许权、军火合约及其他有利可图的商业机会为目的而向这些脆弱国家的公职人员行贿的行为几乎都是发生在境外,因此,将跨国贿赂拒之门外对这些国家的反腐工作具有重要意义。

2. 国际非法资金流

封锁实物腐败和其他腐败活动的资金(包括毒品非法交易的资金)流动的工作,也是对实物腐败案件起诉的补充。许多国际行动都已着手开展这方面的工作。大量的法律与计划旨在识别与阻止通过合法的金融体系洗清非法资金——腐败活动、偷逃税款与毒品非法交易的资金——的活动。这对暴力预防具有重要意义:许多民事冲突政治冲突中的武装运动都是从这些渠道取得资金支持。西方七国首脑会议为控制毒品利润流动而成立于1989年的金融行动特别工作组制定了非法洗钱条例,并在国家层面上建立了打击洗钱犯罪的金融情报中心。116个国家建立了此类金融情报中心,并根据埃格蒙特集团倡议进行紧密合作。金融情报范围得到扩展的同时,银行及其他金融机构也对客户交易监控与报告投入了更多的关注,同时执法机构也更注重追踪"黑钱踪迹"。

三、解决冲突与安全问题的国际经验

薄弱制度的国家尤其容易受到外部冲击的影响。国家如何才能增强制度弹性规避暴力活动?这里给出的只是部分答案。第一是启动较为广泛的制度改革之前,需要通过集体行动恢复信心;第二是以公民安全、司法和就业制度的改革为重点;第三是发挥区域行动和国际行动在遏制外部压力中的作用;第四是所需外部支持需具备专业性质。

(一) 通过集体行动恢复信心

信心重建是在发生暴力活动时进行持久性制度改革的前奏,信心重建是政治斡旋和金融危机使用的概念,但极少用于发展领域。此处将这一概念用于脆弱和暴力挑战,是因为低信任引起的反复循环暴力活动意味着除非利益相关者相信会产生积极的结果,他们不会提供政治、金融和技术支持。对远离暴力危崖而言,重建利益相关者及公民对改革集体能力信心的领导行动,是至关重要的第一步。有多种途径可以让国家远离暴力危崖,这些途径都有两个基本要素。

1. 足够包容性的联盟

私营部门对国家应对和脱离暴力活动起着至关重要的作用。私营部门经常可以打破民族和宗教的界限,其纳入联盟有助于建立一种对未来长期投资和可持

续增长的意识。领导者掌控和引导改革的能力还取决于民间社团、非正式机构和行动者所构成的网络——国家和非正式机构之间的相互作用在遭受暴力活动破坏的国家显得更为重要。民间社团、非正式机构和传统机构都参与到具有足够包容性的联盟中,有助于获得更为广泛的社会合法性并确保社会每一个角落都能实现公民安全、司法公正和就业。在国家管理和信任程度都不高的受暴力影响地区,社区、传统机构和民间社团也可以是国家实现早期成果的重要合作伙伴。利用非国家能力,政府可以扩大自己提供公共物品的能力,并发出政府和社会其他各界是包容性合作伙伴关系的信号。

2. 实现早期成果

具有足够包容性的联盟必须辅之以恢复对国家制度的信心的实际成果。原因如下：第一,实际成果是政府向民众展示的美好愿景的具体指标。第二,实际成果展示了政府实现承诺的能力。第三,通过表明领导者能够顶住来自自己支持者"赢家获得一切"游戏的压力和为全体公民利益着想的行为,重建民众信心。为重建信心需要设定可以实现的、切合实际的优先事项,利用非政府能力去实现成果,并与民众交流成果。

(二) 早期工作的重点：公民安全、司法公正和就业制度

信心重建本身并不是目标。在大多数脆弱环境下,政府在许多领域的治理能力都存在缺陷,开展快速而全面的制度改革似乎是最好的办法。但是改革的范围与速度本身就是风险,企图在过短的时间内取得太多的成果,可能反而会增大冲突持续的风险。因此,应避免"过多过快",找到最适合的方案。任何社会在任何一个阶段内接受变革的量都是有限的。在脆弱局面下,许多改革都需要经过一个逐步建立信任、培养能力的过程。在"过快"和"过慢"的改革行动之间取得恰当的平衡至关重要,而且从其他国家的成功过渡中也可以汲取一些基本的经验。首先,将改革涉及公民安全、司法公正和就业的制度作为早期工作的重点十分关键,新加坡独立后的发展过程就体现了这一点。其次,专注于公民安全、公正与就业意味着大多数其他改革需要在此后依次展开,包括政治改革、权力下放以及转变对边缘群体的态度。系统地开展这些改革需要成体系的制度和社会观念的转变。

(三) 抵制外部压力与发动外部支持

建立针对暴力活动和脆弱性的弹性应由国家主导,但是外部支持、外部动力和外部压力可以促进或迟滞这一进程。

1. 减轻脆弱国家的外部压力

外部压力,如有组织犯罪与非法交易网络的渗透、邻国冲突的蔓延、经济震

荡，都是可能增加暴力风险的重要因素。脆弱局势下往往存在许多外部压力，而应对这些压力的制度往往十分薄弱。如果这些压力不能得到妥善的解决，或者持续增加，则可能使得防止暴力与恢复和平的努力偏离正轨。特别是在不稳定的发展环境中，解决外部压力应当成为防止暴力与恢复和平的国家战略以及国际援助工作的核心内容。

2. 提供有效的外部支持和动力

一些国家仅仅依靠自身的金融和技术资源就即可实现信心重建和制度改革的目标，但是大多数国家需从国外争取援助。脆弱局面下对国际援助的需求也会有所不同。建立信心的努力必须迅速取得成效的要求凸显了速度的重要性。对建立合作的、足够包容的联盟的重视以及对公民安全、公正与就业的重视将更广泛的国际能力聚焦在一起，而这些能力必须协调一致地发挥作用。当政治局势脆弱，而当地制度不具备确保责任到位的能力时，国际激励——如认可机制与惩罚机制——也需要发挥重要作用。

（四）螺旋式上升的过程

正如暴力活动反复发生一样，重建信心和制度改革的努力通常也是一个螺旋式上升的过程。通常，脱离脆弱性和冲突的国家并不是通过一次决定性的"成或败"而实现信心恢复和制度改革的。重复的过程为发展协作规范和协作能力、为一个成功引向另一个成功的良性循环提供了空间。

本章小结

不论是传统安全还是非传统安全，均与发展密切相关。传统安全涉及国家主权安全、军事安全与领土安全。非传统安全则涉及国际恐怖主义、经济安全、信息安全、公共卫生安全、环境生态安全、跨国犯罪等。暴力活动最重要的影响是对人类安全与尊严的危害，免于暴力和恐惧是一项基本人权。暴力活动通过影响减贫、迫使人们离开家园、影响人口的教育与健康、削弱投资者的信心等途径对发展进程造成破坏。暴力活动还会跨越边界向外溢出，从而对邻国、地区乃至全球产生负面影响。

冲突与安全问题在发展中国家特别是最不发达国家表现得尤为突出。受冲突影响的最不发达国家在资源、人类生活和基础设施上都付出了巨大的代价。一般而言，一方面，受冲突影响的国家在发展指标上与处于和平状态的国家相比表现更差；另一方面，发展不足会引发冲突。贫困是爆发冲突的关键因素，而在将经济困难与拥有更多财富的其他人进行比较时更容易引发冲突。包括安全、经济和公正在内的多重压力提高了暴力活动的风险，制度合法性不足往往导致其与暴力活动形成恶性循环。

联合国千年发展议程并未包含安全目标,而 2030 年议程则将安全议题包含进来。联合国 2030 年可持续发展目标 16 规定了与冲突和安全相关的具体目标。在应对安全问题时,除了国内措施之外,还需要采取减轻外部压力的国际行动,以应对跨境不安全、跨国腐败和国际非法资金流动等外部威胁。来自国际社会的经验表明,通过集体行动恢复信心至关重要,早期的工作重点应放在公民安全、司法公正与就业制度方面,在过程中需有效抵制外部压力并争取外部支持。

关键词

冲突　暴力　非传统安全

简答题

1. 传统安全与非传统安全的主要领域有哪些?
2. 暴力活动会对发展产生哪些负面影响?
3. 冲突和安全问题的成因有哪些?
4. 应对冲突与安全问题的国际经验有哪些?
5. SDG 中安全相关目标有哪些?

思考题

1. 将安全议题纳入国际发展目标是否会对国家主权造成损害?
2. 传统安全与非传统安全的应对之策有何不同?

第11章

多边发展援助

国际发展学是研究如何帮助发展中国家实现发展的学科,其中,国际发展援助是重要研究内容。通过国际组织提供的多边发展援助是发展中国家重要的发展融资渠道。众多国际组织参与多边发展援助,它们有着各自的援助重点与方式。与双边发展援助相比,多边发展援助具有自己的优势与特色。

第一节 多边发展援助概述

多边发展援助((Multilateral Development Aid))是通过多边机构向发展中国家提供的援助,目前的多边发展援助机构主要于第二次世界大战后由同盟国建立,由联合国、世界银行和国际货币基金组织等国际组织组成。它们不仅是提供发展援助资金的重要渠道,而且是政策咨询、技术服务及发展研究的主要机构,同时也是国际发展援助协调工作的核心部门。

一、多边发展援助的界定与构成

(一) 多边发展援助的概念

多边发展援助是指多边发展援助机构利用成员国捐款、认缴股本、优惠贷款及在国际资金市场借款或业务收益等,按照制定的援助计划向发展中国家或地区提供的援助。

经济合作与发展组织(OECD)将多边官方发展援助定义为成员国政府向多边发展组织提供的官方发展援助。其具备两个基本条件:第一,受援的多边组织全部或部分以资助发展为目的,而且其成员为各国政府的国际性办事处、机构和组织,或者由此类组织自主管理的基金;第二,援助通过一个多边参与的融资形式流入而成为该机构金融资产的一部分,捐助国不能控制捐献资金的具体使用。

在国际发展援助中,如果捐助方能够有效控制自己所提供资金的使用,确定受援国或者指定资金的特定用途(比如确定援助目的、条款、总金额和偿还资金的重新使用),那么这种援助属于双边援助。[1] 在双边援助中,援助国的政府机构既是援助项目的出资者,也是项目的执行者。自经合组织发展援助委员会成立之后,主要援助国先后成立了专门负责发展援助事务的政府部门,并依照各自国内的相关法律制定援助政策,与受援国就援助事宜进行协商,并负责援助项目的执行和管理。一般来说,双边援助的首要目的是服务于援助国的整体对外政策目标,援助的动机出于具体的政治、经济和战略利益,并受到援助国国内政策和舆论的影响。而多边发展援助机构是援助国的集体组织(发达国家是主要的资金提供者),其援助资金虽然由各成员国出资,但是资金由多边机构统一管理和分配,不受某个资金提供国的限制和约束,其援助行为是所有成员国协调的结果,附加条

---

[1] OECD, DAC Statistical Reporting Directives, 2007, p.6.

件较少。相对于双边援助,多边援助更"软",条件更优惠[1]。

(二)多边发展援助与发展政策一致性

活跃在发展援助领域的行为者不仅限于主权国家,各种国际多边发展机构和银行提供了大量的官方发展援助,如联合国体系、欧洲联盟和世界银行都成为外援领域的强大力量。由于多边机构的资金来源于各个成员国,这些成员国就将本国对于外援的预期和发展理念与模式带到多边组织中来,经过整合形成超国家的发展理论与政策。不同的国际组织有不同的力量组合,因此也就有不同的理论取向和政策倾向。联合国、经合组织、世界银行系统因为成分和定位不同,所以也有不同的理论和政策侧重。

主权国家发现,由于它们都希望通过外援实现其私利,结果是它们单独实行的援助政策往往相互竞争和抵触。这种外援领域里的不良竞争和冲突不仅发生在国家与国家之间,而且发生在主权国家内部的部门和部门之间。另外在援助国和受援国之间还存在着不同的发展道路和发展观念的矛盾。所有这些都是造成援助资源的浪费与滥用的根源,而现在的国际体系没有解决上述问题的立法和行政能力。1992年在经合组织发展援助委员会高级会议上,援助国提出了"一致性"的概念。为了提高发展援助的效率,经合组织的援助国俱乐部要求在援助国与援助国之间、援助国的国内各部门之间以及援助国与受援国之间进行政策协调,取得"一致",或至少是使它们的政策彼此不相冲突。

多边发展援助机构就是发展政策协调和推进一致性的机制之一。从国际关系的角度观察,主权国家根据各自的能力、利益和价值取向,选择不同的多边发展援助机构发挥作用。国际组织既是主权国家利益整合的平台,也是可能在主权国家之间达成一致意见的场所。小国通过国际舞台加强影响力,而赤贫、环境恶化、瘟疫流行、移民蔓延、恐怖和犯罪行为泛滥等被国际社会认定为影响到各国利益的问题,在国际舞台上也得到强调和重视。

(三)多边发展援助的特点

双边援助的优势在于:首先,可以更直接地决定其所要援助的国家和领域,这使得援助国所提供的援助在国内(包括议会和公众等)和伙伴国更具可见性。其次,援助国可以更直接地追求其本国利益,例如通过援助的增减对受援国进行奖惩,使其做法符合援助国利益。最后,通常情况下,双边援助者在采取行动时比多边机构更为迅速、灵活且官僚主义色彩更少。瑞士和德国在内的一些援助国已经

---

[1] 潘忠:《国际多边发展援助与中国的发展——以联合国开发计划署援助为例》,经济科学出版社2008年版,第20页。

为多边发展援助的比例规定了上限,以此促进双边援助。

多边发展援助的优点在于:第一,非援助国利益主导。由于援助国自身的利益变得不那么明显,因此,多边发展合作被认为不那么"政治化"和利益主导。第二,资源集中。援助资源的集中可以使那些超过单个双边援助者承担能力的大型任务更具成效,从而降低援助碎片化的风险。第三,援助国更为均衡。由于多边机构在援助的国家选择上更为均衡,因此可以减少"援助孤儿"的风险。第四,可进行标准制定。一些多边行为体(如联合国机构)具有重要的国际标准制定职能,而双边援助者则不具备这一职能。如欧盟机构不仅构成欧洲的另一个援助者,而且越来越多地为欧洲发展合作体系履行协调职能。

二、多边发展援助体系的构成

目前大多数多边发展援助机构是在第二次世界大战以后建立起来的。当时同盟国为了医治战争创伤成立了一系列的机构和组织,逐渐形成了以联合国、世界银行和国际货币基金组织为中心的多边发展援助系统。最大的多边发展援助机构是世界银行里的国际开发协会(International Development Association,IDA)。其次则是联合国系统中的各个发展机构,主要有联合国开发计划署、联合国人口基金、联合国儿童基金会和世界粮食计划署等。此外,在联合国系统中还有一些执行具体项目的专门机构,如世界卫生组织、粮农组织、联合国教科文组织等,主要提供技术援助。在两大系统之外,还有在地区层面组建的区域发展机构,如经济合作与发展组织、欧洲联盟等,以及按照世界银行的模式组建的区域开发银行,主要有亚洲开发银行、非洲开发银行和美洲开发银行等。冷战结束后,由于全球问题日益突出,出现了一些针对全球性问题的半官方的基金会,如全球基金、全球环境基金等。这些机构也具有多边发展援助的性质。

在多边发展援助中,联合国发展机构(如联合国开发计划署、世界粮食计划署、联合国儿童基金会、联合国人口基金等)主要以赠款的方式向发展中国家提供无偿的技术援助;而国际发展融资机构(如世界银行及地区性开发银行等)及其他多边机构多以优惠贷款的方式提供财政援助(见表11-1)。

表11-1 国际多边发展援助机构的构成

	成员组成	援助方式
联合国发展机构	联合国开发计划署	技术援助+紧急救援
	联合国贸易和发展会议	
	联合国环境规划署	
	联合国妇女发展基金	

续表

	成员组成	援助方式
联合国发展机构	联合国人口基金	技术援助＋紧急救援
	联合国儿童基金会	
	世界粮食计划署	
	联合国难民事务高级专员办事处	
联合国专门机构	国际劳工组织	技术援助＋紧急救援
	联合国粮食及农业组织	
	联合国教育、科学及文化组织	
	世界卫生组织	
	联合国工业发展组织	
国际发展融资机构	世界银行集团	财政援助为主
	国际复兴开发银行	
	国际开发协会	
	国际金融公司	
	多边投资保证机构	
	国际投资争端解决中心	
	合作式、地区性政府间金融机构	
	亚洲开发银行	
	美洲开发银行	
	非洲开发银行	
	欧洲复兴开发银行	
政府间机构	经济合作与发展组织	财政援助为主
	欧洲联盟	
	石油输出国组织	
	阿拉伯经济与社会开发基金	
	伊斯兰开发银行	
	阿拉伯非洲经济开发银行	
国际基金	全球基金	财政援助为主
	全球环境基金	
	国际农业发展基金	

注：专门机构指一种自治组织，通过联合国经济与社会理事会与联合国及其他自治组织协商合作。

三、多边发展援助的职能

在国际发展援助的进程中,多边发展援助机构发挥着越来越重要的作用。它们不仅是提供发展援助资金的主要渠道,而且是政策咨询、技术服务及发展研究的核心机构,同时也是国际发展援助评估与协调工作的关键部门。多边发展援助机构不仅是向低收入国家提供财政援助和技术援助的主要渠道,而且是市场资金流入中等收入国家的重要中间环节。

(一) 财政援助

早在20世纪80年代,多边发展援助资金就已经占发展援助委员会成员国提供的官方发展援助总额的25%,如果把成员国向欧洲经济共同体的捐款也计入的话则约占30%。虽然每个成员国向多边机构的捐款额度有差异,但总体上呈上升势头。各成员国政府每年向多边发展援助机构提交一份年度援助预算,这意味着捐款国放弃了对这些援助资金的直接管理权,转由多边发展援助机构进行资金的管理及使用。多边发展援助机构的增资额度、援助资金的分配以及援助方向的确定均通过全体成员国的讨论来决定,而且讨论的程序日趋复杂化。

(二) 技术援助

多边发展援助机构所扮演的角色不仅仅是资金的提供者,它们还承担了技术援助等其他重要的职能,包括进行大范围的经济分析和咨询、出版相关的研究报告、进行援助统计和趋势分析、确定援助活动的主题和重点领域、对援助活动进行评估,以及在主要援助国之间进行政策协调等。

多边发展援助机构的工作得到了所有捐款国的大力支持,为了表示对多边发展援助资金负责,捐款国对多边发展援助机构的技术援助工作进行定期的评价,其评价的主要依据是多边发展援助机构在执行既定技术援助方面的能力和工作绩效。

随着世界经济的发展以及国际发展援助任务的日趋复杂化,国际社会要求多边发展援助机构不断提高其技术援助的能力。世界银行、国际货币基金组织和联合国开发计划署等国际机构在为发展中国家提供技术援助中、在技术援助的协调中以及在制订援助政策中均起着核心的作用;这些机构为受援国政府提供技术援助时都充分地发挥了其职能部门的专长。面对受援国需求上的变化,联合国各职能机构也意识到必须进行改革和调整,以便加强它们的国别分析能力,更大限度地提高其技术援助的效益。

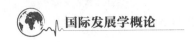

第二节 联合国机构

联合国机构包括联合国发展机构、联合国专门机构以及国际发展援助协调结构。

一、联合国发展机构

联合国系统的多边发展援助机构主要包括联合国开发计划署、联合国儿童基金会、世界粮食计划署、联合国妇女发展基金会和联合国人口基金等。

(一) 联合国开发计划署

联合国开发计划署(United Nations Development Programme, UNDP)是联合国技术援助的管理机构。1965年11月成立,前身是1949年联合国设立的"技术援助扩大方案"和1959年设立的"特别基金",总部设在美国纽约。联合国开发计划署的经费主要由各国的自愿捐款(称为核心资源和非核心资源)提供,其资金拥有量占联合国发展援助系统总资源的一半以上。核心资源由开发计划署根据援款分配原则自由支配,而非核心资源一般由捐助国指定受援的国家和援助的领域。

开发计划署的宗旨是帮助发展中国家加速经济和社会发展,向它们提供系统的、持续不断的援助。联合国开发计划署的主要援助领域包括:民主执政(公民社会的发展、法治与人权、透明与反腐败);能源与环境(环境治理、生物多样性、可持续发展、温室气体与污染物、减灾);艾滋病(领导力与能力建设、发展规划与执行);减贫(促进减贫的政策改革与能力建设、地方扶贫实践)。除此之外,开发计划署还针对两性平等、公私合作、区域合作、南南合作等领域进行援助。

(二) 联合国儿童基金会

联合国儿童基金会(The United Nations Children's Fund, UNICEF)创立于1946年12月的联合国(代表)大会,设立的初衷在于帮助二战后欧洲的儿童,创始名称为"联合国国际儿童紧急基金会"。1953年,该机构成为联合国系统的永久机构,简称"联合国儿童基金会",总部设在美国纽约。儿童基金会从事发展援助活动的资源来自各国政府、政府间组织、非政府组织、企业和个人的自愿捐助以及礼品销售的收入。近年来,儿童基金会面向企业和个人的筹资工作成效显著,大大地扩展了其资金来源,使其有较强的能力在儿童生存和发展领域开展援助活动。

联合国儿童基金会的主要宗旨为解决发展中国家儿童的营养不良、疾病和教育等问题。联合国儿童基金会保护并满足儿童在早年时期的基本权利和需求,鼓励家庭为女童和男童提供平等的受教育机会,致力于降低儿童死亡率,减少疾病对儿童的影响并承诺保护受战争及自然灾害困扰的儿童,支持各地青年人为自己的生活做出正确的选择,努力让所有儿童都得到尊重,生活在一个安全的世界里。儿童基金会援助领域广泛,涉及妇幼保健(包括防止艾滋病母婴传播)、儿童计划免疫(百日咳、白喉、破伤风、卡介苗和乙肝疫苗)、儿童营养(包括消灭碘缺乏症)、儿童早期综合发展和基础教育、农村供水与环境卫生、贫困地区妇女和儿童参与发展等。

(三) 世界粮食计划署

世界粮食计划署(World Food Programme, WFP)简称粮食计划署,是联合国内负责多边粮食援助的机构。粮食计划署根据1961年第16届联大和第11届粮农组织大会决议建立,1963年开始正式办公,总部设在意大利罗马。粮食计划署的活动资源主要来自各国政府自愿捐献的物资、现金和劳务。

该机构的宗旨是以粮食为手段帮助受援国在粮农方面达到生产自救和粮食自给的目的。援助方式分紧急救济、快速开发项目和正常开发项目三种。粮食计划署的粮食援助主要通过以工代赈、以粮带训方式发放给贫困农户,如参加农田水利、乡村道路和人畜饮水等基础设施建设以及技术、卫生和扫盲培训等。长期以来,粮食计划署在世界范围内和其他组织通力合作,为全球范围内的粮食安全和供给作出了巨大的贡献,其主要援助活动包括健康与营养、食物、能力建设、教育和技能以及项目设计等。粮食计划署还与其他组织在食品和教育以及健康和营养等方面进行合作。

(四) 联合国妇女发展基金会

1975年,联合国在墨西哥召开国际妇女年世界会议,即第一次世界妇女大会。次年,联合国妇女发展基金(United Nations Development Fund for Women, UNIFEM)在联合国成立,总部设在美国纽约。其最初组织形式为妇女基金会,随后转型成立妇女发展基金会,长期致力于世界范围内的妇女发展事业。妇女发展基金会有三个主要赞助者,即会员国,包括方案国和捐助国、妇女组织及网络以及联合国实体。相比较其他联合国部门,妇女发展基金会属于资源较少的部门。

妇女发展基金会致力于推动社会性别平等、赋予妇女权利以及在计划和政策制定上推动社会性别问题的主流化,为支持妇女赋权和性别平等的创新和战略提供资金和技术援助。妇女发展基金会具体工作涉及为妇女争取平等的工作条件和工作报酬、缓和妇女的经济危机、禁止对妇女的暴力行为、预防和控制艾滋病的传染、为妇女争取平等的政治地位等,自成立以来对全世界妇女事业的发展和妇女地位的提高做出了突出贡献,尤其需要强调的是,妇女发展基金会的工作促使了部分阿拉伯国家的法律改革中扩大了妇女的权利;在世界范围内提高了妇女的地位,为政府公共资源的分配提供了更科学、更全面的计算方法;改变了卢旺达和部分拉丁美洲国家的妇女政策等。

(五) 联合国人口基金

1966年,联合国大会通过了一项决议,提请联合国系统在人口领域提供技术援助。据此,1967年建立了置于秘书长领导下的"人口活动信托基金",1969年命名为联合国人口活动信托基金,1979年成为联大附属机构。1987年联大决定将"联合国人口活动信托基金"改名为"联合国人口基金"(United Nations Population Fund, UNFPA),简称"人口基金",总部设在美国纽约。人口基金的资金通过非官方途径筹集,即靠自由捐助维持,其资金并不计算在联合国财政预算范围内。

联合国人口基金的宗旨是在人口活动中增进知识和能力,以适应国家、区域和全世界在人口活动和计划生育方面的需要;在计划和规划工作方面进行协调,促使各国根据各自计划寻找解决人口问题的可行办法;通过各国政府和私人捐款向发展中国家提供资金援助。人口基金的援助领域包括六个方面:改进再生健康、推进人口发展战略、支持青年和青少年的健康成长、预防艾滋病、促进性别平等、协助紧急援助。

伴随着世界人口急剧膨胀所带来的一系列问题,如贫穷、城市化、人口老龄化、环境安全、迁移问题、艾滋病的传播、性别问题和再生健康等,人口基金长期帮助许多国家开展人口调查,搜集、分析数据,帮助其建立自己的数据库等。尤其是在艾滋病防治方面,人口基金通过工作确保青少年和青年人获得准确的信息和客观、全面的建议。针对艾滋病防治的严峻现实,人口基金的工作重点就是通过推广避孕套的正确使用,鼓励妇女保护自己和她们的孩子。除此之外,人口基金还与联合国其他组织在解决性别暴力、性别冲突等方面进行紧密合作。

二、联合国专业机构

(一) 世界卫生组织

世界卫生组织(World Health Organization, WHO)是联合国下属的一个专门机构,成立于1948年,总部设在瑞士日内瓦,只有主权国家才能参加,是国际上最大的政府间卫生组织。世界卫生组织的经费来源是会员国交纳的会费。

世界卫生组织的宗旨是使全世界人民获得尽可能高水平的健康。主要职能包括：促进流行病和地方病的防治；提供和改进公共卫生、疾病医疗和有关事项的教学与训练；推动生物制品的国际标准。其出版物包括《世界卫生组织月报》《疫情周报》《世界卫生统计》《世界卫生》《世卫组织室内空气质量指南：家用燃料燃烧》《防止二手烟暴露：政策建议》等。

（二）联合国教科文组织

联合国教育、科学及文化组织简称联合国教科文组织（United Nations Educational, Scientific and Cultural Organization, UNESCO），于 1945 年 11 月 16 日正式成立，总部设在法国巴黎，是联合国在国际教育、科学和文化领域成员最多的专门机构。

联合国教科文组织是各国政府间讨论关于教育、科学和文化问题的国际组织，促进各国教育、科学和文化合作，对世界和平和安全作出贡献。其设置了五大职能：(1)前瞻性研究，明天的世界需要什么样的教育、科学、文化和传播；(2)知识的发展、传播与交流，主要依靠研究、培训和教学；(3)制定准则，起草和通过国际文件和法律建议；(4)知识和技术，以"技术合作"的形式为会员国制定发展政策和发展计划提供帮助；(5)专门化信息交流。

（三）联合国环境规划署

联合国环境规划署（United Nations Environment Programme, UNEP）简称"环境署"，是联合国系统内负责全球环境事务的牵头部门和权威机构。1972 年 12 月 15 日，联合国大会作出建立环境规划署的决议。1973 年 1 月，作为联合国统筹全世界环保工作的组织，联合国环境规划署正式成立。环境规划署的临时总部设在瑞士日内瓦，后于同年 10 月迁至肯尼亚首都内罗毕。环境规划署是一个业务性的辅助机构，它每年通过联合国经济和社会理事会向大会报告自己的活动。

联合国环境规划署激发、提倡、教育和促进全球资源的合理利用并推动全球环境的可持续发展，联合国环境规划署的宗旨是：促进环境领域内的国际合作，并提出政策建议；在联合国系统内提供指导和协调环境规划总政策，并审查规划的定期报告；审查世界环境状况，以确保可能出现的具有广泛国际影响的环境问题得到各国政府的适当考虑；经常审查国家和国际环境政策和措施对发展中国家带来的影响和费用增加的问题；促进环境知识的取得和情报的交流。其使命是"激发、推动和促进各国人民在不损害子孙后代生活质量的前提下提高自身生活质量，领导并推动各国建立保护环境的伙伴关系"。任务是"作为全球环境的权威代言人行事，帮助各政府设定全球环境议程，以及促进在联合国系统内协调一致地

实施可持续发展的环境层面"。

联合国环境规划署的主要职责是：贯彻执行环境规划理事会的各项决定；根据理事会的政策指导提出联合国环境活动的中、远期规划；制订、执行和协调各项环境方案的活动计划；向理事会提出审议的事项以及有关环境的报告；管理环境基金；就环境规划向联合国系统内的各政府机构提供咨询意见等。

(四) 联合国粮食及农业组织

粮食及农业组织(Food and Agriculture Organization, FAO)的成立先于联合国本身。第二次世界大战爆发后，经当时的美国总统罗斯福倡议，45个国家的代表于1943年5月18日至6月3日在美国弗吉尼亚州温泉城举办的同盟国粮食和农业会议上，决定建立一个粮食和农业方面的永久性国际组织，并起草了《粮食及农业组织章程》。1945年10月16日，粮食及农业组织第一届大会在加拿大的魁北克城召开，并确定这天为该组织的成立之日。42个国家成为创始成员国。1946年12月16日与联合国签署协定，从而正式成为联合国的一个专门机构。总部设于意大利罗马，中国是该组织的创始成员国之一。粮农组织常规项目预算来自成员国，在粮农组织大会上由成员国捐助。

粮农组织的宗旨是：保障各国人民的温饱和生活水准；提高所有粮农产品的生产和分配效率；改善农村人口的生活状况，促进农村经济的发展，并最终消除饥饿和贫困。主要职能是：(1)搜集、整理、分析和传播世界粮农生产和贸易信息；(2)向成员国提供技术援助，动员国际社会进行投资，并执行国际开发和金融机构的农业发展项目；(3)向成员国提供粮农政策和计划的咨询服务；(4)讨论国际粮农领域的重大问题，制定有关国际行为准则和法规，谈判制定粮农领域的国际标准和协议，加强成员国之间的磋商和合作。

第三节　国际发展融资机构

一、全球及区域开发性银行

多边发展援助组织中的国际发展融资机构主要包括世界银行系统和区域开发银行。世界银行系统包括国际复兴与开发银行、国际开发协会、国际开发协会-多边债务减免措施(IDA-MDRI)、国际金融公司、多边投资担保机构、世界银行其他部门。区域开发银行包括非洲开发银行、亚洲开发银行、中美洲经济合作银行、加勒比开发银行、欧洲投资银行、美洲开发银行和其他区域性银行。近年中国主导成立的亚洲基础设施投资银行和新开发银行也属于区域开发银行。

(一)世界银行

1944年7月1日,世界银行(World Bank)由44国政府在美国新汉普郡召开的布雷顿森林会议上建立,其宗旨是:在世界范围内消除贫困;通过提供资源、分享知识、培养能力以及在公共和私人部门建立伙伴关系,以实现帮助人们进行自助和保护生存环境的目的。世界银行利用国际资本市场筹集发展资金,资金主要来源为国际复兴开发银行和国际开发协会。其中,国际复兴开发银行的贷款约占世界银行年贷款额的四分之三,其资金几乎全部筹自金融市场。国际复兴开发银行在世界各地发售三A级债券和其他债券,发售对象为养老基金、保险公司、公司、其他银行及个人。国际复兴开发银行对借款国的贷款利率反映出其筹资成本,贷款的还款期为15—20年,在开始偿还本金前有3—5年的宽限期。

国际开发协会成立于1960年,目的是向没有能力以商业利率借贷的贫困国家提供优惠贷款。国际开发协会与国际复兴开发银行的目的相同,都是为了促进增长和减轻贫困,不过国际开发协会采取的是无息贷款(称作国际开发协会"信贷")、技术援助和政策咨询的方式。国际开发协会信贷约占世界银行贷款总额的四分之一,资金主要来自包括发展中国家在内的较富裕的成员国的捐款。借款国须支付不到贷款额百分之一的手续费用于行政支出,规定还款期为35—40年,宽限期为10年。

世界银行制定有效的减贫战略和提供以减贫为主的贷款是实现其目标的关键。世界银行同时通过政策咨询和技术援助等形式支持各种以减贫和提高发展中国家人民生活水平为目标的项目和计划。世界银行的援助高度重视推进可持续的社会和人类发展,重视加强经济管理,并越来越强调参与、治理和机构建设。具体而言,世界银行的援助主要针对以下七个方面,即投资于人、保护环境、促进私营部门发展、促进经济改革、战胜腐败、援助受冲突危害的国家和调动资金。

(二)亚洲开发银行

亚洲开发银行(Asian Development Bank, ADB,简称"亚行")是亚洲、太平洋地区的区域性金融机构。亚行不是联合国下属机构,是联合国亚洲及太平洋经济社会委员会(联合国亚太经社会)赞助建立的机构,同联合国及其区域和专门机构有密切的联系。根据1963年12月在菲律宾马尼拉由联合国亚太经社会主持召开的第一届亚洲经济合作部长级会议的决议,1965年11月至12月在马尼拉召开的第二届会议通过了亚洲开发银行章程。章程于1966年8月22日生效,同年11月在东京召开首届理事会,宣告亚行正式成立,并于1966年12月19日正式投入运营,总部设在菲律宾马尼拉。亚洲开发银行的资金来源有两个方面:一是普通基金。它包括成员国认缴的股金和由亚行通过发行债券从国际债券市场上筹措的资金。1986年3月10日,中国加入亚行时,认缴股本为11.4万股。二是特别基金。它包括成员国的捐款和优惠贷款以及从成员国认缴股金中所提取的10%的资金。[1]

亚洲开发银行的宗旨是通过向亚太地区发展中国家(地区)提供项目贷款和技术援助,促进和加速本区域的经济合作。亚行对发展中成员的援助主要采取六种形式:开展政策对话、提供贷款、股权投资、赠款项目、技术援助和担保。

亚洲开发银行认为发展援助应当让更多人从经济增长中受益,而不仅是通过分配捐助资金来与绝对贫困作斗争。在长期的发展过程中,亚洲开发银行的对外援助运作模式逐渐从转移支付调整到金融援助和智力支援两个方面;近年来,大量的技术援助成为亚行发展援助的主要方式,亚洲开发银行的经营模式实现了三个战略性转变:从与广泛存在的贫困作斗争转变到支持能使更多人从中受益的经济增长上来;从促进经济增长转变到环境可持续发展的增长上来;从主要关注每个成员转变到重点解决地区性乃至全球性问题上来。

(三) 非洲开发银行

1963年7月,非洲高级官员及专家会议和非洲国家部长级会议在苏丹首都喀土穆召开,通过了建立非洲开发银行的协议。1964年,非洲开发银行(African Development Bank)正式成立,并于1966年7月1日正式运营,总部设在科特迪瓦阿比让。2002年,因政局不稳,非洲开发银行临时搬迁至突尼斯至今。非洲开发银行的资金来源分为普通资金来源和特别资金来源。普通资金来源为:①核定资本认缴额,最初为2.5亿非洲开发银行记账单位,每记账单位价值0.888671克纯金,核定资本分为2.5万股,每股1万记账单位;②自行筹措资金;③用实收资本或筹措资金发放贷款所获的还款资金;④依据该行待缴资本发放贷款或提供担保所获的收入;⑤不构成该行特别资金来源的其他资金和收入。特别资金来源有:①捐赠的特别资金和受托管理资金;②为特别资金筹措的专款;③从任意成员国筹借的该国货币贷款,用途是从贷款国购买商品与劳务,以完成另一成员国境内的工程项目;④用特别基金发放贷款或提供担保所获偿还资金;⑤用上述任何一项特别基金或资金从事营业活动获得的收入;⑥可用作特别基金的其他资金来源。

非洲开发银行是非洲最大的地区性政府间开发性金融机构,宗旨是减少贫困、提高非洲民众的生活水平并有效利用资源以实现经济和社会发展。非洲开发银行致力于可持续的经济与社会发展,将"与贫困作斗争"作为实现经济可持续增长的主要目标开展行动。此外,非洲开发银行还利用内部与外部的各项资源为本地区成员国提供更好的投资机会,并且为其发展提供相应的技术和资金援助。在

---

[1] 陈玲:《投资学》(第二版),经济科学出版社2004年版,第150页。

发展援助领域方面,非洲开发银行注重四个方面的发展援助并以此评价其发展援助的效果,分别是:机构改革与发展援助效果、知识管理与发展、支持中等收入国家、支持脆弱性国家。

(四)亚洲基础设施投资银行

2013年10月2日,习近平主席提出筹建倡议,2014年10月24日,包括中国、印度、新加坡等在内21个首批意向创始成员国的财长和授权代表在北京签约,共同决定成立亚洲基础设施投资银行(Asian Infrastructure Investment Bank, AIIB,简称"亚投行")。2015年12月25日,亚投行正式成立。2016年1月16—18日,亚投行开业仪式暨理事会和董事会成立大会在北京举行。亚投行是首个由中国倡议设立的多边金融机构,总部设在中国北京,法定资本1 000亿美元。截至2020年5月23日,亚投行有102个正式成员国。

亚洲基础设施投资银行是一个政府间性质的亚洲区域多边开发机构。重点支持基础设施建设,成立宗旨是促进亚洲区域的基础设施互联互通和经济一体化的进程,并且加强中国及其他亚洲国家和地区的合作。

(五)金砖国家新开发银行

21世纪以来,金砖国家经济增长迅速,特别是2008年全球金融危机爆发后,以金砖国家为首的新兴经济体率先复苏,成为拉动全球经济增长的重要引擎。2012年2月,在二十国集团财长及央行行长会议上,金砖五国财长首次提出合作设立开发银行和外汇储备库。2012年3月,在金砖五国第四次峰会上,发表《德里宣言》,表示五国正在探讨建立一个新的开发银行的可能性。当年,英国《金融时报》对这一设想评价称:金砖国家开发银行将成为自1991年欧洲复兴开发银行成立以来设立的第一个重要的多边贷款机构。2013年3月,第五次金砖国家领导人峰会上决定建立金砖国家开发银行。2015年7月21日,金砖国家新开发银行开业,总部设于上海,核定资本为1 000亿美元。金砖银行与众不同之处就在于它所有的管理、章程、条款等都是基于平等的基础,金砖银行不会由任何一个国家控制。与亚投行不同,金砖银行里五个国家都各占20%的投票权,没有哪个国家占有主导权,没有一个国家能够一票否决其他国家的决定。

金砖国家开发银行的宗旨为,为金砖国家及其他新兴经济体和发展中国家的基础设施建设和可持续发展项目动员资源,作为现有多边和区域金融机构的补充,促进全球增长与发展。为履行其宗旨,银行通过贷款、担保、股权投资和其他金融工具为公共或者私人项目提供支持。银行还与国际组织和其他金融实体开展合作,并为银行支持的项目提供技术援助。金砖国家开发银行的业务不只面向五个金砖国家,而是面向全部发展中国家,作为金砖成员国,可能会获得优先贷款权。

二、全球性基金

各种基金包括全球基金、全球环境基金、国际农业发展基金以及区域开发银行设立的非洲开发基金、亚洲开发银行特别基金、欧洲开发基金、美洲开发银行-特别基金等。

(一) 全球基金

全球基金的全称是"抗击艾滋病、结核病和疟疾全球基金"(The Global Fund to Fight AIDS, Tuberculosis and Malaria)。全球基金致力于抗击艾滋病、结核病和疟疾,是一个政府与民间合作创办的国际金融机构,总部设在瑞士日内瓦。自2002年成立以来,该基金在机构及个人捐款的支持下,在全世界开展抗击最恶性疾病的工作,其业务已覆盖150多个国家和地区。全球基金是一种筹资机制,而不是执行机构。方案由各国卫生部等国内合作伙伴执行,而职员仅在日内瓦的全球基金秘书处负责监督方案。

(二) 全球环境基金

全球环境基金(Global Environment Facility, GEF)成立于1991年10月,总部设于美国华盛顿,最初是世界银行的一项支持全球环境保护和促进环境可持续发展的10亿美元试点项目。全球环境基金的任务是为一个具有国家效益的项目转变为具有全球环境效益的项目过程中产生的"增量"或附加成本提供新的和额外赠款和优惠资助。联合国开发计划署、联合国环境规划署和世界银行是全球环境基金计划的最初执行机构。在1994年里约峰会期间,全球环境基金进行了重组,与世界银行分离,成为一个独立的常设机构。将全球环境基金改为独立机构的决定提高了发展中国家参与决策和项目实施的力度。世界银行一直是全球环境基金信托基金的托管机构,并为其提供管理服务。

作为重组的一部分,全球环境基金受托成为《联合国生物多样性公约》(Convention on Biological Diversity, CBD)和《联合国气候变化框架公约》(United Nations Framework Convention on Climate Change, UNFCCC)的资金机制(为其提供资金)。全球环境基金与《关于消耗臭氧层物质的维也纳公约》的《蒙特利尔议定书》下的多边基金互为补充,为俄罗斯联邦及东欧和中亚的一些国家的项目提供资助,使其逐步淘汰对臭氧层损耗化学物质的使用。随后,全球环境基金又被选定为另外三个国际公约的资金机制。它们分别是:《关于持久性有机污染物的斯德哥尔摩公约》(2001)、《联合国防治荒漠化公约》(2003)和《关于汞的水俣公约》(2013)。

全球环境基金的工作主要集中在以下领域:生物多样性、气候变化(减缓与适应)、化学品、国际水域、土地退化、可持续森林管理、臭氧层损耗。

(三) 国际农业发展基金

国际农业发展基金(International Fund for Agricultural Development, IFAD, 简称"农发基金")是根据1974年世界粮食会议决定、于1977年成立的国际金融组织,也是联合国专门机构。20世纪70年代早期,非洲萨赫勒地区遭遇粮食危机,为应对这场危机召开了1974年的世界粮食会议。这次会议决定:"应当立即成立一个国际农业发展基金,为发展中国家针对粮食生产的农业发展项目提供资金支持"。会议最重要的发现之一是,粮食无保障和饥饿的原因并非仅仅粮食生产不足,而是贫困的结构性问题,且大多数发展中国家贫困人口都集中在农村地区。农发基金致力于帮助发展中国家消除农村贫困。世界极端贫困人口中有75%,即14亿妇女、儿童和男人生活在农村地区,依靠农业和农业相关活动维持生计。农发基金通过与农村贫困人口、政府、捐赠者、非政府组织以及其他合作伙伴协作,关注"因国制宜"的解决办法,帮助贫困农民获得更多的金融服务、市场、科技、土地以及其他自然资源。

本章小结

多边发展援助是国际发展援助的重要组成部分,是多边机构利用成员国的捐款、认缴资本、优惠贷款或其他方面获得的资金向发展中国家提供的援助。目前大多数多边发展援助机构是二战后同盟国为医治战争创伤而建立,以联合国、世界银行和国际货币基金组织为中心。这些组织不仅是提供发展援助资金的主要渠道,也是政策咨询、技术服务及发展研究的核心机构,同时也是国际发展援助协调工作的核心部门。

联合国系统的开发计划署、儿童基金会、粮食计划署、妇女发展基金会、人口基金、世界卫生组织、联合国教科文组织、联合国环境规划署、联合国粮食及农业组织等,根据不同的发展议题分工。经济合作与发展组织发展援助委员会是向全球提供90%以上援助的援助发达国组织,被称为"援助国俱乐部"。世界银行、亚洲开发银行、非洲开发银行、亚洲基础设施投资银行、金砖国家新开发银行等全球及区域性开发银行在援助的地域与领域方面有着不同的侧重。包括全球基金、全球环境基金、国际农业发展基金等在内的全球性基金也在不同的领域为国际发展融资提供渠道。

由于多边机构的资金来源于各个成员国,这些成员国就将本国对于外援的预期和发展理念与模式带到多边组织中来,经过整合而形成超国家的发展理论与政策。不同的国际组织有不同的力量组合,因此也就有不同的理论取向和政策倾向。从国际关系的角度观察,主权国家根据各自的能力、利益和价值取向,选择不同的多边发展援助场所发挥作用。双边援助的优势在于可以直接地决定所要援助的领域和国家,更为迅速与灵活且官僚主义色彩更少。但与双边援助相比,多边发展援助被认为政治化和利益主导的色彩更淡,在国家选择上更为均衡。总体来说,多边发展援助组织有利于缓解援助碎片化的状态,与双边援助中对国家利益的关注相比,其援助更具发展性。

关键词

多边发展援助　地区开发银行　金砖银行

简答题

1. 何为多边发展援助?
2. 全球主要的多边发展援助机构有哪几类?各类别都有哪些组织?其宗旨、职能及支持的领域有哪些不同?
3. 与双边发展援助相比,多边发展援助的优势是什么?

思考题

1. 中国如何利用多边援助机构增强自身在全球发展治理中的影响力?
2. 金砖银行与世界银行在运作理念方面有何不同?

第12章

南北发展援助

当前,对外援助已经是国际政治经济生活中非常普遍的现象,成为许多国家对外关系中不可或缺的一部分。发达国家一直在对外援助领域占据主导地位,其中主要的是美国、日本、法国、英国、德国等。当前的国际援助体系或者说西方的国际援助体系也是由经合组织发展援助委员会(DAC)建立并规范的,DAC成员提供的对外援助占全球官方发展援助总额的80%—90%。本章所重点分析的南北发展援助主要关注的就是DAC成员对发展中国家的援助情况。

第一节 南北发展援助的演进及理念

南北发展援助可以追溯到殖民时期,二战后则正式大规模开展。受国际环境变迁与国际发展理念演变的影响,南北发展援助在二战后的发展呈现出明显的阶段性特征。

一、南北发展援助的演进

大规模援助可以追溯到19世纪。这些早期的援助除了表现出援助方的慷慨外,还表现出它们对殖民地领土的政治控制。1896年美国就提供了食物救济形式的海外援助。根据1929年《殖民发展法案》(Colonial Development Act),英国政府就对其殖民地的基础设施项目实施了赠款。1940年《英国殖民地发展与福利法案》(British Colonial Development and Welfare Act)将援助项目扩展到社会部门。二战后的援助大概可以分为几个主要的阶段:20世纪40年代诞生于布雷顿森林;50年代马歇尔计划;60年代为工业化的十年;70年代援助的目标转移到对贫穷问题的回应;80年代援助成为稳定与结构调整的工具;90年代援助重点是对民主和治理的巩固;21世纪魅力援助兴起。

(一) 20世纪40年代:诞生于布雷顿森林

1944年,为了商讨第二次世界大战结束后全球货币金融管理体系的框架建设问题,来自44个国家的700多名代表在美国新罕布什尔州布雷顿森林中的华盛顿山酒店聚会。布雷顿森林会议的主要议程是重建国际金融体系、构建多边贸易体系和创设一个国际经济合作的框架,以避免再次发生20世纪30年代的大萧条。参加1944年布雷顿森林会议的设计师们预见,在二战以后的年代里,如果欧洲想要恢复政治、经济和社会的稳定,就需要有大规模的外援注入。援助注入式发展(aid-infused development)的框架便在此次会议中成形。

英国著名经济学家凯恩斯(John Maynard Keynes)和时为美国国务卿的怀特(Harry Dexter White)发起了多次讨论,从而奠定了三个国际组织建立的基础:国际复兴开发银行(International Bank for Reconstruction and Development)、国际货币基金组织(IMF)和国际贸易组织(International Trade Organization)。世界银行成立的目的是促进资本投资以推动重建,而国际货币基金组织则需在战后建立一个稳定世界经济的国际金融体系。它们原初设立的目的是致力于重建,而非发展本身。

重建议程的核心问题是:战后需要充分手段应对各国的投资风险,但只有很少的国家能够充当外国贷方的角色,世界银行建立的一个基本原则就是无论哪个国家使用外国贷款,所有成员国都应该承担风险共担的义务。早期由世界银行进行的资金转移包括1946年5月9日法国签署协议并获得一笔来自世界银行的2.5亿美元的重建贷款,随后在1947年8月,荷兰、丹麦、卢森堡也都获得了重建贷款。这些贷款无疑成为了欧洲重建进程的核心,发挥了让欧洲成为今日之欧洲的"发动机"的作用。与世界银行同时成立的国际货币基金组织于1947年3月1日开始运作,承担着维护世界经济稳定、促进和监控国家间货币合作并预防任何可能的全球金融危机的责任。到20世纪40年代末,以援助为主导的国际经济合作框架稳固地建立起来,但直到之后十年里才出现大规模的政府对政府援助。世界银行和国际货币基金组织开始占据发展议题的核心位置。

(二) 20世纪50年代:马歇尔计划

1947年6月5日,美国国务卿马歇尔(George Catlett Marshall)在哈佛大学提出建议:美国应该提供一揽子高达200亿美元的援助资金以拯救被战争蹂躏了的欧洲。那时欧洲正经历二战后出现的饥荒,没什么可以出售以换取硬通货,又经历了有记载以来最冷的一个冬天。马歇尔提出欧洲政府要制定经济复兴计划,并由美国进行积极的金融干预行动。在马歇尔计划下,1948—1952年美国展开了对欧洲14国的援助,五年内援助欧洲130亿美元。受援国里,英国得到的援助份额最大,获得援助总额的24%,以下依次为法国、意大利、德国,分别获得援助份额的20%、11%和10%。以人均获得援助而言,欧洲小国得到更多的支持:挪威平均每人获得136美元援助、奥地利为131美元、希腊为128美元、荷兰为111美元。马歇尔计划取得巨大成功。经济上它成为支持欧洲经济社会发展的坚实基础,援助恢复了损坏的基础设施,援助还带来了政治稳定,为受战争伤害的民众、破产的国家和多难的土地带来希望;政治上它成为美国影响欧洲各国外交政策的重要工具。美国赢得了西欧的盟友,建立起以美国为主导的多边主义的稳固基础,也使美国经济继续发展。

随着马歇尔计划的成功,援助和投资对经济发展的必要性被人们广泛认同。如果援助和投资在欧洲发挥了作用,那么援助和投资为什么不能在世界其他地区也发挥作用呢?在缺乏国内储蓄、有形资本和人力资本以吸引私人投资的时候,外援是发展中国家唯一获取外国投资并促进经济快速增长的方式。马歇尔计划结束之时,世界银行和国际货币基金组织的原本用于战后欧洲重建的资源可以直接用于新兴地区的发展议程。20世纪50年代末,欧洲重建计划基本完成后,援助的对象开始转移到世界其他发展中地区,尤其是非洲。

还有其他原因能够解释为何英国、美国、法国等将它们的注意力转向非洲。

20世纪50年代中期以后,西方国家放松了它们的殖民主义锁链,许多非洲国家获得了独立。然而,虽然它们在政治上获得了独立,但是在经济上,它们仍然需要依靠前宗主国的慷慨支援。对西方而言,援助成为英、法等国维持其对地缘政治的战略控制的一种手段,依靠援助可以将其新打造的利他主义和自我利益结合起来。对美国而言,援助则成为冷战下的政治工具。在美国和苏联这两个霸权国之间,大多数的争斗是在经济领域或别国领土上,选择的一个重要武器就是援助。援助成为资本主义和共产主义展开竞争的工具。苏联是非洲一些最重要共产主义者——刚果(金)的卢蒙巴(Patrice Émery Lumumba)和埃塞俄比亚的门格斯图(Mengistu Haile Mariam)——的支持力量。美国也相应地支持自己的拥护者,如扎伊尔的蒙博托(Mobutu)。

(三) 20世纪60年代:工业化的十年

20世纪60年代早期援助资金主要用于大规模工业项目。其原因之一是当时占上风的一种看法,与投资到私人部门不相同,这些项目属于长期投资(例如公路和铁路之类的基础设施项目投资)。跨越赞比亚和津巴布韦边界的双曲面的水力发电拱桥卡里巴大坝就是在这十年中建设起来的。这项工程始于英国殖民统治的20世纪50年代中期,1977年完工,花费4.8亿美元。直至今日,它仍是世界上最大的大坝之一。另一个因素与这一时期在发展中国家盛行的进口替代战略有关。进口替代战略是指一国采取各种措施,限制外国工业品进口,促进本国有关工业品的生产,逐渐在本国市场上以本国产品替代进口品,为本国工业发展创造有利条件,实现工业化。战后时期,进口替代战略作为大多数发展中国家的一种工业化形式开始盛行。从20世纪50年代到60年代,许多拉丁美洲国家(特别是巴西、墨西哥和阿根廷)就有意识地实施进口替代政策。撒哈拉以南非洲国家在独立后不久也认同该战略,并在随后的几年中开始实施。20世纪60年代上半期,坦桑尼亚、赞比亚和尼日利亚均开始大规模实施进口替代工业化。[1]

(四) 20世纪70年代:重心转移到贫困问题

1973年10月17日,作为对在赎罪日战争(Yom Kippur War)中美国支持以色列的报复,阿拉伯国家实行石油禁运。仅仅几个月后,国际油价就涨了四倍,全球经济陷入危机。在非洲,随着油价上涨,许多国家的食品价格飙升,经济衰退。1975年加纳的国内生产总值缩水12%,通胀率从1970年的3%升至1975年的30%,到1977年则上窜至116%。食品和日用品价格受油价不断上涨的影响也日益攀升,这就使人们将援助发展的注意力转向更为基础性的贫困问题。

---

[1] Ana Paula F. Mendes, Mario A. Bertella and Rudolph F. A. P. Teixeira, "Industrialization in Sub-Saharan Africa and import substitution policy", *Brazilian Journal of Political Economy*, vol.34, 2014, pp.120-121.

在罗伯特·麦克纳马拉(Robert McNamara)的推动下,世界银行调整了其战略,更加关注贫困问题。援助国也纷纷仿效:英国1975年公布了白皮书《更多地援助赤贫者》(More Aid for the Poorest);同年,美国通过了《国际发展和食品援助法案》(International Development and Food Assistance Act),规定和平项目中75%的食品援助划拨给人均收入低于300美元的国家。此阶段援助不再集中于大型基础设施投资(能源、运输等),而是集中在农业、农村发展、社会服务(包括住房、教育和健康)、大规模接种、成人扫盲以及针对营养不良的食品等项目,援助的重点是穷人。尽管20世纪70年代中期仍有三分之二的援助用于基础设施——公路、铁路、饮用水和污水净化、港口、机场、电站和通信事业,但关注贫困的援助比例从20世纪70年代末的5%增加至20世纪80年代初的50%。在第一次油价上涨期(1973—1974年),与贫困相关的援助规模增加了三倍;在1979—1980年第二次石油价格上涨期中,此类援助又增加了一倍多。20世纪70年代末,援助分配到社会服务部门的比例已经超过了援助总量的50%,而在上一个十年中该比例仅为10%。

(五) 20世纪80年代:失去发展的年代

20世纪70年代结束,非洲已经被援助所覆盖,整个非洲大陆总计积聚了360亿美元的外国援助。而20世纪60年代和70年代,拉美国家则主要向商业银行举借巨额资金以支持其新兴的经济。1975—1982年,拉美地区所欠商业银行的债务累积年利率达到20.4%。拉美地区的外债从1975年的750亿美元升至1983年的3 150亿美元,占该地区国内生产总值的50%。

1979年石油危机后,各国央行普遍采用紧缩的货币政策提高了利率,发展中国家的借款成本增加,借贷变得不可持续。非洲的债务状况(支付利息和偿还本金)从1975年的20亿美元升至1982年的约80亿美元。而全球经济衰退导致对发展中国家出口需求的减少,发展中国家外汇收入随之减少。1982年8月12日,墨西哥财政部长分别打电话通知美国联邦储备委员会主席、美国财政部长、国际货币基金组织常务理事,墨西哥没有能力在8月16日偿付其所欠银行的债务。其他国家纷纷效仿,非洲也有11个国家拖欠债务。

债务危机可能毁坏全球金融稳定的基础。解决危机的办法是债务重组。布雷顿森林机构再次掌握其在给新兴国家贷款中的核心位置,扮演主要贷方的角色。国际货币基金组织成立了结构调整基金(structural adjustment facility)及之后的扩充结构调整基金(enhanced structural adjustment facility),把钱借给那些拖欠债务的国家,使其得以还款。

此时,在经济思想领域发生了一个基础性转变,即新自由主义的兴起。

直到20世纪80年代,政府都是资源分配的主体,其他各种形式的私人部门只有很小的空间。政府主导的经济计划在苏联看起来运行良好,许多西方国家政府也希望通过巩固自己在经济管理中的影响来避免另一场大萧条。社会主义政策将政府置于经济活动的中心,并将许多私人工业企业国有化。但是20世纪80年代,政策制定者们日益认识到,政府过度卷入经济远不是促进发展的催化剂,而是实现增长的主要桎梏;与其说它可以推动经济扩张,不如说是经济畸形的根源。新自由主义思想认为政府应使经济自由,让经济从自由放任模式中受益,承认私人市场的重要性。亚洲新兴工业化经济体的经验又使以市场为基础的理论的知名度在欧美政策圈子中上升。"亚洲四小龙"看起来从自由市场和外向型政策中获得了很高的经济增长率回报,并取得了前所未有的消除贫困的成果。自由市场的支持者弗里德曼(Milton Friedman)和芝加哥经济学派(Chicago school of economics)对美国总统里根、英国首相撒切尔在政策和思想上都产生了很大的影响。自由市场的政策作为新的发展议程也被打包贩卖到非洲。

在非洲和世界上其他地区的发展中国家,这种经济政策的变动涉及两个以援助为基础的项目:首先是稳定性,其次是结构调整。稳定性意味着国家的宏观经济的稳定如国家的财政状况和进出口比例;结构调整的目的是鼓励更大的贸易自由,并减少价格和结构的僵化。为实现这两个目标,世界银行和国际货币基金组织都实施了积极的贷款项目。国际货币基金组织的结构调整基金和扩充结构调整基金就是其中的例子。穷国接受以财政支持为形式的资金,但必须接受自由市场解决发展问题的方案,减少政府干预,国有企业私有化、贸易自由化、大幅减少公务员。非洲所有部门都进行了国有企业的私有化——制造业、工业、农业、旅游业、服务业、贸易、运输、金融、能源、矿产、水、电、通信,政府在这些股份公司中的股权从近90%跌至10%。自由市场给了非洲经济通向成功的自由,也给了它通向失败的自由。如在赞比亚,激进的私有化改革见证了国有航空公司赞比亚航空(Zambia Airways)的倒闭。1986—1996年,六个非洲国家——贝宁、中非、几内亚、马达加斯加、马里和乌干达——裁减公务员的比例超过10%。

20世纪80年代,随着债务危机的爆发与解决,与贫困相关的援助逐渐冷却,救援逐渐倾斜到私有化和结构调整,多边机构在援助发放的数量上,以及在对发展政策的设计上,都反映了其新自由主义的倾向。20世纪80年代,世界银行与结构调整相关的贷款比例平均占其总贷款量的20%—25%。到1989年,华盛顿共识(Washington Consensus)变成以华盛顿特区为基地的一批组织(国际货币基金组织、世界银行和美国财政部)追求发展战略的基石。

(六) 20世纪90年代:治理与民主问题

到20世纪80年代结束,非洲经济增长稳步下滑,很多亚洲和拉美国家走上了坚定的恢复增长的道路,经济不稳定的问题早已解决,而许多非洲国家依然停滞不前。贫困程度提高,腐败猖獗。以援助为基础的发展模式崩溃,援助方将非洲经济的苦难归咎于政治领导人和糟糕的制度。援助开始将援助理念集中于治理——善治、可持续发展。

从地缘政治上看,世界正经历着一场变革,而这场变革对非洲及对非洲的援助议程产生了深远影响。在整个20世纪后半叶直到90年代,冷战迫使西方在政治上必须向即使是最腐败和最贪婪的暴君统治的非洲国家提供资金援助。从东边的阿明(Idi Amin)到西边的蒙博托(Mobutu),从埃塞俄比亚的门格斯图(Mengistu)到利比里亚的多伊(Samuel Doe),对越来越多的批评,援助方做出了回应。例如,世界银行承诺继续提供援助,但有了附加条件:援助资金必须用于针对治理改革、公务员队伍和政府官僚(通过技术、透明度和制度化改革的指导)。

在今天,治理仍然是西方援助的核心。首先,改革目标是治理改善执行中的透明度和效率问题。但人民对这些举措在那些依赖援助的国家里是否产生了实际的影响产生了争议。与此同时,西方开始向发展中世界推广民主。西方试图证明,如果政治制度正确,那么援助干预就能产生效果,也一定会产生效果。20世纪60年代的增长议程没有实现增长和减贫;70年代关注贫困问题;80年代开始关注经济稳定和结构调整。90年代,民主被认为是一个国家实现增长和发展的路径;如果民主风气和制度能够移植到非洲国家,这些国家最终会走向繁荣。真正的自由民主,意味着政治代表是通过开放、自由和公平的选举产生的;几乎所有成年人都有投票权;社会和政治自由受到广泛保护;选举机构不受军事或文职领导人的操控。西方国家自身实现开放和公正的选举经历了数世纪的演进,但它们却希望(与援助同时提供的)"扔鞋民主"(shoe-horning democracy)进入落后国家后能迅速发挥作用,使其经济和政治繁荣。

(七) 21世纪:债务减免和更多的援助

1971年尼日利亚比夫拉(Biafra)的人道主义灾难使世界开始关注非洲人道主义灾难问题。1985年7月13日格尔多夫(Bob Geldof)举办的"拯救生命演唱会"(Live Aid Concert)不仅成功地使更多公众了解非洲的困境,而且倡导一个有道德的时代。2000年,非洲再一次成为世界怜悯的焦点。有一种看法认为,非洲如果能从债务枷锁中解脱出来,就有可能取得经济繁荣,是债务拖了非洲的后腿。充满负罪感的西方自由主义道德观开始渗入发展模式。2005年2月"千禧年债务运动"(Jubilee Debt Campaign)会议上,非洲领导人坦桑尼亚总统姆卡帕(Mkapa)在他的讲演中说:"我们被迫要在为我们的人民提供基本的医疗和教育与偿还历史债务两者之间作出选择。"这就为摇滚明星、电影明星、新兴慈善家等道德运动大军——做好了铺垫,一方面,非洲高达几十亿美元的债务被免除;另一方面,新一批援助及伴随而来的新的债务再次出现。

二、南北发展援助的政策理念

南北发展援助的政策理念往往难以摆脱西方国家自我身份优越性、控制性和推行价值观的特点。以非洲为例,基于根深蒂固的历史原因,自非洲国家独立以来,西方国家尽管口头上和政策上均强调与非洲建立平等伙伴关系,但在实际对非洲发展援助过程中,西方的惯性思维仍然是居高临下,很难以平等的目光审视非洲。

(一) 南北发展援助的政策理念

当代西方发达国家对外援助的政策与理念受到社会进化论、殖民历史、国际联盟时期的托管制等多方面的影响。这些影响在南北援助过程中比较集中地体现在其自我身份优越性和控制性。

1. 自我身份优越性

最直接的表现是发展援助中"donor"("援助国"或"援助方")一词的使用,其字面的意思为"给与者"或"赠与者","donor country"("援助国")的解释是"给予另一个较贫穷国家援助的国家";而受援助国被称为"the recipient"或"recipient country"("接受国")。双方地位对比明显:一方富裕、一方贫穷,一方高贵、一方卑微。

2. 控制性

南北援助附加各种条件的做法的实质是权力控制,不符合平等理念。1990年以来,附加条件成为西方国家制定援助政策的背后"动力"。英国、法国相继于20世纪90年代初开始对发展援助附加民主、人权、良政和法律秩序等政治条件。对于拒绝实行民主和消除腐败的国家,英国毫不犹豫地取消援助,1991—1997年英国相继取消对索马里、苏丹、马拉维、肯尼亚和赞比亚等国的援助。国际援助明显成为惩罚和控制发展中国家的工具。

作为长期由西方发达国家主导的两大发展性机构——国际货币基金组织和世界银行,长期推行有条件援助政策。国际货币基金组织早在20世纪50年代便引入援助条件,对受援国的财政金融和汇率政策施加影响。20世纪90年代其附加的条件达到顶峰,其中对泰国附加的结构调整条件为73条,对韩国的附加条件有94条,对印度尼西亚的附加条件更达到140条之多。世界银行从20世纪80年代的结构调整计划到1999年的《减贫战略文件》(Poverty Reduction Strategy Papers, PRSPs),同样成为附加条件的典型。1986—1992年,面临沉重债务负担和国内冲突等因素影响的30个非洲国家实施了结构调整计划。结果是:一方面,"由于结构调整措施涵盖了宏观经济政策的诸多方面,同意接受结构调整贷款,实质上形同将一个国家的经济控制权拱手让给世界银行和国际货币基金组织";另

第12章 南北发展援助

一方面,限制国家干预的政策导致公共开支削减和再分配政策不能有效执行,致使这些非洲国家陷入贫困和发展指数恶化的境地。21世纪以来,西方对非洲除了仍然坚持民主、人权和良政条件外,还加强了对非洲非政府组织和公民社会团体的援助,作为其民主援助的重要组成部分。在西方各种理论和方案的影响下,特别是在预算援助条件下西方参与制定非洲国家发展战略的做法,不仅展现了对非洲国家政府的极度不信任和西方对其了解非洲现实情况的过度自信,更使非洲参与自身发展的能力受到削弱,在事实上失去自主发展权。

(二) 南北发展援助理念的背后因素

南北发展援助理念背后的深层因素不可忽视,具体表现为两点。

1. 道义、平等和责任

实践中,西方对发展中国家的援助非常注重对援助产品的道义冠名,具有很强的道义品牌理念。西方援助中高比例的赠款、关注民生和民主价值观,加上道义品牌的表现力,均说明援助中的道义成分是西方对外援助理念的重要基础。进入21世纪以来,西方国家就国际社会关注的千年发展目标等更有针对性地提出和实施了多种相关项目和计划,并开始侧重于发展中国家关注的和平与安全、地区经济一体化和贸易、基础设施等领域。尽管援助效果未能尽如人意,但这并未影响西方持续塑造其作为道义救助者和"热心扶助发展中国家发展"者的形象。

2005年美国的《非洲增长与机遇法案》(Africa Growth and Opportunity Act, AGOA)原本只是美国国会通过的诸多法案之一,目的是促进对美国和非洲国家都有利的双边经贸关系,在援助的意义上是为符合相关条件的非洲国家提供其产品进入美国市场的优惠。然而,此法案的名称却冠之以"非洲增长与机遇",在模糊美国利益的同时,突出呼应了非洲国家普遍关心的经贸问题。此外,美国还善于抓住具有全球影响的民生问题包装援助产品。例如,美国分别于2003年和2005年实施的"总统艾滋病紧急援助计划"(President's Emergency Plan for AIDS Relief, PEPFAR)和"总统疟疾倡议"(President's Malaria Initiative, PMI)均是以美国总统的名义推出并实施的社会援助项目。除美国外,英国、德国和法国等欧盟国家的援非产品也具有同样的特点。

同时,平等和责任也已成为西方对外援助的政策基础。欧非战略伙伴关系还提出放弃传统的关系,转而培养真正的具有平等和共同目标的伙伴关系。这至少说明:欧洲开始愿意以"真正"平等的眼光看待非洲。2005年12月20日欧洲联盟签署的欧洲发展政策声明《欧洲共识》称:欧盟发展合作的共同原则是实现自主和伙伴关系、深入的政治对话等,在发展中国家承担自身发展基本责任的同时,欧盟也承担伙伴关系内部自己的责任。2011年5月欧盟委员会发布的相关文件确认:非洲与欧盟战略伙伴关系是实施非洲与欧盟共同战略的主要途径。伙伴关系的原则是非洲的联合、非洲与欧洲的相互依赖、自主和共同责任。

2. 文化强权

尽管西方对外援助有着道义和强调平等的一面,但这尚不足以抵消其另一面,即西方对外援助中仍然存在的文化权力和文化强权的倾向。西方的文化权力和文化强权来自西方形而上学文化追根寻源的精神,来自近代产业革命的发展,也来自"浸透了普济主义"思想与"到世界各地去,将福音传播给每一个人"的"命令"、对异端"毫不犹豫地使用武力"的基督教教义。西方文化权力和文化强权的实践体现在15世纪中期至20世纪中后期的西方对外殖民史中。当今西方对外援助中,西方一定意义上仍然在延续其在发展中国家的文化权力或文化强权。

民主、人权和良政是现代西方文化的核心价值观,也是西方向发展中国家和地区提供援助的前提条件。这一援助条件的基本内涵包括两个方面:一是只有符合或接受西方民主、人权和良政价值观的对象,才有可能获得西方援助;二是获得西方援助的对象有义务和责任推动自身实现民主、人权和良政价值观。在具体操作层面,美国和欧洲国家不断将西方价值观与其相对于受援国的政治、经济和文化强势地位结合起来,通过对援助附加价值观条件,实现针对受援国的文化强权。通过对外援助,西方实现了对受援国的政治和文化价值观改造。

上述推论可以从西方援助非洲的历史中得到证实。一些直观的事例证明,历次西方对非洲的价值观冲击都改变了非洲的发展进程和方向:冷战期间西方对非洲的援助使其得以保持对非洲国家社会制度的掌控和既有的对非洲影响力;20世纪80年代的结构调整计划及其实施条件,对非洲经济结构及发展进程产生重大影响;20世纪90年代上半期非洲的民主化浪潮直接受到西方援助价值观影响,奠定了今天非洲的民主格局;21世纪以来,西方民主、人权和良政价值观继续主导着非洲的发展。2011年,在实现民主体制、反对独裁的旗帜下,西方国家支持和推动了从"茉莉花革命"到"阿拉伯之春"的北非、中东政治变革,通过对利比亚发动军事打击实现了利比亚的政权更迭;同年7月,自2005年以来美国持续提供政治支持和经济援助的南苏丹独立。北非政局变革与南苏丹独立使西方对非洲的影响力进一步增强。

三、南北发展援助的硬实力与软实力

国际政治中有软、硬实力之分。根据约瑟夫·奈(Joseph Nye)的定义,软实力包括一国的价值观、文化、政策和制度及其影响等因素;硬实力则主要指一国拥有的军事和经济实力及其影响力。作为国际政治的延伸和国家利益的组成部分,国际援助同样具有软、硬实力之分。国际发展援助旨在促进受援国发展,一般不包括军事援助。因此,国际援助的硬实力主要应该指经济实力及其影响力。援助的软、硬综合实力是推动其援助目标和战略得以实现的决定性因素。与南南发展合作相比,南北发展援助具有经济方面的硬实力优势和历史上特殊关系的软实力优势。

(一) 硬实力优势

南北发展援助的主体是西方发达国家,西方国家在援助方面具有的硬条件是其他国家和援助体难以具备的。一方面,从对外援助的实践看,作为殖民主义强国,早在 20 世纪前期西方国家就开始了人道主义援助,其中 1929 年英国政府颁布的《殖民地发展法案》是最早的与援助有关的法律文件。第二次世界大战后,1948 年美国的"马歇尔计划"成为国际发展援助开始的标志。欧盟以 1958 年与非洲、加勒比和太平洋国家签订《罗马条约》为标志,开始对发展中国家提供援助。另一方面,从其对外援助背后的经济实力来看,西方国家实力雄厚。美国、日本、法国、德国、英国等国家有着完备发达的产业体系和技术基础,无论从工业,还是从农业和服务业的角度,都具备向发展中国家提供援助的条件。从其援助的绝对值看,其提供了全球最大比例的对外援助。从其援助的覆盖地区看,发达国家的援助对象包括了亚洲、非洲、拉美、加勒比以及欧洲等各发展中地区,援助领域包括经济和社会基础设施、教育、卫生和人口、人道主义和减债等多个方面。但是,发达国家的援助额与其经济总量并不成正比。美国、日本、法国、德国和英国等都是经合组织的主要大国,其向发展中国家提供的官方发展援助在国民收入总值中的比例远低于联合国确定的 0.7% 的目标。

(二) 软实力优势

西方国家与很多受援国之间的关系是建立在特殊历史基础上的特殊关系,其历史的特殊性便是宗主国与殖民地的关系。

以非洲为例,20 世纪 50—80 年代非洲国家虽然逐步取得独立,但历史的联系为今天西方与非洲的关系留下了一系列"软"影响,包括语言、文化、宗教、社会、政治、经济、法律制度等各领域,这些影响也在一定意义上成为相互认同的基础,导致西方对非洲有重大影响力。作为前殖民宗主国,英国和法国长期以来一直分别是英语非洲和法语非洲的主要援助国,两国在政治、经济和军事等领域对东南非和西非国家有着重要影响,后者也分别一直是两国的主要势力范围。由法国主导的"法非首脑会议"和"法语国家首脑会议"对法国与非洲关系的推动和影响便是明显的例子。

进入 21 世纪以来,随着中东局势动荡、非洲资源的逐步开发以及中国等新兴市场国家与非洲关系的发展,西方大国加强了对非洲的联系和影响力。美国于 2005 年通过《非洲增长与机遇法案》(*Africa Growth and Opportunity Act*,AGOA)从贸易上吸引非洲国家,通过与 40 多个非洲国家的军事合作和在非洲的反恐战略,从军事和安全上影响非洲。英国于2004年设立新的非洲委员会,以便"确定影响非洲发展的国家趋势,并提出处理非洲问题的有效政策"。日本维持对非洲影响力的主要途径是非洲发展东京国际会议(Tokyo International Conference of Africa's Development, TICAD)。通过这一平台,日本加大了对非洲的援助力度,旨在通过援助争取在非洲的影响力,为日本加入联合国安理会等国际利益服务。此外,欧盟与非洲首脑会议(欧非峰会)和八国集团首脑会议作为西方国家的多边平台,也成为西方国家影响非洲的重要平台。2005年欧盟推出与非洲建立战略伙伴关系的新战略,2007年第二次欧非峰会确立了欧非战略伙伴关系,并制定了一个行动计划。2002年在加拿大召开的八国集团首脑会议首次邀请非洲国家领导人参加对话,并通过《非洲行动计划》,承诺在减债、非洲产品市场准入、发展援助和支持《非洲发展新伙伴计划》等方面帮助非洲发展。此后几乎每届峰会都会邀请非洲国家参加。

西方对非洲援助是有附加条件的,这些援助条件包括民主、人权价值观,以及由此产生的透明度、良政和反腐败等。经过多年的民主实践和西方话语权的控制和影响,非洲国家自下而上几乎都已认同这些价值观念。西方往往凭借其价值观发源地的优势,评说非洲是非,充当非洲事务的道德"裁判"。此外,西方广播、电视和平面媒体以及学术界在非洲的影响也是历史组成部分,是其他地区和国家难以比拟与竞争的。

第二节 南北发展援助的现状

二战以后,对外援助一直是发达国家外交政策的重要组成部分。20世纪60年代,随着西欧经济的恢复和增长,欧洲主要国家开始加入援助国行列。1961年成立的经济合作与发展组织(OECD)发展援助委员会(DAC),目的在于协调发达国家的对外援助政策。DAC于1969年正式提出了官方发展援助(Official Development Assistance, ODA)的概念,建议援助国将国民总收入(GNI)的0.7%用于对外援助,由此形成了一个制度化的国际援助体系。以DAC国家为主的发达国家的对外援助经过半个多世纪的发展,援助规模不断上升,援助的渠道、援助的区域分配和部门分配等都具有自己的特点。

一、国际发展援助的协调机构:经济合作与发展组织

经济合作与发展组织(Organization for Economic Co-operation and

Development,OECD),简称经合组织,是政府间国际经济组织,前身为 1948 年 4 月 16 日西欧十多个国家成立的欧洲经济合作组织。1960 年 12 月 14 日,加拿大、美国及欧洲经济合作组织的成员国等共 20 个国家签署《经济合作与发展组织公约》,决定成立经济合作与发展组织,并于 1961 年 9 月 30 日在巴黎生效,经济合作与发展组织正式成立。到 2021 年 6 月为止,成员国总数 38 个,总部设在法国巴黎。经合组织经费由其成员国资助。各国向经合组织年度预算捐款的比例根据一个与其经济规模相关的公式而确定。

经济合作与发展组织旨在共同应对全球化带来的经济、社会和政府治理等方面的挑战,并把握全球化带来的机遇。其宗旨为:促进成员国经济和社会的发展,推动世界经济增长;帮助成员国政府制定和协调有关政策,以提高各成员国的生活水准,保持财政的相对稳定;鼓励和协调成员国援助发展中国家的努力,帮助发展中国家改善经济状况,促进非成员国的经济发展。与世界银行和国际货币基金组织不同,经合组织并不直接提供资金援助,而是在政策和分析的基础上,提供一个思考和讨论问题的场所,以帮助各国政府制定政策,推动成员国政府间达成正式协议,或在国内或其他国际场合实施。这个高效机制始于数据收集和分析,进而发展为对政策的集体讨论。

发展援助委员会(Development Assistance Committee,DAC),是经济合作与发展组织下属的委员会之一。2016 年 12 月 6 日,匈牙利加入发展援助委员会,成为发展援助委员会第 30 个成员(29 个经合组织成员国和欧盟),另外,世界银行、国际货币基金组织和联合国开发计划署作为常驻观察员参与。在经合组织下属 25 个委员会当中,发展援助委员会是三大委员会之一。经合组织发展援助委员会是向全球提供 90%以上援助的发达援助国的组织,因此被称为"援助国俱乐部"。因此很多人认为成为发展援助委员会的成员才算是真正的经合组织成员国。成为这一委员会的成员后,需组建援助机构,制定援助政策,并将援助规模提高到国民总收入(GNI)的 0.2%以上,援助额需超过 1 亿美元。

二、DAC 国家援助规模

DAC 国家提供的援助额占据全球全部援助额的绝大部分,从 1960 年直到 1972 年,DAC 国家提供的援助额占全部援助额的比重基本在 80%以上,后来由于其他 OECD 国家以及石油输出国家、新兴市场国家逐渐成为援助国,致使 DAC 所提供援助的比重逐渐下降,不过 DAC 国家提供的援助比重始终维持在 60%以上。

从图 12-1 可以看出,由于 20 世纪 90 年代初经济衰退后援助国的财政调整,DAC 的 ODA 总额不断下降。2002 年,在墨西哥蒙特雷举行的发展筹资问题国际会议,设置了每个援助国的目标,经过 10 年下降的 ODA 有所好转。2005 年,在格伦伊格尔斯八国集团和联合国千年+5首脑会议上,DAC援助国作出进一步承诺以增加它们的援助。2005—2006年,由于伊拉克和尼日利亚的特殊债务救援行动,援助达到顶峰。2005年,按照2018年的可比价格计算,DAC国家提供的援助额达到946.2亿美元。尽管受金融危机影响,DAC国家的ODA流量持续上升,这表明了在充足的资源和强烈的政治意愿支持下,有效的援助承诺能够达到的水平。2012年,DAC国家总的援助水平为854.4亿美元(2018年不变价格)。

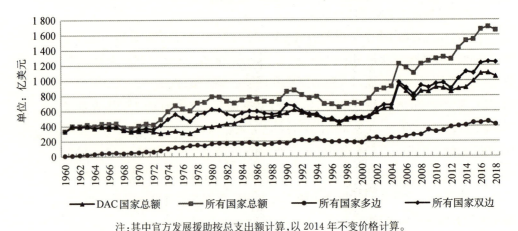

注:其中官方发展援助按总支出额计算,以2014年不变价格计算。

图12-1 全部国家及DAC国家提供的ODA变化图(1960—2014年)

资料来源:OECD-DAC。

衡量DAC国家援助贡献率的指标为援助与国民总收入的比值——ODA/GNI。虽然DAC所提供的援助占全球援助总额比例较大,然而DAC国家所提供的援助额占GNI的比重仍远远低于联合国所呼吁的0.7%标准(见图12-2)。

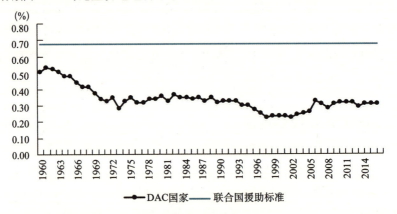

图12-2 DAC国家ODA占GNI比重(1960—2014年)

资料来源:OECD-DAC。

在G7国家中,除少数年份外,美国长期以来提供的ODA绝对数额最大,2005年达到峰值的323.1亿美元。其次,日本所提供的援助额也较大,1998年和1999

年日本提供的援助额一度超越美国。进入21世纪后,日本、德国、法国、英国的援助额大体接近,而意大利和加拿大相对较少。

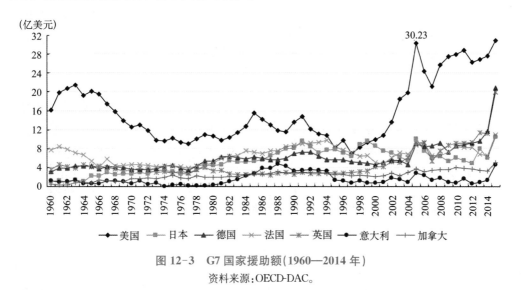

图 12-3　G7 国家援助额(1960—2014 年)
资料来源:OECD-DAC。

三、援助渠道

援助的渠道主要分为双边渠道和多边渠道。

DAC国家大部分的援助都是通过双边渠道提供的。从图 12-4 可以看出,1970 年以前,双边援助占援助总额的 80% 以上。20 世纪 70—80 年代,联合国成

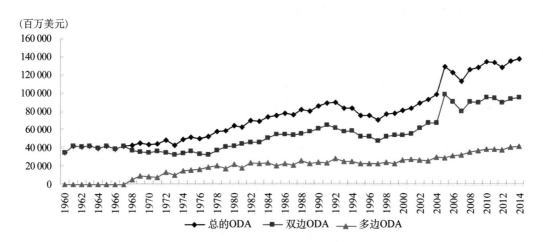

注:2014 年不变价格,ODA 净额。

图 12-4　DAC 成员国 ODA 的双边、多边分配(1960—2014 年)
资料来源:OECD 数据库。

为冷战双方以及发达国家与发展中国家最重要的政治角逐场。世界银行和国际货币基金组织等国际金融机构进一步成为发达国家控制发展中国家的平台。在这一背景下，双边援助的比重有所下降，多边援助的作用得到加强。许多全球性或区域性的多边发展机构的援助规模，相对于20世纪60年代都呈数十倍的加大，到20世纪80年代初期，多边援助已占援助总额的30%以上。

近年来，DAC成员国在双边援助与多边分配的渠道的选择方面，仍倾向于选择双边援助，双边援助比例始终维持在70%以上。影响各国援助分配渠道的主要因素包括：国家安全利益；对之前援助结果和有效性的评估等。一些国家对多边机构援助的绩效不甚满意，近年又开始减少或停止向一些多边机构提供支持。

（一）DAC国家的双边援助渠道

2019年，双边援助总额排名前五的国家分别是美国（346.2亿美元）、德国（238.1亿美元）、英国（193.7亿美元）、法国（155.1亿美元）和日本（121.8亿美元）。其中，美国的援助额占DAC国家援助总额的22.7%，排名前五的DAC援助国占2019年DAC援助总额的69%（见图12-5）。

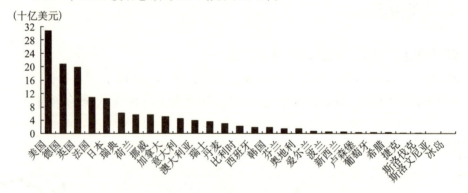

图12-5　DAC成员国双边ODA净额（2015年）

资料来源：OECD，http://www2.compareyourcountry.org/oda?cr=20001&cr1=oecd&lg=en&page=1。

但从ODA/GNI的比值，即援助国的贡献率来看，2019年排名前六的双边援助国分别是瑞典（0.99%）、挪威（1.02%）、卢森堡（1.05%）、丹麦（0.71%）和英国（0.7%），均超过联合国0.7%的ODA/GNI目标。而援助总量最多的美国，其ODA/GNI仅为0.16%，远远低于联合国0.7%的目标，也低于2019年DAC国家的平均值0.39%（图12-6）。而且美国并没有承诺实现联合国0.7%的ODA/GNI的目标，也没有试图增加其援助额以实现这一目标。这与美国的经济大国地位及其应承担的国际责任极不相符。

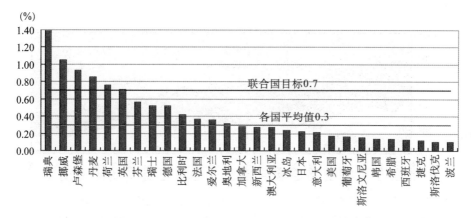

图 12-6　DAC 成员国 ODA/GNI 排名(2015 年)

资料来源：OECD-DAC，http://www.oecd.org/dac/stats/development-aid-rises-again-in-2015-spending-on-refugees-doubles.htm，2016-4-13.

(二) DAC 国家的多边援助渠道

多边援助组织 ODA 的资金来源基本上也是由 DAC 成员国捐助的。当前最主要的多边援助组织为联合国系统(主要为联合国所属的各专门机构[1])、欧盟机构、世界银行集团和各种基金等。多边援助以赠款和优惠贷款的形式为主，其中，联合国在提供食物和其他救助品援助中占支配性地位，世界银行、区域开发银行和欧盟注重经济基础设施和生产部门。

图 12-7 显示了 1968—2018 年 DAC 国家在不同多边机构分配的 ODA 比例，由此可见，欧盟机构所获得的捐助额占 DAC 国家提供的全部多边援助的比例不断增加，2018 年占到 34％，这与欧盟各成员国对外援助事务的努力不无关系。而各种基金所获得的 DAC 成员国的捐助也在逐渐增加，2018 年占到 DAC 多边援助总额的 16.56％。

四、援助地区与国别分配

影响 ODA 地区与国别分配的因素包括与受援国的历史和文化联系、与受援国的政治外交关系、公众对发展援助的支持和/或国家安全因素等。

---

[1] 联合国的专门机构包括：联合国开发计划署(UNDP, The UN Development Programme)；联合国儿童基金会(UNICEF, The UN Children's Fund)；世界粮食规划署(WFP, The World Food Programme)；联合国人口基金(UNFPA, The UN Population Fund)；联合国环境规划署(UNEP, The UN Environment Programme)；联合国人类住区规划署(UN-Habitat)等。

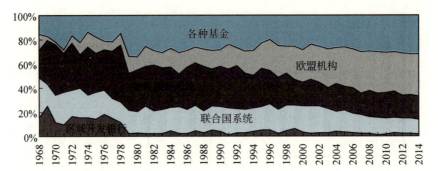

图 12-7　DAC 成员国的 ODA 在主要多边援助机构中的分配比例（1968—2014 年）

资料来源：OECD 数据库，http://stats.oecd.org/Index.aspx?DatasetCode=TABLE2A。

注：各种基金包括非洲开发基金、亚洲开发银行特别基金、欧洲开发基金、美洲开发银行特别基金、国际农业发展基金、其他多边机构和全球环境基金；欧盟机构包括欧洲理事会和其他欧盟机构；世界银行系统包括国际复兴开发银行、国际开发协会、国际开发协会-多边债务减免措施（IDA-MDRI）、国际金融公司、多边投资担保机构、世界银行其他部门和国际货币基金组织（由于国际货币基金组织在提供援助方面与世界银行集团相似，所以这里将其归为世界银行系统）。联合国机构包括联合国开发计划署、联合国人口基金、联合国难民组织、联合国儿童基金会、联合国近东救济工作处和其他联合国机构；区域开发银行包括非洲开发银行、亚洲开发银行、中美洲经济合作银行、加勒比开发银行、欧洲投资银行、美洲开发银行和其他区域性银行。

（一）OECD 国家援助的地区与国别分配

从地区分配看，非洲、亚洲和拉丁美洲一直是重点的受援地区，其中非洲和亚洲又占据绝大部分（见图 12-8）。1984 年以前，投放在亚洲的援助比重一直高于非洲的比重，而后受非洲贫困地区大饥荒的影响，援助额逐渐向非洲转移，近年来

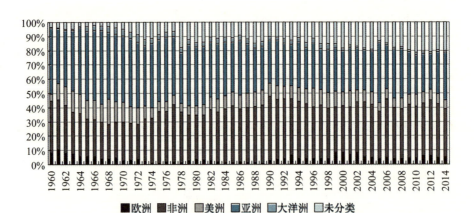

注：按照 2014 年不变价格计算。

图 12-8　OECD 国家官方发展援助净额的受援地区分布（1960—2014 年）

资料来源：OECD-DAC。

对非洲的援助比重在 30%—40% 范围内,总体上要高于亚洲,由于非洲的人口和经济规模远远低于亚洲,所以援助对非洲的影响远远大于亚洲。官方发展援助在其他大洲的投放比例相对较小,且变化总体不大。对欧洲地区的援助,在 1990 年代以前,主要统计的是非社会主义国家情况,而冷战结束后以转型国家为主,但总体所接受的援助很小。

(二) OECD 受援国的收入水平分布

从受援国的收入水平分布看,长期以来发展中国家是援助的主要对象,其中又以中低收入以下国家为主体。图 12-9 显示,1960—2018 年,最不发达国家和中低收入国家所接受的援助基本上维持在 50% 以上。从整体上看,给予最不发达国家的援助呈现不断上升的趋势,从 1960 年的 0.1% 上升到 2010 年的 34%,之后几年略有下降。

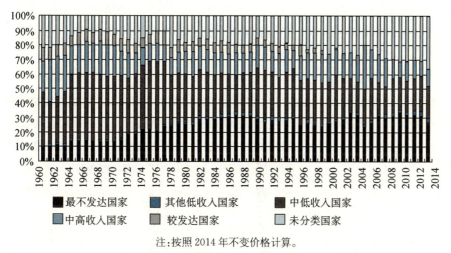

注:按照 2014 年不变价格计算。

图 12-9　不同收入水平国家接受的 OECD 国家 ODA 情况(1960—2014 年)

资料来源:OECD-DAC。

五、援助部门分配

根据经合组织的分类,对外援助领域一般分为社会基础设施或服务、经济基础设施或服务、生产部门、多部门、商品援助/常规方案援助、债务减免、人道主义及其他领域等,其中社会基础设施或服务包括教育、健康、人口、生活用水供应及卫生设施、政府与公民社会、其他基础设施和服务等;经济基础设施或服务包括运输、通信、银行与金融、商业及其他相关服务;生产部门包括农业、林业、渔业、工业、采矿与建筑业、贸易和旅游业。

西方对外援助领域随其发展援助理论而相应变化。20世纪50—60年代末，在"唯增长论""大推进"理论和"哈罗德-多马"经济模型等理论的影响下，西方援助重点关注对资本、劳动力和技术三大领域的配置。在"马歇尔计划"成功的鼓舞和影响下，该时期西方外援主要流向经济部门和生产部门，对非洲援助多流入交通与采矿业；70年代以来，按10年一个阶段，国际发展援助对社会基础设施、人道主义援助占全部双边官方发展援助的比例不断增加，对生产部门的援助以及物质和方案援助的比例相对下降（见图12-10）。70年代在依附理论和欠发达理论等影响下，西方援助重点关注受援国国民生产总值（GNP）的增长、减贫和促进公平收入分配等，突出强调减贫和农村综合发展；80年代在内源发展理论的影响下，西方援助开始注重对受援国内部经济发展要素的整合，强调资本要素和技术要素的重要性。但这一时期制度经济学的兴起又逐步否认资本、技术和劳动力对于经济增长的首要地位，代之以强调受援国制度改革的重要性，并与同时出现的"华盛顿共识"及新自由主义理论相互作用，共同导致西方援助通过附加更多条件，推动受援国进行结构调整与改革。西方援助在重视生产部门的同时，加强了对教育、人口、健康、政府与公民社会等社会部门的援助。

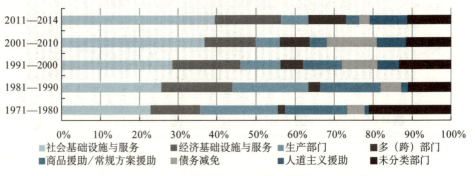

图12-10　DAC成员国援助的部门分配（1971—2014年）

资料来源：OECD-DAC。

1990年到21世纪初，西方对非洲社会领域的援助总体呈现明显增长趋势，在总量和总比例上明显高于其他领域。而同期对经济和生产等多个部门的援助呈逐渐下滑趋势。从经合组织发展援助委员会主要国家对非洲援助部门分类看，除日本外，其余各国在社会领域的援助均占到30%以上，其中英国和美国都在50%左右。此外，经济和人道主义也占相当比例，其余各领域相对较少。21世纪以来，DAC成员国已经把联合国制定的千年发展目标作为国际发展援助长期的行动指南和目标，并加大对千年发展目标所涉及领域的资金投入和规划。社会基础设施成为国际援助的重要领域，其中对全球教育、卫生和人口领域的投入非常显著。

第 12 章 南北发展援助

第三节 国际发展援助的趋势与南北发展援助的问题

《巴黎宣言》签订以来,国际发展援助领域对援助有效性的重视,使得援助资金来源、援助的参与者、援助主体、援助分配、国际发展援助体系等都发生了变化,国际发展援助出现了一些新的特点。

一、国际发展援助的趋势

近年来,国际发展援助的趋势主要表现在援助资金来源扩大,非 DAC 援助国在国际援助舞台中开始崭露头角,受援国在援助体系中的地位逐步提高,援助分配出现集中化趋势,多边援助机构作用有所提高等。

(一)援助资金来源扩大

要实现联合国千年发展目标及可持续发展目标,完全依靠 DAC 的官方发展援助与非 DAC 援助国的援助是远远不够的。DAC 成员于是开始探索区别于传统途径的 ODA 以补充官方 ODA 的不足。目前列入考虑选项或者已经实施的主要选项为:全球货币交易和能源使用税(Global Taxes on Currency Transactions and Energy Use),通过捐款、全球彩票、政府溢价债券或全球性基金的自愿的私营部门捐款(Voluntary Private Sector Contributions through Donations, Global Lotteries, Premium Bonds or Global Funds),国际融资机制(The International Finance Facility),机票团结税(Solidarity Taxes on Air Tickets),先进市场承诺(AMC),主权财富基金[1](Sovereign Wealth Funds)等。每一种方案都有其优势和劣势。这些创新的融资方案有可能成为援助资金来源的重要组成部分。

(二)非 DAC 援助国在国际援助舞台中开始崭露头角

长期以来,西方国家尤其是 OECD-DAC 成员是国际官方发展援助的主要援助国,各种国际组织关于国际发展援助的统计数字,大多以 DAC 成员所提供的援助为主。到目前为止,这一基本格局并没有大的变化,但是近年来,非 DAC 援助国在国际援助舞台中开始崭露头角。中国、俄罗斯、印度、南非、巴西等新兴援助

---

[1] 由不可再生资源赚取的出口收益或者由非常高的企业或家庭的储蓄和盈余建立的。这些基金可能会成为发展资金的主要来源。

国（emerging donors）逐渐成为国际援助体系的重要参与者。新兴援助国多为发展中大国，在国际上或所在区域具有较大影响力，它们希望通过对外援助扩大自身的影响力，因而近年对外援助增长迅速。2006年6月，八国集团与经合组织、世界银行联合举行了"全球发展共同体中的新兴援助国"会议，会议强调，新兴援助国是国际社会实现千年发展目标努力中积极的、必不可少的因素。2011年11月29日至12月1日，釜山举办的第四届援助有效性高级别论坛通过的《有关新的全球合作关系的釜山宣言》(Busan Partnership for Effective Development Cooperation)将中国、印度和巴西作为发展援助的新成员，肯定了新兴援助国在发展援助方面的作用及贡献。宣言决定构筑西方发达国家和"新兴援助国"之间的新"全面全球合作关系"，加强南北合作(发达国家-发展中国家)、南南合作(发展中国家-发展中国家)及三边合作(发达国家-发展中国家-发展中国家)。

非DAC国家的对外援助是国际援助体系的重要补充。首先，随着其对外援助数额的不断上升，非DAC国家在国际援助体系中的力量不断壮大，影响力稳步提升[1]。非DAC援助国的出现和发展使对外援助的数额不断增加、渠道更加多样化，发展中受援国不再像以前一样在援助类型和援助国方面仅限于在"标准化"的DAC援助范围内进行选择，在有效使用资金方面具有更大的自由。其次，新兴援助国的对外援助具有一些共同的特点，如均在南南合作的框架下开展，具有南南合作的性质和特点；强调平等互利；援助方式以技术合作和项目援助为主等[2]。更重要的是，非DAC国家也曾面临过与受援国当前面临的相类似的发展问题，可能更加了解受援国的需求，并且对特殊文化和政治条件更加熟悉，从而可以提供更加具有针对性的援助；此外在减贫和发展经验方面，它们有许多可以与受援国分享的经验。从受援国的角度看，南南合作的吸引力还在于它灵活、反应迅速并能填补重要的空白，这种形式的合作也主要是需求驱动型的，有利于适应当地实际情况的技术的持续推广。由于具有相似的社会经济条件、文化和语言，且援助国和受援国之间更注重交流和沟通，所以南南合作呈现出快速发展的趋势。

（三）受援国在援助体系中的地位逐步提高

国际发展援助效果一直低下的一个重要原因是缺少受援国的参与。长期以来，国际援助体系一直为发达国家所主导。《联合国千年发展目标》的制定，一方面，在理论上意味着全球出现了这样一个共识：贫困国家的需要应该成为国际发展援助的动力；另一方面，千年发展目标的八项目标如果要顺利完成，必须协调援助国与受援国之间的援助关系，而这种关系应建立在名副其实的伙伴关系和相互尊重与责任的基础之上。

---

[1] 刘爱兰、黄梅波：《非DAC援助国与国际援助体系：影响及比较》，《国际经济合作》，2011年第11期。
[2] 毛小菁：《国际援助格局演变趋势与中国对外援助的定位》，《国际经济合作》，2010年第9期。

对于受援国地位的提高问题,《巴黎宣言》给出了具体的解决办法,即联系(alignment)与协调(harmonisation)。在受援国拥有发展议程主权的基础上,援助国应共同遵循受援国政府计划的优先权,并在项目执行过程中使之能与受援国的国家体系进行协调,这就要求发达国家与发展中国家之间、政府与社会组织之间能够建立信任和诚信合作。建立信任的关键因素是代表不同政治利益的政府的参与,在受援国拥有发展主权的基础上,各援助国应对受援国作出长期承诺,并且尝试建立一种相互信任的机制来确保可预见的援助流量。[1]《阿克拉行动议程》和《釜山宣言》也进一步强调了受援国在国际发展援助体系中的主体地位。

(四)援助分配出现集中化趋势

援助分散是影响援助有效性的关键因素之一。分散的援助活动不仅难以发挥有效作用,而且大幅提高了援助的"交易成本"。因此,近年来发达国家不断呼吁降低援助的分散程度,提高援助的有效性。

1. 援助国别向少数国家集中

长期以来,西方各国对外援助的对象比较广泛,大国(七国集团)的经常性受援国涵盖大多数发展中国家(地区),中小国家的经常性受援国少则几十个,多则百个以上。近年来,尤其是 2009 年以来,各国特别是大国在增加对外援助投入的同时,减少了受援国数量,并将援助资源向少数国家,特别是非洲国家集中。

美国虽然没有明确减少受援国数量,但明显非洲倾斜,对非援助快速增长。2001 年,美国政府对撒哈拉以南非洲的发展援助约为 13 亿美元,2009 年达到 75 亿美元,增加近 5 倍,而同期美国的官方发展援助支出仅增加了 1.5 倍。2002—2007 年,英国对"脆弱国家"(即那些制度和治理薄弱、社会紧张、政治动荡或陷入冲突的国家)的援助只占其双边援助总额 26%。2009 年 7 月,英国国际发展部发布的白皮书指出,未来一段时间英国至少将双边援助 50% 投向 33 个"脆弱国家",其中以非洲和南亚为重点。经合组织《2010 年发展合作报告》显示,2007—2008 年,法国对撒哈拉以南非洲的援助占其双边 ODA 总额的 42%。2009 年 6 月,法国发展和国际合作部际委员会决定法国官方发展援助资金的 60% 投向撒哈拉以南非洲,其中以 14 个国家(大部分为法国前殖民地)为重点。这比之前法国对该地区的投入有明显增加。

2. 援助领域向千年发展目标集中

2000 年 9 月,在联合国千年首脑会议上,世界各国领导人就消灭极端贫穷和饥饿、普及初等教育、促进两性平等、降低儿童死亡率、改善产妇保健、与疾病作斗争、环境可持续力、全球伙伴关系八个方面,商定了一套有时限的目标和指标,统称为千年发展目标(MDG)。随着 2015 年联合国千年发展目标完成期限的临近,为解决由于

---

[1] 黄梅波、王璐、李菲瑜:《当前国际援助体系的特点及发展趋势》,《国际经济合作》,2007 年第 4 期。

有限援助资金过于分散所导致的资金投入不足、使用效率不高等问题,OECD发展援助委员会等国际机构鼓励各援助方,尤其是中小援助国限制对同一国家援助领域的数量,并进行国际分工协调。2007年,欧盟委员会通过了《关于发展政策互补与分工的行为准则》,规定了11条指导原则,其中第一条就是一个援助方在同一受援国的援助领域最多不超过三个,另可提供预算支持以及对社会组织、研究与教育的支持。2009年以来,一些大国进一步明确表示将千年发展目标有关领域作为对外援助的重点。2009年6月,法国发展和国际合作部际委员会确定了五个重点援助领域,即卫生、教育与职业培训、农业和食品安全、可持续发展和气候以及促进增长。2009年7月,英国国际发展部白皮书强调,英国发展援助的重点包括减贫、环保、冲突预防与政府治理以及经济基础设施等领域。

(五)多边援助机构作用有所提高

与多边援助相比,双边援助的优势在于:专业性较强,在已经形成特殊能力的特定领域拥有比较优势;一些国家和地区依靠与特定国家的历史渊源能更快地获得当地的信任与合作,其提供的援助也更加具有针对性;在管理方面能够对不断变化发展的局势作出更加迅速的反应,相比于多边援助机构也更具有弹性。但是,我们也应注意到双边机构的援助往往依赖于与特殊国家的历史联系,局限于小范围国家内,而在未来全球化的背景下,显然多边援助机构的适应性更强,应用将更为广泛[1]。

目前多边援助机构只提供了30%的ODA,但是其重要作用正日渐凸显出来。首先,多边援助能够包容援助国之间的竞争并缓解相互间的摩擦,从而可以提供一个集体行动的平台。其次,多边援助组织能够促使受援国制定一些短期内不受欢迎但确实能够取得积极成效的相关政策。再次,相对来说,多边援助机构通常具有更为完善的部门以及管理运作条例,具有更强的研究、建议和发展创新能力。最后,多边援助机构在更大程度上考虑到受援国的实际需求,给予其发表意见的空间。

二、南北发展援助的问题

西方国家在对外援助方面的问题主要体现在以下两个方面。

(一)承诺难以兑现

首先,援助占GNI比例的承诺没有实现。早在1970年,联合国决议便设立援助国外援总额达到本国国民收入总值0.7%的目标,经合组织国家也同意确立这一目

---

[1] 黄梅波、王璐、李菲瑜:《当前国际援助体系的特点及发展趋势》,《国际经济合作》,2007年第4期。

标。但直到近年,除挪威、瑞典、荷兰、丹麦和卢森堡等经济规模较小的国家外,其他成员国都没有达到这一目标。而作为世界最大经济体的美国则明确表示不愿确立任何具体目标和时间表。经合组织2018年公布的发达国家向发展中国家提供的官方发展援助报告显示,DAC成员国官方发展援助总额仅占国民总收入的0.3%,远低于联合国提出的0.7%的门槛。其次,西方国家诸多的援助承诺的实现大打折扣。以八国集团首脑会议为例,其2002年《非洲行动计划》罗列出减债、非洲产品市场准入、发展援助和支持非洲发展新伙伴计划等帮助非洲发展的多项承诺。然而,从会议结束到2006年首脑会议之前,G7加上欧盟会议议程的落实率最高为51%,最低只有33%,其中有些对非承诺非但没有进展,反而倒退。据统计,2002—2003年卡纳纳斯基斯会议涉及非洲的相关问题如债务问题承诺的兑现率为38%,贸易兑现率则为-38%;2005—2006年英国鹰谷会议对非洲相关问题承诺的落实情况是,促进增长56%、教育33%、贸易33%,只有减债一项完全兑现。一些非洲人批评八国集团领导人在援助非洲方面"玩弄数字游戏",认为其每年的援助额数值是为转移公众注意力、掩盖其落实对非承诺方面的失败。

(二) 援助与需求脱节

西方援助与援助需求的脱节主要表现为以下几种情况:援助与人类发展指标脱节,即人类发展指标低的国家收到的援助少于人类发展指标高的国家;援助没有考虑受援国的收入水平;援助具有不稳定性;援助国未关心受援国的支付能力;援助受到援助国非发展性目标的制约等。一些国别情况确实反映了援助与援助需求脱节的现象。例如,津巴布韦的人类发展状况从1990—2005年出现明显下降,而国际援助在1995年达到顶峰后急剧减少。这或许可以说明,受援国在急需援助时,援助国出于某种原因或利益考虑而减少援助的情况。由于津巴布韦2000年的土地改革触动了以英国为代表的西方利益,英国和美国等西方国家相继终止或减少了对津援助。该例至少说明西方援助的两个特点:一是援助服从于政治目的,是政治干预的工具;二是在一定条件下,西方援助可以完全抛开受援国需要,使援助与需求完全脱节。

本章小结

从历史演变来看,南北发展援助具有阶段性特征:诞生于20世纪40年代的布雷顿森林会议,受到50年代马歇尔计划的激励,经历了60年代工业化的十年,70年代转移到贫困问题,80年代是失去发展的年代,90年代关注治理问题,21世纪魅力援助兴起。当代西方发达国家对外援助的政策与理念受到社会进化论、殖民历史、国际联盟时期的托管制等多方面的影响。这些影响比较集中地体现在南北援助过程中的自我身份优越性和控制性。南北发展援助理念背后的深层因素不可忽视,具体表现为两点:道义、平等和责任,文化强权。与南南发展合作相比,南北发展援助具有经济方面的硬实力优势和历史上特殊关系的软实力优势。

总体看,DAC国家提供的援助额占据全部援助额的绝大部分。DAC国家大部分的援助都是通过双边渠道提供的,近年来,DAC成员在双边援助与多边分配的渠道的选择方面,仍倾向于选择双边援助。影响各国援助分配渠道的主要因素包括:国家安全利益;对之前援助结果和有效性的评估等。从地区分配看,非洲、亚洲和拉丁美洲一直是重点的受援地区,其中非洲和亚洲又占据绝大部分。从受援国的收入水平分布看,长期以来发展中国家是援助的主要对象,其中又以中低收入以下国家为主体。20世纪70年代以来,按10年一个阶段,国际发展援助对社会基础设施、人道主义援助占全部双边官方发展援助的比例不断增加,对生产部门如农业、工业和其他产业的援助以及物质和方案援助的比例相对下降。

《巴黎宣言》签订以来,国际发展援助领域对援助有效性的重视,使得援助资金来源、援助的参与者、援助主体、援助分配、国际发展援助体系等都发生了变化,国际发展援助出现了一些新的特点。近年来,国际发展援助的趋势主要表现在援助资金来源扩大,非DAC援助国在国际援助舞台中开始崭露头角,受援国在援助体系中的地位逐步提高,援助分配出现集中化趋势,多边援助机构作用有所提高等。西方国家在对外援助方面的问题主要体现在承诺难以兑现和援助与需求脱节两个方面。

关键词

南北发展援助　双边援助　发展援助委员会

简答题

1. 简述南北发展援助的演进。
2. 简述南北发展援助的政策理念与优势。
3. 简述南北发展援助的现状。
4. 简述国际发展援助的趋势。
5. 简述南北发展援助存在的问题。

思考题

1. 在南北发展援助中,西方发达国家为援助附加了哪些条件?为什么附加这些条件?
2. 受援国如何看待西方发达国家为援助所附加的条件?

第13章

南南发展合作

　　现代国际援助始于1947年美国的"马歇尔计划"。发达国家一直在国际援助领域占据主导地位,国际援助体系也是由经合组织下属发展援助委员会建立规范的。随着社会经济发展,特别是21世纪后,一些非DAC援助国开展的对外援助开始受到国际社会的关注。但是,从严格意义上来说,并非所有非DAC援助国提供的援助均可称为南南发展合作。根据非DAC援助国之间的一些共同特征可以将其分为三类。第一类主要是欧盟的新成员,也包括以色列、俄罗斯和土耳其。这类国家对外援助的立法、策略和组织机构等总体上与绝大多数DAC成员相同。第二类是阿拉伯援助国,主要包括科威特、沙特阿拉伯和阿拉伯联合酋长国。这类国家的援助管理体制较为薄弱,较为重视以项目交付的方式提供援助。第三类是南南发展合作国家,主要指中国、印度、巴西、南非、智利、哥伦比亚、墨西哥和泰国等为代表的中等收入国家和新兴经济体。这些国家向其他发展中国家提供财政支持和专门技术,但又不愿以"援助国""援助"等措辞来形容其所提供的支持。

第一节 南南合作的历史[1]

学界普遍把 1955 年在印度尼西亚万隆召开的万隆会议看作南南合作的起点,这是因为万隆会议是第一次没有殖民者参加,并第一次由亚非国家联合起来提出自己的政治独立和国家发展诉求的会议。

一、南南合作的起始阶段

在万隆会议召开之前,非洲只有埃及、埃塞俄比亚(时称阿比西尼亚)和南非等 5 个国家取得独立,亚洲有 15 个国家获得独立。这一阶段南南合作的特点如下。

(一) 中立和不干涉内政

南南合作的第一个特点是中立原则和不干涉内政,这一特点充分体现在 1955 年亚非会议发表的《亚非会议最后公报》中的十项原则(以下简称《公报》)。不干涉内政的内容指的是"不以侵略行为或侵略威胁,或使用武力来侵犯任何国家的领土完整或政治独立,不对其他国家施加压力"[2]。不干涉内政在政治理念上表现为中立主义,由于南方国家独立时适逢冷战,只有不在意识形态对立的美苏阵营的任何一方站队才能保证南方国家的政治经济独立。因此中立原则和不干涉内政成为南南合作的基本原则,一直贯穿南南合作的整个发展阶段。

(二) 强调国家间的发展合作

南南合作的第二个特点是强调国家间的发展合作,即通过国家间的援助合作,实现经济独立。在合作目标方面,《公报》提出了国家间在经济、文化、政治等诸多方面的合作目标。这些合作目标都围绕着巩固南方国家经济政治独立的目标展开,虽然南方国家积极提出倡议,但是因为二战后的国际政治经济秩序由以美国为首的西方国家建立和主导,所以这一时期的南南合作还需依靠当时既存的国际合作秩序。在合作的内容方面,《公报》的经济合作部分建议设立联合国经济

---

[1] 李小云、肖瑾:《新南南合作的兴起:历史、现状、挑战》,载南南合作金融中心《迈向 2030:南南合作在全球发展体系中的角色变化》,社会科学文献出版社 2017 年版,第 30—58 页。
[2] "亚非会议最后公报",1955 年 4 月 24 日。https://www.fmprc.gov.cn/web/ziliao_674904/1179_674909/t191828.shtml。

发展特别基金会,由国际复兴开发银行拨出一部分的资金给亚非国家。同时,《公报》的经济合作还强调国家间技术援助的作用,倡导南方国家间互相提供技术援助,通过提供专家、示范试验工程装备、交换技术知识实现国际合作。

(三) 强烈的民族主义

强烈的民族主义是南南合作的第三个特点。民族主义一方面促进了亚非地区的民族认同,推动了亚非地区摆脱殖民地的处境,走向民族国家独立的道路;但是另一方面,在亚非民族国家如何合作问题上,民族主义造成了南方国家之间不小的分歧。万隆会议泛亚主义色彩太强烈,使得非洲国家与亚洲国家在会议协商中意见难以统一,此后几年中由于亚非世界内部矛盾和冲突加剧:印巴冲突、印尼-马来西亚冲突、中印冲突、非洲国家间的冲突等使得万隆会议的第二次召开被一拖再拖,加上冷战期间美国的遏制政策,第二次亚非会议最终在1964年亚非国家外长会议上被决定无限期推迟,第二次万隆会议就此搁浅。

二、南南合作的曲折发展阶段

第二次万隆会议搁浅后,参与万隆会议的亚非国家大都陷入了政局动荡之中。1962年缅甸总理吴努被困,后流亡国外;1962年中国和印度在喜马拉雅边境发生纠纷,爆发短期战争,1964年尼赫鲁逝世;1965年印度尼西亚总统苏家诺的权力被军人接管,被迫退休;1974年埃塞俄比亚发生军事政变。亚非国家陷入合作的低潮。与之相反,拉美国家由于取得独立的时间长,积累了近100年的发展经验,在民族独立和应对经济危机方面都比万隆会议时期才独立不久的亚非国家要成熟得多。这一阶段的南南合作在拉美国家的带领下取得了不小的突破:南南合作从万隆会议阶段的政治独立诉求拓展为对经济贸易公平和国际经济新秩序的诉求,南南合作的国家也从万隆会议时期的亚非国家拓宽到亚非拉国家的合作。

(一) 南南合作的议程推向经济贸易领域

联合国拉美经济委员会于1948年在智利首都圣地亚哥成立。在普雷维什(Raúl Prebisch)的推动下,1962年中美洲五国哥斯达黎加、洪都拉斯、尼加拉瓜、萨尔瓦多、危地马拉成立了中美洲共同市场(Central American Common Market, CACM)。通过关税同盟,中美洲五国在1960—1978年的GDP增长一直维持在6%,一度被认为是发展中国家最成功的经济整合典范。1964年,普雷维什推动建立了联合国贸发会议,并担任秘书长。

(二) 促进发展中国家工业化建立国际经济新秩序的经济诉求

拉美经济委员会成立之时,普雷维什就提出了国家干预的工业化战略,认为国家干预可以弥补市场的不足,解决发展中国家边缘化结构的问题。1964年第一届贸发大会召开和77国集团成立时,即将支持发展中国家工业化写入会议成果文件。第一届贸发大会的几个提议都是围绕如何促进发展中国家工业化的经济诉求展开。建立新的国际经济秩序是对发展中国家主权的再次重申和对发展中国家独立发展工业化的诉求。

(三)以联合国为基础的南方国家联盟——77国集团成立

77国集团的成立得力于联合国的一系列区域经济委员会的推动,联合国支持南方国家合作的行动达到了前所未有的程度。77国集团是对万隆会议只有亚非国家参加的拓展,也是拉美经济委员会主导的拉美经济一体化的拓展,它吸收了当时亚洲、非洲、拉美、北美加勒比地区和欧洲各国的发展中国家成为其成员。1964年第一届贸发会议上,77个发展中国家和地区发表《七十七国联合宣言》,成立"77国集团"。《七十七国联合宣言》的主旨呼应了联合贸发会议所倡导的建立国际贸易新秩序和发展中国家发展工业化的需求。

虽然联合国贸发会议和77国集团直面南北贸易不平等的问题,提出建立国际经济新秩序的诉求。然而在现实中遭到发达国家的反对和阻挠,关于初级商品出口、补偿性金融等议题中除了关税优惠方面获得发达国家的让步,其他几条都因为发达国家的反对没有实质性的进展。再加上以美国主导关贸总协定和国际货币基金组织的改革带来的影响和压力,联合国贸发会议的职能日渐式微,逐渐由多边贸易与发展论坛转变成提供技术援助、政策研究和数据信息的平台。20世纪90年代随着世界贸易组织的成立,越来越多发展中国家加入世界贸易组织,联合国贸发会议成为世贸组织职责的补充,其职能主要包括为发展中国家提供加入世贸组织的要求进行信息准备,帮助欠债国家管理协商外债,同时也包括国际投资研究和信息收集、商品研究,推进发展中国家技术合作等。

三、南南合作的复苏阶段

南南合作于20世纪80年代开始步入复苏与转型阶段。这一阶段南南合作的特点有以下几个方面。

(一)南南合作的目标从经济增长转向减贫与技术合作

1. 技术合作

南南合作开始由前一阶段难以实现的经济贸易诉求阶段转变为推进发展中国家间的技术合作和关注最不发达国家的发展问题。1974年联大通过A/3251决议,在联合国开发计划署中成立一个专门单元以推动发展中国家间的技术合作

(Technical Cooperation among Developing Countries，TCDC)。1978年南方国家在发展中国家技术合作的会议上通过《布宜诺斯艾利斯行动计划》(Buenos Aires Plan of Action，BAPA)，强调发展中国家技术合作在最不发达国家如土地缺乏和小岛屿发展中国家的实施。

2. 减贫

20世纪90年代，世界银行和国际货币基金组织的结构调整方案在发展中国家的失败，促使传统援助国家将发展议题从经济发展转向减贫领域，同时催生了联合国大会2000年制定千年发展目标。八项目标中的第一项就是消灭贫困和饥饿。在第八项促进全球合作中，更是强调在国家和国际两个层面致力于善政、发展和减贫；满足最不发达国家的特殊需要；对其出口免征关税、不实行配额；加强重债穷国的减债方案，注销官方双边债务；向致力于减贫的国家提供更为慷慨的官方发展援助；满足内陆国和小岛屿发展中国家的特殊需要，与私营部门合作，提供新技术、特别是信息和通信技术产生的好处等。南南合作的目标开始从经济增长转向减贫与技术合作，前几个阶段强调的南方国家工业化增长的去殖民化叙事开始转向全球发展议程叙事。2005年，时隔50年之后亚非国家在万隆再聚首——第二届亚非峰会召开，会议发布的《重振亚非新型战略伙伴关系的宣言》明确指出，亚非新型战略伙伴关系将注重亚洲与非洲大陆之间在贸易、工业、投资、金融、旅游、信息等领域的务实合作。

(二) 建立南南合作知识生产平台

2004年，联合国大会通过决议，发展中国家技术合作专门单元正式改名为"南南合作专门单元"(The Special Unit for South-South Cooperation，The Special Unit of ICDC)，南南合作知识生产平台正式建立，南南合作开始向发展知识生产和发展经验分享转型。至此联合国对南南合作的定义为：南方发展中国家之间政治、经济、社会、文化、环境和技术领域合作的一个广泛的框架。涉及两个或多个发展中国家，可以以双边的、区域的、次区域的或跨区域的合作为基础。发展中国家通过共享知识、技能、专家和资源以实现其发展目标。[1]

联合国南南合作办公室设计了一个三合一的架构来支持南南合作的运作，该架构的三个支柱包括：第一个支柱是全球南南发展学院，相当于一个网上智库，汇集数以百计南方发展专家的数据信息。第二个支柱是全球南南发展博览会，用来展示每年联合国系统中选定的成功发展案例，代表政府、私营部门和社会组织的合力作用。第三个支柱是南南全球融资和技术交流网络平台，促进南方国家技术转移和提供解决方案，创造安全的融资环境。南南合作开始向建立以发展知识生

---

[1] 李小云、肖瑾:《新南南合作的兴起:历史、现状、挑战》,载南南合作金融中心《迈向2030:南南合作在全球发展体系中的角色变化》,社会科学文献出版社2017年版,第38页。

产和发展经验分享转型。

四、新南南合作阶段

2008年金融危机使得经合组织成员国陷入经济持续低迷,而以中国、印度、巴西、南非为首的发展中国家的经济则持续增长。新兴援助国的对外援助越来越引人注目。南南合作作为一种新的国际合作范式受到传统援助国的关注。经合组织开始承认南南合作的地位,并在2008年专门成立了南南合作任务组,国际合作正从北方与南方国家的"援助者-受援者"的关系转变为不同层级行动者之间资源和知识共享的关系。这体现了这一阶段南南合作的一个突出特点就是南方国家发展经验的共享。

第二节 南南发展合作体系及其特点

尽管当前传统发展援助(南北援助)仍在国际发展援助体系中占据主导,但南南发展合作近年来蓬勃发展,成为国际援助体系的新兴力量。通过比较南北援助与南南发展合作可以发现:一方面,南北援助与南南发展合作的目标都是帮助受援国实现联合国的国际发展目标,推进受援国经济、社会的发展,其援助理念和原则在很多方面有相似之处;另一方面,南南发展合作和南北援助在不同的历史条件下产生,南南援助国与传统援助国自身所处的发展阶段、发展经验及对发展的理解有所不同,这使得南南发展合作与南北援助在诸多方面存在差异。

一、南南发展合作的现状:以金砖国家为例

21世纪以来,许多发展中国家作为援助国在国际援助体系中扮演着越来越重要的角色。虽然它们被称作"新的"或者"新兴"援助国,但事实上,有些国家已经提供了半个多世纪的对外援助。部分国家冷战期间也曾是活跃的对外援助国,随着冷战的结束,援助的战略性作用下降,这些国家一度把注意力从外部关系转移到国内事务上来,在对外援助体系中的作用下降。近年来,这些国家又重新回到对外援助国际舞台,在对外援助体系中的作用日益凸显。金砖国家(中国、印度、巴西、俄罗斯、南非)在世界格局中所处的经济地位和政治地位的差别决定了其对外援助与DAC国家的目标和所遵循的原则和各自表现出的特点有所不同,并且这一差别短期内不会发生很大变化。

(一) 金砖国家对外援助的目标及原则

理论上,金砖国家和 DAC 援助国对外援助的终极目标是相同的,都是以联合国千年发展目标为最高目标。千年发展目标是 2000 年 9 月于联合国千年首脑会议上正式提出的,旨在 2015 年之前消除贫穷、饥饿、疾病、文盲、环境恶化和对妇女的歧视。2002 年,墨西哥蒙特雷发展筹资高级别会议上提出的《蒙特雷共识》,再次强调要在 2015 年以前实现千年发展目标的承诺。2006 年的《千年发展目标全球监控报告》又提出了一个千年发展目标监控治理的框架,呼吁援助国和国际金融机构利用该框架来改善实践活动,以促进千年发展目标的实现。金砖国家和 DAC 国家积极响应联合国的倡议,在联合国发展筹资高级别会议和联合国千年发展目标高级别会议上,许多国家先后宣布了各项援助发展中国家发展的举措,涉及农业、卫生、免债、基础设施、清洁能源、零关税待遇、人力资源开发、经贸与金融合作等领域。尽管如此,各国对外援助的侧重点有所不同,有些国家比较侧重消灭极端贫穷和饥饿、遏制艾滋病毒/艾滋病、疟疾以及其他疾病的蔓延,有些国家则侧重于良政、发展和减轻贫穷等。

中国、印度、巴西、俄罗斯作为金砖国家,其对外援助均遵循一些共同的原则:如均在南南合作的框架下开展,具有南南合作的性质和特点;强调平等互利;援助方式以项目援助和技术合作为主;援助领域以受援国需求为前提,以改善民生为重点,不附加政治条件且落实迅速。这些特征使得金砖国家在对外援助上具有相对优势,从而更能在受援国实现千年发展目标方面取得成效。

(二) 金砖国家对外援助概况

从援助规模来看,金砖国家均为发展中大国,有一定的经济实力作为后盾,在国际上或所在区域已具有较大影响力,并希望通过对外援助扩大自身的影响力,因而近年对外援助增长迅速。从近年的援助支出来看,金砖国家的对外援助已经超过了不少 DAC 成员国。但相比较于一些 DAC 大国,如美国、日本、法国、德国、英国等,还存在很大的差距。

在提供援助的渠道方面,金砖国家中不同国家采取的渠道不同,例如,俄罗斯大部分对外援助是通过多边渠道进行的,而巴西、印度和中国主要以双边渠道为主。据 OECD-DAC《2008 年 DAC 国家多边援助报告》显示,非 DAC 国家平均只有 18% 的对外援助是通过多边渠道提供的,这一数字远远低于 DAC 国家 30% 的平均水平。尽管如此,多边组织在金砖国家对外援助中发挥着越来越重要的作用。

从援助的地区国别来看,金砖国家的援助目的国集中于较邻近的周边国家。这主要是因为周边国家在文化、语言和历史等方面与它们具有相似性,这可以使援助国更大程度上满足受援国的需求,同时还可以增强地区关系。与 DAC 国家相似,金砖国家对非洲国家的援助呈现不断上升的势头,这一趋势可以弥补非洲国家发展中面临的巨大资金短缺问题。

从援助部门来看,DAC援助国主要对医疗、教育等社会部门进行援助,而金砖国家最关注的是基础设施部门和生产部门,大约有一半的援助进入这两个领域。例如,中国、印度被认为是两个给予基础设施部门权重最大的两个国家。除此之外,大约20%的金砖国家的援助被分配到了医疗、教育等部门。之所以呈现这一倾向是与一国经济发展要求相适应的。

二、南南发展合作与南北援助的共同点[1]

《关于援助有效性的巴黎宣言》(以下简称《巴黎宣言》),规定了提高援助有效性的五项原则。对比这五项原则与布宜诺斯艾利斯行动计划(Beunos Aries Plan of Action,1979年)、内罗毕会议(2009年)、波哥大会议(2010年)、德里会议(2013年)和布宜诺斯艾利斯+40(BAPA+40)会议(2019年)提出的南南发展合作的主要原则,可以发现其间存在诸多相似之处,这为南北援助与南南发展合作之间的对话与合作奠定了坚实的基础。

(一)自主性原则

自主性原则是指发展援助是以受援国的发展为导向,受援国在发展活动的各个阶段均应处于主导地位。《巴黎宣言》和《阿克拉行动议程》(the Accra Agenda for Action)以及标志着援助有效性向发展有效性转变的《釜山有效发展合作全球伙伴关系》(the Busan Partnership for Effective Development Co-operation,以下简称《釜山伙伴关系》)均将自主权原则列为其对外援助的原则之一。《巴黎宣言》指出,发展中国家在本国发展政策、战略和合作发展行动中享有充分的主导权,《釜山伙伴关系》则强调受援国享有选择优先发展领域的自主权,可自行确定发展模式。南南合作框架下的对外援助一开始就建立在"互相尊重主权和领土完整、互不侵犯、互不干涉内政、平等互利以及和平共处"五项原则之上。1955年的万隆会议在和平共处五项原则的基础之上提出了万隆会议十项原则,即南南合作原则。1979年布宜诺斯艾利斯行动计划设定了发展中国家技术合作的九个目标,其中第一个目标就是"在尊重发展中国家自身的价值、追求和特殊需要的前提下,通过提高发展中国家的创造能力以提高其自主发展能力和解决其他发展问题的能力"。随着南南合作的不断推进,其原则发生了一定的调整,但自主性原则一直是南南

---

[1] Meibo HUANG and Na CHEN, "South-South Development Assistance", in Finance Center for South-South Cooperation, *Changing Roles of South-South Cooperation in Global Development System: Towards 2030*, 2017 South-South Cooperation Report, 2017, pp.162-165.

合作的重要原则。

（二）需求导向及能力建设原则

在自主权原则的指导下，南北援助和南南发展合作均主张发展合作应该是需求导向的。此外，南南发展合作和南北援助均认识到受援国能力建设的重要性，强调加强受援国的能力建设以使其能够做出发展相关的决策，从而实现可持续发展。在南北援助中，《阿克拉行动议程》指出，援助国对于发展中国家能力发展的支持应当是需求导向的，而且尊重受援国国家自主权；没有强大的机构、系统和当地专业知识，发展中国家无法充分把握和管理自身。在南南合作实践过程中，能力建设原则得到了充分的诠释。内罗毕会议文件指出，要在满足发展中国家的要求下提高其发展能力和解决发展中国家面临的发展问题，强调满足发展中国家的需求。在后续的波哥大和德里会议文件中，"需求导向"得到了进一步的强调。

（三）广泛参与原则

南北援助及南南发展合作均将各方的广泛参与纳入其发展合作的原则之中。在南北援助中，《阿克拉行动议程》和《釜山伙伴关系》均强调了广泛参与的重要性。如《阿克拉行动议程》指出，所有的发展伙伴，包括 OECD-DAC 援助国、其他援助国、发展中国家、基金会和民间团体等，需要充分参与发展过程。《釜山伙伴关系》也指出发展需要依靠各方的参与，发挥各方有差别的、互补的作用。在南南发展合作中，内罗毕会议文件指出："南南合作鼓励多方参与，非政府组织、私人机构、民间团体、学术机构和其他组织个人等应当在国家发展战略与计划的指导下，与政府共同面对发展挑战和完成发展目标"。在《波哥大宣言》中，广泛参与原则也被列为南南合作的原则之一。在对外援助实践过程中，众多南南合作项目得到了来自各方的广泛参与。

（四）相互问责和透明度原则

相互问责是指发展援助的参与方应对等地为自己的承诺负责。《巴黎宣言》指出，援助国和受援国都应对发展成果负责，《波哥大宣言》也承认相互问责的重要性。相互问责原则的实施在很大程度上取决于经济合作过程中的信息披露程度，因此南北援助国和南南发展合作国都致力于提高援助的透明度。《阿克拉行动议程》指出，发展援助国承认"更大程度的问责力度和透明程度是推动发展进步的强有力力量"。内罗毕会议文件也指出，相互问责的力度和透明度的提高对提高南南发展合作的有效性是非常必要的。

（五）成果导向原则

成果导向原则是指南北援助和南南发展合作均将发展视为终极目标，因此对合作成效的衡量并不是将投入发展援助的资源进行加总,而是以合作对受援国经济、社会、环境发展所做的贡献为准。在南北援助中,《巴黎宣言》《阿克拉行动议程》和《釜山伙伴关系》均将重成果原则列入其原则体系之中。如《巴黎宣言》强调成果管理;《阿克拉行动议程》则指出,援助的重点在于对发展的实际和可测度的影响;《釜山伙伴关系》则指出,投资和发展政策制定的驱动力应当是可持续的影响。在南南发展合作中,内罗毕会议文件也将合作的结果、影响和质量作为衡量合作质量的原则之一。

三、南南发展合作与南北援助的差异[1]

南南发展合作与南北援助有相似之处,但南南发展合作更有区别于南北援助的特征。

(一) 南南发展合作是更广泛的合作

南南援助国在南南发展合作的定义上还没有达成共识。但可以肯定的是,南南发展合作的范围更广泛。布宜诺斯艾利斯会议明确指出,南南合作由发展中国家之间的技术合作和经济合作构成,包括贸易、投资、援助、贷款、技术和知识转让、能力建设。根据资金优惠条件,南南合作可包括三个部分的内容:DAC定义的官方发展援助、未能达到DAC定义的官方发展援助优惠标准的发展融资活动,以及与发展相关的贸易和投资。南南援助国认为,一国的长远发展需要依靠自身发展能力的建设,援助只能对其发展起到引导和推动的作用。南南合作较为广泛的合作内容可以为发展中国家的发展提供更多的机会和选择。近年来,南南发展合作更为广泛的合作范围也在一定程度上得到了传统援助国的认可。例如,传统援助国近期强调的"超越援助的发展"(development beyond aid)表明DAC国家已经在一定程度上认同更广泛的发展理念。

(二) 南南发展合作强调互利共赢

与南南发展合作广泛的合作范围相对应,南南发展合作强调互利共赢,这在万隆、布宜诺斯艾利斯、内罗毕、波哥大、德里、2019布宜诺斯艾利斯会议文件中均有体现。南南发展合作的领域常集中于基础设施部门和生产部门,致力于通过援助促进双边贸易、投资和其他商业活动。南南发展合作的这一特点旨在满足援助国和受援国双方的利益。从受援国的角度来看,基础设施部门的援助有助于缓解

---

[1] Meibo HUANG and Na CHEN, "South-South Development Assistance", in Finance Center for South-South Cooperation, *Changing Roles of South-South Cooperation in Global Development System: Towards 2030*, 2017 South-South Cooperation Report, 2017, pp.166-167.

受援国基础设施的不足,有助于削减贸易部门和不可贸易部门的经营成本,促进受援国贸易和投资的扩张。对生产部门的援助也有利于提高受援国的生产能力,促进其经济增长。从援助国的角度看,相较于其他领域,南南援助国在基础设施领域和生产领域具有更丰富的经验和成本优势,对该领域的援助有利于其产能及经验的输出,因此无论是对于受援国还是援助国而言,南南发展合作将援助向基础设施和生产领域倾斜都是更好的选择。

(三) 南南发展合作无附加政治条件

南北援助与南南发展合作均强调发展中国家的自主权和需求导向的能力建设,但是两者在对外援助是否附加政治条件的立场上是完全不同的。南北援助常常伴随着人权、法律条款改革、良好治理等方面的政治条件。援助附加政治条件确实有助于促进受援国建立一套西方式民主和治理体系,有利于监督约束受援国对资金的使用;但是附加的政治条件意味着受援国丧失了一定的自主权,同时与需求导向原则相悖。基于不干涉他国内政的外交原则,南南发展合作不附加任何政治条件。南南发展合作国认为,发展环境的复杂性和动态性使得援助国难以及时全面了解受援国的发展需求,一国的发展是根植于该国发展环境的,其附加的政治条件并不一定适合受援国。此外,在不同时期,发达援助国附加的政治条件往往又会随着其自身发展理念的变化而不断调整,这在一定程度上也妨碍了受援国制定长期的发展规划。

第三节 南南发展合作的评价

南南发展合作在长期发展援助实践过程中,形成了自身的特点,对国际发展援助体系的改革具有一定的借鉴意义。但南南发展合作本身也存在一些不足。作为国际发展援助体系的新参与者,传统援助国的援助管理的很多做法和经验特别值得南南援助国学习和借鉴。

一、南南发展合作的效果

发展中国家对外援助的模式与发达国家不同,对其援助效果的评价也有别于发达国家。发展中国家认为其对外援助应从"发展有效性"的角度进行评估,从贸易、投资等经贸合作方面以及联合国千年发展目标的实现角度进行分析。

(一) 援助促进经济发展的作用机制

奥利弗·莫瑞瑟(Oliver Morrissey)指出,援助促进经济发展的作用机制在于:一是援助能够补充受援国国内的资金来源,从而能够提高受援国的投资和资本存量,增加受援国进口资本商品或技术的能力;二是援助往往与技术转移相连,从而提高受援国的边际生产率,甚至引发技术变革。发展中国家的对外援助既通过注入资金援建大量基础设施改善了当地生产生活环境,为社会经济发展创造了良好条件,同时通过技术合作提高了当地的技术水平和自主发展能力;三是发展中国家的对外援助往往与贸易和投资密切相连,双边经贸合作规模的不断扩大推动了当地经济发展,这也是对外援助的作用机制之一。[1]

(二) 金砖国家对外援助效果:以非洲为例

发展中国家对外援助的重点是周边国家以及非洲。非洲发展落后,但具有丰富的资源,出于国际责任、经济的可持续发展以及政治方面的考虑,各国都把对非援助看作是对外援助的重要部分。中国、印度、巴西自21世纪以来对非援助力度不断加大,对非洲经济发展产生了直接的刺激作用。非洲是巴西的主要对外援助对象;印度近年来加大对非洲的经济技术援助,既重视经贸、基建,也重视能力建设和技能培训;中非合作更是"南南合作"的典范。

随着中国、印度等新兴国家与非洲建立日益紧密的经济合作关系,发展中援助国的对外援助模式较好地促进了受援国的经济社会发展。以金砖国家为代表的新兴援助国对于非洲基础设施建设的大力支持改善了当地的生产生活和投资环境,为经济发展提供了基础,切实提高了受援国的经济发展水平和生产力;由于技术水平更为相近,新兴援助国对受援国的技术援助为受援国提供了适合当地使用的实用技术;技术合作的开展为非洲地区的经济发展提供了技术支持,而授受双方发展合作关系的建立也促进了双方贸易投资的开展,这直接提高了受援国加入全球经济、享受世界经济发展福利的水平。

二、南南发展合作的管理协调[2]

与传统援助国相比,南南发展合作国没有类似 DAC 的机构对南南发展合作体系进行统一和规范,由于缺少统一和系统化的发展援助定义和规范,南南发展合作的政策和管理相对多样化,南南发展合作在援助原则和政策、援助的管理、援助的评估等方面均存在尚待改进的空间。

---

[1] Oliver Morrissey, "Does Aid Increase Growth?", *Progress in Development Studies*, Vol.1, No.1, 2001, pp. 37-50.

[2] Meibo HUANG and Na CHEN, "South-South Development Assistance", in Finance Center for South-South Cooperation, *Changing Roles of South-South Cooperation in Global Development System: Towards 2030*, 2017 South-South Cooperation Report, 2017, pp.178-181.

(一) 援助理念政策模糊,援助实践缺乏指导

首先,多数南南发展合作国至今仍未制定专门的对外援助法律与政策以明确本国的对外援助原则、重点援助对象、重点援助领域、援助方式和渠道选择等。由于缺乏统一的援助理念,各南南发展合作国均以自身的发展经验为指导开展对外援助活动,而对外援助项目的确定又多以发展伙伴的需求为导向,项目的选择有一定的随机性,缺乏事前的规划。

其次,南南发展合作国对"发展援助"的内涵和外延均有自己的解释,导致南南发展合作国对外援助数据不具有可比性;南南发展合作没有一个类似DAC的机构对数据的统计口径进行统一,且也不要求各南南发展合作国按照统一口径进行援助数据的汇报。除泰国外,其他南南发展合作国均不向DAC汇报援助相关数据,其对外援助数据的可获得性和可比性相对较低。各南南发展合作国对"援助"概念界定的不清晰、援助数据的不透明以及各援助部门协调的缺乏,不利于各国分工合作,不利于集中资源于本国优势领域,也不利于进一步提高南南发展合作的有效性及其在国际发展援助体系中的影响力。

(二) 组织结构存在缺陷,部门间协调不足

南南发展合作国的援助管理机构多隶属于外交部,其对外援助的开展难免受到一国外交的影响,缺乏独立性。以巴西为例,巴西发展援助署隶属于外交部,因此在发展援助框架中没有财务或人力资源管理等方面的自主权,这极大地限制了该机构在发展援助政策的制定和协调方面的能力。

部分南南发展合作国已经意识到建立独立的对外援助管理机构的重要性,并已经建立相关机构进行对外援助管理机构的重组工作,但仍普遍存在多部门参与本国对外援助、各部门间援助项目缺乏统筹协调,造成援助资源的浪费。由于对外援助部门之间缺乏一个有效的协调机构,也使得这些机构缺乏开展分享经验和探讨互补性等活动的平台。除管理机构方面的问题外,南南发展合作的管理还存在人力资源方面的问题,主要表现为发展援助机构员工不足且相对不稳定。

(三) 援助监督评估不足,援助效果评价缺乏

在缺乏统一的发展援助定义和规范、援助过程管理不善等因素的影响下,南南发展合作的规划、实施、监督与评估均存在一定的问题。一方面,南南发展合作在数据测量和披露等方面均存在口径不一、不够透明等情况;另一方面,南南发展合作国大多尚未建立完善的对外援助监督和评价机制。以南非为例,由于缺乏透明高效的信息管理体系,许多南非政府部门对外援助的信息缺失,对外援助管理体系中的监督和评价机制并不完善。虽然南非发展援助署(South African

Development Partnership Agency, SADPA)内部有单独的监督和评价机构,但是对其他部门的对外援助难以进行有效的监督和评价。缺乏健全的监督和评价机制会大大降低对外援助的效果,不利于从整体上把握对外援助的实施并分析援助中存在的问题,难以确保其发展援助对本国公民、发展伙伴和其他利益相关方的问责。

三、南南发展合作的改进[1]

近年来,南南发展合作取得了重要的进展,在国际社会中受到越来越多的关注,也在国际发展援助体系的改革中发挥着重要的作用。2030年可持续发展议程也对南南发展合作提出了新的要求。南南发展合作国需要解决三个方面的问题:一是如何在传统援助国援助资金缺乏的情况下,持续保证自身援助资金的充足;二是如何借鉴传统援助国的援助管理经验,实现"援助有效性"和"发展有效性"的双目标;三是如何充分评估和总结南南发展合作的援助效果和经验,与其他发展伙伴开展经验分享和交流,提高南南发展合作在国际发展援助体系内的影响力。

(一) 拓宽对外援助参与主体,保证援助资金充分供给

国际发展援助体系需建立包括传统援助国、新兴援助国、受援国、多边机构、私营部门、民间社会团体等所有主体在内的全面发展合作伙伴关系。各主体责任有别但相互协作、相互促进,共同推进援助和发展进程,以尽早实现国际发展目标。目前,国际发展援助体系仍然由发达国家主导,新兴市场国家的地位虽然有所上升,但仍处于补充地位,受援国的地位虽有提高但不显著。与此同时,国际援助仍然主要由政府部门主导,非政府部门的作用虽有增加但仍然有限。

首先,积极发挥非政府主体在发展援助中的作用。除了更有效地发挥政府部门的作用外,南南发展合作国需要吸引更多的非政府主体参与到南南发展合作中来,使其在发展援助中发挥更重要的作用,以弥补公共资金的不足。而且,与政府渠道相比,非政府渠道更灵活多样,更能够深入基层,使援助直接惠及平民百姓。

其次,积极开拓援外资金来源,鼓励更多融资机制的产生。近年来,传统的官方发展援助资金与实际的援助需求间存在很大的缺口,援助国需要不断探索新的援助资金来源,创新现有融资方式。到目前为止,发展中国家在创新融资方式和渠道方面的进展比较有限。

---

[1] Meibo HUANG and Na CHEN, "South-South Development Assistance", in Finance Center for South-South Cooperation, *Changing Roles of South-South Cooperation in Global Development System: Towards 2030*, 2017 South-South Cooperation Report, 2017, pp.181-185.

(二) 完善对外援助管理工作,实现发展援助的有效性

近年来,传统援助国主要使用"援助有效性"来评价本国的官方发展援助,以《巴黎宣言》提出的12项援助有效性指标来评估其援助的效果。新兴援助国大多强调发展援助对经济发展、减贫、就业等方面的作用,更加强调"发展有效性"。在未来南南发展合作过程中,可以一定程度上兼顾"发展有效性"和"援助有效性"的视角,以提高对外援助管理水平,切实提高发展援助的效果。从南南发展合作国本身来看,提高"发展有效性"是提升南南发展合作在国际发展援助领域内影响力的必然要求,也是各国开展对外援助的初衷;"援助有效性"是对DAC援助国的一项要求,旨在实现援助的高效管理,提升援助资源的利用效率。新兴援助国不是经合组织发展援助委员会(OECD-DAC)成员,不必完全接受援助有效性的全部标准和指标,但是可以吸收其中一些有益的内容,以提高南南发展合作管理的水平,完善援助管理。

首先,建立援助法律与政策基础。南南发展合作国需制定既能反映国际趋势又符合本国国情的对外援助的法律、战略与政策,提高各部门对发展援助工作的重视程度,并据此指导本国中长期的对外援助工作。在制定相关立法之前,政府可以通过发表政策声明的方式明确发展援助的地位。政策声明涉及援助的部门领域以及全球、区域和国别战略,在补充南南发展合作在立法方面的暂时缺失。

其次,继续推进援助管理体系的改革。一方面,建立科学完善的发展援助管理机构;另一方面,加强相关人员的招聘和培训,包括对外援助项目管理人员的培训与管理,提高其语言能力、援助意识以及对受援国文化习俗的理解等。

再次,对援助项目开展全程监控。应建立一个完整的监控和评估体系(包括内部和外部的监督与评估),包括项目可行性调查和分析、项目实施过程的监督、项目实施结果的评估三大环节,实施结果导向管理。在援助项目实施之前,加强需求分析与项目可行性研究,充分了解发展伙伴的发展目标,深入研究发展伙伴实际情况,全面把握受援国当地自然环境、政策法规、市场、基础设施等情况,并据之进行总体规划及提供系统性援助。对援助项目的实施进行监督和评估的具体措施包括完善项目监测与评估体系,细化监督评估指标,根据监督评估结果分析项目的实施效果和存在的不足,并根据结果对项目实施企业建立和完善相应的进出机制。

最后,加强系统性援助,最大程度发挥对外援助协同效应。例如,农业援助是一个系统工程。在未来的农业技术援助中,中国不仅需要提供技术援助,也应考虑其与农业上游和下游产业链的联系,以使技术援助的效果最大化。在未来的援助中,中国也应帮助受援国进行农业发展的总体规划,利用中国的农业发展经验帮助这些国家走上一条因地制宜的农业发展道路,尽快解决这些国家在粮食安全

和减贫方面的主要问题。

(三) 搭建经验分享交流平台，扩大南南援助国际影响

要提高南南发展合作的国际影响力，南南发展合作还面临一个无法回避的挑战，即如何固化南南发展合作的经验成果，搭建经验分享和交流平台，广泛参与国际发展援助领域内的交流。

首先，南南发展合作国应构建常规的援助交流机制，搭建交流的平台，以利于南南发展合作经验成果的总结和提炼，更好地促进援助实践的发展。南南发展合作国需要明确"发展援助"的定义，对援助数据统计、测算的标准和方法进行统一和规范，确保南南发展合作国援助数据的透明性和可比性。此外，在各南南发展合作国本国发展援助政策的基础之上，总结提炼南南发展合作理念，明确南南发展合作在国际发展援助体系中的定位。各南南发展合作国还应做好本国对外援助效果的研究，总结固化相应的经验成果。

其次，除南南发展合作国之间的交流外，南南发展合作国还应加强与传统援助国、国际组织及其他非DAC援助国之间的合作与交流，积极参与国际发展领域内的多边合作，提高在国际发展援助领域内的影响力。

本章小结

自1955年万隆会议以来，南南合作主要经历了四个发展阶段。以万隆会议作为起点，南南合作进入起始阶段，中立原则、经济独立和民族主义是这一阶段的特点。随着第二次万隆会议搁浅，参与万隆会议的亚非国家大都陷入政局动乱之中，亚非国家陷入合作的低潮。在拉美国家的带领下，南南合作的第二阶段从政治独立诉求拓展为对经济贸易公平和国际经济新秩序的诉求，南南合作的国家也从万隆会议时期的亚非国家拓宽到亚非拉国家的合作。南南合作于20世纪80年代开始步入复苏与转型阶段。这一阶段南南合作的目标从经济增长转向减贫与技术合作，南南合作的发展知识和经验分享平台开始建立。2008年金融危机使得经合组织成员国陷入持续低迷，而以中国、印度、巴西、南非为首的发展中国家的经济则持续增长。新兴援助国的对外援助越来越引人注目，南南合作作为一种新的国际合作范式受到传统援助国的关注。

尽管当前南北援助仍在国际发展援助体系中占据主导地位，但南南发展合作近年来蓬勃发展，成为国际援助体系的新兴力量。通过比较南北援助与南南发展合作可以发现：一方面，南北援助与南南发展合作在自主权原则、需求导向及能力建设原则、广泛参与原则、相互问责和透明度原则、成果导向原则方面具有相似之处；另一方面，南南发展合作是更广泛的合作，强调互利共赢，不附加政治条件，这又与南北援助不同。这为发展中国家提供了替代型合作模式，可以与南北援助互为补充。

发展中国家对外援助的模式与发达国家不同,对其援助效果的评价也有别于发达国家。发展中国家认为其对外援助应从"发展有效性"的角度进行评估,从援助对贸易、投资等的促进作用以及对联合国千年发展目标的推进即受援国的能力建设和减贫效果等。南南发展合作在基础设施、医疗、教育与培训、环保与气候变化等诸多领域均取得显著成效。但南南发展合作仍存在诸多不足,如援助理念不清晰,援助政策模糊,部门间协调不足、援助监督评估不足、援助效果评价缺乏等。南南合作应致力于拓宽对外援助参与主体,保证援助资金充分供给;完善对外援助管理工作,实现发展援助双有效性;搭建经验分享交流平台,扩大南南援助国际影响力等。

关键词

南南发展合作　新南南合作　金砖国家

简答题

1. 南南合作的阶段性特征是什么?
2. 简述南南发展合作与南北援助的共同点与差异。
3. 简述南南发展合作的不足及面临的挑战。

思考题

1. 如何实现南南合作与南北援助的交流互鉴?
2. 金砖国家的南南发展合作面临哪些机遇与挑战?

第14章

国际发展援助中的非政府行为体

在全球发展治理中,目前最为重要的仍是国家对国家的双边援助以及通过国际组织进行的多边援助。除此之外,非政府组织、私营部门和智库机构也是全球发展治理的重要参与者。

第14章 国际发展援助中的非政府行为体

第一节 国际发展援助中的非政府组织

近年来,官方发展援助机构由于自身在分支机构分布、职能以及人力资源等方面的约束,越来越多地通过非政府组织来实施援助服务。非政府组织开始越来越多地从官方发展援助机构中获得资金,在发展中国家提供发展援助服务。很多国家,如美国、英国、德国、荷兰、挪威、瑞典、澳大利亚、加拿大、丹麦和爱尔兰等在其对外援助战略框架下都专门制定了和非政府组织合作的政策文件或行动框架。非政府组织成为发达国家实施国际发展援助的重要途径,尤其是在粮食援助、灾害救助、人口政策和生殖健康、紧急援助、政府治理、卫生、农业和林业等社会发展领域,非政府组织已经成为援助服务传递的重要力量。

一、非政府组织参与发展援助的动因[1]

(一) 全球治理的需要

所谓全球治理,指的是通过具有约束力的国际机制(regimes)解决全球性的冲突、生态、人权、移民、毒品、走私、传染病等问题,以维持正常的国际政治经济秩序。自20世纪90年代初期,美国学者罗西瑙(James N. Rosenau)提出全球治理的概念后,全球治理作为一种理论,被各国学者广泛重视和研究。全球治理致力于建立一个多行为体、多层面和多维度的治理网络。治理主体不再以主权国家为单一行为体,政府间国际组织、非政府组织等成为全球治理行为体的新范畴。

(二) 国际组织的支持

20世纪60年代以前,政府间组织的活动中几乎没有非国家组织的正式参与。60年代以后,非政府组织开始在联合国和其他地区性组织中获得咨商地位(consultative status),并在一些多边会议上获得观察员资格,逐渐与政府间组织建立起正式的参与和联系机制。80年代以后非政府组织迅速扩展,联合国与非政府组织的联系日益频繁。90年代以后,联合国体系的一些重要文件和领导人的讲话,都特别强调在联合国及其所属各机构所致力的各项事业中同非政府组织进行合作的必要性与重要性。

(三) 主权政府的资助

以美国为例,为了更好地实现美国对外援助政策的目标,美国政府意识到非

---

[1] 桑颖:《美国对外援助中的私人志愿组织》,中共中央党校博士学位论文,2010年5月,第98—106页。

政府组织的优势。冷战时期,当安全议题在对外援助中占据主导地位时,美国政府把私人志愿组织作为阻止共产主义传播的有效机构,因为私人志愿组织更能深入发展中国家的草根阶层,从而加强美国在该地区的影响力。冷战后,随着主要传统安全威胁的消失,美国更加注重利用外援实施形象战略,与此相应也更加强调人权、民主等外援附加条件。这个阶段的美国政府将私人志愿组织更多地看作是一种软实力。在许多大型私人志愿组织的募资中,政府援助资金占很高的比例,如天主教救济服务会(Catholic Relief Services)在2008年的财政年度中,70.04%的资金来自政府公共部门捐赠。

二、非政府组织参与发展援助的优势[1]

相比较主权国家而言,非政府组织在对外援助中所具有的独特的优势使其在对外援助中发挥越来越重要的作用。

第一,民间性优势。私人志愿组织的民间性,使其少受僵化体制和繁文缛节的束缚,从而具备灵活机动、创新性强、能够适时调整自己的工作方向和运作方式,以适应时代的需要等优势,可较好地克服官僚主义,填补政府失灵或市场失灵所带来的空白,通过承担全球责任和提高治理效率,推动全球治理的进步和发展。如无国界医生组织(Doctors Without Borders)的救援活动就是以快速和有效著称。当危机发生后,该组织会在第一时间派出人员进行实地考察,评估救援性质、所需物资和当地政府的应对能力。如果决定救援,会立即成立联络中心进行安排,并在48小时内将有关人员和设备运抵现场。

第二,专业化优势。技术和知识的专业化优势往往是私人志愿组织能力发挥的重要支撑。私人志愿者组织成员大多是知识分子,尤其是专业性很强的组织往往集中了很多专家。他们许多人长期研究某一问题,对专业问题有着深刻认识和独到见解,容易提出较为科学的前瞻性看法。在实践中,私人志愿组织往往能够不断提出一些有科学性、说服力的新思想、新概念和新举措,特别是对联合国的一些援助项目,能够提供必要的知识和技术。这种在技术和知识及经验方面的优势使得它们通常可以针对某一特定问题进行全面的调查研究、制定解决方案并且呼吁国际支持。

第三,高效率优势。官方援助由于具有政府运作方式的特点,一个项目从立项、审批到执行,需要很多官员的参与,而政府的等级制又常常会使原本就比较繁琐的程序变得更加复杂。非政府组织内部管理程序往往比较简单,在从事援助活动的时候,不需要政府部门之间利益关系的协调与分配,更不需要繁琐的手续审批和庞大的后续支持,它们的项目可以直接到达村庄和乡镇,甚至具体到每个农

---

[1] 桑颖:《美国对外援助中的私人志愿组织》,中共中央党校博士学位论文,2010年5月,第106—109页。

户、家庭和个人,这就减少了大量的中间环节,有效降低了发展援助的成本。

第四,公益性优势。在国际活动中,国家行为体追求的是国家利益的最大化,跨国公司追求的是商业利益的最大化,尽管两者追求的利益不同,但都是在追求自身的利益,正是对这些自身"私利"的追求驱动着国家和跨国公司的国际活动。与国家和跨国公司相比,私人志愿组织既不具有国家的政治权力,也不具有跨国公司的金钱力量,吸引人们加入其中并能够在更大范围内动员人们与之呼应的力量来自其所声称的权利诉求和价值主张。它所代表的利益往往超出了阶级阶层利益和利益集团的狭隘范围,具有某种公益性。各种私人志愿组织成员包括了上至社会名流、中产阶级下至家庭主妇等各个社会阶级阶层,他们共同追求的是某种共同的愿望和某种公益诉求,有时也被称为"世界的良知"。

三、官方援助机构与非政府组织的合作

(一) 官方援助机构与本国非政府组织的合作[1]

1. 合作方式

非政府组织从西方发达国家的官方发展援助机构获取资金的方式主要有两种:直接提供资金(core aid)和指定资金用途(earmarked aid)。

首先,直接提供资金。西方官方发展援助机构往往看重非政府组织提供的发展援助的服务领域或服务方式,愿意为非政府组织开展的援助活动直接提供资金。采用这种方式非政府组织对资金的使用有一定的支配权,比较受非政府组织的欢迎。通常来说,能够获得官方发展援助资金的直接支持或支持其倡导的发展援助项目或活动的非政府组织大都是国际性非政府组织(INGO),如世界宣明会(World Vision)、关怀国际(CARE International)和乐施会(OXFAM)等,并且这些机构大部分都有自己特定的服务人群和服务领域,如世界宣明会的主要服务对象是儿童和妇女。

其次,指定资金用途,也可称为"项目支持",也就是通过公开招标等方式委托非政府组织来实施某项发展援助项目,非政府组织需要准备项目申请文件,资金的使用都有比较严格的预算和限定。这类形式相当于官方发展援助机构购买非政府组织的服务。比如,英国和挪威政府共同出资的在马拉维的一个农业项目,通过全球招标的方式,最后选定了两个非政府组织来负责实施。根据OECD的统计,DAC成员国更多采用第二种方式来利用非政府组织的力量实施官方发展援助。通过公开招标的方式来选择实施发展援助项目的非政府组织,通常情况下,其资金提供国并不限定非政府组织的注册国别,选择的依据更多是这个组织在预

---

[1] 唐丽霞:《发达国家对外援助中如何与非政府机构合作?》,IDT,2018年2月28日。

定的项目国家的项目执行能力。

2. 合作的条件

西方发达国家官方发展援助合作的非政府组织有三种类型：国际性非政府组织、发达援助国的非政府组织以及发展中国家的非政府组织。按照OECD的统计，发展援助委员会成员国都和本国的非政府组织合作过，大部分成员国分别和国际非政府组织、发展中国家的非政府组织合作过；从资金流向规模来看，大部分国家都会选择本国的非政府组织，选择本国的非政府组织来实施官方发展援助的资金额度是国际性非政府组织和受援国非政府组织的数倍。不过，现在越来越多的国家在选择非政府组织的时候并不将该组织所属的国家作为主要因素，如英国在马拉维两个农业领域的发展项目，一个委托的是美国的一家非政府组织，另一个委托的是爱尔兰的一家非政府组织；挪威在马拉维的一个农业援助项目则是委托瑞典的一家非政府组织来进行。

西方发达国家的官方发展援助机构对合作的非政府组织的要求非常高，以丹麦发展署为例，能够直接获得丹麦官方发展资金支持的非政府组织必须满足13个条件：(1)有提供长期服务和持续服务的能力；(2)能够自己配套10%的资金；(3)能够和丹麦的发展援助政策及其他战略保持一致；(4)有在少数国家集中使用资源的能力；(5)有艾滋病防治的战略；(6)具有将行动融入更大战略中的能力；(7)有能够促进受援国减贫的行动战略和项目；(8)和其他援助机构有良好的协调和沟通能力；(9)有良好的管理技术及保证发展援助质量的管理措施；(10)有联合国或欧盟以外的良好合作伙伴；(11)能够满足丹麦在咨询、报告、财务、审计和内部管理等方面的要求；(12)有能够很好呈现发展援助项目和效果的能力；(13)有良好的记录和管理能力。德国政府对于与其合作的非政府组织也有一套非常明确的选择标准，这些标准包括：(1)是德国的非营利性组织；(2)具有相当的技术和管理能力；(3)有在发展中国家和非营利性组织一起工作的经验；(4)服务对象是穷人；(5)必须为承担的项目提供25%的配套资金。

因此，只有那些具备实力的、且在全球有着广泛的办事机构的大型非政府组织才容易获得西方发达国家的官方发展援助，如世界宣明会、关怀国际、乐施会等。

(二) 官方援助机构与受援国非政府组织的合作[1]

近年来，一些西方发达国家的官方援助机构也开始重视直接支持受援国的非政府组织，尤其是《巴黎宣言》发表后，提高受援国自身发展能力和增强受援国在国际发展合作中的主动性和参与性成为国际发展合作的一项基本原则，因而对于

---

[1] 唐丽霞:《发达国家对外援助中如何与非政府机构合作？》,IDT,2018年2月28日。

受援国非政府组织的支持也成为很多官方发展援助机构的援助战略。荷兰明确提出"帮助建立一个强有力并且适应当地情形的民间社会,就必须加强对受援国本土非政府组织的支持",挪威则表示"要支持受援国本土非政府组织的发展,使之成为联系挪威和受援国之间的桥梁",瑞典也表示应该"要将支持本土非政府组织的发展作为发展援助的目标之一"。从实践层面来看,目前官方发展援助支持受援国本土非政府组织的方式有四种。

第一,通过使馆和代表处直接支持当地的非政府组织,如美国国际开发署在马拉维直接支持了当地一个服务于小农的农民协会组织(The National Smallholder Farmers' Association of Malawi, NASFAM),支持这个农民协会开展小型农产品加工活动及组织农民农产品加工和市场意识培养方面的培训班等。但是,发展中国家本土的非政府组织往往由于存在规模、行动能力以及人力资源不足等方面的问题,难以获得长期的持续支持。马拉维这个协会在获得美国国际开发署连续两期为期六年的直接支持后就没有再继续获得资金扶持。

第二,采取方案援助方式,支持受援国政府自身在促进非政府组织发展方面的行动。近年来,预算援助(budget assistance)和方案援助(programme assistance)在当今国际发展援助领域内受到的挑战和质疑越来越多,一些援助国也停止了对部分受援国的这两种援助方式,因此通过方案援助方式来支持发展中国家本土非政府组织的力度在逐渐降低。

第三,通过本国或国际性非政府组织来支持受援国非政府组织的发展。国际上一些非政府组织本身的发展领域就是促进发展中国家非政府组织能力建设和发展,尤其是一些基金会组织会有这样的项目。

第四,要求本国和国际性非政府组织和受援国的非政府组织一起来执行项目。很多官方发展援助在进行项目招标时就明确提出,参与竞标的非政府组织必须在发展中国家有合作机构,因此很多国际性非政府组织通常都会联合受援国的非政府组织共同撰写项目申请书,或者是获得项目合同后,寻找当地的非政府组织共同执行项目。这主要是因为国际非政府组织不能在受援国的各个地方都设立办公室、派驻工作人员,这样做成本非常高,同时,也因为难以充分理解和认识当地的政治经济社会文化,从而造成项目执行困难。而和本土的非政府组织合作,可以有效地解决这两个方面的问题。

官方发展援助和非政府组织的合作,是发展援助资金从西方发达国家向发展中国家转移的重要通道。这和西方发展援助支持的领域有关。西方发展援助一直重视社会发展项目,具有单个项目规模小、覆盖范围广、实施和执行的行政成本高的特点。因此,利用非政府组织执行官方发展援助在很大程度上能够解决官方发展援助行政资源和执行资源有限的问题,可以降低官方发展援助机构的管理成本;并且国际非政府组织具有服务范围广、领域宽的特点并具有实施发展援助项目的专业技能,能够为官方发展援助的实施提供技术支撑和服务。英国国际发展部(Department for International Development,DFID)的一项研究表明,通过非政府组织运行的国际发展援助的管理成本占其预算的 3.3%,而该机构同时实施的另外两项发展援助计划(战略性赠款计划和发展意识倡导计划)的管理成本分别占预算的 6.55%和 4.01%。

第二节　国际发展援助中的私营部门[1]

如今,发达国家的官方援助机构也越来越重视与私营部门一道开展国际发展合作,私营部门正日益成为发展中国家经济增长、可持续发展和减贫的关键部分,其带来的资源、知识、就业机会、基于市场的解决方案在应对全球性问题中发挥着重要的作用。

一、私营部门参与发展援助的历史

发达国家官方发展援助机构与私营部门的合作自二战以来即开始萌芽,经历了 20 世纪八九十年代的私有化浪潮之后,现在已经到达了比较成熟精细的多元主体合作阶段。

(一) 二战后至 20 世纪 80 年代:政府对政府的援助为主

第一阶段,二战后至 20 世纪 80 年代,官方发展援助以政府对政府的援助为主。二战以后,美国对欧洲战后重建的援助成为对全球贫困进行应对的先例,之后由发达国家向发展中国家提供援助成为国际社会的制度化安排。这些早期的活动往往以"政府对政府"的援助为主,其他主体虽然也有所参与,但它们主要致力于人道主义传统的救助活动,与官方合作较少。

(二) 20 世纪 80—90 年代:政府回退与援助私有化

第二阶段,20 世纪 80—90 年代,官方发展援助政府回退,援助逐渐私有化。20 世纪 80 年代以来,新自由主义成为发达国家对外援助的指导思想。一方面,为

---

[1] 本节主要参考徐加:"私营部门参与国际发展合作——发达国家的经验",IDT,2018 年 3 月 19 日。黄超:"私营部门与联合国 2030 年可持续发展议程:贡献、局限与改进",《现代国际关系》,2017 年第 4 期。崔文星:《欧盟发展合作政策探析——基于欧盟与千年发展目标和 2015 年后发展议程关系的考察》,上海交通大学博士学位论文,2015 年 1 月。

了提高援助效率,新自由主义要求加强市场等部门的作用,以私有化和委托外包的方式开展对外援助;另一方面,该流派认为正是受援国政府的贪婪和过度干预造成了其经济上的落后,因此,应绕开政府,强调附加条件和绩效要求,着力培育市场和民间力量。这一时期,大量对外援助开始依托私营部门进行。例如在美国,里根政府时期提出了以削减政府援助、加强私营企业和市场为核心的对外援助"四根支柱":就改革问题和受援国进行政治对话,寻求和受援国政府在发展政策和改革措施方面取得一致;投资机构建设和大量地开发适应自由市场经济的人力资源,将权利分给能够促进经济增长的私营企业、志愿者组织,而非公共机构;支持研发和转让使用现代科技,特别是在生物医学、农业和人口控制等领域里的技术突破;发展私营部门和市场力量,使它们在解决发展问题方面起作用。

(三) 21 世纪:多元主体

第三阶段,21 世纪,发展援助进入政府、私营部门、NGO 多元主体阶段。到了 20 世纪 90 年代末,越来越多的人开始质疑私营部门援助的效果和持续性问题,9·11 事件也让发达国家开始关注善治、民主等问题,政府的作用又开始被重视。这种反思的结果并不是排斥私营部门的参与,而是重构政府、市场、民间三位一体的模式,形成健全的管理政策,标志着"多元参与"发展阶段的到来。例如,英国前首相布莱尔在这一时期提出"第三条道路",强调对政府、私人部门与 NGO 三者间关系的重新定位,加强国家与私人机构之间的合作与互补关系,更好地发挥企业、家庭、第三机构(志愿性工作)和其他民间社会组织的责任和作用。

综上所述,美国、英国等发达国家有着几十年的对外援助历史,在一系列政策和事件的推动下,形成了政府与私营部门、社会力量相互配合的多元化合作体系。

二、私营部门参与发展援助的形式和模式

(一) 私营部门参与发展援助的形式

在与私营部门进行发展合作方面表现突出的国家包括美国、英国、德国、澳大利亚、加拿大、丹麦、荷兰、挪威、瑞典等。现主要以德国为例来考察私营部门参与发展合作的主要形式。

1. 赞助与共同融资

20 世纪 90 年代出现了两种主要形式的企业赞助:社会赞助和生态赞助(socio-and eco-sponsoring)。企业使用这些赞助形式主要是为了提升品牌价值和提高市场占有率,服务于企业的沟通目标。企业也越来越多地通过社会和生态赞助与政府和非政府组织合作并对发展合作项目进行资助。企业对发展合作项目

赞助的价值要看其是否具有发展性结果。如果赞助可以帮助实现发展目标,这应该得到支持。然而,如果在赞助只用来漂绿(greenwashing)[1],或者项目的目的并不是在伙伴国取得可持续性成果时,这种发展合作就不应该被提倡。

2. 多方利益相关者对话

公共部门、私营部门和民间社会行为体的多方利益相关者对话,可以面向特定的发展议题(如企业社会责任)提出相应的建议并由此为其他合作安排奠定基础。多方利益相关者对话可以是由公共部门发起的就特定部门议题(如在气候变化、卫生部门改革、资源管理、区域政策对话等方面的国家战略)的协商过程,也可采取多方对话平台的形式,如企业社会责任圆桌会议。

3. 公私合作伙伴关系

公私合作伙伴关系(PPP)这一术语起源于公共采购领域,指的是将执行某一公共任务的责任转移给私营部门行为体。德国交通、建设与城市发展部(the German Federal Ministry of Transport, Building and Urban Development, BMVBS)将"公私伙伴关系"定义为:公私伙伴关系指公共与私营部门行为体之间为执行公共任务而进行的一项长期的、以合同为基础的合作安排,所需的资源(如专业技术、设备、资金、人员)由双方共同组织,项目风险根据项目伙伴的危机管理能力分担。公共部门在公私伙伴关系中所追求的目标为舒缓公共预算压力,并通过利用私营部门的专业知识提高效率。对于私营部门的合作伙伴来说,公私伙伴关系构成其核心业务的一部分。他们所追求的目标包括开发市场机会和改善业务参数(利润、营业额),有时也包括与企业社会责任相关的目标。

(二) 私营部门参与发展援助的模式

根据政府部门与私营部门在合作中发挥的作用,私营部门参与国际发展援助的方式可分为三种,即美国的合作协议模式、日本的公私合作伙伴关系模式、英国的赠款模式。

1. 美国的合作协议模式

美国官方援助机构美国国际开发署(USAID)与私营部门合作的主要机制为合作协议。通过合作协议,政府部门与私营部门基于共同的愿景和目标建立合作关系,援助项目由各主体共同设计、共同出资、共同实施、共同受益、共同分担风险和责任。但是,合作协议模式是一种需要政府部门持续参与发展项目的模式。USAID在与私人部门的合作中负责批准项目实施、关键人员任免、合作实施项目、监测项目绩效、审核项目报告,等等。

---

[1] "漂绿"特别用于非政府组织,指它们使用公关方法,为某一公司提供环保和负责任的形象。赞助有时用于此目的。

第 14 章 国际发展援助中的非政府行为体

在合作协议模式中,政府部门与私营部门的合作贯穿了从项目设计到监测评估的各个阶段。这种密切的互动使双方能充分融合自己的优势。政府部门可以作为企业和受援国当地政府的桥梁,帮助私营部门更容易地进入实地,推进并实现各种商业利益,并将发展援助的元素融入商业行为中。但这种模式也要求双方投入大量的人力和时间,运用合作协议模式的政府部门必须具有较高的识别、建立和实施合作项目的能力;项目人员也需要有足够的经验、知识和工作热情,需要时时调整特定的合作联盟以适应受援国实地发生的各种情况。

USAID 实施的全球发展联盟(Global Development Alliances, GDAs)是私营部门参与项目,也是典型的合作协议模式,旨在利用合作各方的资源和专业知识,实现 USAID 发展目标和私营部门的商业利益。自 2001 年,GDAs 已经成为 USAID 与私营部门合作的旗舰模式,给 USAID 带来了 3 000 多个不同的合作伙伴。

2. 日本的公私合作伙伴关系模式

公私合作伙伴关系是由政府部门和私营部门共同投资、承担风险的合作形式。日本自 2008 年 4 月颁布了"发展中国家公私合作伙伴关系"这一加强 ODA 与日本公司之间合作的新政策以来,日本国际协力机构(Japan International Cooperation Agency, JICA)在与私营部门的合作中就一直注重促进公私合作伙伴关系。

与美国的合作协议不同,日本的公私合作模式中私营部门是项目实施的主体,并以改善发展中国家商业环境和基础设施、收集受援国信息、为 ODA 项目做准备为重点。近年来,JICA 制定了公私合营式基础设施项目调查计划,并将调查委托给那些有优秀的技术、知识和经验,有兴趣进行海外拓展、涉足发展领域的企业,验证基础设施建设项目的可行性,在上游阶段形成业务计划。私营部门运用日本技术参与 ODA 可行性调查与验证调查等多种项目,项目目的都是调查日本的技术、产品能否在今后用于 ODA 项目,或日本企业能否通过其专长和产品参与到 ODA 中来。

公私合作伙伴关系模式可以降低投资风险,促使更多的私营部门参与国际发展合作,也可以验证私营部门的产品、技术是否适用于 ODA,以及 ODA 能否提高私营部门运行效率,确保了后续合作的效果和持续性。同时,通过援助,受援国道路、港口等基础设施的完善为私营部门创造了更好的投资环境,也鼓励更多企业到受援国开展投资和发展合作项目,形成良性循环。但是,日本这种完全通过私营部门提交的建议书中筛选项目的方式,也可能会导致援助项目更多地从企业的利益而非受援国需要的角度出发,政府部门也可能因此而放弃发展合作的重点。另外,日本公私合营模式项目时长大都在 2 年以上,项目期间政府对外政策、财务管理规定、项目相关领域优先事项的变动都有可能影响项目成果。

3. 英国的赠款模式

英国官方援助机构英国国际发展部(Department for International

Development，DFID)在国际发展合作中采用私人部门提供赠款的模式，即向受赠的企业提供资金和实物，受赠方不必承担债务。赠款模式不需要政府部门持续地参与项目实施，对项目的监督也比较有限，私营部门是项目实施过程中的主角。挑战基金(challenge fund)是20世纪90年代后期出现的发展合作机制，是一种典型的可供私人企业申请的赠款，邀请来自特定领域工作的公司提交项目建议书，以实现具体目标，例如向穷人提供金融服务、激发对某些高风险市场领域进行投资、鼓励创新等。

在赠款的模式下，政府部门负责筛选收到的建议书，在与选定的机构签订合同并提供赠款后，私营部门负责项目实施，项目的资金管理和评估或由政府部门进行，或外包给其他机构。对于挑战基金，DFID通过基金管理人来管理挑战基金项目的整个流程。在筛选阶段，申请人首先提交研究目的及基本思路，基金管理人进行审核，审核合格后，申请方会受邀提交完整的申请，之后由技术专家和捐赠组织代表组成的独立评估小组对申请进行评估。签订协议后，DFID向受赠方付款。受赠企业主要承担项目实施工作，基金管理人负责项目实施过程中的监督。受赠方每季度提交一次进度报告，在项目完成时提交最终进展报告。基金管理人也要向捐助者和其他利益相关者提交报告，总结挑战基金的进度。

在赠款模式中，项目的大部分或全部管理工作外包，不需要投入大量技术人员和资源，同时还能最大限度地发挥私营部门的优势和能动性。但是，赠款模式对选择、监督项目实施单位和项目管理人员有很高的要求，也可能发生监测评估标准和质量参差不齐的情况。

三、私营部门对发展援助的贡献

任何国家发展目标的实现都需要将私营部门的作用考虑在内。私营部门通过提高劳动生产率、创造就业机会以及通过公私合作伙伴关系提供服务，可以直接为促进发展目标的实现贡献力量。

(一) 创造就业机会和税收

以市场为基础的经济中，私营部门首先可以发挥增加就业机会、提高工人工资、减少收入贫困的作用。其次，私营部门对商品必需品和服务的大规模生产还有助于使这些商品和服务保持在低价，从而增加贫困人口的实际有效收入。最后，随着企业的成长，私营部门为政府提供了大量的税收来源，这反过来又可对公共投资的增加提供支持。

(二) 通过公私合作伙伴关系提供服务

为实现发展目标，政府需要普及电力、道路、供水和卫生服务。私营部门往往具备大规模有效提供这些商品和服务的专业知识和物流资源。在很多情况下,私营部门可以与政府在提供这些商品或服务方面进行合作。公私合作伙伴关系可以将公共和私营部门各自的优势结合起来。私营部门可以发挥其效率高、成本低、输送系统更为复杂的优势。公共部门可以通过提供资金支持资助那些贫困家庭,从而确保私营部门在进入大市场时消费者的购买力。

(三)履行企业治理与公民责任

企业的生产过程和交付机制往往有着广泛的经济、社会和生态后果,企业对此负有社会责任。一些国际条约和文书,如《世界人权宣言》、国际劳工组织(International Labour Organization, ILO)的《劳工公约》、1992年在里约热内卢举办的联合国环境与发展会议和关于社会发展的哥本哈根宣言均为负责任的商业行为提供了准则,以确保私营部门的增长能够造福于社会和保护环境。2000年《联合国全球契约》(UN Global Compact)倡导全球性企业签订行为规范,尊重人权、劳工标准并打击腐败。《联合国全球契约》规定了私营部门开展业务的10项基本原则,为全球性企业提供了有益的指导方针。

(四)参与发展政策制定

私营部门通常具有较为雄厚的财力资源,对当地政府的政策制定可发挥相当的影响力。当然,私营部门与公民社会的利益也存在着分歧,在政策制定过程中需要对不同私营群体的利益进行协调与平衡。

(五)为制定发展目标提供倡议

从国内看,一国的私营部门经常会获得参与公共辩论的重要渠道,它们可以进行公开游说,要求改善基础设施、为工人提供更好的医疗服务、为劳动力提供更好的教育;它们可以帮助描绘出当地中期内建设大规模基础设施的顺序和规模,对本国发展目标的制定产生影响。从国际看,大型跨国公司往往能够在实现目标的全球倡议活动中起到领导作用。它们可以通过在母国采取具体措施,使人们了解并支持联合国发展目标;也可以通过游说受援国政界人士,使他们相信全球发展是一个有价值的事业。

(六)企业通过慈善活动参与发展

许多私营部门通过直接捐助或其他慈善模式为国际发展目标做出重要贡献。2003年美国的232个公司就为国际慈善事业捐赠了11亿美元。虽然这些资金并不只是流向发展中国家,但它作为来自一个国家私营部门的资源,在许多地方的减贫事业中可以发挥重要作用。企业慈善活动虽然只是补充,并不能取代由政府主导的努力,但它们常常能够提供"种子"资金,为增加投资铺平道路。

第三节　国际发展援助中的智库[1]

尽管自21世纪以来,随着一系列新兴经济体的崛起,尤其是2008年金融危机之后,现行国际发展援助体系备受挑战,但其基本架构仍主要由发达国家所主导,这在很大程度上归根于其枝繁叶茂、盘根错节的各类国际发展研究智库资源的支持,这些智库通过不断生产出新的概念与理论,在反思、修补现行体系局限性的同时,通过推动变革维护现行范式的再生。

一、国际层面的国际发展智库

在国际层面上诸多国际组织拥有自己的智库资源,如经合组织发展援助委员会、布雷顿森林机构、联合国各专业机构等。在特定议题的研究上这些组织具有自身独特的优势,其研究成果又对发展实践产生重要影响。

(一) OECD/DAC 的智库资源

在国际发展管理与协调领域,最具影响力的是经合组织发展援助委员会,该机构最初成立于1960年,在鼎盛时期该机构成员提供了全球近90%以上的发展援助,是国际发展援助体系的规则制定者和主要行为体,盛行于国际发展领域的一些概念与准则,比如官方发展援助、援助有效性、发展有效性、透明性、非捆绑援助(untied aid)、环境与社会保护标准等均来自此。其中,援助有效性(aid effectiveness)原则成为21世纪国际发展实践与研究中最为普及性的话语。

统计工作是经合组织分析工作的基础,经合组织不仅收集和发布统计数据,而且还与其成员国和其他国际组织合作开发国际性的标准,以改进统计工作的质量和统计数据的可比性。经合组织汇编的统计数据涵盖所有成员国及选择的其他一些国家,既有这些国家的年度数据和历史数据,也包括主要经济指标数据,如经济产出、就业和通货膨胀等。这些信息可以从一系列统计数据出版物和相关数据库中得到。

经合组织的出版物也是传播经合组织研究成果的重要工具,无论是以纸质形式还是通过网上途径。经合组织每年约有二百五十种新出版物,用英语和法语两

---

[1] 本节内容主要来自李小云、王妍蕾、唐丽霞:《国际发展援助——援助有效性和全球发展框架》,世界知识出版社2015年版。

种语言出版,也有部分出版物用多国语言翻译。OECD定期出版展望、年度综述和比较统计资料。其中包括《OECD经济展望》(*OECD Economic Outlook*)评估成员国和主要非成员经济体的经济前景;《OECD概况》(*OECD Factbook*)是经济与政策问题研究人员的重要参考工具;《OECD经济调查》(*OECD Economic Surveys*)提供单独的国家分析和政策建议;《力争增长》(*Going for Growth*)提供比较指标和国家业绩评价。DAC将双边援助者汇聚一堂,交流经验并解决共同关心或关切的问题。它的总体目标是通过交流良好做法促进协调与合作。DAC平均每四到五年通过同行评议(peer review)检查和评估每个成员的发展合作体系。同行评议为DAC成员提出改进建议,以确保将教训转化为DAC成员的政策、计划和实践。

(二)世界银行及区域性开发银行

始于20世纪40年代的世界银行至今仍然是颇具影响力的国际发展机构,其最初的设想是为了帮助成员国实现战后重建,维护世界经济的稳定。作为"以专业精神解决世界贫困问题"的国际发展机构,世界银行不仅是贷款的银行,更是提供知识与解决方案的银行。在欧洲和日本完成战后重建后,世界银行将注意力转向了发展中国家。

在世界银行提供的众多数据和出版物中,《世界发展指标》(*World Development Indicators*,WDI)和《世界发展报告》(*World Development Report*,WDR)最为著名。《世界发展指标》是与全球发展和消除贫困相关的高质量和具有国际可比性的统计数据汇编。该数据库包含217个经济体和40多个国家集团的1 600个时间序列指标,许多指标的数据可以追溯到50年前。其数据主题包括:贫困与不平等(贫困、繁荣、消费、收入分配);人(人口动态、教育、劳动力、健康、性别);环境(农业、气候变化、能源、生物多样性、水资源、卫生设备);经济(增长、经济结构、收入与储蓄、贸易、劳动生产率);国家与市场(商业、股市、军事、通信、运输、技术)和全球链接(债务、贸易、援助依赖、难民、旅游、移民)。《世界发展报告》是世界银行自1978年以来发布的年度报告。所有的《世界发展报告》都对经济发展的特定方面进行了深入分析。报告主要涉及以下主题:农业、青年、公平、公共服务提供、国家的作用、转型经济体、劳动力、基础设施、卫生、环境、风险管理和贫困等(见表14-1)。这些报告是世行对发展思考的最突出贡献。

表 14-1 世界发展报告历年主题

年份	主题	年份	主题
2020	在全球价值链时代以贸易促发展	1998—1999	以知识促发展
2019	工作性质的变革	1997	变革世界中的国家
2018	学习:实现教育的愿景	1996	从计划到市场
2017	治理与法律	1995	融合世界中的工人
2016	数字红利	1994	以基础设施促发展
2015	心灵与文化	1993	投资于健康
2014	风险与机会	1992	发展与环境
2013	就业	1991	发展面临的挑战
2012	性别平等与发展	1990	贫困
2011	冲突、安全与发展	1989	金融体系与发展
2010	发展与气候变化	1988	发展中的公共财政
2009	重塑经济地理	1987	工业化与对外贸易
2008	以农业促发展	1986	世界农业中的贸易和定价政策
2007	发展与下一代	1985	国际资本与经济发展
2006	公平与发展	1984	人口变化与发展
2005	所有人的更好投资环境	1983	发展管理
2004	使服务为穷人服务	1982	农业与经济发展
2003	动态世界中的可持续发展	1981	国家和国际调整
2002	建立市场体系	1980	贫困与人类发展
2000—2001	与贫困作斗争	1979	结构变革与发展政策
1999—2000	进入 21 世纪	1978	增长和减轻贫困的前景

资料来源:世界银行网站。

(三) 联合国各专业机构的智库资源

二战后,为了避免人类再次陷入战争,劫后余生的人们开始筹建一种能够长久维持和平与安全的体制,在此背景下,1945 年联合国应运而生,它是处理全球重大问题的政府间国际组织。由于逐步认识到和平与发展之间的密切联系,自 20 世纪 60 年代开始,联合国开始了"发展的十年",2000—2015 年,联合国先后设立了千年发展目标与 2030 年可持续发展目标,这些行动及相关的出版物、论坛深刻地塑造着国际发展的目标、理念、政策与实践。

从机构设置及研究专长看,联合国下设 15 个专门机构,其中 5 个区域委员会,专业领域涉及妇女、儿童、农业、能力建设、贸易、环境等;此外,联合国经社理事会还管辖11个基金会和规划署,这些机构都配备相应议题的专业人员,每个机构都有自己系统的出版物,为讨论国际经济及社会问题,并为就此类问题制定面向各成员国和整个联合国系统的政策建议提供专业技能和学术支持。

在联合国所提供的出版物中,《人类发展报告》(*Human Development Report*)最引人注目,同时,该报告还通过和发展中国家的合作对该国的人类发展成果及问题进行总结。比如从1997年开始,联合国就与中国合作,出版了《中国人类发展报告》,主题涉及人类发展与减贫(1997年)、过渡时期的国家角色(1999年)、让绿色发展成为一种选择(2002年)、追求公平的人类发展(2005年)、惠及13亿人的基本公共服务(2007/2008年),以及迈向低碳经济和社会的可持续未来(2009/2010年)。

除了上述国际层面的智库外,还有其他各种涉及发展的国际性或区域性论坛和组织,比如八国集团、20国集团、亚太经合组织等各类国际集团、论坛和发展机构等。可以说,几乎所有发展组织或机构都有自己的智库资源,从而支撑其专业能力。

二、国家层面的国际发展智库

整体而言,在西方发达国家,国际发展研究已成为一个独立的研究领域,形成了完整的人才培养学科建制以及相应出版物,建立了诸多国际发展研究智库,取得了丰硕的研究成果,并建立了一大批具有共同研究规范和价值取向的学术团体。英国、美国、加拿大、澳大利亚和欧洲各国中包括剑桥、牛津、哈佛等顶尖大学在内的一大批大学都开设了国际发展的本科、硕士和博士专业。其中,英国及欧洲大陆国家国际发展研究最为完善,这主要体现于其完善的国际发展学科建制、众多的国际发展研究机构、国际发展学会及协会及相关出版物的持续推出。相对而言,美国没有独立完整的国际发展学科设置,国际发展研究一般设于国际政治、公共管理、经济学、地理学或社会学等学科之下。在亚洲地区,日本、泰国、印度等国家也有较为完善的发展研究智库资源。

(一)英国与欧洲大陆的智库资源

英国及欧洲大陆国家国际发展研究最为完善,这主要体现于大学完整的国际发展学科建制,国际发展研究机构对于国际发展理论与政策持续的研究,以及国际发展教学网络与研究协会的完善,同时,期刊、出版社、媒体也推出大量国际发展研究成果。英国、德国、荷兰等国均建立了完善的国际发展政策研究智库;英国和澳大利亚等国均成立了专门的国际发展研究学会等;目前已有多本影响力强的发展研究学术期刊，如《世界发展》(World Development)、《发展研究杂志》(Journal of Development Studies)、《农业变化杂志》(Journal of Agrarian Change)、《农民研究杂志》(Journal of Peasant Studies)等。

其中，英国发展政策研究资源最为丰富，学科建制也最为系统完善，不仅包括正规的研究与教学体系，还将国际发展研究的相关知识纳入青少年的兴趣及思维方式培养阶段。1978年英国就成立了全英发展研究协会(Development Studies Association, DSA)，该协会汇集了英国和全球主要的发展研究机构，参与人数高达上千名。协会通过年度会议、双年会议、信息发布、课题申报、出版发表等各类活动形成一个共同的学术团体。该协会根据苏塞克斯大学发展研究所(The Institute of Development Studies, IDS)2006年的一份内部报告，英国至少有199家机构从事发展研究，其中包括160家学术性机构和39家非政府组织。此外，英国往往通过其广泛的校友资源和研究合作伙伴网络，拓展其研究在全球的影响力。英国国际发展研究机构的研究主题包罗万象，充分体现了发展研究的多学科视角的特点。其国际发展研究所涉及的学科领域也非常多元，包括政治学和国际关系、经济学、发展研究、社会学、环境规划、人类学和地区研究，等等。正如英国著名发展研究专家伯恩斯坦(Henry Bernstein)所言："国际发展研究是一个奇怪的学术创造物，许多做着发展问题研究的学者并不在发展研究系/部门，而关注发展问题的学者也往往会忘记自己的专业所属。"此外，著名的劳特利奇出版社以及各类学术杂志的运作也大大增强了发展研究的学术水平和政策影响力。

欧洲其他国家的国际发展研究与教学资源也很丰富，欧洲还设有专门的全欧发展与培训协会(European Association of Development Research and Training Institutes, EADI)。

（二）美国与加拿大的智库资源

美国及加拿大的国际发展研究体系与英国及欧洲大陆体系有所不同，它并没有一个独立的发展研究学科，也没有相应的学会或协会，但这并不意味着其国际发展研究的实力较弱，实际上，美国国际发展研究一般设于国际政治、公共管理、经济学、地理学或社会学等学科之下。许多著名的研究机构和高校都设有国际发展研究领域及人才培养设置，比如美国哈佛大学设有国际发展研究中心，加州大学伯克利分校、俄亥俄大学、布朗大学、康奈尔大学、爱荷华州立大学、约翰·霍普金斯大学、杜克大学以及密歇根州立大学都设立了国际发展研究相关专业领域。而在加拿大，加拿大玛丽大学、滑铁卢大学及约克大学也都有相关的研究与人才培养学科设置。

（三）亚洲发展中国家的智库资源

亚洲地区发展中国家的发展学科起步较晚，但也建立起了较为完善的教学和研究体系，形成了经济学、政治学、社会学、人类学、管理学等多学科交叉的智库资源模式，较为关注地缘政治和国家自身发展议题是其发展研究的特色之一。日本、泰国、印度等亚洲国家也有较为完善的发展研究智库资源。

日本的名古屋大学、神户大学等都开设了发展研究硕士和博士生专业，具备丰厚的研究资源和人才培养条件。日本国际开发中心（International Development Center of Japan, IDCJ）[1]由冲田三郎（Saburo Okita）于1971年创立，是日本第一家专注于发展与合作领域的智库。韩国发展研究院（Korea Development Institute, KDI）自1971年成立以来，一直被公认为是韩国领先的智囊团，对韩国的经济和社会发展做出了重要贡献。

除日本与韩国外，亚洲还有泰国、印度等国家也有较为完备的发展研究设置，比如印度设有发展研究中心，泰国的清迈大学、亚洲理工大学等设有相应的发展研究人才培养和研究体系。亚洲国家的国际发展研究资源主题主要集中于发展经济学、环境生态与可持续发展，以及发展项目规划与管理等领域。一方面，这样的主题与其所处的区域及所处的发展阶段有很强的关联，例如泰国处于区域的交接地带，环境与生态是跨区域规划管理中的核心问题，印度则侧重于经济发展以及与种族相关的社会管理；另一方面，与西方国家为主导的国际发展研究机构的引导有很强的关系，后者通过资金资助、人员技术支持、国际层面议程设定，以及出版物的出版等方式来加强对于亚洲地区国际发展研究主题的影响。可见，国际发展研究智库资源本身是支撑国际权力体系，尤其是话语体系的核心力量。

随着国际发展学研究在中国的快速发展，中国的国际发展研究智库也不断勃兴，如商务部国际贸易与经济合作研究院国际发展合作研究所、北京大学新结构经济学研究院、中国农业大学南南农业合作学院、上海对外经贸大学国际发展合作研究院、复旦大学国际关系与公共事务学院等高校与科研机构涌现出一大批国际发展研究人员。这些智库集中于南南合作与中国对外援助、中国的国际发展经验及其在低收入国家的应用等问题的研究，在全球发展治理中发挥着独特的作用。

---

[1] https://www.idcj.jp/english/.

表 14-2　2019 最具影响力国际发展政策智库(前 10 名)

排名	中文名称	所在国家	英文名称
1	发展研究所	英国	Institute of Development Studies (IDS)
2	布鲁金斯学会	美国	Brookings Institution
3	德国发展研究所	德国	German Development Institute (DIE)
4	伍德罗·威尔逊国际学者中心	美国	FKA Woodrow Wilson International Center for Scholars
5	查塔姆研究所	英国	Chatham House
6	亚洲开发银行研究所	日本	Asian Development Bank Institute (ADBI)
7	战略与国际研究中心	美国	Center for Strategic and International Studies (CSIS)
8	丹麦国际问题研究所	丹麦	Danish Institute for International Studies (DIIS)
9	对外关系委员会	美国	Council on Foreign Relations (CFR)
10	格图里奥·巴尔加斯基金会	巴西	Fundação Getulio Vargas (FGV)

资料来源：James G. McGann, *2019 Global Go To Think Tank Index Report*, p.141.https://repository.upenn.edu/cgi/viewcontent.cgi?article=1018&context=think_tanks。

本章小结

　　非政府组织、私营部门和智库机构是除国家与国际政府间组织之外的国际发展援助与全球发展治理的重要参与方。对外援助成为全球治理的工具、联合国等国际组织的支持、主权政府的资助是非政府组织参与发展援助的三个动因。与政府相比，非政府组织具有民间性、专业化、高效率和公益性优势。国际官方发展援助一般通过直接提供资金和指定资金用途两种方式向非政府组织提供资金，能持续得到这些资金的通常是大型的国际性非政府组织。

　　私营部门通过提高生产率和创造就业机会、通过公私合作伙伴关系提供服务、负责任的企业治理和公民责任、参与政策制定、为目标制定提供倡议和企业慈善等方式为发展做出贡献。通过对德国的案例研究发现，私营部门参与国际发展合作的形式包括赞助与共同融资、多方利益相关者对话和公私合作伙伴关系等。而不同国家的私营部门参与国际发展合作的模式又有所不同，如美国的合作协议模式、日本的公私合作伙伴关系模式、英国的赠款模式等。

　　国际层面的集体性智库资源主要有经合组织发展援助委员会的智库资源、世界银行和区域开发性金融机构的智库资源，以及联合国各专业机构中涉及妇女、儿童、农业、环境等诸多专业领域的智库资源。除此之外，在国家层面上还存在着诸多独立的智库资源，在全球发展研究中有着很高的声望。

关键词

非政府组织　私营部门　智库

 简答题

1. 非政府组织参与发展援助的动因有哪些?
2. 非政府组织参与发展援助的优势有哪些?
3. 官方发展援助机构向非政府组织进行资金转移的方式有哪些?
4. 官方发展援助机构与受援国非政府组织的合作方式有哪些?
5. 私营部门对发展的贡献有哪些?
6. 简述私营部门参与国际发展援助的历史。
7. 私营部门参与国际发展合作的形式有哪些?
8. 私营部门参与国际发展合作的模式有哪些?
9. 国际层面的集体性智库资源有哪些?
10. 国家层面上独立的具有国际影响力的国际发展智库有哪些?

思考题

1. "一带一路"倡议的开展如何充分发挥非政府组织、私营部门和智库机构的作用?
2. 私营部门在联合国 2030 年可持续发展议程的实施中将扮演何种角色?

第15章

援助有效性与发展有效性

 引 言

　　国际发展援助已经走过了70年的历程,期间,一些国家和地区经过国际援助和自身的努力迅速发展起来。但是大多数受援对象,尤其是撒哈拉以南非洲的大部分国家在经历了长时间的援助后,不但没有得到应有的发展,反而出现了经济停滞甚至倒退的现象,贫困人口不减反增,而且对援助产生了不同程度的依赖。这些现象引起了国际社会对援助有效性和发展有效性的关注。

第 15 章 援助有效性与发展有效性

第一节 援助有效性

随着国际发展援助框架和内容的变化,西方援助国开始重新审视发展援助的效果,提出了《千年发展目标》《蒙特雷共识》和《巴黎宣言》等关于改善援助效果的纲领性文件,并在文件中提出了改进援助的指导性原则、援助有效性的评价指标和改进援助效果的方法。

一、援助有效性的国际进程

西方国家对于援助有效性的重视始于 1996 年 OECD-DAC 发布的一份声明"塑造 21 世纪:发展合作的贡献",该声明的结尾提出了一些具体的措施以"使发展合作更加有效",这是对以往几十年援助效果低下的反思,自此西方发达国家的各项援助政策开始围绕如何提高援助的有效性制定和展开,致力于向发展中国家提供"有效援助"。进入 21 世纪后,DAC 国家召开了多次有关援助有效性的高层论坛,签署了一系列文件和承诺,逐步推进援助有效性的进展。2002 年蒙特雷联合国发展融资峰会提出要增强援助的有效性,2003 年罗马高层论坛启动援助有效性进程,2005 年《巴黎宣言》将援助有效性理论系统化,2008 年阿克拉行动议程对援助有效性进一步推动,2011 年《釜山宣言》提出了发展有效性的概念。

(一) 蒙特雷峰会和罗马论坛启动援助有效性议程

"援助有效性"是经合组织发展援助委员会(OECD-DAC)于 2002 年在墨西哥蒙特雷举行的联合国发展融资峰会上提出的概念。在这次峰会上,双边和多边援助机构同意增强援助的有效性,增加援助数量,认为受援国、捐助国和国际机构应致力于促使官方发展援助更为有效。

2003 年 2 月,70 多个国家和国际组织在罗马召开了援助协调高层会议。会议通过了《关于援助协调性的罗马宣言》,强调援助要与受援国的发展优先领域一致,要充分发挥受援国政府的主导作用,加强援助国之间的协调。

(二)《巴黎宣言》将援助有效性理论系统化

2005 年 3 月,100 多个援助国和受援国参加了在巴黎举行的援助有效性高层论坛。61 个多边和双边援助者、56 个受援国和 14 个公民社会组织共同签署了《关于援助有效性的巴黎宣言》(简称《巴黎宣言》)。《巴黎宣言》的目标是通过提高发展援助的效率和效果,使发展援助符合受援国的具体需要。《巴黎宣言》提出了援助的五个基本原则:(1)自主性原则(ownership),即受援国须自行制定发展战略,改进体制和惩治腐败,承担发展的责任;(2)联系原则(alignment),即援助须与受援国的发展战略相联系,并把后者置于优先考虑的地位;(3)协调原则(harmonisation),即援助国之间应协调其援助计划和行动以避免援助的重复和资源的浪费;(4)结果导向原则(management for results),即受援国和援助国都应重视对援助实效和成果的衡量与管理;(5)相互问责制原则(mutual accountability),即受援国和援助国都应对其国民、政府负责,对发展成果负责。[1]《巴黎宣言》对提高援助效率的5个方面又具体地提出了12个指标(见表15-1),并设立了到2010年所要达成的目标,后来还补充了数量指标。这样,《巴黎宣言》就从总体上对国际援助体系提出了新的要求,并指明了国际援助体系短期内的发展方向。

表 15-1 《巴黎宣言》援助有效性五原则及指标

原则	指标
自主性原则	1. 受援国制定了具有明确战略重点的国家发展战略
联系原则	2. 受援国制定了可靠的国家信托制度或改革计划以实现这些目标 3. 捐助者将其援助与受援国优先事项相结合,并提供将其纳入国家预算所需的信息 4. 与国家发展战略相一致的协调方案为能力建设提供了支持 5a. 作为首选,捐助者使用受援国已经存在的信托系统 5b. 作为首选,捐助者使用受援国已经存在的采购系统 6. 国家结构用于执行援助方案,而不是由捐助者创建的平行结构 7. 根据商定的时间表发放援助 8. 双边援助不与捐助方提供的服务绑定
协调原则	9. 援助是通过捐助者之间协调一致的方案提供的 10a. 捐助者与受援国一起进行实地考察 10b. 捐助者与受援国一起进行国家分析工作
结果导向原则	11. 受援国有透明、可衡量的评估框架来衡量进度和评估结果
相互问责制原则	12. 定期审查评估执行援助承诺的进展

资料来源:"The Paris Declaration on Aid Effectiveness: Five Principles for Smart Aid", https://www.oecd.org/dac/effectiveness/45827300.pdf。

《巴黎宣言》的目标是通过提高援助的效率,使发展援助符合受援国的具体需要,提高受援国的主导权,实现援助国和受援国以及援助国之间的联系和协调,强调结果导向管理与双方的合作,以提高发展援助的效果。正如一份对《巴黎宣言》的独立评估报告所总结的:援助有效性就是对援助进行计划、管理和安排,以降低

---

[1] "The Paris Declaration on Aid Effectiveness: Five Principles for Smart Aid", https://www.oecd.org/dac/effectiveness/45827300.pdf。

援助国和受援国之间的交易成本。[1]

(三)阿克拉行动议程对援助有效性的推动

2008年9月,第三届援助高层论坛在加纳首都阿克拉举行。100多个国家和国际组织、80多个公民社会组织参加了会议。大会重新审视了《巴黎宣言》的执行情况,并通过了《阿克拉行动议程》(Accra Agenda for Action, AAA),该议程旨在加强和深化《巴黎宣言》的实施,督促国际社会履行承诺,并监测《巴黎宣言》的执行进展。《阿克拉行动议程》强调应巩固发展中国家自主发展进程,建立更有效、更广泛的发展合作伙伴关系,并更加关注发展结果。《阿克拉行动议程》还认可了南南发展合作,承认发展中国家间合作的价值。[2]

总的来看,受《巴黎宣言》等纲领性文件的指导,西方援助国在国际援助金额和执行框架上有了统一的标准,也使援助运作过程发生了较大改善,包括发展合作伙伴关系的逐渐形成、更加重视发展中国家自身的发展战略、援助更符合受援国的优先重点。另外,援助效果评价体系逐渐完善,且监督评估机制逐渐在全球范围内发挥作用等,均推动了国际援助效果的提高。根据《巴黎宣言》的要求,受援国政府开始制定越来越明确的公共行动目标和任务,改善它们的预算和监控体制,鼓励社会各界参与政策讨论。

二、国际发展援助的效果分析

对受援国而言,援助资金通常是一种重要的资金补充途径,同时也是其学习先进技术和管理经验的重要途径。从客观的角度看,发展援助效果应直接反映在受援国的经济、社会、治理等方面。

(一)发展援助与经济增长

援助国促进受援国的经济发展主要通过两种方式:一是资金援助,包括物质援助和减免债务,其内容包括直接进行资金援助、帮助受援国进行基础设施建设和技术援助等;二是帮助发展中国家进行经济结构调整。如非洲近40个国家先后接受世界银行和国际货币基金组织的经济结构调整计划。在一定程度上,发展援助有助于解决国内储蓄不足、缓解外汇短缺,有助于改善基础设施和投资环境,有助于调整经济结构,同时还有助于引进国外先进的技术和管理经验,从而最终促进其经济增长。20世纪60年代的博茨瓦纳、80年代末的加纳和90年代的乌干

---

[1] Elliot Stern et al, "The Paris Declaration, Aid Effectiveness and Development Effectiveness: Evaluation of the Paris Declaration", 2008, http://www.oecd.org/development/evaluation/dcdndep/41807824.pdf.
[2] "The Accra Agenda for Action (AAA)", https://www.oecd.org/dac/effectiveness/45827311.pdf.

达的经济复苏和发展过程中,国外援助均发挥了重要作用。

但是战后数十年西方的国际发展援助对受援国经济增长的效果并不尽如人意。20世纪50年代到60年代,经济增长理论认为援助能够促进受援国的经济增长。然而到了60年代末,受援国在出现一定程度经济增长的同时却伴随着社会贫困等问题的滋生。这种情况被很多发展理论家认为是"无发展的增长"。于是,70年代的发展援助开始强调满足人的基本需要和消除贫困。到80年代,许多发展中国家的贸易条件急剧恶化,进而出现了严重的债务危机,经济发展进一步受阻。援助国因此又把发展援助的重点转向支持受援国的"经济结构调整"方面。但是经过近十年的努力,非洲除毛里求斯、加纳、塞内加尔等少数国家外,绝大多数国家仍没有摆脱困境。

(二) 发展援助与缓解贫困

贫困可以通过增加援助数额、减免债务、实行公正的贸易政策等方式进行缓解。针对穷人的需要,援助通常集中在一些特殊领域,如社会保障、医疗健康和教育等领域。援助缓解贫困的效果可以从扶贫援助项目不断增加、贫困人口数量不断下降等数据和客观事实了解。但是,战后西方的国际发展援助的贫困舒缓效果并不令人满意。世界银行经济学家弗朗索瓦·布吉尼翁(François Bourguignon)说:"中国和印度的经济增长带来了贫困人口的大幅减少,但是其他地区并没有实现持续增长;而且在许多情况下贫困人口的数目实际上是增加了。"[1]存在的问题包括:发达国家为了保护自己的市场,设立了重重贸易壁垒;很多发达国家在提供粮食援助和技术援助时提出额外附加条件,从而降低了援助的效果;援助过程中援助国在很多贫困领域并没有做出明确承诺,一些特殊的优惠政策也没有得到真正的落实。另外,发达国家认为,援助除了帮助发展中国家发展经济,发展中国家也需要进行一些改革来达到缓解贫困的目标。

(三) 发展援助与政府治理

在援助过程中,发达援助国和受援国逐渐认识到,很多受援国国家制度和政策的不合理常常导致援助无效,一些发展中国家的政府治理改革已经迫在眉睫。于是,西方的发展援助开始对受援国的治理改革发挥作用。首先,很多援助国都会要求受援国进行相应的治理改革。例如,1999年2月,在东京召开的柬埔寨援助国际会议上,日本同意向柬埔寨提供4.7亿美元的援助;作为条件,柬埔寨则统一削减军警、实施行政机构透明化等政府治理方面的改革。其次,如果受援国政府的治理水平达不到援助国的要求,援助国就不会进行援助。在2002年墨西哥蒙

---

[1] "全球贫困人口已减少一半",新华网:http://www.sh.xinhuanet.com/zhuanti/fupin/fpxx_06.htm。

特雷联合国发展筹资会议上达成的蒙特雷共识就要求:援助国应保证提供更多、更好的援助,而发展中国家则需承诺将推行合理的政策,提高施政水平和实现法治。

(四)发展援助与公民社会

西方的国际发展援助也致力于推动发展中国家公民社会建设。主要表现在:第一,援助方日益重视受援国的制度建设,以提升受援国可持续发展水平、民众的自立能力,促进公民社会的培育和发展,进而实现民主社会。第二,很多援助以项目形式由受援国的公民社会组织运行,国际援助经费直接支持受援国公民社会组织的发展。第三,更为注重公民社会组织的能力建设,援助方要求受援国的公民社会组织由原来的"辅助性参与"转变为"参与式发展"。如世界银行等多边机构常常吸纳发展中国家的公民社会组织参与到其项目中,并且对公民社会组织的能力建设给予一定的经费,提出一定的要求。第四,对公民社会组织的援助引进竞争机制,促进受援国公民社会组织的发展。总体来说,一方面援助方促进受援国进行制度改革,以利于公民社会的发展;另一方面,为了获得国际援助机构的支持,部分发展中国家非政府组织不得不提高自身组织的制度建设和能力建设,从而促成了公民社会整体能力的提升。

三、国际发展援助的消极影响

国际发展援助有时候会对援助国带来一些消极影响。

首先,受援国容易产生援助依赖。援助依赖是指一国在没有外国资金和技术援助的情况下,其政府的很多核心功能无法正常发挥,比如机构的运转和维持、提供基本的公共服务等。援助依赖一方面与援助强度成正比,援助依赖主要来源于高强度的援助,即援助占受援国GDP的比重过大是造成援助依赖的主要原因。如果这个比重长期在10%以上,则可以说明受援国对援助产生了依赖。比较典型的国家有马里(13%)、毛里塔尼亚(17%)、马拉维(20%),以及塞拉利昂和布隆迪(超过30%)。另一方面,援助方式从项目援助向预算援助转变的时候,援助依赖程度将会增强。

其次,国际援助会对受援国的经济结构产生冲击,容易出现"荷兰病"。大量援助资金涌入受援国,如果受援国没有能力及时吸收这些资金,会出现通货膨胀,从而造成经济形势的恶化,埃塞俄比亚、加纳、毛里塔尼亚、莫桑比克、塞拉利昂、坦桑尼亚和乌干达等国家都曾出现由于大量援助的涌入而造成经济扩张的现象,增加了财政赤字并削弱了竞争力。国际援助还在一定程度上带来加重受援国的腐败程度、给受援国带来沉重的债务负担等一系列消极影响。

国际发展学概论

联合国开发计划署于 2005 年对援助有效性出现偏差的原因进行过非常系统的分析,其基本观点如下。

第一,国际发展援助的不稳定性和不可预测性。援助金额的提供受到援助国政府的经济发展情况以及对外发展战略等多重因素的影响,具有很强的不稳定性。援助不稳定性的直接表现就是援助国的援助承诺兑现不足,从而造成援助资金的巨大缺口,给对援助依赖程度较高的国家带来极具破坏性的影响。

第二,国际发展援助的条件性。大多数援助国都将援助与苛刻的条件挂钩,根据经合组织对最不发达国家提供的附带条件援助所作的报告,美国的附带条件援助数量最多。援助的条件性会产生很多不利于援助效果实现的后果,如降低援助资金的有效额度、加剧援助的不可预测性和不稳定性、提高援助执行的成本等。

第三,国际发展援助机构多,缺乏有效的协调机制。受援国常常要与多个援助方打交道,不同的援助方对于受援国实施发展援助的报告、咨询和评估都有不同的要求,并且援助机构之间缺乏有效的沟通和协调机制,给受援国带来了比较沉重的资金、人力、物力等方面的压力。

第二节 发展有效性

西方国家援助效果不佳、经济不景气与新兴经济体的群体性崛起促使国际发展合作格局发生重大变化。釜山援助有效性会议标志着从援助有效性向发展有效性的重要转变。提高发展有效性需要遵循发展合作的多元化、包容性与整合性原则。

一、《釜山宣言》:从援助有效性到发展有效性

第四届援助有效性高层论坛(High-Level Forum on Aid Effectiveness)于 2011 年 11 月 29 日在韩国釜山召开,160 多个国家和地区的代表参加了论坛。论坛通过了《釜山宣言》(Busan Partnership for Effective Development Cooperation),并提出了以发展中国家为主的援助及开发等全新的国际援助方式。

《釜山宣言》的主要内容包括:让发展中国家对援助优先领域产生自主意识;成果重于过程;建立广泛的发展合作伙伴关系;提高透明度及责任感等。为实现以上目标,《釜山宣言》提出了四大行动计划:①深化、扩大并实施发展政策及进程的民主参与;②加大取得具体而可持续成果的努力;③加大对南南合作(发展中国家—发展中国家)和三边合作(发展中国家—发展中国家—发达国家)的支持,使

这些平行发展合作关系更加适合各国的国情及需要;④支持发展中国家调动并利用各种发展资金及活动所付出的努力,同时确保这些不同形式的合作能够对发展产生催化剂的作用。[1]

《釜山宣言》有两点引人关注。第一,提出要帮助发展中国家实现实质性的经济增长,正式提出国际援助政策从"援助有效性"向"发展有效性"的转变。但是其并未对发展有效性的概念做出明确的界定,而只是提出了为实现有效发展要构建的合作框架,在这一框架中发展是由强劲的、可持续的和包容性的增长推动的;政府要对其取得的发展成果负责;新兴援助国、私人团体等都应纳入发展合作伙伴之中。第二,宣言提出了"全球伙伴关系"的概念,提出要构建西方发达国家和新兴国家(巴西、中国等)以及民间团体(企业和市民组织)等各种主体参与的有效发展合作全球伙伴关系,这与联合国所提出的构建全球发展伙伴关系(Global Partnership for Development)具有一定的相似性。会议明确指出南南合作的方式和义务不同于南北合作。

目前国际社会对于发展有效性的确切概念尚未统一。艾略特·斯特恩(Elliot Stern)等根据有关学者的观点、《巴黎宣言》以及世界银行、联合国开发计划署等国际开发机构的有关文件,认为发展有效性的概念应该包含以下要素:达到预定的发展结果;对于改善贫困状况有积极作用(帮助实现千年发展目标);对于国家的整体发展产生影响;实现发展结果所必须的过程包括政策设计和发展计划开展等;发展结果应是长期的、持续的。[2] 弗朗切斯科·兰帕(Francesco Rampa)和萨努西·比拉勒(Sanoussi Bilal)也总结了发展有效性的四种诠释:一是发展有效性即为援助有效性,两者可以相互替换。二是援助之外更广泛的发展。这就要求为实现发展目标而协调各方,既包括援助国和受援国,也包括非政府组织和社会团体。三是针对不同的国家采取不同的援助策略,考虑援助是否会对受援国的经济发展及社会进步产生影响。四是除了经济发展,还应注重"人"的发展,强调援助效应的多维性。[3]

二、国际发展援助理念转型的国际背景

西方国家发展援助效果不佳,新兴援助国的出现及其对发展问题的关注,千

---

[1] 钟玲、李小云:《〈釜山宣言〉及其最新进展评述》,《广西大学学报》(哲学社会科学版),2013年3月第2期,第95页。
[2] Elliot Stern (etc.), *Thematic Study on the Paris Declaration*, *Aid Effectiveness and Development Effectiveness*, daRa Development Assistance Research Associates, November 2008, pp. 20 – 21. https://daraint.org/wp-content/uploads/2010/10/41807824.pdf.
[3] Francesco Rampa and Sanoussi Bilal, "Emerging Economies in Africa and the Development Effectiveness Debate", European Centre for Development Policy Management, Discussion Paper No. 107, 2011.

年发展目标减贫议程与二十国集团会议议程的推出,对国际发展理念从援助有效性向发展有效性演变具有推动作用。

(一) 西方国家发展援助的失败

2009年,赞比亚女学者丹比萨·莫约(Dambisa Moyo)出版了在国际上反响很强烈的《援助的死亡》(*Dead Aid*)一书。该书的副标题是"为什么援助不起作用?非洲的出路在哪里?"拥有哈佛和牛津大学经济学硕士和博士学位、并在高盛和世界银行任过职的莫约,对西方援助持强烈的抨击态度。她认为,首先,非洲过去几十年的经历说明,用援助来推进发展纯粹是一个破灭了的神话。援助在西方已形成一个自行运转的"产业",援助的结果往往是援助方比受援助方受益更多。西方长期以来的对非援助只是助长了非洲政府的腐败和人民的贫困,阉割了非洲的企业家精神,并使非洲深陷依赖外援的陷阱而不能自拔,非洲在接受援助后往往是急剧跌入贫困之中。如"在1970—1998年,在西方对非洲的援助资金达到高峰时,非洲的贫困率反而从11%增长到了难以置信的66%,非洲约10亿人口当中的6亿陷入了贫困的沼泽"。其次,对副标题中的第二个问题,莫约给出的答案是,非洲需要学习亚洲特别是中国的经验,即不是靠援助,而是依靠投资和出口来推动经济的发展。莫约的观点犀利,犹如一块巨石投入援助之池,激起了层层涟漪。有西方评论认为,莫约作为一个出生于非洲并在西方名校接受了顶级教育的经济学家,说出了许多西方人早已认识到却又不敢说的话。她也因此被美国《时代》杂志评选为"世界上最有影响力的100人"之一。毫无疑问,莫约的书及其激起的有关援助有效性的新一轮全球辩论,进一步加速了国际发展援助理念的转型过程。

(二) 新兴援助国的出现及其对发展问题的关注

二十国集团以及金砖国家的重要性日益凸显充分说明新兴发展中大国的全球影响力得到提升。特别是当这些新兴发展中大国近年来通过南南合作的模式日益加大对其他发展中国家的发展援助合作时,新兴大国在发展援助领域的影响力也与日俱增。与西方"传统援助国"相比,新兴援助国一般并不自称为"援助国",而是将对非洲援助视为一种发展中国家之间的相互帮助和南南合作。又由于这些新兴援助国自身也是发展中国家,而且刚刚经历过经济和社会转型过程中的"苦"与"乐",因此它们深知并理解发展对于深陷贫困中的非洲国家的重要性。因此,与"传统援助国"把发展援助主要投向加强受援国的教育、医疗、公民社会以及各机构的能力建设等"软件"领域有所不同的是,新兴援助国更关注受援国的经济发展,其发展合作也更多地体现在基础设施建设、农业、工业等"看得见摸得着",并能使当地百姓直接受益的"硬件"领域。

(三)"千年发展目标"的减贫议程与二十国集团会议议程的聚合

"联合国千年发展目标"的核心是减少贫困、通过全球合作来促进和实现发展。2010年11月二十国集团第五次峰会在韩国举办,作为主持峰会的东道国,特别是自身对于发展的经验和记忆仍旧鲜活的后起工业化国家,韩国对发展问题投入了特别的关注并成功将发展的议题引入峰会,使第五次二十国集团峰会的主题从以往仅限于关注金融危机的单一领域扩大为讨论发展问题与世界经济等更广泛议题的国际交流平台。

三、国际发展援助领域的格局变化

实际上,西方为主导的国际发展援助的有效性问题从20世纪70年代就已经出现,到90年代已经演化成了发达国家的政治问题。这个问题不能很好地解决的主要原因在于西方主导的援助体系的结构性缺陷和各种利益集团的角力。国际发展援助格局的变化能很好地呈现这个问题。新世纪以来国际发展合作领域所出现的变化比以往更加深刻。

第一,近年来西方主导的国际发展援助体系经历了很多的调整和改革,认为要获得有效的发展必须基于一个确保增长优化的制度变迁,该改革是在西方国家内部、援助机构、受援国、公民社会以及其他各种力量的压力下发生的。发展援助的目标看起来越来越"去政治化",越来越趋同于全球公共价值体系,如减贫、环境和气候变化等。但是,指导发展援助的理论框架和作用于发展援助的政治社会因素并没有实质性的改变。基于西方中心主义的西方发展机构忽略了不同国家不同的历史和社会文化特点,认为只有发育出类似于西方的政治、社会和经济制度,发展中国家才能实现可持续发展。这一观点充分反映在最近风靡西方的著作《国家为什么会失败》(*Why Nations Fail*)一书中,这也是西方发达国家主导的国际发展援助长期采用"发展干预主义"并强调"软的能力建设"的理论基础,也是造成发展援助长期低效甚至无效的深层次根源。

第二,西方为主导的国际发展援助在教育和卫生领域取得了很大的成绩,但是并没有从根本上推动受援国的经济发展。1996年援助有效性概念提出,2003年,和谐援助(harmonisation)[1]概念在罗马产生,2005年援助有效性议程推出,但是,这些概念和措施主要还是局限在改善援助管理上,没有真正反思援助失败的根源;不仅如此,这些改革更加强化了所谓"制度变革"的干预作用,导致西方发展援助更加坚持为援助附加条件的原则,削弱了发展中国家自主发展的能力。在

---

[1] "Rome Declaration on Harmonisation", https://www.oecd.org/dac/effectiveness/31451637.pdf.

过去几十年里，接受国际发展援助总量最大的非洲地区，其经济增长和减贫并未有明显的进展，大规模的援助从历史上看是失败的。这一事实导致了发达国家内部对国际发展援助的广泛反思。西方国家开始对中国等新兴市场国家的援助方式持更加开放的态度，2011年在韩国釜山召开的援助有效性高级别会议的议题由最初的"援助有效性"改变为"发展有效性"，这意味援助的改革不能只限于援助管理本身，更应该注重于援助的目标和效果如何实现。

第三，西方经济持续不景气极大地限制了西方增加对外援助预算的能力。到目前为止，主要发达国家的对外援助预算一直未能达到1970年代提出的占国民收入0.7%的目标，西方发展援助体系迫切希望补充性或替代性资源进入由其主导的体系。为了吸引更多资源进入，西方发展援助体系希望让出一部分"政治空间"，以便其他不同资源具有进入的合法性，2011年韩国釜山会议提出的"新全球发展伙伴计划"就是这一框架的典型代表。

第四，新兴国家的快速发展正在改变国际发展的传统格局，这不仅是因为新兴国家的经济能力，更重要的是其发展经验。与西方发展路径不同，中国采取了国家主导的发展模式，通过经济发展逐步诱发适应性制度变革的渐进式改革，从而实现了转型的成功。中国的发展模式对国际发展合作产生了两大影响：一是很多发展中国家，特别是非洲国家对西方长期热衷于按照自由主义原则改变制度，改善治理机制，而同时又无法获得高速经济增长和减贫的状况非常失望，他们转而对中国的发展模式产生极大的兴趣。二是西方深感中国发展方式对其发展意识形态统治的挑战。有的学者更是直言中国的对外援助直接破坏了西方国家推动良治、维持债务可持续性和改善治理以及社会福利的努力。因此，西方对于中国参与国际发展事务的策略是：积极引入（actively engage）和以全球公共价值规范加以限制。

第五，新兴国家采用的以发展为中心的发展援助方式直接挑战了西方以治理为中心的援助体系。新兴国家以优惠贷款及技术援助为主要方式的与发展中国家的经济技术合作，无论在资金、技术还是交易成本方面都深受发展中国家的欢迎。这种"硬援助"比"软援助"更符合发展中国家的需求，这就使得西方国家不得不从技术角度接受这种方式。釜山会议文件正式将南南合作列为发展合作的一种形式，通过积极引入的战略吸纳新兴国家进入国际发展援助体系。

在内部和外部环境的变化下，国际发展合作呈现出合作理念和实践方式多元化的格局，西方为主的发展意识形态和实践框架受到了挑战，国际发展合作治理结构也由单向"发达—不发达之间的援助—受援"二元关系演变成了"发达—新兴—不发达国家之间合作"的多元关系。新的格局有望通过注入新的发展经验而改变西方为主的单一援助模式的弊端。

四、提高发展有效性的三原则

釜山援助有效性会议提出了"发展有效性"的概念,寄希望于援助国、国际组织、新兴经济体、受援国有更多的提高发展有效性的新框架、新方式。只有充分发挥不同模式各自的优势,才能使现有国际援助体系不断得到完善和发展。提高发展有效性需要坚持以下三个原则。

(一)发展合作的多元化

后釜山会议时期,国际发展合作更应多元化。釜山会议强调把各种新型发展合作力量纳入现有的国际援助规则体系,形成强有力的统一声音,巩固现有国际援助体系。中非合作以及其他新兴经济体与发展中国家开展的南南合作,将越来越丰富国际发展合作的内容和形式。但是,如果全球发展合作都纳入一个统一的西方国际发展援助规则体系之中,意味着中国等新兴援助国需要放弃无附加条件的援助原则,在这一点上既是不现实的,对发展中国家也是不公平的,更不利于提高发展援助的有效性。从另一个角度看,如果我们把国际援助看作一种市场,这个市场应该是多元的、竞争的,避免形成垄断。

(二)发展合作的包容性

为了提高发展有效性,未来国际发展援助体系应该更具包容性。单纯依靠传统援助方式或者新兴发展合作模式都会制约发展有效性。传统援助模式和新兴发展合作模式并不矛盾。在国际援助领域,应允许更多援助和发展合作模式的创新。对于传统援助国家来说,要容忍新兴援助模式发展的不成熟,给其时间加以完善,毕竟传统援助国家通过多年实践经验的总结,已经形成了相对成熟的程序和法规,而新兴国家对这些规则并不熟悉。同时,多年来传统援助模式在非洲援助的某些失败经验,也说明传统援助国家可以从新兴国家的实践中得到启发。传统援助模式和新兴援助模式不应该是零和游戏,而更应该是一个各自发挥优势、彼此相互补充的关系。

(三)发展合作的整合性

整合性的第一方面是指援助与受援国整体发展战略的整合。在中国,援助必须服从中国国家发展战略(主要是五年计划)。援助目标始终与中国整体发展战略、长期扶贫计划以及当地经济发展计划相符。这样做的好处是,它可以有针对性地引导援助国制定符合中国国情和发展援助战略的援助政策。整合性的第二方面指的是,援助与贸易、投资等经济合作方式有效的整合。援助作为一种全球

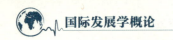

公共产品,要为发展中国家吸引外国直接投资服务,而外国直接投资要有利于本国经济起飞;援助要与贸易有机结合,通过贸易将发展中国家的产品和原料纳入全球价值链,以整个世界作为资源配置的平台,带动国内生产力的发展,促进国内市场与国际市场的逐步接轨。

第三节 国际发展援助的效果分析:援助有效性和发展有效性

一、国际发展援助的效果:援助有效性与发展有效性

发展援助一直被认为是发达国家帮助促进发展中国家以及最不发达国家社会经济发展的一个重要工具,但其有效性却备受争议。总体来说,传统援助国几十年来的援助效果差强人意,随着新兴援助国出现的援助新模式推进了国际社会对援助方式的反思,国际援助理念逐渐改变,援助效果评价标准也逐步由援助有效性向发展有效性过渡。

援助有效性和发展有效性的含义既有区别也有联系。

从区别来看,援助有效性是过程导向的,而发展有效性是过程有效与结果有效的结合,显然,援助有效性是衡量援助从援助国到受援国这一过程是否透明、是否有效率,以及是否能够实现援助国预期目标,更多地是与发达国家的援助相连,发展有效性包含的内容比援助有效性更加广泛和丰富。而且发展有效性直接指向的是援助是否会带来实实在在的发展结果。

从联系来看,发展有效性涵盖了援助有效性的概念,比援助有效性更加广泛和丰富。在发展有效性的框架之下,援助并不单单是指无偿的资金赠与,它可以与贸易、投资等可以促进经济发展的商业活动联系起来;援助国也不能单方面地认为什么样的援助对于受援国是有效的,而是应当与受援国加强协调和合作,针对受援国的具体发展需求开展援助,培养受援国的自主发展能力;援助效果的衡量既包括援助过程的效率,也包括援助的发展效果,即受援国的减贫与经济增长,而且考虑的不仅是援助带来的直接发展,还有受援国的经济、社会、环境整体的可持续发展。

二、发达国家国际发展援助的效果

发达国家的对外援助经历了70多年的发展,已经基本形成了相对完善和系

统化的对外援助管理体系,21世纪以来,"援助有效性"也一直被视为其重要的援助理念。虽然发达国家投入了巨大的发展援助资源,但援助效果却不尽如人意。

(一)援助有效性及发达国家对外援助管理

援助有效性主要是针对援助过程质量的评价,属"过程导向型"评价标准。提高援助有效性是指针对国际援助体系中存在的援助体系过于复杂,援助国和受援国在评估、审批、报告和估价等程序上都存在许多不同,援助国和受援国之间交易成本过高等问题进行改革,以提高援助效率、改善治理水平、增加透明度等。

DAC成员国通过签署《巴黎宣言》和《阿克拉行动议程》对本国的援助有效性议程作出明确承诺。大多数DAC成员均制定了明确、可操作和有时间约束的提高援助有效性的行动计划。之后DAC根据各成员国对《巴黎宣言》指标的执行情况,对其援助有效性进行评估。

2006年、2008年和2011年,OECD-DAC对《巴黎宣言》的执行进展做了三次调查,从调查结果来看,发达国家援助有效性并不高,它们并未实现之前的承诺。2011年的调查显示,在《巴黎宣言》制定的12个指标中,发达国家从总体来看只实现了协作支持能力建设(指标4)这一个指标,大多数指标进展缓慢。尤其是援助预算并没有系统地记录在受援国的预算和公共账户中;旨在减少因援助国分散而对受援国造成负担的共同安排或程序以及联合任务和分析工作的目标进展甚微;援助分散仍日益严重;改善国家层面的援助的中期可预见性进展有限;援助国对各受援国政府未来援助流动的前瞻性指标的信息仍然是孤立而不是规范的。

总的来说,DAC国家的以援助有效性为主要评价标准的发展援助,重视援助的实施过程与援助国管理体系的规范,有助于援助过程的管理,是一种过程驱动型发展合作方式,而且其援助更加注重受援国的良治、问责、透明、参与等西方式民主政治过程[1],这种发展援助相对忽视了受援国本身的发展,未能使发展中受援国成功实现减贫。国际发展援助已走过了70余年的历程,发达国家对外援助投入巨大,但效果并不理想。其间,一些国家和地区借助于国际援助和自身的努力而迅速发展起来;但是大多数受援对象,尤其是撒哈拉以南非洲的大部分国家在接受了长时间的援助之后,不但没有得到应有的发展,反而经济停滞甚至倒退,贫困人口不减反增,而且对援助产生了不同的程度的依赖。[2]这也让国际社会重新思考援助有效性是否合理,是否应该转变国际发展援助的理念和方法。

(二)发展有效性及发达国家对外援助的效果

自2005年达成了《巴黎宣言》和2008年签署了《阿克拉行动议程》后,国际发

---

[1] 王小林、刘倩倩:《中非合作:提高发展有效性的新方式》,《国际问题研究》2012年第5期。
[2] 孙同全:《国际发展援助中"援助依赖"的成因》,《国际经济合作》2006年第8期。

展援助的理念就一直围绕援助有效性展开,并且实质上始终由援助国及其发展伙伴来主导。国际发展援助实践使西方援助国认识到,要提高援助的有效性必须协调援助国与受援国双方的努力(而过去仅局限在对援助国一方援助体系的规范,而忽视了对受援国主体性的发挥),发展合作的概念架构必须从为援助而援助的"自由主义"向促进受援国的"能力发展",并最终立足于以实现联合国千年发展目标为基石的价值体系转变[1]。

2011年,"发展有效性"在韩国釜山举行的第四届援助有效性高层论坛上正式提出,该论坛盘点了2005年《巴黎宣言》和2008年《阿克拉行动议程》的履行情况,并磋商符合新的国际环境的援助框架和模式。与会国一致认为发展援助若要对受援国的发展起到实质性效果,应由受援国自主制定发展政策,再由援助国根据其政策提供援助,而不是从头到尾由援助国主导援助。该届论坛通过了《釜山宣言》,将国际援助政策的范式从"援助有效性"转至"发展有效性",明确表示将构筑涵盖发达国家、新兴市场国家、民间等各种贡献主体的新的全球发展合作伙伴关系。至此,国际发展援助从注重"投入"的援助有效性开始向注重"结果"的发展有效性转变。

发展有效性涵盖了援助有效性的概念。发展援助的最终目标是使受援国摆脱贫困,走上不需要外国援助、自我发展的道路。发展有效性重视发展援助的结果,即受援国经济水平的发展和贫困人口的减少等。为从根本上实现这一目标,要求受援国拥有可持续的自我发展的能力。发展有效性更强调援助国与受援国之间的合作,更注重援助带来的发展结果和长远发展能力,对贫困的发展中国家来说,基础设施建设显得尤为重要。众多研究表明,基础设施可以提高生产力、促进贸易、降低交易成本,为经济发展提供基础。基础设施对发展和生产力具有重要影响,一些分析认为其对低收入人群的影响力更大。DAC国家的对外援助部门分配主要集中在医疗、教育等社会部门,对基础设施部门和生产部门的关注较少。这一分配特点与贫困国家当前急需发展的部门领域不同,因而不能更好地适应贫困国家的发展需求。可以说,DAC国家的对外援助并不符合发展有效性原则,不利于受援国自身建设能力的提高,导致其对外援助效果收效甚微。

(三)发达国家对外援助的效果

外来资金的流入对受援国的政治、经济和社会都有一定的促进作用,但无论是从绝大多数的研究评估看,还是从受援国的实际状况看,战后西方发达国家巨额资金的援助效果并不理想。以非洲国家为例,可以分析战后发展援助的实际效果。

---

[1] 贺文萍:《从"援助有效性"到"发展有效性":援助理念的演变及中国经验的作用》,《西亚非洲》2011年第9期。

首先,非洲经济并没有因为大量西方援助的涌入而实现实质性的发展。20世纪70年代,许多刚独立的非洲国家在世界性经济危机背景下,纷纷出现经济社会发展的缓慢、停滞甚至是严重倒退,这一趋势一直持续到20世纪末,国际社会因此把20世纪80年代甚至90年代称为非洲国家"失去的十年"(lost decade)。虽然不能把非洲国家的不发展完全归咎于西方国家对非的援助和发展政策,但由于过去几十年西方国家长期主导非洲发展事务,非洲国家的持续贫弱至少可以部分说明西方发展援助与合作政策的成效不足。

赞比亚学者丹比萨·莫约也认为,西方对非援助长期以来只是助长了非洲政府的腐败和人民的贫困,阉割了非洲的企业家精神,并使非洲深陷依赖外援的陷阱不能自拔。[1]现实中,西方发达国家巨额援助资金的流出并没有产生令人满意的结果,如在最不发达国家较集中的撒哈拉以南非洲,尽管该地区过去几十年里一直是国际发展援助关注的重点地区——全球官方发展援助的30%左右流入该地区[2],但其经济发展仍严重滞后于世界其他地区;严格地讲,没有任何一个撒哈拉以南非洲国家如期实现联合国千年发展目标。[3]

其次,非洲国家的贫困问题未能因西方援助而得到有效解决。据世界银行的估算,自20世纪80年代以来,以日均消费1.25美元的贫困线衡量的全球贫困已经有所减少,最大减贫发生在东亚和太平洋地区,该地区的贫困率由1981年的78%下降至2005年的17%。相比之下,撒哈拉以南非洲地区的贫困率降幅很小,1981年不超过54%,1991年反而上升至58%,到2005年又回落到51%。但由于人口的增长,处于贫困线以下的人口差不多翻了一番。[4]

再次,非洲大陆在医疗、卫生、教育、就业等社会领域也未能有大的改善。其中突出的问题之一是非洲的疾病和瘟疫至今未能得到有效控制。据世界银行统计,20世纪90年代以来,撒哈拉以南非洲15—49岁青壮年艾滋病感染率不降反升。疾病的蔓延及医疗卫生条件的恶劣在很大程度上导致非洲人均寿命持续偏低。疾病与死亡不仅危及个人的健康和生命,也从根本上侵蚀了非洲发展和稳定的基础。[5]

最后,西方国家试图以经济援助为手段推动非洲国家的民主发展与政治稳定,这一尝试的效果同样不甚明显。许多研究表明,西方援助与非洲的民主进展并无直接关联。非洲国家普遍建立了西方式的民主政治体系,但不少国家只具民主之形而无民主之实。不仅如此,自20世纪80年代后期以来,多数非洲国家因急

---

[1] [赞比亚]丹比萨·莫约:《援助的死亡》,王涛、杨惠等译,世界知识出版社2010年版,第21页。
[2] OECD Aid Statistics.
[3] 贺文萍:《从"援助有效性"到"发展有效性":援助理念的演变及中国经验的作用》,《西亚非洲》,2011年第9期,第121页。
[4] 罗建波:《西方对非援助效果及中非经济合作》,《国际政治科学》2013年第1期,第4页。
[5] 同上。

剧的政治民主化和经济私有化诱发了大规模的政治危机甚至是流血冲突，一些国家至今未实现政治稳定，国家的衰败、弱化乃至分裂甚至引发了骇人听闻的人道主义危机和人权灾难。

三、新兴市场国家的对外援助效果

近年来，新兴援助国的大力参与及其在援助过程中所展现的实力对发达国家对外援助构成了挑战。以中国、印度、巴西、俄罗斯及南非等金砖国家为代表的新兴经济体的崛起不但冲击现有国际格局，而且也对国际发展援助体系产生了重大影响。一方面，新兴援助国的参与壮大了国际发展援助实力；另一方面，其自身的援助方式和理念也不断获得发展中国家和传统援助国的认可和推崇，推动了国际发展援助理念从注重过程的援助有效性转向注重结果的发展有效性。

（一）援助有效性与新兴援助国对外援助管理

新兴援助国的部分国家是《巴黎宣言》的签字国，对援助效果的重视既是国际社会援助领域的趋势，也是受援国接受援助的要求。作为新兴援助国，其对外援助属于发展中国家之间南南合作的范畴，与发达国家的对外援助存在本质区别。但是，随着国际社会对新兴援助国的日益关注，《巴黎宣言》也对新兴援助国的对外援助产生了一定的影响。事实上，新兴援助国在对外援助实践中的一些做法也符合《巴黎宣言》的部分原则。新兴援助国的援助管理可以将《巴黎宣言》的原则作为一种参考。

金砖国家作为新兴援助国的代表，对它们进行援助有效性分析也可以大致反映新兴援助国的援助有效性。对《巴黎宣言》框架下金砖国家援助有效性的分析及与发达国家的比较结果显示，金砖国家的表现有好有坏且存在国别差异。金砖国家在"按照受援国国家的优先事项分配援助"及"通过协作支持增强能力建设"两个方面表现尤为突出，这反映了金砖国家对受援国发展自主权的尊重及增强受援国自我发展能力建设的努力。金砖国家也在一些方面表现欠佳，例如减少平行执行单位、援助的可预测性、非捆绑援助、以方案为基础的援助，以及联合任务和联合分析工作等。其中，联合任务和联合分析工作方面，俄罗斯表现较好，中国正在积极广泛地参与多边合作，巴西和印度也开始重视多边渠道。金砖国家表现最差的方面是"受援国公共财务管理系统和采购系统的使用"。对金砖国家援助有效性的分析也反映了其对外援助管理体系方面的不足。金砖国家的对外援助管理体系缺乏统一的管理制度，在对外援助立法和政策、组织和管理以及监测和评估方面还存在许多缺陷。

新兴援助国不是 OECD-DAC 的成员国，它们的行为规范不受发达国家对外援助规则如《巴黎宣言》《阿克拉行动议程》的约束,而且从它们目前的自身条件出发,大多数国家还处于中等收入水平,国内还面临着许多社会经济问题亟须解决,它们不愿也没有能力完全按照发达国家的规则来要求自己。《釜山宣言》也明确指出南南合作的方式和义务要不同于南北合作。新兴援助国拥有自身的援助方式和援助理念,因此对新兴援助国援助效果的衡量,应该寻求一种符合它们自身特点的不同于发达国家的援助效果评价机制。

(二)发展有效性与新兴援助国对外援助的效果

新兴援助国的对外援助属于南南合作的范畴,援助国和受援国之间建立起的是一种平等伙伴关系。它们试图根据自身的发展经验,通过向受援国提供援助,从而带动双方贸易、投资的增长,并最终促进受援国的经济社会发展。其对外援助更加注重援助结果,属于增长驱动型,强调的是发展有效性。

新兴援助国的对外援助实际上正在成为南南合作的一种途径。许多新兴援助国提供的援助项目往往有利于推动双边合作,有利于加强发展中国家间的经贸合作,开拓新兴市场,拉动了双方的贸易、就业及经济增长。很多新兴经济体投资受援国当地资源,利用投资收益加强当地基础设施建设,进而推动当地就业。新兴经济体这种造血式援助更加有效地带动了当地经济发展。[1]

一方面,依据比较优势理论,更加开放的国际贸易环境能够促进一国经济纳入全球价值链体系,让产品价值增值,从而实现发展和减贫。[2] 对于贫困国家最为集中的非洲大陆来说,其拥有资源和能源的自然禀赋,但缺少生产和生活所需的机电产品、纺织品、服装等制成品;新兴援助国制造业发达,两者开展贸易合作可以实现互利双赢。

另一方面,新兴援助国对贫困国家的投资可以为其创造有利的外国直接投资(FDI)环境,吸引国外资本来投资创业,带入发展的资金、技术、管理经验,打破贫困的恶性循环,给其经济增长带来前所未有的活力。

除了贸易和投资以外,新兴援助国还注重对贫困国家在基础设施、技术合作、教育、医疗卫生等方面的帮助,改善受援国自身能力建设,帮助受援国走上自力更生、独立发展的道路。

(三)南南发展援助的效果:以中非合作为例

发展中国家的对外援助注重合作与双赢,和传统援助国相比,新兴援助国将援助视为一种发展中国家之间的相互帮助和合作,是一种以经济发展为导向的

---

[1] 彭雷:《国际援助格局新旧交替》,新民网,http://news.xinmin.cn/domestic/gnkb/2012/08/14/15876891.html。
[2] 王小林、刘倩倩:《中非合作:提高发展有效性的新方式》,《国际问题研究》2012 年第 5 期。

"穷帮穷"的模式，解决的是对方面临的迫切需要解决的发展难题。南南合作框架中对外援助模式对经济发展和减贫的积极作用已经显现，中非合作就是个典型的例子。

中国对非洲援助始于20世纪50年代。援非近70年来，中国对非援助目的由最初的政治考量（支持其民族解放运动，反对帝国主义）演变为20世纪90年代后的以发展为导向，援助方式则由最初的单向无偿援助演变为双向合作共赢：通过援建基础设施改善非洲国家发展环境；通过贸易和投资促进双方的经济发展；通过人才培养和技术合作提高非洲国家的自主发展能力；通过民生项目建设和减贫等提高当地人民的生活水平。

在基础设施方面，基础设施落后是制约很多非洲国家发展的瓶颈，中国重视支持非洲国家改善基础设施条件，通过援助、工程承包、投资合作等方式，帮助非洲国家兴建公路、铁路、机场、港口、通信设施、电力设施等。在安哥拉，由中国企业承建的铁路修复工程，横穿安哥拉东西部。中国企业在赤道几内亚承建的马拉博燃气电厂项目，有望从根本上改善马拉博市及毕奥科岛的电力供应状况，并对周边地区农业灌溉、生态旅游具有较大促进作用。[1]中国企业在坦桑尼亚承建的光缆骨干传输网，除覆盖坦桑尼亚境内主要省市外，还连接周边六国及东非和南非海底光缆，提升了整个东非地区的通信一体化水平。众多研究表明，基础设施对发展和提高生产力具有重要影响，对低收入经济体的影响尤为明显，中国对非洲基础设施的援建切实改善了非洲国家的发展环境和投资环境。

在贸易和投资方面，自2000年以来，中非贸易和投资规模大幅增加，对推动非洲当地经济发展有积极的作用。中国和非洲国家之间的贸易具有很大的互补性，非洲对中国出口的原油、矿产和农产品等正是中国经济快速发展时期所稀缺的产品，而中国出口到非洲国家物美价廉的工业制成品也正好满足非洲人民当前的需求；中国对非洲的投资涉及采矿、制造、建筑等方面。资源领域的开发合作是中非投资合作的重要内容。中国企业按照互利共赢、共同发展的原则，积极参与非洲资源开发，将非洲的资源优势转化为社会经济发展的动力，也带动了当地基础设施建设和经济发展。

在人才和技术方面，中国政府高度重视非洲发展能力建设，通过开展管理与技术培训、实用技术培训、人才输出和技术合作等努力帮助非洲国家提升自身"造血"功能。2015—2018年，中国为非洲提供了3万个政府奖学金名额，并培训了20万名各类职业技术人员。[2]中国向非洲国家输出人才和技术的独特优势在于，

---

[1]《中国对非洲基础设施投资现状及前景》，中华人民共和国商务部网站，2014年12月17日。http://www.mofcom.gov.cn/article/i/dxfw/gzzd/201412/20141200836506.shtml。

[2]《我国3年来为非洲培训20万技术人员》，新华网，2018年9月3日。http://www.xinhuanet.com/mrdx/2018-09/03/c_137440615.htm。

中非同属发展中经济体,中国输出的技术具有更强的适用性,更利于非洲国家的吸收和使用。

在民生方面,中国投入资金帮助非洲国家建设公共福利设施,提高农业水平,减少贫困,提高非洲国家民生水平。中国在非洲援建了一大批低造价住房、打井供水、污水处理等公共福利项目,如莫桑比克、安哥拉、埃塞俄比亚的低造价住房项目。此外,中国与非洲在减贫领域的合作也在不断深化。通过减贫培训、减贫会议、减贫研究等方式,中国向非洲国家介绍中国社会经济发展与扶贫开发的战略、模式和经验,加强与非洲国家的知识和经验分享,帮助非洲国家削减贫困。

本章小结

援助有效性的国际进程由罗马高层论坛启动,《巴黎宣言》将其理论系统化,通过阿克拉行动议程获得新的进展,《釜山宣言》则标志着有效性话语从援助有效性向发展有效性的过渡。发展援助是否有效反映在其对受援国经济、社会和治理等方面是否产生了积极影响。但是援助在使用不当的情况下,也会对受援国产生不利影响。

西方国家发展援助的部分失败、新兴援助国的出现及其对发展问题的关注、千年发展目标减贫议程与20国集团会议议程的聚合促进了发展援助理念从援助有效性向发展有效性的转变。发展合作的多元化、包容性与整合性是提高援助有效性的三项重要原则。援助有效性是衡量援助从援助国到受援国这一过程是否透明、是否有效率,以及是否能够实现援助国预期目标,更多地是与发达国家的援助相连,而发展有效性直接指向的是援助是否会带来实实在在的发展结果。前者注重"投入",而后者注重"结果"。同时,后者涵盖前者。

总体来说,传统援助国几十年来援助效果差强人意。以非洲为例,首先,非洲经济并没有因为大量西方援助的涌入而出现实质性的发展。其次,非洲国家的贫困问题未能因西方援助而得到有效解决。再次,非洲大陆在医疗、卫生、教育、就业等社会领域也未能有大的改善。最后,西方国家试图以经济援助为手段推动非洲国家的民主发展与政治稳定的效果同样不甚明显。但南南合作框架中对外援助模式对经济发展和减贫的积极作用已经显现,中非合作成果就是典型的例子。从援助有效性到发展有效性的转变反映了国际援助体系中南南合作影响力的上升以及国际发展视野的拓展。

关键词

援助有效性　发展有效性　釜山宣言

简答题

1. 简述援助有效性的国际进程。
2. 进入21世纪以来，国际发展合作领域有哪些格局变化？
3. 南北援助有效性如何？
4. 南南发展合作有效性如何？

思考题

1. 援助在发展中扮演了什么角色？
2. 有效性话语的演变轨迹及其原因是什么？

第16章

中国的对外援助

1950年中国开始向其他国家提供援助,至今已有七十多年的历史。在不同的历史时期,受国内发展与国际形势的影响,中国的对外援助表现出阶段性特点。从服务于政治目的,到以经济建设为中心的互利双赢,再到成为推进"一带一路"倡议的重要工具以及中国参与全球发展治理的重要手段,对外援助在中国的政策工具箱中占据日益重要的地位。

第一节　中国对外援助概况

经过 70 多年的发展历程,中国对外援助的规模、领域、地域不断扩大。经过多年的援助探索,中国对外援助政策日趋成熟,援助实践也不断丰富。

一、中国对外援助历史与政策

(一) 中国对外援助的历史

中国对外援助从帮助周边友好国家起步。1950 年,中国开始向朝鲜和越南两国提供物资援助,从此开启了中国对外援助的序幕。1955 年万隆会议后,随着对外关系的发展,中国对外援助范围从社会主义国家扩展到其他发展中国家。1956 年,中国开始向非洲国家提供援助。1964 年,中国政府宣布以平等互利、不附带条件为核心的对外经济技术援助八项原则[1],确立了中国开展对外援助的基本方针。1971 年 10 月,在广大发展中国家的支持下,中国恢复了在联合国的合法席位,中国同更多发展中国家建立了经济和技术合作关系,并援建了坦赞铁路等一批重大基础设施项目。1978 年改革开放后,中国同其他发展中国家的经济合作由过去单纯提供援助发展为多种形式的互利合作。20 世纪 90 年代,中国开始对对外援助进行一系列改革,重点是推动援助资金来源和方式的多样化。与此同时,中国更加重视支持受援国能力建设,不断扩大援外技术培训规模,受援国官员来华培训逐渐成为援外人力资源开发合作的重要内容。2000 年,中非合作论坛成立,成为新形势下中国与非洲友好国家开展集体对话的重要平台和务实合作的有效机制。进入 21 世纪,特别是 2004 年以来,在经济持续快速增长、综合国力不断增强的基础上,中国对外援助资金保持快速增长,2004 年至 2009 年平均年增长率为 29.4%。中国除通过传统双边渠道商定援助项目外,还在国际和地区层面加强与受援国的集体磋商。中国政府在联合国发展筹资高级别会议、联合国千年发展

---

[1] 中国对外援助八项原则的主要内容是:(一)中国政府一贯根据平等互利的原则对外提供援助,从来不把这种援助看作是单方面的赐予,而认为援助是相互的;(二)在提供对外援助的时候,严格尊重受援国的主权,绝不附带任何条件,绝不要求任何特权;(三)以无息或者低息贷款的方式提供经济援助,在需要的时候延长还款期限,以尽量减少受援国的负担;(四)提供外援的目的是帮助受援国逐步走上自力更生、经济上独立发展的道路;(五)帮助受援国建设的项目,力求投资少,收效快,使受援国政府能够增加收入,积累资金;(六)中国政府提供自己所能生产的质量最好的设备和物资,并且根据国际市场的价格议价,如果中国政府所提供的设备和物资不合乎商定的规格和质量,中国政府保证退换;(七)中国政府对外提供任何一种技术援助的时候,保证做到使受援国的人员充分掌握这种技术;(八)中国政府派到受援国的专家,同受援国自己的专家享受同样的物质待遇,不容许有任何特殊要求和享受。

目标高级别会议,以及中非合作论坛、上海合作组织、中国—东盟领导人会议、中国—加勒比经贸合作论坛、中国—太平洋岛国经济发展合作论坛、中国—葡语国家经贸合作论坛等区域合作机制会议上,多次宣布一揽子有针对性的对外援助政策措施,加强在农业、基础设施、教育、医疗卫生、人力资源开发合作、清洁能源等领域的援助力度。

(二)中国对外援助政策

中国的对外援助政策具有鲜明的时代特征,符合自身国情和受援国发展需要。20世纪60年代中国提出的对外援助八项原则,从一开始就是中国对外援助遵循的基本方针,并在实践中不断丰富、完善和发展。中国是世界上最大的发展中国家之一,人口多、底子薄、经济发展不平衡。发展仍然是中国长期面临的艰巨任务,这决定了中国的对外援助属于南南合作范畴,是发展中国家间的相互帮助。

中国对外援助政策的基本内容如下。

(1)坚持帮助受援国提高自主发展能力。实践证明,一国的发展主要依靠自身的力量。中国在提供对外援助时,尽力为受援国培养本土人才和技术力量,帮助受援国建设基础设施,开发利用本国资源,打好发展基础,逐步走上自力更生、独立发展的道路。

(2)坚持不附带任何政治条件。中国坚持和平共处五项原则,尊重各受援国自主选择发展道路和模式的权利,相信各国能够探索出适合本国国情的发展道路,绝不把提供援助作为干涉他国内政、谋求政治特权的手段。

(3)坚持平等互利、共同发展。中国坚持把对外援助视为发展中国家之间的相互帮助,注意实际效果,照顾对方利益,通过开展与其他发展中国家的经济技术合作,着力促进双边友好关系和互利共赢。

(4)坚持量力而行、尽力而为。在援助规模和方式上,中国从自身国情出发,依据国力提供力所能及的援助。注重充分发挥比较优势,最大限度地结合受援国的实际需要。

(5)坚持与时俱进、改革创新。中国对外援助顺应国内外形势发展变化,注重总结经验,创新对外援助方式,及时调整改革管理机制,不断提高对外援助工作水平。

二、中国对外援助的特点

(一)中国对外援助资金的类型

中国对外援助资金主要有三种类型:无偿援助、无息贷款和优惠贷款。无偿援助和无息贷款资金在国家财政项下支出,优惠贷款由中国政府指定中国进出口银行对外提供。截至2009年底,中国累计提供对外援助金额达2 562.9亿元人民币,其中,无偿援助1 062亿元,无息贷款765.4亿元,优惠贷款735.5亿元。[1] 2010—2012年,中国对外援助金额为893.4亿元人民币。[2]

(1) 无偿援助主要用于帮助受援国建设医院、学校、低造价住房、打井供水项目等中小型社会福利性项目。此外,无偿援助还用于实施人力资源开发合作、技术合作、物资援助、紧急人道主义援助等领域的项目。

(2) 无息贷款主要用于帮助受援国建设社会公共设施和民生项目。无息贷款期限一般为20年,其中使用期5年,宽限期5年,偿还期10年。目前,无息贷款主要向经济条件较好的发展中国家提供。

(3) 优惠贷款主要用于帮助受援国建设有经济效益和社会效益的生产性项目和大中型基础设施,或提供成套设备、机电产品、技术服务以及其他物资等。优惠贷款本金由中国进出口银行通过市场筹措,贷款利率低于中国人民银行公布的基准利率,由此产生的利息差额由国家财政补贴。中国提供的优惠贷款年利率一般为2%—3%,期限一般为15—20年(含5—7年宽限期)。

(二) 中国对外援助方式

中国对外援助主要有8种方式:成套项目、一般物资、技术合作、人力资源开发合作、援外医疗队、紧急人道主义援助、援外志愿者和债务减免。

(1) 成套项目援助是指中国通过提供无偿援助和无息贷款等援助资金帮助受援国建设生产和民用领域的工程项目。中方负责项目考察、勘察、设计和施工的全部或部分过程,提供全部或部分设备、建筑材料,派遣工程技术人员组织和指导施工、安装和试生产。项目竣工后,移交受援国使用。

(2) 一般物资援助是指中国在援助资金项下,向受援国提供所需生产生活物资、技术性产品或单项设备,并承担必要的配套技术服务。中国始终将国内生产的质量最好的产品作为援助物资,提供的物资涉及机械设备、医疗设备、检测设备、交通运输工具、办公用品、食品、药品等众多领域。这些物资满足了受援国生产生活急需,其中一些设备如民用飞机、机车、集装箱检测设备等,还促进了受援国装备能力的提高和产业的发展。

(3) 技术合作是指由中国派遣专家,对已建成成套项目后续生产、运营或维护提供技术指导,就地培训受援国的管理和技术人员;帮助发展中国家为发展生产而进行试种、试养、试制,传授中国农业和传统手工艺技术;帮助发展中国家完成某一项专业考察、勘探、规划、研究、咨询等。技术合作是中国帮助受援国增强自

---

[1] 《中国对外援助(2011)》白皮书。
[2] 《中国对外援助(2014)》白皮书。

主发展能力的重要合作方式。技术合作涉及领域广泛,包括工业生产和管理,农业种植养殖,编织、刺绣等手工业生产,文化教育,体育训练,医疗卫生,沼气、小水电等清洁能源开发,地质普查勘探、经济规划等。技术合作期限一般为1—2年,必要时应对方要求,可以延长。

(4) 人力资源开发合作是指中国通过多双边渠道为发展中国家举办各种形式的政府官员研修、学历学位教育、专业技术培训以及其他人员交流项目。

(5) 援外医疗队是指中国向受援国派出医务人员团队,并无偿提供部分医疗设备和药品,在受援国进行定点或巡回医疗服务。援外医疗队一般在受援国缺医少药的落后地区工作,条件十分艰苦。援外医疗队治愈了大量常见病、多发病,并采用针灸、推拿以及中西医结合诊疗方法诊治了不少疑难重症,挽救了许多垂危病人的生命。援外医疗队员还向当地医务人员传授医疗技术,促进了当地医疗卫生水平的提高。

(6) 紧急人道主义援助是指中国在有关国家和地区遭受各种严重自然灾害或人道主义灾难的情况下,主动或应受灾国要求提供紧急救援物资、现汇或派出救援人员,以减轻灾区人民生命财产损失,帮助受灾国应对灾害造成的困难局面。多年来,中国积极参与对外紧急救援行动,并在国际紧急人道主义救援事业中发挥着越来越重要的作用。为使救援行动更加快速有效,中国政府于2004年9月正式建立人道主义紧急救灾援助应急机制。[1]

(7) 援外志愿者是指中国选派志愿人员到其他发展中国家,在教育、医疗卫生和其他社会发展领域为当地民众提供服务。目前,中国派出的志愿者主要有援外青年志愿者和汉语教师志愿者。志愿者服务范围涉及汉语教学、中医治疗、农业科技推广、体育训练、计算机培训、国际救援等领域。

(8) 债务减免是指中国免除部分发展中国家对华到期政府债务。对于受援国对华政府债务,中国政府从不施加还款压力。在受援国偿还到期无息贷款遇到困难时,中国政府一向采取灵活的处理方式,通过双边协商延长还款期限。

(三) 中国对外援助的地域分布和部门分布

中国对外援助的主要对象是低收入发展中国家。在援助领域分布中,中国重点关注受援国民生和经济发展,努力使援助更多地惠及当地贫困群体。中国对外援助地理分布比较均衡。受援国涉及亚洲、非洲、拉丁美洲、加勒比、大洋洲和东欧等地区大部分发展中国家。中国对其中最不发达国家和其他低收入国家的援助比重始终保持在2/3左右。2013—2018年,中国共向亚洲、非洲、拉丁美洲和加勒比、大洋洲和欧洲等地区122个国家和20个国际和区域性多边组织提供援助。

---

[1]《中国对外援助(2011)》白皮书。

其中,亚洲地区30国,非洲地区53国,大洋洲地区9国,拉丁美洲和加勒比地区22国,欧洲地区8国。[1]

中国对外援助项目主要分布在农业、工业、经济基础设施、公共设施、教育、医疗卫生等领域,重点帮助受援国提高工农业生产能力,增强经济和社会发展基础,改善基础教育和医疗状况。近年来,应对气候变化成为中国对外援助的一个新领域。

三、对外援助的中国模式

与南北援助相比较,中国对外援助形成了不同于传统援助国的援助模式,主要表现在:不附加条件、互利共赢的合作原则;以基础设施建设作为援助重点;援助、贸易和投资相结合共同推动发展;走向绿色、开放的援助政策。

(一)不附加条件、互利共赢的平等合作原则

中国提供对外援助,坚持不附带任何政治条件,不干涉受援国内政,充分尊重受援国自主选择发展道路和模式的权利。相互尊重、平等相待、重信守诺、互利共赢是中国对外援助的基本原则。不附加政治条件是中国与西方国家对外援助的根本区别。自1964年周恩来总理首次提出援助不附加政治条件以来,其一直是中国与其他发展中国家发展合作政策的核心原则。中国对该原则的坚守,一方面因为它是中国不干涉内政外交政策原则的根本要求,另一方面也源自中国长期作为援助国、受援国以及发展中国家的经验总结。中国曾经作为世界上最大的受援国,积累了大量如何吸收外援为中国所用的经验:即任何外援,只有被受援国自主纳入国家总体发展计划中,才能发挥最大功效。无论是经济改革还是政治改革,只能由内生力量驱动。任何外来干涉或压力,都由于不符合国情而适得其反。

互利合作,而不是单向"赐予",亦是中国特色对外援助的重要特征。西方援助之所以未能取得理想的成效,很大程度上在于西方将援助作为单向"赐予"的过程,也因此很难与受援国之间建立平等的伙伴关系,在政策实践中往往"越俎代庖",为受援国制定发展方案,确定发展重点,受援国自主性受到严重侵蚀。中国在互利合作的原则下,从不将援助作为单向赐予,也不认为援助本身能够实现发展,而是将其作为双向合作,目标是实现共同发展。中国将援助视为一种双向合作行为,不仅有利于实现双方之间的平等关系、保证受援国的自主性和有效参与,从而保证援助的有效性。中国作为受援国的实践表明,援助合作中的合作经验,对于中国的发展推动远大于援助本身。最后,双向合作的原则还能够实现援助形

---

[1] 国务院新闻办公室:《新时代的中国国际发展合作》,2021年1月10日。

式的灵活性,保证援助政策的可持续性。

(二) 援助、贸易和投资相结合共同推动发展

中国之所以被称为援助领域内的新兴力量,与中国创新性地将援助、贸易和投资等手段相结合有很大关系。中国将援助与贸易和投资手段结合,最大化援助的效用,既是中国自身经验的总结,也是中国作为发展中国家在南南合作框架下互利合作援助政策的逻辑结果。从自身的发展经验出发,中国从不认为单纯的援助可以实现发展,援助需要与贸易和投资等手段相结合,最大限度地发挥援助功效,亦能实现中国与受援国的互利合作。

中国在援助领域内引进政府优惠贷款的形式,利用援助资金撬动市场力量,将援助与投资相结合,既是中国自身改革进程的反映,也是对受援国诉求的回应。1992年党的十四大确定了社会主义市场经济体制,决定了市场在资源配置中的主导作用,也不可避免最终体现在对外援助资源的分配机制中。1995年中国共产党中央委员会召开对外援助会议,研究改革援外政策方案。会议认为,市场经济体制的确立,企业日益成为经济运行的主体,金融机构在经济事务中的作用日益增加;发展中国家经济和政治形势的变化,他们迫切需要外国资本参与其经济发展。因此会议鼓励中国企业在中国对外援助中发挥更加重要的作用。经过多年的实践,目前中国援助、投资和贸易相结合,促进共同发展的援助方式,受到国际社会的普遍认同。

中国对非援助领域内的"安哥拉模式",曾引起国际社会的广泛关注和不同程度的质疑。中国在安哥拉没有抵押品和偿还能力的情况下,约定用未来开采出来的石油偿付,以此启动了安哥拉战后重建,此模式在世界银行发表的一份相关报告中被称为中国对非援助的"安哥拉模式"。该模式引起关注的核心点包括"资源换取基础设施","援助和贸易、投资之间的界限模糊"等问题。事实上,安哥拉模式是在相互尊重国家主权、互不干涉内政的前提下,在双方政府支持下由企业在平等互利基础上达成协议。在此模式下,安哥拉将其潜在发展资源转化成现实发展基础;中国则通过政府优惠贷款的方式,促进了中国企业投资安哥拉基础设施以及能源、资源领域,既促进了安哥拉的经济发展,也带动了中国企业走出去,是真正的双赢。

(三) 以基础设施建设作为援助重点

中国对外援助政策中,虽然同样关注对教育、卫生、等社会部门的投入,但相比较而言,中国对外援助资金,更多以无息贷款和政府优惠贷款的形式,投入受援国经济基础设施的建设中,帮助其他发展中国家建设了一批交通、通信、电力等基础设施项目。2013—2018年,中国共建设成套项目423个,重点集中于基础设施、

农业等领域,其中经济基础设施项目为80个。[1]

中国将经济基础设施作为援助重点,主要基于以下几方面的考虑。首先是受援国发展的需要。长期以来,由于西方国家发展援助重点的转移,受援国落后的基础设施已经成为减贫、发展以及地区经济进一步一体化的首要障碍。以非洲为例,其用电人口覆盖仅43%,远低于82%的世界平均水平;非洲只有43%的农村人口家门口通路,低于69%的世界平均水平;非洲还有一半的城市人口住在贫民窟,高于发展中国家33%的水平。[2]非洲实现发展的机会在很大程度上取决于该地区解决经济基础设施薄弱的问题。经济基础设施建设将减少贸易成本,扩大市场并促进农业的发展,进而促进地区和全球经济一体化。其次,是中国作为发展中国家的发展经验。中国基础设施的快速发展是推动中国经济快速增长的重要因素。中国"要想富,先修路"的经验同样体现在中国对外援助合作的实践中。最后,是中国在经济基础设施领域内具有技术成熟和人力成本相对低廉的比较优势,并且该领域的合作提供了实现合作共赢和共同发展的最大空间。

(四) 走向绿色、开放的援助政策

中国特色的对外援助政策已日益被国际社会接受和重视。中国援助政策也在发展过程中也不断充实和完善,走向绿色、开放和包容。

随着全球气候变化问题日益严峻,中国进一步拓展相关援助范围。应对气候变化是中国南南合作和对外援助的新领域。中国不仅通过援建绿色工程项目以及提供物资的手段,切实帮助发展中国家应对气候变化,还重视与发展中国家在气候变化领域内的能力合作,2010—2012年,中国与埃塞俄比亚、布隆迪、苏丹等国开展技术合作,促进了上述国家太阳能、水力等清洁能源利用及管理水平的提高。中国为120多个发展中国家举办了150期环境保护和应对气候变化培训班,培训官员和技术人员4 000多名,培训领域包括低碳产业发展与能源政策、生态保护等[3]。

近年来,中国在推动联合国《2030可持续发展议程》的过程中发挥了重要作用,在全球发展治理中的作用凸显。在坎昆、德班以及多哈举办的联合国气候变化大会上,中国在分享国内节能减排经验的同时,承诺对最不发达国家、小岛屿国家及非洲国家加大环保领域的援助投入,帮助其发展清洁能源,提高应对气候变化的能力。2015年中国宣布拿出200亿元人民币建立"中国气候变化南南合作基金",支持其他发展中国家应对气候变化。2013年3月和6月以及2014年11月,

---

[1] 国务院新闻办公室:《新时代的中国国际发展合作》,2021年1月10日。
[2] 新华社:《非盟官员:中国对非洲基础设施建设发挥重要作用》,2016年7月16日。http://www.xinhuanet.com/world/2016-07/16/c_1119229725.htm。
[3] 金玲:《授人以渔:提升受援国家发展活力》,今日中国,2017年8月11日。http://www.chinatoday.com.cn/spc/2017-08/11/content_744809.htm。

国家主席习近平在出访非洲、拉美和加勒比地区以及太平洋岛国地区国家时,表示中国将坚定不移与其他发展中国家一道共同应对气候变化,并将继续在南南合作框架内为小岛屿国家、非洲国家等发展中国家应对气候变化提供力所能及的支持。习近平主席在2015年巴黎气候变化大会上宣布中国将于2016年启动在发展中国家开展10个低碳示范区、100个减缓和适应气候变化项目及1 000个应对气候变化培训名额的合作项目,简称"十百千"项目,继续推进清洁能源、防灾减灾、生态保护、气候适应型农业、低碳智慧型城市建设等领域的国际合作,并帮助发展中国家提高融资能力。

第二节 中国与援助有效性议程

20世纪90年代以来,中国根据自身经验积极向其他发展中国家提供援助,坚持援助带动贸易、投资的方式,形成增长性驱动的援助模式,援助的结果强调发展有效性而并非仅仅是援助有效性。

一、中国对援助有效性的参与:受援国身份

尽管中国在《巴黎宣言》上签字,但仅以受援国的身份加入。中国在发展初期曾接受国际社会的大量援助,这在一定程度上弥补了中国发展资金的缺口,有效促进了中国经济的发展。参照《巴黎宣言》有关提高援助有效性的五项原则,中国以受援国的身份在"主导权原则"和"协调原则"这两个方面表现得尤为突出。

在主导权方面,中国政府为保证援外资金能够与中国国家发展战略进行更好的结合,主动列出国家发展战略的优先领域和项目清单,利于外国援助方了解中国的发展战略,把有限的资金引入重点发展项目,提高援助效率。在实际操作过程中,中国政府设定了援建申报项目的3个标准:(1)申报项目须符合中国经济长期发展政策;(2)申报项目须与中国长期扶贫计划保持一致;(3)申报项目须符合当地经济发展计划。[1]

在协调性方面,为更好地接收管理外国援助,中国政府设立了"对口管理"的外援管理和协调机制。如中国商务部负责与双边援助国、联合国开发计划署的协作,财政部负责与世界银行、亚洲开发银行联络,农业部的外资中心负责与联合国

---

[1] Zhou Hong, "China's Management of Donor Contributions", a speech delivered at the symposium titled as 'Development Partnership for Growth and Poverty Reduction', 2009.

粮农组织的合作,教育部负责管理联合国教科文组织和环境规划署对中国的教育援助,中国民间组织合作促进会则为国际上的非政府组织在中国的活动提供服务(表16-1)。

表16-1 中国接收外援的对口管理机构

中国接收机构	国际援助组织
商务部	双边援助国、联合国开发计划署
财政部	世界银行、亚洲开发银行
农业部外资中心	联合国粮农组织
教育部	联合国教科文组织和环境规划署
中国民间组织合作促进会	国际上的非政府组织

二、中国对援助有效性的理解:援助国身份

事实上,中国在对外援助的原则、方式、方法上都遵循一条符合中国国情的道路。2004年美国学者罗默(Ramo)将其总结为"北京共识",中国对发展中国家援助的实践和原则坚持自己的特色,在国际上对传统援助国的做法带来了挑战,并影响国际援助理念的发展。本部分主要参照《巴黎宣言》的五项原则、12个援助有效性指标,对照发达国家在援助有效性方面的成果,总结归纳中国对援助有效性的理解及完成情况(表16-2)。

表16-2 发达国家及中国对《巴黎宣言》援助有效性指标完成情况(2010年)

指标	美国	日本	德国	瑞典	欧盟	中国
1. 受援国拥有可操作的发展战略	对受援国的要求					
2. 受援国拥有可信赖的国家体系	对受援国的要求					
3. 与国家优先考虑一致的援助	32%	40%	45%	49%	51%	较好
4. 通过协调增强能力建设	49%	80%	74%	52%	50%	较好
5a. 国家公共财政管理系统的使用	11%	69%	44%	65%	49%	尚未实现
5b. 国家采购系统的使用	13%	69%	60%	71%	47%	尚未实现
6. 避免类似项目的执行机构	448	0	35	6	80	尚未实现
7. 援助的可预测性	28%	37%	40%	42%	48%	较低
8. 非束缚性援助	78%	92%	99%	98%	—	较低
9. 使用统一的安排或程序	20%	50%	39%	48%	52%	尚未实现
10a. 联合任务	7%	5%	37%	42%	19%	尚未实现

续表

指标	美国	日本	德国	瑞典	欧盟	中国
10b. 援助国间的联合分析	42%	48%	51%	65%	57%	尚未实现
11. 以结果为导向的绩效评估	对受援国的要求					
12. 相互问责制	对援助国与受援国的共同要求					

资料来源：OECD, "Aid Effectiveness 2005-2010: Progress in Implementing The Paris Declaration", OECD Publishing, 2011.

1. 自主性原则(ownership)——指标1

《巴黎宣言》的自主性原则(指标1)对受援国与援助国均提出要求。受援国应制定国家发展及减贫战略，改善机构治理并解决腐败问题。而援助国则应尊重受援国自主决定本国发展战略的权利。[1] 该指标与中国不干涉内政的外交原则相呼应。中国坚持和平共处五项原则，尊重各受援国自主选择发展道路和模式的权利，相信各国能够探索出适合本国国情的发展道路，绝不把提供援助作为干涉他国内政、谋求政治特权的手段。[2]

2. 联系原则(alignment)——指标2-8

联系原则是指援助国的整体支持应建立在受援国的国家发展战略、机构和程序的基础之上，援助国同意给予受援国的国家发展战略、机构和程序全面支持。[3]

(1) 指标2、5a和5b：这三项指标即受援国拥有公共财政管理和采购系统(指标2)、采用受援国的公共财政管理系统(指标5a)以及采用受援国的采购系统(指标5b)。一些发达援助国在对外援助时开始大量采用受援国的公共财政管理系统和国家采购系统。瑞典和日本在这方面表现较好，欧盟总体可以接近50%的水平，而美国则处于起步阶段。中国对外援助目前不采用受援国的公共财政管理和采购系统。

(2) 指标3：援助应按照受援国国家优先事项的次序分配(指标3)，这是对自主权的加强。发达国家在对外援助中基本能保持一半的援助与受援国优先发展事项保持一致。中国对外援助维护受援国自我选择发展道路的权利，在援助领域和项目的选择上，中国政府根据受援国的优先考虑和实际需要确定项目，"照顾对方利益，通过开展与其他发展中国家的经济技术合作，着力促进双边友好关系和互利共赢"。[4]

---

[1] OECD, "The Paris Declaration on Aid Effectiveness", 2005.
[2] 国务院新闻办公室：《中国的对外援助》，http://www.gov.cn/gzdt/2011-04/21/content_ 1849712.htm, 2011-4-12.
[3] 同[1]。
[4] 同[2]。

(3) 指标4:能力建设(指标4)是推动受援国可持续发展和减少贫困的一个重点。能力建设只能是通过内生推动的,《巴黎宣言》认为提供技术合作是推动发展中国家能力建设的一个有效方法。因此,《巴黎宣言》要求援助国在2010年的对外援助中,科技合作至少占到50％的比重。[1] 传统援助国在该领域表现较好,有些甚至远远超过了《巴黎宣言》的要求。中国对外援助本着"授人以鱼不如授人以渔"的精神,旨在提高受援国的自主发展能力。中国在提供对外援助时,尽力为受援国培养本土人才和技术力量,帮助受援国建设基础设施,开发利用本国资源,打好发展基础,逐步走上自力更生、独立发展的道路。其中,技术合作是中国帮助受援国增强自主发展能力的重要合作方式。

(4) 指标6:当援助国提供项目援助时,它们往往建立一套自己的机制,或者要求受援国对项目管理采取一套新的机制。当援助国资助援助项目或方案时,往往为管理项目专门设立项目执行单位(Project Implementation Units,PIUs)(指标6)。这些单位存在于受援国现有的机构之外,因此降低了提高受援国政府部门能力建设的努力,搅乱了受援国公共部门的人员设置及工资水平,削弱了受援国在援助项目执行过程中的控制力和公信度。因此,《巴黎宣言》提倡减少项目执行单位,到2010年援助国此类机构应至少降至565个。目前,大部分发达国家达到甚至超过了这个要求。[2] 中国提供对外援助时,并没有建立类似的项目执行单位。

(5) 指标7:对于依靠援助的国家来说,援助资金的变动会对政府制定发展战略的能力带来巨大的消极影响。《巴黎宣言》要求援助国需按时按量提供援助,以降低受援国的成本,提高援助效率。《阿克拉行动议程》也明确提出,援助国应给出年度承诺和实际支出的完整及时信息。援助的可预测性(指标7)即衡量援助支出额是否按照计划在当财年完成,以及完成的比重。《巴黎宣言》希望援助国在2010年该指标达到71％。大部分发达国家离这个目标的差距较大。[3]

中国对外援助支出是国家财政支出的一部分,援助预算大多是当年确定,经常是先有项目而后确定预算总额,缺少中期国别援助计划。[4] 对外援助总的财政支出方案由人大通过,但每一项的使用没有具体论证,而是委托财政部、商务部或目前的国家国际发展合作署合议。[5]

(6) 指标8:非捆绑援助(指标8)历来是DAC提高援助有效性的一个措施。发达国家近些年来不断降低捆绑援助在对外援助中的比例,并取得了一些可喜成

---

[1] OECD, "Aid Effectiveness 2005-10: Progress in Implementing The Paris Declaration", OECD Publishing, 2011, p.62.
[2] Ibid., p.63.
[3] Ibid., p.74.
[4] 王蕊:《国际发展援助经验对我国援外工作的借鉴》,《国际经济合作》2012年第8期。
[5] 张效民:《中国和平外交战略视野中的对外援助》,《国际论坛》2008年第3期。

绩。2010年德国、瑞典提供的援助几乎全为非捆绑性援助,日本、美国也在朝这方面努力。

中国对捆绑援助有不同的理解。中国商务部的赠款和无息贷款是与中国企业和产品绑定在一起的。根据中国进出口银行对政府优惠贷款的基本标准要求,中国进出口银行政府优惠援助贷款明确规定出口商或承包商必须为中国企业,该贷款援助项目的投入需从中国采购。[1]"应该选择中国企业作为承包商/出口商,项目所需的设备、材料、技术或服务应优先从中国采购——采购比例不得少于50%。"[2]

3. 协调原则(harmonisation)——指标9、10

(1) 指标9:《巴黎宣言》要求援助国在提供对外援助时采用方案援助的方法(Programme-based Approaches, PBAs)(指标9)是基于以下认识:方案援助能够保证在援助的计划、融资以及后续的政府活动中,更多地使用受援国系统。《巴黎宣言》要求在2010年66%的援助流动是以方案为基础的方式提供的。[3]目前,一些发达国家(日本、瑞典及欧盟)已接近这个目标。中国的援助方式以项目援助(project assistance)为主,多为实物交付的工程项目或物资。项目之间相对独立,缺乏系统性的前期规划。[4]

(2) 指标10:《巴黎宣言》要求援助国共同合作、增加互补,减少在国家层面上由于重复工作带来的成本和负担。援助国在受援国完成联合任务(指标10a)以及各援助国共同完成国别分析(指标10b),是增进互补性和合作的两个很好的方式。2010年,《巴黎宣言》对联合任务的完成要求是40%,只有少数发达国家(德国、瑞典)达到该指标;援助国共同完成国别分析在2010年的目标是66%,发达国家基本接近该要求。

中国对外援助工作是以双边合作为基础,与其他援助国或多边组织在受援国开展的联合援助较少,极少参加受援国的国际援助咨询会或研讨会,与其他国家的交流与沟通较少。[5]目前,中国正逐步开展与其他援助国的"三方合作",加强与其他受援国的沟通和经验共享。

4. 结果管理(management for results)——指标11

为了检验《巴黎宣言》目标管理的发展结果,结果管理(指标11)衡量受援国针对国家和部门发展战略,是否建立了透明的、可监测的绩效评估框架,并且该框架

---

[1] Deborah Brautigam, The Dragon's Gift—the Real Story of China in Africa, Oxford: Oxford University Press, 2009, p.152.
[2] 马丁·戴维斯:《中国对非洲的援助政策及其评价》,《世界经济与政治》2008年第9期。
[3] OECD, "Aid Effectiveness 2005-10: Progress in Implementing The Paris Declaration", OECD Publishing, 2011, p.63.
[4] 毛小菁:《中国对外援助方式回顾与创新》,《国际经济合作》2012年第3期。
[5] 王蕊:《国际发展援助经验对我国援外工作的借鉴》,《国际经济合作》2012年第8期。

建立到何种程度。[1]

5. 相互问责制(mutual accountability)——指标12

问责制(指标12)意味着援助国和受援国就发展成果对本国公民负责,相互问责制意味着援助国和受援国彼此负责。《巴黎宣言》制定了援助国和受援国的相互问责制、透明度和可衡量结果的实现。援助国在受援国支持相互问责制的方法包括:通过开发能力、通过安排相互审查、通过加强战略制定和评估进展中的参与方式以及通过向受援国提供关于援助的及时、透明和全面的信息以使它们能够向立法机构和公民充分报告预算支出。

第三节　中国援外管理体系的发展

目前,中国对外援助管理已形成了国家国际发展合作署为主要归口管理单位,包括政策、执行、监督与评估机制的管理机制。对比发达国家的援助管理体系及在援助有效性方面的实践,中国在援助的法律、政治基础和政策一致性、决策和执行、组织和管理、人力资源管理、监督和评估、援助项目管理、非政府组织的作用发挥以及与其他援助方的协调方面,存在较大的差异。本节探讨中国援外管理体系未来的发展方向。今后,中国对外援助应从战略调整和管理改革两个方面完善和健全中国的援外管理。

一、中国对外援助的战略调整

中国的对外援助战略可从援外原则与援外政策两个方面进行改革和完善。

(一) 援外原则上坚持南南合作

首先,坚持南南合作下的对外援助原则。中国对外援助八项原则以及新时期的四项原则在国际经济合作领域中产生了广泛而深远的影响。中国对外援助原则正是南南合作中要求平等互利、不干涉内政、尊重受援国自主权(《巴黎宣言》援助有效性指标1)以及不附加任何条件的深化和扩展。中国独特的援助指导理念,是中国有限的援助资金产生了较好效果的原因。因此,在未来开展对外援助的过程中,仍然要坚持南南合作下的对外援助原则不动摇。

---

[1] OECD, "Aid Effectiveness 2005-10: Progress in Implementing The Paris Declaration", OECD Publishing, 2011.

其次,弱化对外援助中的经济动机。国际援助的动机可以大致分为发展动机、外交动机、经济动机和人道主义动机。在目前阶段,中国发展对外援助的一个重要目的是促进中国的贸易和投资,帮助企业实现"走出去"战略,中国对外援助中经济动机占有相当重要地位。然而,对外援助作为一种跨国的财政转移,其根本目的是帮助落后国家减贫,促进其发展。随着中国经济实力的提升,中国在未来开展对外援助过程中,可以一定程度上弱化对外援助中的经济动机。

(二)援外政策上进一步优化和提升

1. 提高援助额,增加优惠度

目前从援助规模和数量上看,中国与西方发达国家还存在巨大差异,这是由于中国仍是一个发展中国家,承担国际义务的能力不能与发达国家一概而论。

然而,从中国对外援助占国民收入或财政收入的角度看,这两者在 1995 年后一直处于下降趋势。2011 年,中国对外援助占国民收入的比重仅为 0.033%,占国家财政支出的比重为 0.145%。[1] 联合国千年发展目标要求发达国家官方发展援助的总额达到国民收入的 0.7%。[2] 中国尽管是发展中国家,但在今后对外援助的发展中,仍可适当扩大中国对外援助规模,提高援助优惠度。

2. 增加赠款比例,降低优惠贷款

目前,中国对外援助的资金类型主要为无偿援助、无息贷款和优惠贷款。优惠贷款在对外援助中的比重为 50% 以上。在今后对外援助的发展中,在能力允许的情况下,应适当增加赠款规模,降低优惠贷款。新增对外援助资金应以无偿援助为主,主要用于实现联合国国际发展目标任务重、偿债能力弱的最不发达国家以及经济效益较低的领域。[3]

3. 适当增加多边援助

1972 年 10 月,中国宣布向联合国开发计划署提供第一笔捐款。此后,中国又陆续向联合国工发组织、联合国人口基金会、联合国儿童基金会、世界粮食计划署、非洲开发银行等机构提供捐款。近年来,随着中国经济的发展,中国又增加了向世界银行国际开发协会(International Development Association,IDA)、亚洲开发银行、泛美开发银行等多边或区域发展机构的认捐。但中国对外援助仍以双边援助为主,多边援助所占比重一直很小。

发达国家的多边援助比重一般在 30% 左右。与双边援助相比,多边援助的优势在于能够统筹各国的捐款,更有效地配置使用援助资金。对于捐款提供国来说,通过多边捐款能够扩大自身援助资金的效益,同时也能进一步支持和拓展自

---

[1] 根据《中国统计年鉴》相关数据计算。
[2] 联合国千年发展报告,2008。
[3] 瞭望:《未来中国对外援助战略选择:统筹国内国际》,新华网,2011-1-9,http://news.xinhuanet.com。

身的多边外交。随着中国经济实力和国际影响力的不断增强,中国有必要进一步加强多边外交,通过多边舞台阐述中国在国际事务中的政策和主张,为中国以及广大发展中国家争取更加有利的国际环境和国际规则。多边援助也可以作为中国开展多边外交的一个有效支撑。同时,通过多边渠道提供援助,尤其是参与紧急人道主义援助和粮食援助,可以进一步扩大中国援外的影响力。[1]

4. 考虑增加民生领域的援助

在实现联合国国际发展目标方面,许多发展中国家均面临较为严峻的挑战。近年来,发达国家和国际组织重点关注最贫困人口,将援助资金主要投向减贫和医疗卫生等民生领域,帮助受援国逐步实现国际发展目标。例如,确保粮食安全、减少营养不良人口、为贫困妇女提供创业启动资金、帮助残疾人获得生存能力、防治艾滋病和禽流感、5岁以内儿童及孕产妇卫生保健、供应清洁饮水等。

中国目前的援助项目以基础设施建设为主,且由中国企业承建,这些项目虽为当地经济发展做出了重要贡献,但贫困人口从中获得的直接收益不大。因此,可考虑增加针对最贫困人口的援助项目,如农村发展、儿童教育、妇幼保健等。这一方面能够帮助受援国实现减贫目标,另一方面能够增强中国在当地民众中的认可度。[2]

5. 逐步降低捆绑援助的比例

捆绑援助要求受援国购买援助国的产品和服务。有研究认为,捆绑援助使援助效率降低了10%—30%。[3] 捆绑援助在对外援助中的占比与一国的经济发展水平有关,中国目前还是发展中国家,对外援助中经济动机仍十分突出。随着中国经济实力的提高,对外援助中经济动机的弱化,可以逐步降低捆绑援助在对外援助中的比例,提高非捆绑援助的比例(《巴黎宣言》援助有效性指标8)。

二、中国对外援助管理体系的改革

1950年至今,中国对外援助管理体系不断调整,已经发展成为国际援助领域独具特色的新兴援助国家。建立系统成熟的援助机制和策略,能够保证对外援助项目的有效性,有助于中国大国形象的海外拓展。因此,中国应从实际国情出发,积极借鉴国际社会对外援助有益的做法,建立起符合国际运行规则、具有中国特色的援外管理体系。

---

[1] 毛小菁:《中国对外援助方式回顾与创新》,《国际经济合作》2012年第3期。
[2] 王蕊:《国际发展援助经验对我国援外工作的借鉴》,《国际经济合作》2012年第8期。
[3] Deborah Brautigam, The Dragon's Gift—the Real Story of China in Africa, Oxford: Oxford University Press, 2009, p.151.

（一）援助的法律、政治基础和政策一致性

国际援助需要各国建立相应的法律和政治基础以保证其发展援助政策和对外援助工作具有合法性和操作权力。发达国家一般通过制定发展援助的相关法律、营造有利益发展的政治环境、发表关于发展援助的总体政策声明、加强各部门政策的一致性以及赢得公众对发展援助的支持这五方面加强这方面的努力。到目前为止，中国尚没有相应的对外援助法律、法规。现有的援外制度体系仍是由部门规章为主体，由一系列规范文件和部门规章构成的。今后，制定援外规划及预算规划、加强援外理论研究、提高部门政策的协调以及赢得公众对发展援助的支持是中国对外援助管理体系在援助的法律、政治基础和政策一致性建设上的当务之急。

1. 制定援外规划及预算规划

首先，制定中国总体对外援助战略和中长期援助规划，援助规划一方面可总结中国七十多年的援外经验教训；另一方面，在当前国际社会对中国对外援助十分重视的情况下，可将中国对外援助战略、方式、目标等以法的形式提供给世人[1]。在此基础上利用援助一线管理人员和渠道，了解受援国实际需求以及中国在当地的优势，制定国别援助规划，有的放矢地开展援助活动。[2]

其次，制定预算规划。中国应当提供多少外援？向哪些国家提供外援？依据是什么？为此，政府应当根据相关部门的评估报告和提案，将对外援助纳入国家预算，根据经济发展和实际国情制定合适的比例，这样可以避免因对外援助超越本国承受能力而影响到本国的经济建设和发展，同时确定合理适度的外援预算和资金流向分配。[3]从受援国的角度看，其一般有各自经济社会发展的总体规划，因而希望援助方能大体确定未来3—5年的援助总规模，从而决定援助项目的数量和优先顺序。因此，受援国也希望中国能够制定3—5年的援助计划，并确定重点援助领域或方向，以便其根据自身情况提出项目建议，[4]提高援助的可预测性（《巴黎宣言》援助有效性指标7）。

2. 加强援外理论研究

对外援助是中国整体对外政策的组成部分，是中国长期、可持续、和平发展战略的一个组成内容，是中国经济外交的具体实施步骤之一，是一个科学决策的过程。它应该有一系列与之配套的原则、法则和措施。而且，在对外交往的过程中，中国将面临越来越多越来越复杂的援助课题，对外援助与对外政策的相互关系怎

---

[1] 胡建梅、黄梅波：《中国对外援助管理体系的现状与改革》，《国际经济合作》2012年第10期。
[2] 王蕊：《国际发展援助经验对我国援外工作的借鉴》，《国际经济合作》2012年第8期。
[3] 张效民：《中国和平外交战略视野中的对外援助》，《国际论坛》2008年第3期。
[4] 王蕊：《国际发展援助经验对我国援外工作的借鉴》，《国际经济合作》2012年第8期。

样、需要依据哪些新的原则、如何使援助更加有效、如何使援助更能够有助于发展中国家摆脱困境、中国作为一个自身在许多方面需要得到援助的国家如何实现对其他国家提供力所能及的有力支持、在援助中如何实现互利与互助并最终达到深层次的经济合作的目的等,都是值得深入探讨和研究的问题。对于这些问题的研究,不仅关系到受援国的利益,也关系到中国自身的长期发展。

改革开放后,我国对对外援助工作进行了调整和改革。但是,中国对发展援助理论与政策的研究仍十分薄弱。这一方面表现在中国对西方发展援助体系不甚了解,另一方面表现在中国还没有一套较为完整、有中国特色、适合中国国情和经济发展水平的对外援助理论体系。[1]因此,中国有必要加强对外援助理论的研究,增加对外援助理性科学的成分。[2]

3. 提高部门政策的协调

对外援助的规划是国家战略,提倡协同原则,本质上是一种开放的集体决策。尽管针对对外援助的管理,为加强部门间的沟通与协调,中国已经建立起了援外工作协调机制,但是仍然存在援助相关部门对于管辖范围不明晰,部门协调严重不足,造成了援助过程中部门之间的竞争,援外资源难以协调管理,降低了对外援助的效果。[3]结合中国政府体制特点和援外管理实践,协调原则应当涵盖三个层面的参与主体:

一是相关政府部门的协调。当前中国对外援助涉及国家国际发展合作署、外交部、财政部、商务部等二十多个部委和单位,应在科学分析界定各部门职能内容的基础上,提出具体的职能结构优化方案,从中选择同对外援助关系最为直接和密切的一部分部门,以制度化方式确立援助规划与决策的沟通协商机制,做到业务活动的协调,援助数据的互通,切实避免由于相互掣肘可能导致的援助"割裂"现象。

二是国别政策和项目决策层面的利益相关者的协调。最大限度地邀请受援国政府、相关部门、学者及公众代表参与国别方案及项目的论证及评估是国际通行做法,社会公示和听证制度也是一种有效协调途径。中国历来在援外项目决策环节重视同政府部门的协商沟通,重视在项目实施环节同相关合作伙伴的交流,但是远未形成稳定的协同参与机制。有必要结合绩效管理体系的建立,将各方利益相关者纳入援外决策与管理的参与主体范畴。[4]

三是主管部门与外部专家及援外企业的协调。在援外规划决策中发挥学界独立专家的智库作用十分必要,应积极推动建立由发展援助专家、项目管理专家

---

[1] 黄梅波:《中国的对外援助机制:现状及趋势》,《国际经济合作》2007年第6期。
[2] 同上。
[3] 刁莉、何帆:《中国对外发展援助战略反思》,《当代亚太》2008年第6期。
[4] 李兴乾:《国际援助规划决策的经验及其启示》,《国际经济合作》2009年第3期。

和政府管理学者参与的援外咨询库,重视推动援外战略课题的研究工作,推动发展援助专业人才的培养。近年来,为了适应大量援助项目有效实施的需要,主管部门重点培育了一大批援外项目实施企业。作为援外第一线的执行主体,这些企业在市场需求和项目建设领域富有经验,有必要以企业公民的身份吸收他们适度参与援外的规划决策。

4. 赢得公众对发展援助的支持

公众支持是对外援助及其改革得以实现的最好保证。通过公开援外项目的相关信息,加强多种方式宣传援外工作,可增强社会各界对援外工作的认同感,提高公众意识及公众支持。中国的对外援助透明度相对较低。为了消除国际社会的顾虑,提高援外透明度,培养公众对发展援助的支持,中国政府一直在加强这方面的努力,逐步加强对外援助资料和数据的公开。2011年4月和2014年7月,中国国务院新闻办针对外部对中国援助愈发紧密的关注,发表了《中国的对外援助》白皮书等。

今后中国在国内仍有必要加强援外教育,开拓更多有效的宣传手段,向公众传递更多援外信息,如定期、不定期发布援外宣传资料,开展一系列综合性、技术性援外知识竞赛等。

此外,在加强国内宣传的同时,应注重在国外的宣传。中国对外援助对受援国的经济社会产生了良好的效果,但由于缺乏主动宣传的意识和措施,国际社会对中国对外援助产生了许多扭曲看法。中国应意识到积极及时地宣传我国援外政策、立场和成效,是正确引导国际舆论的重要途径,也是提高我国援外影响力的重要手段。援外宣传要遵循韬光养晦、有所作为的原则,注意提法,把握尺度,对西方国家的"中国威胁论""新殖民主义论"等错误言论准备有针对性的宣传预案,还应重视向受援国和潜在受援国宣传我国援外政策和做法。[1]

通过积极地内外宣传,营造良好的国际国内环境,使国际社会认识到中国对外援助是真心实意地提供帮助,使国内公众认识到援助是一国发展的责任的体现,促进发展中国家经济社会的可持续发展,实现中外友好的共同发展。

(二)援助的决策与执行

中国的对外援助管理体系除主管部门国家国际发展合作署外,还涉及商务部、外交部、财政部等二十多个中央部委和机构,以及地方省市商务部门、驻外使领馆等。由于援助项目所涉及的行业领域较为宽泛而且大多具有特殊性,各部门分头实施,多点对外的状况加大了管理工作的难度。其次,当前,中国援外规模和范围日益扩大,援外管理工作愈加繁重,中国在国际发展援助中的地位和话语权

---

[1] 胡建梅、黄梅波:《中国对外援助管理体系的现状与改革》,《国际经济合作》2012年第10期。

也在与日俱增,现有的管理体系已不能满足援外实践的需要。[1]决策与执行机制的改革,主要为应尽快建立统一协调的决策机制,完善对外援助的执行机制。

1. 建立协调统一的决策机制

实行对外援助的统一管理,提升援外决策的水平和项目实施的效率,是中国援外管理体系改革的主要目标之一。2018年4月中国设立了直属于国务院的对外援助专门机构——中国国家国际发展合作署,全面负责中国的对外援助事务。独立的对外援助管理机构拥有较高自主权,可在全面考虑国内外形势的基础上作决策,更好地为中国的内外战略服务,提高对外援助的决策效率,促进援外事业的发展。同时,建立专门机构可以改善对外援助效果,使有限援外资金发挥更大效用,避免各部门间的相互牵制或重复援助,形成中国对外援助领域决策、管理、评估一体化的系统机制。

2. 完善对外援助执行机制

建立独立的国家国际发展合作署之后,可以对援外的执行机构有明确的指导,商务部、农业部、卫生部、教育部、科技部等援外执行部门,在对外援助方面也应该有各自的分工,有相对明确的对外援助配额,同时在项目的管理和协调方面应适度统一,使其在执行援外项目时能够深入贯彻援外意图。此外,应进一步完善各援助方式的执行机制,通过制定相关的法律法规,理清政府和企业在对外援助决策制定过程中的权限和职责,对国有企业超越权限的行为加以杜绝,防止企业以国家利益的名义追求自身利益、游说甚至左右有关的援助政策。[2]

(三)加强援外人力资源管理

缺乏专业援外管理人员是中国对外援助管理体系的一大难题。中国现有的专业援外人员就人数和专业水平而言,远不能满足当前中国援外工作的需要。[3]特别是对于援外工作而言,在受援国当地的一线管理和决策非常重要。中国援外一线工作目前主要是由驻外使领馆经商处负责,而经商处的人员有限,很难满足援外工作的需要。因此,应将援外管理体系改革与援外人力资源建设结合起来。一方面增加援外人力资源配置,另一方面提高援外人员技能。国际发展合作署可考虑设立单独的援助工作组,专门负责援外项目的检查、监督以及评估等一线工作。同时,还应定期对所有与援助相关的工作人员进行培训,增强其能力和水平。[4]为此,应尽快制定援外人员管理及援外人员的行为规范的政策文件,加快

---

[1] 胡建梅、黄梅波:《中国对外援助管理体系的现状与改革》,《国际经济合作》2012年第10期。
[2] 刁莉、何帆:《中国对外发展援助战略反思》,《当代亚太》2008年第6期。
[3] 同[1]。
[4] 王蕊:《国际发展援助经验对我国援外工作的借鉴》,《国际经济合作》2012年第8期。

援外人力资源建设。[1]

(四) 建立监督与评估机制

监督与评估机制是对援外项目实施成果的反馈,有利于发现问题、改进质量、总结经验。加强援助的监督与评估工作,与《巴黎宣言》相互问责原则(指标12)相对应。国家国际发展合作署建立后,中国已经建立了基本的援外项目监督与评估机制,但是其现有援外监督和评估机制不能满足中国援外事业发展的需要,需继续建立和完善科学而系统的对外援助监督和评估机制。[2]今后援外的监督与评估工作中,要注意把握以下三个方面:

首先,建立与援助项目管理直接相关的信息统计系统和历史数据库,这是规划决策的基础信息来源,也是评估援助绩效的基本依据。

其次,建立援外评估机制及其方法的功能定位,通过目标与结果的挂钩,实现对援外管理过程的监督与制衡。[3]为此,需要根据援助项目的不同特点,建立相应的监督评估机构,合理确定绩效评估指标体系、操作方法和实施流程,以准确测定援助目标及其实现程度,并定期商讨援外评估领域的最新动向。对外援助评估机制需要有评估政策与评估指南,能确保其公正性与独立性,并应构建积极的信息回馈机制。[4]

再次,建立对外援助项目预评估、中评估和后评估在内的全程评估管理体制,据此全面掌握信息、总结经验教训、提供决策依据。预评估就是援助前的调查研究。深刻认识和了解受援国的政治、经济、文化传统、风俗习惯以及相关的国际舆论等是进行有效援助的前提和基础。通过调研,可以针对具体情况确定具体的援助方式,并确定援助的质量和数量。中评估是在援助过程中对援助方式、方法、效果和各方反应(包括援助方、受援方、国际社会等)的调查评估。这既是对先期调研工作的检验,也是下一步援助工作能够顺利进行的重要保证。后评估主要是总结援助项目和实施各环节中的经验和教训,评价援助机构和援助效果的作用。后评估完成后可以发布后评估报告,以提高援助运作的透明度和可信度,扩大外部影响。[5]

(五) 加强援外项目管理

中国援外项目管理目前存在不少问题,包括概算审批不够严谨、项目合同执行具有一定随意性、项目后续监督评估不够完善、管理各方协调不够[6]、项目在

---

[1] 胡建梅、黄梅波:《中国对外援助管理体系的现状与改革》,《国际经济合作》2012年第10期。
[2] 同上。
[3] 李兴乾:"国际援助规划决策的经验及其启示",《国际经济合作》2009年第3期。
[4] 同[1]。
[5] 张效民:《中国和平外交战略视野中的对外援助》,《国际论坛》2008年第3期。
[6] 中国商务部援外司:在线访谈,http://gzly.mofcom.gov.cn/website/face/www_face_history.jsp?desc=&p_page=1&sche_no=1088,2006。

招标程序和承包方选择过程中的信息披露和透明度不足等。[1] 在项目主体管理、监督及评价方面，也存在一系列深层次问题。

今后中国应加强援外项目管理，提高援外工作效率。

首先，应加强主管部门与驻外使（领）馆、国内相关单位的有效配合和相互支持，加强信息化和电子政务建设。其次，通过有效地运用法律、经济、行政手段，采取先进项目管理方式，及时监控援外项目实施管理过程每一环节，重点对进度、质量、投资、安全等问题实施动态、精细的管理；同时认真做好项目评估工作，确保援外项目达到预期的目的。[2] 最后，加强对项目主体的管理。项目主体企业应具备承担援外任务的实践经验和思想准备，对援外工作的政治性和政策性要求有正确的认识；项目主管机构在对项目主体的选择及项目招投标的把握中应坚持公平、公正原则，在项目监管过程中，应健全适当的激励机制、必要的约束机制和刚性的退出机制。

（六）积极发挥 NGO 的作用

发达国家和国际组织十分重视发挥 NGO 的作用，NGO 是对外援助的渠道之一。发挥 NGO 在对外援助中的作用，不仅可以提升援助的真实性和效率，还可以促进中国的国际就业与社会成熟发展，更重要的是可以使中国的援助理念及文明关爱影响传播得更广更深，并对政府的外交和国际角色起缓冲和弥补的作用。早在 20 世纪 80 年代，中国政府就开始吸纳 NGO 参与对外人道主义援助，扩大资金来源。2004 年印度洋海域发生海啸之前，中国已有民间力量参与对外人道主义援助，但是规模比较小，主要通过中国红十字会、中华慈善总会等民间团体进行。2004 年东南亚海啸救灾期间，国内首次出现大规模的民间力量参与对外人道主义援助。中国 NGO 组织和中资企业开始参与到对外援助中，向当地政府提供了一些紧急援助。中国扶贫基金会也开始跻身国际人道主义救援组织的行列。但是，总的来说，中国对外援助中缺少民间参与的活力，NGO 发育低下，能力不足，在中国对外援助中发挥的作用还十分有限。[3]

中国政府应该充分发挥 NGO 在对外援助中的作用。一方面，借助 NGO 的力量，吸取社会资源和力量参与国际援助，扩大援助的规模；另一方面，通过引导 NGO 平等参与执行国际人道主义救援的任务，而不是简单地把钱拨给受援国的政府，可以提高援助资金的利用效率，达到更好的援助效果。近年来，国内的扶贫领域已经开始了政府招标采购 NGO 服务的尝试，以增进国内"援助"的效率和透明度。在国际援助特别是国际人道主义援助领域，政府也可从信息发布、提供渠

---

[1] 王蕊:《国际发展援助经验对我国援外工作的借鉴》,《国际经济合作》2012 年第 8 期。
[2] 黄梅波:《中国的对外援助机制、现状及趋势》,《国际经济合作》2007 年第 6 期。
[3] 同上。

道等方面对NGO进行统一的引导、组织和管理,引导中国的NGO介入国家对外援助中。中国的NGO也应积极主动地加强国际合作,走向国际化。[1]

(七)加强与其他援助国的协调与合作

加强与其他援助方的协调是《巴黎宣言》援助有效性指标中的一个重要方面(指标10),对外援助是国家利益的延伸。不同的援助国对同一个受援国进行援助,既有利益的冲突,也有利益的融合。加强协商和合作有利于减少彼此间的竞争甚至是冲突,符合各方的共同利益。另外,全球化促使国家间相互依赖不断加深,全球性问题也有赖于国际社会共同努力加以解决,加强合作是必然趋势。再者,加强同其他援助国合作,可以取长补短,提升自己的援外水平。[2]

受援国政府希望对其提供援助的各国和国际组织能够保持沟通与协作,使援助项目与资金相互配合,更有效地投入国内各领域建设之中,既发挥各援助方的优势,又避免冲突与重复。多数受援国每年会召开国际援助咨询会或研讨会,召集各援助方共同探讨未来合作的领域和方式,确定一定时期内的援助方向。此外,受援国还会就一些重大项目寻求几个援助方的联合支持。中国的援助大多通过双边途径进行,参与多边援助较少,极少参加与其他援助国的国际援助协调或研讨会,与其他国家的交流与沟通不足。[3]

加强与其他援助方的协调有助于提高援外效率。同时,在对外援助过程中与受援国的协调也十分重要,尤其在项目管理方面。在援外项目实施过程中,采用受援国的管理单位和机制对援外项目进行监管,有利于减少类似平行单位数量(《巴黎宣言》援助有效性指标6),提高援助效率,加强受援国的能力建设(《巴黎宣言》援助有效性指标4)。

(八)改革和创新援助方式

近年来,国际形势发生了新的变化,受援国的发展形势和需求也在不断发生变化。中国有必要根据受援国的需求和中国的实际情况,借鉴国际上一些行之有效的做法,进一步改革和创新中国的援外方式。

1. 丰富援外志愿者内容

援外志愿者在中国起步较晚,规模尚小,但作为一种新兴的"软援助方式",尚有较大的发展空间。目前,中国援外志愿者派遣的主要是刚大学毕业或工作时间不久的青年志愿者。但随着中国人口老龄化的发展、老年人口的增多,中国可适时招募退休的老年志愿者。相比青年志愿者,老年志愿者具有社会阅历和工作经

---

[1] 黄梅波:《中国的对外援助机制、现状及趋势》,《国际经济合作》2007年第6期。
[2] 张效民:《中国和平外交战略视野中的对外援助》,《国际论坛》2008年第3期。
[3] 王蕊:《国际发展援助经验对我国援外工作的借鉴》,《国际经济合作》2012年第8期。

验丰富的优势,可提供服务的范围更广,能在受援国提供更高层次的志愿服务。目前,许多西方国家都成立了退休专家组织,在政府资助和引导下向发展中国家提供技术咨询、管理、培训等技术合作服务。其做法亦可为中国进一步扩展援外志愿者服务提供参考。[1]

2. 试行方案援助

目前,中国的援助方式以项目援助(project assistance)为主,多为实物交付的工程项目或物资。项目之间相对独立,缺乏系统性的前期规划,在一定程度上影响了援助的效果。在这方面,中国可参考借鉴发达国家的方案援助方式,尤其是部门方案援助(《巴黎宣言》援助有效性指标9)。

方案援助又称"非项目援助",是发达国家目前经常采用的一种援助方式。它是指援助国政府或多边机构根据一定的计划,而不是按照某个具体的工程项目向受援国提供的援助。一个援助方案的完成可能需要数年或数十年,包括若干个项目,但方案本身一般不与具体项目相联系。20世纪80年代以来,经济合作与发展组织发展援助委员会中的17个成员国以方案援助形式提供的援助额已占双边援助协议额的1/3以上。在美国国际开发计划署目前提供的援助额中,方案援助在半数以上。

方案援助主要包括两种:一种是一般预算支持(general budget support),主要是指用于一般发展目的、没有分配部门的援助,对资金的具体使用也可能没有限制。另一种是部门方案援助(sector program assistance),主要是指对受援国的某个领域进行援助规划,如农业、教育、交通运输等。虽然部门方案援助本身并不与具体的项目援助联系,但需要具体的项目援助支持其实现。通过部门方案援助,中国可与受援国合作,对受援国的某一具体部门的发展提供规划支持,并根据规划提供相应的项目援助,使项目之间相互支持,互为补充,进一步提升援助的效果。[2]

本章小结

经过70多年的对外援助实践,中国的对外援助政策日趋完善,其基本内容主要包括:坚持帮助受援国提高自主发展能力;坚持不附带任何政治条件;坚持平等互利、共同发展;坚持量力而行、尽力而为;坚持与时俱进、改革创新。中国对外援助资金主要有无偿援助、无息贷款和优惠贷款三种类型,主要有八种方式:成套项目、一般物资、技术合作、人力资源开发合作、援外医疗队、紧急人道主义援助、援外志愿者和债务减免。中国对外援助的主要对象是低收入发展中国家。在援助领域分布中,中国重点关注受援国民生和经济发展,努力使援助更多地惠及当地贫困群体。与南北援助相比较,中国对外援助形成了不同于传统援助国的援助模式,主要表现在:不附加条件,互利共赢的平等

---

[1] 毛小菁:《中国对外援助方式回顾与创新》,《国际经济合作》2012年第3期。
[2] 同上。

合作原则;以基础设施建设作为援助重点;援助、贸易和投资相结合共同推动发展;走向绿色、开放的援助政策。

中国拥有受援国与援助国的双重身份,在与援助有效性议程的关系方面也表现出两重性。中国是以受援国的身份加入《巴黎宣言》。参照《巴黎宣言》有关提高援助有效性的五项原则,中国以受援国身份在"自主权原则"和"协调原则"这两个方面表现得尤为突出。从援助国身份考察,中国的对外援助实践与《巴黎宣言》五原则既表现出相融之处,也在很多方面存在差异。相对于发达国家所强调的援助有效性指标,事实上中国对外援助更多关注的是发展有效性,更侧重于能否在较短时间内给受援国带来急需的经济增长和就业,减少贫困人口,进而促进社会发展。中国对外援助的效果在推动民生改善方面主要表现在促进农业发展、提高教育水平、改善医疗卫生条件、建设公益设施和人道主义救助等方面。中国对外援助还通过改善基础设施、促进贸易投资发展、加强能力建设和加强环境保护等途径促进了伙伴国家的经济社会发展。

目前,中国对外援助管理已形成了国家国际发展合作署为主要归口单位,包括政策、执行、监督与评估的援外管理机制。今后,中国对外援助应从战略调整和管理改革两个方面完善和健全援外管理工作。在战略方面,应注意坚持南南合作下的对外援助原则,弱化对外援助中的经济动机;提高援助额、提高优惠度;增加赠款比例,降低优惠贷款;提升多边援助比例,扩大民生领域的援助;以及降低捆绑援助的比例等。在管理体系方面,应加强在援助的法律、政治基础和政策一致性方面的努力;尽快建立对外援助的统一协调机制,完善对外援助的执行机制;明确界定管理部门的职能和分工,加强援外人力资源管理、建立监督与评估机制、加强援外项目管理、积极发挥NGO的作用、加强与其他援助国的协调与合作以及进一步改革和创新援助方式等。这些改革一方面能够提高中国对外援助的质量,另一方面也与援助有效性的主要指标有一定程度的吻合。

关键词

对外经济技术援助八项原则 成套项目 基础设施

简答题

1. 中国对外援助政策的基本内容有哪些?
2. 中国对外援助资金类型有哪些?
3. 中国对外援助方式有哪些?
4. 中国对外援助模式的主要表现是什么?
5. 中国与援助有效性议程的关系是什么?
6. 中国援外管理体系的未来发展方向是什么?

> **思考题**
>
> 1. 中国为什么要向其他国家提供援助?
> 2. 在"一带一路"倡议的推进过程中如何发挥援助的作用?

REFERENCES
参考文献

1. Gilbert Rist, *The History of Development: From Western Origins to Global Faith*, Zed Books, 2002.
2. Jessica Schafer, Paul A. Haslam, and Pierre Beaudet, "Meaning, Measurement, and Morality in International Development", in Paul A. Haslam, Jessica Schafer and Pierre Beaudet (eds.), *Introduction to International Development: Approaches, Actors, Issues, and Practice* (Third Edition), Oxford University Press, 2017.
3. Jan Nederveen Pieterse, *Development Theory: Deconstructions/Reconstructions* (Second Edition), SAGE, 2010.
4. P. W. Preston, *Development Theory: An Introduction*, Blackwell Publishing, 1996.
5. Radhika Desai, "Theories of Development", in Paul A. Haslam, Jessica Schafer and Pierre Beaudet (eds.), *Introduction to International Development: Approaches, Actors, Issues, and Practice* (Third Edition), Oxford University Press, 2017.
6. Keetie Roelen, "Measuring and Evaluating Poverty", in Paul A. Haslam, Jessica Schafer and Pierre Beaudet (eds.), *Introduction to International Development: Approaches, Actors, Issues, and Practice* (Third Edition), Oxford University Press, 2017.
7. C. T. Kurien, *Poverty and Development*, C.L.S, Madras, 1974.
8. David R. Morrison, "Poverty and Exclusion: From Basic Needs to the Millennium Development Goals", in Paul A. Haslam, Jessica Schafer and Pierre Beaudet (eds.): *Introduction to International Development: Approaches, Actors and Issues* (Second Edition), Oxford University Press, 2012.
9. Anna Gatti and Andrea Boggio (eds.), *Health and Development: Toward a Matrix Approach*, Palgravemacmillan, 2009.
10. David R. Phillips and Yola Verhasselt (eds.), *Health and Development*, Routledge, 1994.
11. Ted Schrecker, "Development and Health", in Paul A. Haslam, Jessica Schafer and Pierre Beaudet (eds.), *Introduction to International Development: Approaches, Actors and Issues* (Second Edition), Oxford University Press, 2012.
12. James Lynch, Celia Modgil and SohanModgil. *Education and Development: Tradition and Innovation. Volume One: Concepts, Approaches and Assumptions*. CASSELL. 1997.
13. Roger M. Garrett. *Education and Development*. Croom Helm London & Canberra and St. Martin's Press. 1984.

14. Tristan McCowan and Elaine Unterhalter. *Education and International Development: An Introduction*. Bloomsbury Academic. 2015.

15. Lourdes Benería and Savitri Bisnath. *Gender and Development: Theoretical, Empirical and Practical Approaches (Volume I)*. Edward Elgar Publishing Limited. 2001.

16. Rebecca Tiessen, Jane Parpart and Marianne H. Marchand, "Gender and Development: Theoretical Contributions, International Commitments, and Global Campaigns", in Paul A. Haslam, Jessica Schafer and Pierre Beaudet (eds.), *Introduction to International Development: Approaches, Actors, Issues, and Practice* (Third Edition), Oxford University Press, 2017.

17. Susan Golombok and Robyn Fivush. *Gender Development*. Cambridge University Press. 1994.

18. Dryzek, J. S. *The Politics of the Earth: Environmental Discourse*. Oxford: Oxford University Press. 2013.

19. Meadows, D. H., D. L. Meadows, J. Randers and W. W. Behrens. *The Limits to Growth*. Universe Books. 1974.

20. Paul A. Haslam, Jessica Schafer and Pierre Beaudet (eds.), *Introduction to International Development: Approaches, Actors, Issues, and Practice* (Third Edition), Oxford University Press, 2017.

21. Rootes, C., *Environmental Movements: Local, National and Global*. Routledge. 2014.

22. World Commission on Environment and Development (WCED). *Our Common Future*. (Brundtland Report). Oxford University Press. 1987.

23. Debraj Ray and Joan Esteban, "Conflict and Development", *Annual Review of Economics*, 2017.9: 263-93.

24. Namsuk Kim and Melanie Sauter, "Is Conflict Additional Structural Obstacles for Least Developed Countries?", *International Journal of Development and Conflict*, 2017, 7: 32-48.

25. North, Douglass C., John J. Wallis and Barry R. Weingast, *Violence and Social Orders: A Conceptual Framework for Interpreting Recorded Human History*. Cambridge University Press, 2009.

26. World Bank, *World Development Report 2011: Conflict, Security, and Development*, World Bank, 2011.

27. Ian Hurd, *International Organizations: Politics, Law, Practice* (Third Edition), Cambridge University Press, 2017.

28. Klingebiel, Stephan. *Development Cooperation: Challenges of the New Aid Architecture*. Basingstoke: Palgrave Macmillan, 2014.

29. Dambisa Moyo, *Why Aid is not Working and How There is a Better Way for Africa*, Farrar, Straus and Giroux, 2010.

30. Jeffrey Sachs, *The End of Poverty: How We Can Make it Happen in Our Lifetime*, Penguin, 2005.
31. Paul Collier, *The Bottom Billion: Why the Poorest Countries are Failing and What Can Be Done About It*, Oxford University Press, 2008.
32. William Easterly, *The White Man's Burden: Why The West's Efforts to Aid The Rest Have Done So Much Ill and So Little Good*, Oxford University Press, 2007.
33. Hany Gamil Besada, M. EvrenTok and Leah McMillan Polonenko, *Innovating South-South Cooperation: Policies, Challenges and Prospects*, University of Ottawa Press, 2019.
34. Sachin Chaturvedi, Thomas Fues and Elizabeth Sidiropoulos, *Development Cooperation and Emerging Powers: New Partners or Old Patters?* Zed Books, 2012.
35. Ian Smillie and Henny Helmich, *Stakeholders: Government-NGO Partnership for International Development*, Earthscan, 1999.
36. Ilona Kickbusch and Johanna Hanefeld, Role for Academic Institutions and Think Tanks in Speeding Progress on Sustainable Development Goals, British Medical Journal Publishing Group, 2017.
37. Lael Brainard, *Transforming the Development Landscape: the Role of the Private Sector*, Brookings Institution Press, 2006.
38. Keijzer, N. and Lundsgaarde, E., "Sustaining the Development Effectiveness Agenda", Danish Institute for International Studies, 2016.
39. OECD. The Busan Partnership for Effective Development Cooperation. 2012. http://www.oecd.org/dac/effectiveness/Busan%20partnership.pdf
40. OECD. The Paris Declaration on Aid Effectiveness and the Accra Agenda for Action: 2005/2008. http://www.oecd.org/dac/effectiveness/34428351.pdf
41. Deborah Brautigam, The Dragon's Gife: The Real Story of China in Africa, Oxford University Press, 2009.
42. [瑞士]吉尔贝·李斯特:《发展史——从西方的起源到全球的信仰》(第四次修订增补版),陆象淦译,社会科学文献出版社2017年版。
43. [英]彼得·华莱士·普雷斯顿:《发展理论导论》,李小云、齐顾波、徐秀丽译,社会科学文献出版社2011年版。
44. 李冻菊:《经济表现和社会进步的测度研究与实证》,中国人民大学出版社2014年版。
45. 李小云、齐顾波、徐秀丽:《普通发展学》(第二版),社会科学文献出版社2012年版。
46. 王小林:《贫困测量:理论与方法》(第二版),社会科学文献出版社2017年版。
47. 联合国:《千年发展目标:2015年报告》,纽约,2015年。
48. 王文:《联合国四个发展十年战略评析》,《国际论坛》2001年第3期。
49. 徐奇渊、孙靓莹:《联合国发展议程演进与中国的参与》,《世界经济与政治》2015年第4期。

50. 叶江、崔文星:《联合国千年发展目标实绩评析——兼谈后2015全球发展议程的争论》,《上海行政学院学报》2014年第2期。

51. 《中国落实2030年可持续发展议程国别方案》,2016年9月,https://www.fmprc.gov.cn/web/zyxw/W020161012709956344295.pdf。

52. 谭诗斌:《现代贫困学导论》,湖北人民出版社2012年版。

53. 王小林、张晓颖:《迈向2030:中国减贫与全球贫困治理》,社会科学文献出版社2017年版。

54. 胡鞍钢、鄢一龙:《中国国情与发展》,中国人民大学出版社2015年版。

55. 胡琳琳:《健康与发展:历史回顾与理论综述》,载胡鞍钢《透视SARS:健康与发展》,清华大学出版社2003年版。

56. 晋继勇:《全球公共卫生治理中的国际机制分析》,复旦大学博士学位论文,2009年。

57. 卢静:《全球治理:困境与改革》,社会科学文献出版社2016年版。

58. 鲁新、方鹏骞:《全球健康治理》,人民卫生出版社2016年版。

59. [加]马克·扎克、塔尼亚·科菲:《因病相连:卫生治理与全球政治》,晋继勇译,浙江大学出版社2011年版。

60. [美]戴维·N. 韦尔:《经济增长》(第二版),金志农译,中国人民大学出版社2011年版。

61. 孟晓旭:《国际安全治理的困境与出路》,时事出版社2017年版。

62. 于军:《全球治理》,国家行政学院出版社2014年版。

63. 范先佐:《教育经济学》,中国人民大学出版社2008年版。

64. 李海燕、刘晖:《教育指标体系:国际比较与启示》,《广州大学学报》(社会科学版)2007年第8期。

65. 彭丽婷:《国际教育援助实践及启示》,《世界教育信息》2018年第24期。

66. 王建梁、单丽敏:《全球教育治理中的"全球教育伙伴关系组织":治理方式及成效》,《外国教育研究》2017年第8期。

67. 夏人青、张民选:《官方发展援助:全球教育发展不可或缺的资金来源》,《比较教育研究》2017年第4期。

68. 叶茂林:《教育发展与经济增长》,社会科学文献出版社2005年版。

69. 陈亚亚:《性别平等对实现2030年可持续发展目标至关重要:联合国妇女署执行主任努卡详解目标5"性别平等"》,《中国妇女报》,2016年12月14日,第A03版。

70. 郭瑞香:《联合国对性别问题国际议题的推动》,《世界知识》2016年19期。

71. 世界银行:《2012年世界发展报告:性别平等与发展》,清华大学出版社2012年版。

72. 杨菊华、王苏苏:《国际组织性别平等指数及其对中国的启示》,《妇女研究论丛》2018年7月。

73. 蔡拓、杨雪冬、吴志成:《全球治理概论》,北京大学出版社2016年版。

74. [美]蕾切尔·卡森:《寂静的春天》,马绍博译,天津人民出版社2017年版。

75. 钱易、唐孝炎:《环境保护与可持续发展》(第二版),高等教育出版社2010年版。

76. 于宏源：《全球环境治理内涵及趋势研究》，上海人民出版社 2018 年版。

77. 朱淑枝：《发展经济学》，清华大学出版社 2015 年版。

78. 江涛、耿喜梅、张云雷，等：《全球化与全球治理》，时事出版社 2017 年版。

79. 世界银行：《2011 年世界发展报告：冲突、安全与发展》，清华大学出版社 2012 年版。

80. 李小云、唐丽霞、武晋：《国际发展援助概论》，社会科学文献出版社 2009 年版。

81. 孙鸿藻：《国际多边援助的发展趋势》，《经济研究参考》1993 年 3 月 1 日。

82. 熊厚：《中国对外多边援助的理念与实践》，《外交评论》2010 年第 5 期。

83. 周弘：《对外援助与国际关系》，中国社会科学出版社 2002 年版。

84. 周弘、张浚、张敏：《外援在中国》（修订版），社会科学文献出版社 2013 年版。

85. 黄梅波、唐露萍：《南南合作与南北援助——动机、模式与效果比较》，《国际展望》2013 年第 3 期。

86. [赞比亚] 丹比萨·莫约：《援助的死亡》，王涛、杨惠等译，世界知识出版社 2010 年版。

87. 张永蓬：《国际发展合作与非洲》，社会科学文献出版社 2012 年版。

88. 郑宇：《援助有效性与新型发展合作模式构想》，《世界经济与政治》2017 年第 8 期。

89. 黄梅波、唐露萍：《南南合作与中国对外援助》，《国际经济研究》2013 年第 5 期。

90. 黄梅波、谢琪：《巴西的对外援助及其管理体系》，《国际经济合作》2011 年第 12 期。

91. 黄梅波、徐秀丽、毛小菁：《南南合作与中国的对外援助：案例研究》，中国社会科学出版社 2017 年版。

92. 李小云、徐秀丽、王伊欢：《国际发展援助：非发达国家的对外援助》，世界知识出版社 2013 年版。

93. 南南合作金融中心：《迈向 2030：南南合作在全球发展体系中的角色变化》，社会科学文献出版社 2017 年版。

94. 崔文星：《欧盟发展合作政策探析——基于欧盟与千年发展目标和 2015 年后发展议程关系的考察》，上海交通大学博士学位论文，2015 年 1 月。

95. 黄超：《私营部门与联合国 2030 年可持续发展议程：贡献、局限与改进》，《现代国际关系》2017 年第 4 期。

96. 李小云、王妍蕾、唐丽霞：《国际发展援助——援助有效性和全球发展框架》，世界知识出版社 2015 年版。

97. 桑颖：《美国对外援助中的私人志愿组织》，中共中央党校博士学位论文，2010 年 5 月。

98. 唐丽霞：《发达国家对外援助中如何与非政府机构合作？》，IDT，2018 年 2 月 28 日。

99. 徐加：《私营部门参与国际发展合作——发达国家的经验》，IDT，2018 年 3 月 19 日。

100. 贺文萍：《从"援助有效性"到"发展有效性"：援助理念的演变及中国经验的作用》，《西亚非洲》2011 年第 9 期。

101. 黄梅波、齐国强、吴仪君：《南南合作与中国的国际发展援助》，中国社会科学出版社 2018 年版。

102. 李小云：《为何国际发展援助常常无效？》，凤凰评论 http://news.ifeng.com/a/20151105/46118780_0.shtml。

103. 罗建波:《西方对非援助效果及中非经济合作》,《国际政治科学》2013 年第 1 期。
104. 左常升:《国际发展援助:理论与实践》,社会科学文献出版社 2015 年版。
105. 金玲:《对外援助的中国模式》,《今日中国》(公众号),2017 年 1 月 24 日。
106. 李荣林:《中国南南合作发展报告:中国对发展中国家的援助与合作》,五洲传播出版社 2016 年版。
107. 唐丽霞:《如何理解中国的对外援助》,澎湃新闻,2018 年 9 月 5 日。http://news.sina.com.cn/o/2018-09-05/doc-ihitesuy5405703.shtml。
108. 王小林、刘倩倩:《中非合作:提高发展有效性的新方式》,《国际问题研究》2012 年第 5 期。
109. 中华人民共和国国务院新闻办公室:《中国的对外援助》2014 年 7 月。https://www.scio.gov.cn/zfbps/ndhf/2014/Document/1375013/1375013.htm。
110. 中华人民共和国国务院新闻办公室:《中国的对外援助》2011 年 4 月。http://www.gov.cn/zwgk/2011-04/21/content_1850553.htm。
111. 周弘:《中国对外援助与改革开放 30 年》,《世界经济与政治》2008 年第 11 期。

图书在版编目(CIP)数据

国际发展学概论/崔文星,黄梅波编著. —上海:复旦大学出版社,2021.10
(国际发展学系列)
ISBN 978-7-309-15872-4

Ⅰ.①国…　Ⅱ.①崔…②黄…　Ⅲ.①国际合作-研究　Ⅳ.①D812

中国版本图书馆 CIP 数据核字(2021)第 169663 号

国际发展学概论
GUOJI FAZHANXUE GAILUN
崔文星　黄梅波　编著
责任编辑/戚雅斯

复旦大学出版社有限公司出版发行
上海市国权路 579 号　邮编:200433
网址:fupnet@fudanpress.com　http://www.fudanpress.com
门市零售:86-21-65102580　团体订购:86-21-65104505
出版部电话:86-21-65642845
上海崇明裕安印刷厂

开本 787×1092　1/16　印张 22.25　字数 486 千
2021 年 10 月第 1 版第 1 次印刷

ISBN 978-7-309-15872-4/D·1102
定价:56.00 元

如有印装质量问题,请向复旦大学出版社有限公司出版部调换。
版权所有　侵权必究